미디어 심리학

**일러두기**

- 한글 표기를 원칙으로 하되, 필요에 따라 외국어와 한자를 병기하였다.
- 한글 맞춤법은 '한글 맞춤법' 및 '표준어 규정'(1988), '표준어 모음'(1990)을 적용하였으나 혼란이 있는 경우 출판사의 원칙을 따랐다.
- 외국어의 우리말 표기는 개정된 '외래어 표기법'(1986)을 원칙으로 하되, 그중 일부는 현지 발음을 따랐다.
- 사용된 기호는 다음과 같다.

  신문, 영화, TV 프로그램 등: 〈 〉

  책 이름: 《 》

# 미디어 심리학
## media psycology

나은영 지음

미디어 심리학

지은이 | 나은영
펴낸이 | 한기철
편집인 | 이리라
편집 | 이여진, 이지은, 노우정
마케팅 | 조광재

2010년 4월 30일 1판 1쇄 펴냄
2021년 8월 31일 1판 5쇄 펴냄

펴낸곳 | 한나래출판사
등록 | 1991. 2. 25 제22-80호
주소 | 서울시 마포구 토정로 222, 한국출판콘텐츠센터 309호
전화 | 02-738-5637 · 팩스 | 02-363-5637 · e-mail | hannarae91@naver.com
www.hannarae.net

ⓒ 2010 나은영
Published by Hannarae Publishing Co.
Printed in Seoul

ISBN 978-89-5566-102-6 94330
ISBN 978-89-85367-77-6 (세트)

# 차례

# '인간 중심'의 미디어 심리학

"심금을 울린다"는 말이 있다. 《미디어 심리학》을 집필하는 동안 내내 머릿속을 떠나지 않던 말이다. 사실 '미디어 심리학*media psychology*'을 좀 더 정확히 표현한다면 '사람이 미디어를 통해 접하는 다양한 내용들이 사람의 마음에 어떤 영향을 주는지에 관심을 두는 학문'이라고 할 수 있을 것이다. 첨단 미디어 기술이 급속도로 발달하여 이제는 '기술 부족'으로 인해 전달되지 못하는 내용은 거의 없어지게 되었다. 그러자 사람들은 너도 나도 "이제는 콘텐츠다"라는 데 동의하며 '콘텐츠*contents*' 찾기에 열을 올리고 있다. 콘텐츠의 생산자와 소비자의 구분도 점차 모호해져 서로가 서로에게 영향을 줄 수 있는 콘텐츠를 주고받는 상황에서, 과연 누가 '심금을 울리는' 콘텐츠를 먼저 확보하느냐가 삶의 의미를 찾는 데 핵심적인 과제가 되고 있는 느낌이다.

무엇이 좋은 콘텐츠냐 하고 묻는다면 '심금을 울리는' 콘텐츠라고 주저 없이 말하고 싶다. 아주 적절한 표현은 아니지만 굳이 짧게 줄인다면 '감동'을 주는 콘텐츠라고 할 수 있겠다. 변죽만 울리는 콘텐츠는 식상하기 쉽다. 일시적으로 즐길 수는 있을지언정, 영원한 명작으로 남을 수는 없다는 이야기다. 진정한 미디어 콘텐츠는 심금을 울릴 수 있는 인간의 본성을 담아내야 한다. 그럴 때 우리의 도구인 미디어도 기뻐할 것이다.

대학교 1학년 문학개론 시간에 들었던 김윤식 교수님의 강의가 아직까지

내 머릿속에 남아 있다. 내가 '인간 커뮤니케이션' 강의 시간에 가끔 학생들에게 이야기하기도 하는 내용이다. 그것은 문학 작품이 '전면적 진실'을 다룰 때 영원한 명작이 된다는 내용이었다. '말초적 진실'만을 담는 작품은 일시적으로만 유행할 뿐, 영원한 명작이 되지는 못한다는 것이다. 29년이 지난 지금, 그때 비해 미디어는 눈이 부시게 발전했다. 그런데 그렇게 발전한 미디어가 29년 전에 비해 전면적 진실을 얼마나 더 많이 운반하고 있는 것일까?

전면적 진실은 인간의 마음속에 있다. 인간이 미디어를 통해 추구하는 것은 바로 이 전면적 진실이 아닐까 생각해 본다. 아무리 휘황찬란한, 빛의 속도로 전달이 가능한 미디어라 하더라도, 사람의 심금을 울릴 수 있는 전면적 진실을 운반하지 못한다면 그 미디어의 가치는 퇴색되고 말 것이다.

《미디어 심리학》을 집필하면서 많은 것을 생각할 수 있어 행복했다. 비록 많은 점이 미비한 채로 또 하나의 책을 내놓게 된다는 것이 부끄럽기도 하지만, 이 나이에도 계속 성장할 수 있는 여지가 있다는 사실을 스스로 느끼는 것은 큰 행복 중 하나다. 누군가 '나는 아직도 배가 고프다'고 했던가? 그 말이 마음에 와닿는다.

아직 공부해야 할 것이 너무나 많다. 그리고 자꾸 새로운 것이 또 생겨난다. 이 책을 쓰는 동안에도 모든 것은 또 변화하고 발전해 간다. 이 책의 후반부에 디지털 미디어 심리 중 일부를 포함시키고, 특히 최근의 '미디어 아트*media art*' 영역을 포함시키며 새로이 접한 영역도 나를 매료시키기에 충분했다. 내 관심이 가는 영역이 계속 발전해 가는 것인지, 아니면 발전해 가는 영역에 내 관심이 계속 따라가는 것인지 모르겠지만, 심리학에서 미디어로, 미디어에서 아트로, 아트에서 건축과 환경으로 외연이 넓어져 갈 때마다 이전에는 별개라고 여겨졌던 인접 영역들이 모두 '미디어 심리학' 안에 포함될 수 있다고 느껴졌다.

이러한 융합이 가능해진 것은 말할 것도 없이 '디지털 테크놀로지' 덕분이다. 디지털화로 인해 이제 사람 간의 연결 미디어에는 물론이려니와, 움직이지 않던 환경이나 사물에까지 상호 작용성이 부여되어 그 유동성은 미래에도 무한한 변화를 약속하고 있다. 이러한 변화의 소용돌이 속에서 인간은 인간의 정체성을 꿋꿋이 지켜야 한다. 실상과 이미지를 구분하지 못하고, 실제 세계와 가상 세계를 구분하지 못하고, 실화와 픽션을 구분하지 못하고, 진실과 거짓을 구분하지 못한다면, 인간의 존재 자체가 비존재화될 수 있는 위험한 지경에까지 이를 수도 있기 때문이다.

7년 반 전 《인간 커뮤니케이션과 미디어》를 집필할 때에도 인간 커뮤니케이션 안에 매스 커뮤니케이션이 포함되는 것으로 보는 '인간 중심' 패러다임의 중요성을 강조했었다. 《미디어 심리학》을 출간하는 이 시점에서도 나는 여전히 '인간 중심'의 미디어 심리를 강조하고 싶다. 미디어로 인해 이 세상에 대한 온전한 지각이 왜곡되어서는 안 될 것이다. 어디까지나 인간의 오감을 통한 정확한 지각과 감동, 맑은 정신을 통한 올바른 생각과 판단 과정이 중심이 될 때, '영리해진' 미디어도 인간을 종속시키지는 못할 것이라 확신한다.

본격적인 전공 융합의 시도로 《미디어 심리학》이란 책을 써야겠다고 마음먹은 후 차일피일 미루고 있던 차에, 2008~2009년 서강대학교 특별 연구비 지원은 큰 원동력이 되었다. 책을 쓰는 동안 학과장의 일 부담을 감해 주려 애쓰신 학장님을 비롯한 커뮤니케이션학부의 모든 교수님들께 감사드린다. 항상 그렇듯이, 내가 일에 몰두할수록 뒷전이 되어 버리는 가족들의 희생과 사랑과 배려에도 마음 깊은 감사의 뜻을 전한다. 끝으로 생각보다 오래 걸린 책의 완성을 인내하고 기다려 주신 한나래출판사 편집진에도 감사드린다.

2010년 3월

나은영

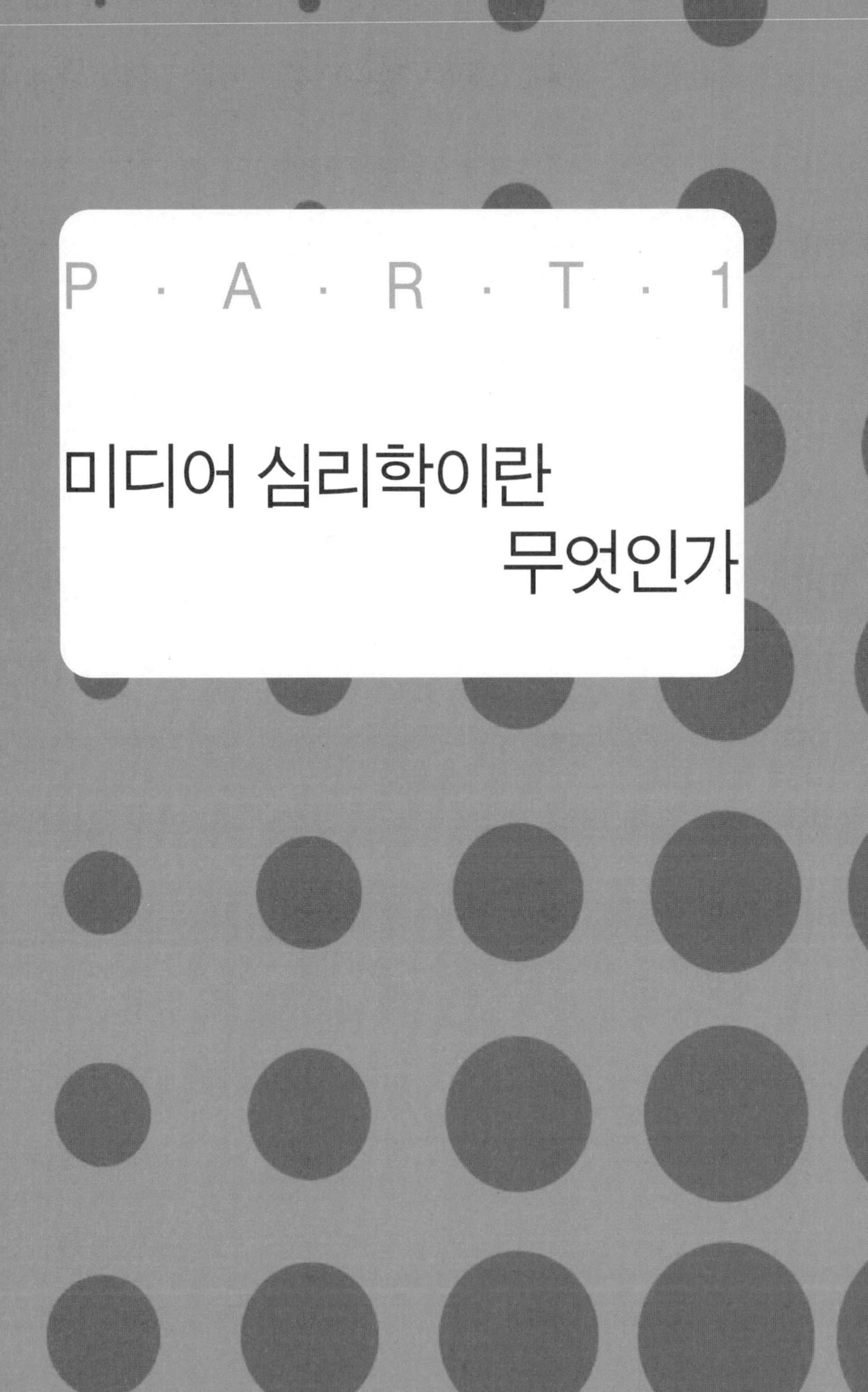

P·A·R·T·1
미디어 심리학이란
무엇인가

1장 미디어 심리학: 인간 본성의 소통과 즐김

2장 미디어 심리학의 구성 요소: 인간의 욕구와 연결 미디어

# Chapter 01

# 미디어 심리학

## | 인간 본성의 소통과 즐김

우리는 미디어를 통해 무엇을 얻으려 하는 것일까. 우리는 과연 무엇 때문에 미디어 또는 그것을 통해 전달되는 콘텐츠를 찾는 것일까. 그리고 우연히 보거나 듣게 되는 미디어의 콘텐츠에서는 어떤 것들을 느끼고 생각하는 것일까.

미디어와 심리학은 둘 모두 우리 곁 아주 가까운 곳에 있다. 우리가 사람이기에 심리학에서 벗어날 수가 없고, 항상 다른 사람들과의 연결 속에서 존재하기에 미디어의 도움을 받을 수밖에 없다. 바로 옆에 휴대 전화가 있고, 편안히 앉아 즐길 수 있는 TV가 있고, 다른 일을 하며 동시에 즐길 수 있는 MP3도 있다. 컴퓨터를 켜면 눈으로 직접 현장을 보는 듯한 이미지와 함께 아주 친한 친구부터 이 세상 끝에 사는 모르는 사람들의 이야기까지 생생하게 접할 수가 있다. 신문을 펼치면 어제 일어난 이야기들, 요즘 관심을 두어야 할 사건들을 한눈에 파악할 수 있다. 또한 길을 가다가 흘러나오는 음악에 귀를 기울일 수도 있고, 지하철 내부의 광고 화면에 눈을 돌릴 수도 있다.

이처럼 미디어는 자의든 타의든 한 순간도 우리 옆을 떠나지 않는다. 그런데 자세히 살펴보면 우리가 적극적으로 찾으려는 미디어 콘텐츠가 있고, 반대로 우리는 그다지 보고 싶어 하지 않아도 어쩌다 보니 접하게 되는 미디어 콘텐츠도 있다. 요즈음은 자신이 만들어 전달하고 싶어 하는 콘텐츠도 있고, 어쩌다 보니 전달되어 버리는 콘텐츠도 있다.

그렇다면 미디어를 통해 우리는 무엇을 얻으려 하는 것일까. 우리는 과연 무엇 때문에 미디어 또는 그것을 통해 전달되는 콘텐츠를 찾는 것일까. 그리고 우연히 보거나 듣게 되는 미디어의 콘텐츠에서는 어떤 것들을 느끼고 생각하는 것일까.

이 책에서는 우리가 미디어를 통해 어떤 즐거움을 얻으려 하며, 미디어를 사이에 두고 다른 사람과 소통하는 과정에는 어떤 심리가 작용하고 있는지, 그 이면을 들여다보려고 한다.

# 1. 소통과 즐김

우리는 영화나 드라마를 보고 마치 주인공처럼 영웅이 된 느낌을 경험하기도 하고, 등장 인물 가운데 악당에게 분노를 느끼기도 한다. 또한 TV 뉴스나 신문을 보고 예기치 못한 사건에 놀라움을 느끼기도 하며, 자신이 살아가는 일상 생활과 비교해 보기도 한다. 뿐만 아니라 스포츠 중계를 보거나 인터넷 게임을 즐기며 일상에서 벗어나 짜릿한 흥분을 맛보기도 하고, 소설책을 읽고 음악을 들으며 편안한 휴식을 취하기도 한다. 우리의 발길이 닿는 거의 모든 장소에서 우리는 우리의 의지와 관계없이 각종 광고물을 접하게 되고, 그런 광고물을 보고 들으며 긍정적이든 부정적이든 무엇인가를 생각하고 느끼게 된다. 이러한 모든 과정들이 우리의 다음 행동에 또 영향을 준다.

미디어 심리학은 이와 같이 '미디어를 통해 전달되는 메시지에서 사람들이 무엇을 생각하고, 느끼고, 행동하게 되는지'에 관심을 둔다. 미디어 콘텐츠 제작자들은 어떻게 하면 사람들의 관심과 주의를 끌 수 있을지에 총력을 기울이며, 콘텐츠 소비자들은 어떻게 하면 불필요한 정보에 주의를 빼앗기지 않고 자신에게 즐거움과 유익함을 줄 수 있는 정보에 집중할 수 있을지에 관심을 둔다. 특정 콘텐츠를 적극적으로 찾아서 즐기든 우연히 접하든 관계없이, 미디어를 통해 누군가가 보여 주고자 하는 내용이 시각적, 청각적 부호로 변환되어 사람의 머릿속에 들어오면, 사람은 그것을 자신의 과거 경험에 비추어 해독하며 무엇인가를 생각하고 느끼게 된다.

현대를 살아가는 사람이라면 누구나 미디어를 활용하고 있다. 미디어는 사람과 사람을 더 가까이, 더 빨리 연결해 주는 효율적인 수단이다. "모든 미디어는 커뮤니케이션으로 발현되며, 효과적인 커뮤니케이션을 하려면 인간의 행동에 대한 이해가 필수적이다"라는 러스킨(Luskin, 2003)의 말처럼,

인간의 심리, 좀 더 구체적으로 인간의 생각과 느낌과 행동이 어떤 규칙에 따라 움직이는지를 이해한다면 미디어를 통해 좀 더 효과적인 커뮤니케이션을 하는 데 도움이 될 것이다. "오늘날 미디어, 기술, 커뮤니케이션, 예술 및 과학의 수렴이 우리가 살아가는 세상을 변화시키고 있고, 물이 바다 안의 물고기들을 감싸고 있듯이 사회 심리학적 미디어의 효과*sociopsychomedia effect*가 우리 사회 전체를 감싸고 있다"(Luskin, 2003, p.14).

　　무엇보다 우리는 '소통'을 원하고, 미디어는 그 소통을 도와주는 도구이기 때문에 미디어는 우리의 필수품이다. 또한 우리는 '즐김'을 원하고, 미디어는 그 즐김을 도와주는 유용한 도구이기 때문에 늘 우리 옆의 미디어를 활용한다. 그런데 이러한 소통과 즐김의 추구는 단순한 쾌락주의 이상의 의미를 지닌다. 뒤에 상술하겠지만, 비록 슬픈 정서를 유발하는 영화라 할지라도 그것이 인간의 본성을 다루어 감동을 준다면 사람들은 그런 영화를 '즐기는' 것이다. 즉 미디어 엔터테인먼트*media entertainment*를 '즐긴다*enjoy*'는 의미는 반드시 '쾌락'만을 포함하는 것이 아니라, '감동'까지 포함하는 것임을 강조하고 싶다.

　　이 책에서는 미디어와 관련된 심리를 크게 다음과 같은 세 범주로 나누어 살펴보려고 한다.

## 1) 소통의 심리

'소통*communication*'의 심리는 자기 자신과 다른 사람 또는 다른 대상과의 '연결'과 '비교'에 기반을 둔다. 이 과정에 미디어가 개입되는데, 이 미디어에는 단지 TV, 전화, 컴퓨터 등과 같은 기술적인 미디어만 포함되는 것이 아니라 우리의 발성 기관이나 보청기 등까지 모두 포함된다고 할 수 있다. 휴대 전화나 전자 우편으로 다른 사람과 메시지를 주고받는 경우도 당

연히 소통에 해당하지만, 누군가 휴대 전화 카메라로 어떤 모습을 찍어 보
낸다면, 그 과정에서 해당 영상을 찍은 사람, 찍힌 사람, 받은 사람이 모두
연결되어 이 역시 소통의 범주에 들어간다고 할 수 있다. 그 모습을 보며
누구를 떠올릴 수도 있고, 자신이나 자신의 애인과 비교해 볼 수도 있다.
우리는 이처럼 미디어를 통해 어떤 콘텐츠를 접하고 무엇인가를 생각하며
느낀다. 그리고 이어 행동한다.

우리는 휴대 전화와 유선 전화, 전자 우편을 통해 직접 소통하며, 드라
마와 영화, 토크쇼 등을 보며 간접 소통을 경험한다. 소통의 심리에 포함
된다고 볼 수 있는 개념들은 감정 이입empathy,* 동일시identification, 유사 사
회적 상호 작용parasocial interaction 등이 있다. 이러한 심리 과정들은 대체로
타인 지향적 정서에 기반을 둔다.

## 2) 즐김의 심리

'즐김enjoyment'의 심리는 많은 경우 미디어 이용자가 미디어 오락
entertainment 콘텐츠를 즐기는 영역에 해당한다. 그러나 앞서 언급했듯이 '슬
픈 정서'를 유발하는 미디어 콘텐츠(예: 노래 가사)도 그것을 접하는 사람에게
깊은 의미와 통찰을 줄 수 있다면 사람들은 그것을 즐길 수 있다. 가수가
노래를 부르면 일단 그 노래 자체를 즐기는 것이며, 선수가 경기를 하면
일단 그 경기 자체를 즐기는 것이다. 그리고 자기 자신이 누군가와 게임을
하면 그 게임 자체를 즐기는 것이다. 물론 그 가수가 누구인가, 선수가 누
구인가, 게임 상대가 누구인가에 따라 당연히 즐김의 정도도 달라지며, 일
정 부분은 '소통'의 심리와 유사한 감정 이입, 동일시, 유사 사회적 상호 작
용 등이 일어난다. 그러나 보다 일차적인 부분은 여전히 해당 장르의 콘텐
츠 자체를 즐기는 것이라고 할 수 있다.

* 'empathy'는 '공감' 또는 '감정 이입'이라고 번역한다. 대화나 전화 통화와 같은 직접 소통에서는 '공감'이
라는 번역이 더 적합하며, 드라마나 영화의 등장 인물을 대상으로 하는 간접 소통의 경우는 '감정 이입'이라
는 번역이 더 적합하다. 이 책에서는 미디어를 통한 간접 소통을 더 많이 다루기 때문에 '감정 이입'이라는 용
어를 주로 쓰되, 경우에 따라 '공감'이란 용어도 병용하기로 한다.

즐기기 위해서는 어느 정도의 '몰입immersion'이 필요하며, 경우에 따라 자신이 미디어와 상황을 '통제control'할 수 있는 능력도 필요하다. 능력에 맞는 도전을 하여 성취감을 느낄 때 가장 큰 즐거움을 느낄 수 있다. 이러한 '즐김'의 심리는 대체로 자기 지향적 정서에 기반을 둔다.

## 3) 디지털 미디어 심리

디지털 미디어의 발전은 인간의 소통과 즐김의 영역을 획기적으로 확장시켰다. 먼 곳에 있는 사람과의 연결을 순식간에 가능하게 만들었을 뿐 아니라, 먼 곳에 있는 콘텐츠도 순식간에 즐길 수 있게 만들었다. 더구나 디지털화로 인해 '주고받음'이 자유자재로 이루어지는 '상호 작용성interactivity'은 소통하며 즐기는 인간에게 무한한 심리적 보상을 가져다주었다. 소통과 즐김 자체가 즉각적 피드백을 받으며 심리적 보상을 얻을 수 있어, 몰입도가 이전에 비해 엄청나게 강해진 것이다.

디지털화는 사회 전체의 모습을 변화시켰고, 인간이 미디어를 즐기며 미디어로 소통하는 방식, 그리고 그 과정에서 생각하고 느끼며 행동하는 방식과 내용에도 큰 변화를 가져왔다. 대량 동시 교환이 가능해진 시스템 안에서 소통과 즐김의 통합이 이전에 비해 훨씬 더 용이해졌다고 볼 수 있다. 복잡하게 얽혀 있는 미디어 시스템 안에서 이를 이용하는 인간의 적극적 활용과 역동적 창조의 심리가 창발emerge된 것이다.

이러한 분류에서 특히 앞의 두 범주는 이 책에서 미디어와 관련된 우리의 심리를 크게 (1) 미디어를 통해 다른 사람들의 일상적인 삶을 비추어 볼 수 있는 장르들(예컨대 드라마와 영화, 뉴스, 토크쇼 등)과 (2) 미디어에 다른 사람의 일상적인 삶이 직접적으로 드러나지 않는 장르들(예컨대 음악, 게임, 스포츠 등)로 나누어 살펴보려는 목적과 일치한다. 이렇게 나누는 의도는 대체로 첫 번째 범주는 사회 속의 '타자 관계,' 두 번째 범주는 '자기 정서'에 초점이 있다고 생각되었기 때문이다.

좀 더 구체적으로 언급하면, 첫 번째 범주의 경우 미디어를 통해 자기 자신과 유사하거나 전혀 다른 삶을 간접 경험하면서, 다른 사람들의 삶을 관찰하며 '사회 비교' 과정을 거쳐 위안을 얻기도 하고 소통의 즐거움을 경험하기도 한다. 이와 조금 다르게, 두 번째 범주의 경우 다른 사람이 등장하더라도 그들의 일상적인 삶과 관련된 부분을 보여 주기보다 하나의 작품으로 객체화된 미디어 콘텐츠를 그 자체로 즐기며 몰입하기 때문에 앞의 것과 구분이 된다. 물론 후자의 경우도 어떤 인기 가수가 노래를 부를 때 그 가수의 삶 자체가 그 곡이나 표정, 몸짓 등에 나타나기도 하고, 그런 부분에 매혹되어 동일시하기도 하지만, 그와 '소통'하기보다는 그러한 것을 '즐기는' 데 더 초점이 있다고 볼 수 있다. 그래서 전자는 '등장 인물과의 관계에 초점이 있는 장르'로, 후자는 '콘텐츠 자체에 초점이 있는 장르'로 분류하였다.

미디어 심리학이 다루는 내용을 명쾌하게 두 부분으로 완전히 나눌 수는 없지만, 논의의 편의상 위와 같이 기본적으로 소통의 욕구를 충족시키는 장르와 즐김의 욕구를 충족시키는 장르로 나누어 탐색해 보려는 것이다. 이 세상을 살아가면서 다른 사람들과 잘 소통하며 자신의 정서를 충실하게 즐기는 삶, 이것이야말로 사람들이 각종 미디어를 이용해 삶을 추구하는 방식이 아닐까 생각한다.

더 나아가, 이 책의 후반부에서는 최근 급격한 속도로 발달되어 인간의 삶 전체에 큰 변화를 가져오고 있는 (3) 디지털 미디어 이용자의 심리를, 특히 인터넷, 휴대 전화, 트위터 등을 포함한 소셜 미디어와 미디어 아트*media arts*의 영역에서 특별히 조명해 볼 것이다. 이제 디지털 미디어 기술은 단순히 사람과 사람을 연결하는 데 그치지 않고 사람과 물리적 환경을 연결하여 환경과 상호 작용하는 방식에도 큰 영향을 주고 있다. 예를 들면, 인터랙티브 빌딩 스킨*interactive building skin*이나 미디어 아트는 미디어 기술이 비언어적 예술 작품이나 건축 또는 주변 환경 공간에까지 스며들어 사람들이 이러한 작품이나 환경을 즐기고 느끼는 데 기여하고 있다. 즉 디지털 미디어의 상호 작용성이 '반응하는 환경*responsive environment*'의 근간을 제공함으로써, 인간과 (예술 작품 및 건축을 포함한) 환경의 만남과 상호 작용으로 인한 심리를 유발시키기 때문에, '미디어 심리학'을 논하면서 '디지털 미디어 아트' 영역을 빼놓을 수가 없는 것이다. 이 책에서 이러한 부분들을 완전히 섭렵할 수는 없겠지만, 최근의 미디어를 대하는 사람들의 심리가 변화할 수밖에 없는 상황을 간략하게나마 언급하기 위해 책의 후반부를 할애하였다.

## 2. 긍정적 정서를 높이기 위한 미디어 이용

인간은 생각하고 느끼고 행동하는 동물이다. 따라서 어떤 미디어를 통해 전달되는 메시지를 접할 때에도 사람의 생각과 느낌과 행동에 영향을 받게 된다. 그중에서 특히 '정서' 부분은 가장 기본이 된다. '정서*emotion*'나 '감정*affect*'은 어떤 대상에 대한 인지적 평가*cognitive evaluation*들이 합해져 요약된 형태로 전체성을 지니며, 인간의 생존과 적응에 관련된 행동을 유발하는 준비성*readiness*에 해당하기 때문에, 그 힘이 매우 강력하다. 따라서 어떤 행동에 대한 개입 정도도 정서에 의해 설명되는 비중이 상당히 크다. 즉 아무런 감정을 느끼지 못할 때보다 어떤 일로 인해 화가 나거나 분한 마음이 들 때 행동을 취할 가능성이 높아지기 때문에, 정서는 그 내부에 행동을 일으키는 에너지를 지니고 있다고 볼 수 있다. 미디어 심리학을 구체적 영역별로 다루기에 앞서 정서에 관한 부분을 정리하고자 하는 이유가 여기에 있다.

사람들이 왜 미디어를 이용하며 어떤 때 미디어를 찾는가? 앞서 언급했듯이 소통과 즐김을 위해 미디어를 찾게 되는데, 어떤 경우든 현 상태에서 더 긍정적인 쪽의 정서를 추구하고자 한다. 심지어 슬픈 드라마나 무서운 영화를 찾는 사람들도 그것을 시청하거나 관람한 후 뭔가 후련하거나 통쾌한, 또는 쌓여 있던 것들을 풀어 버린 듯한 긍정적인 기분을 맛보기 위해 찾는 것이라고 할 수 있다. 미디어 공간에서 사람들은 자기 자신이 주체가 된 적극적인 이용자로서 스스로의 정서를 '긍정적인' 방향으로 바꾸기 위해 콘텐츠의 종류와 이용 방식을 자유롭게 선택하고 진행할 수 있다. 디지털 미디어 공간에서는 이용자가 능동적으로 통제력을 발휘할 수 있는 공간이 더욱 넓다.

일반적으로, 사람들이 정서를 느끼는 상황은 크게 그림 1-1과 같은 네 종류로 나눌 수 있다. 현 상태가 가라앉은 상태이면 좀 더 들뜬 분위기가 되고 싶어 하고, 현 상태가 너무 각성되어 있는 상태면 좀 더 평온한 상태가 되고 싶어 한다(나은영, 2009a, p.28). 즉 그림 1-1에서 알 수 있듯이, 따분하면 흥분과 자극을 추구하고, 화가 나면 평화롭고 싶어 한다.

분노, 짜증, 불쾌감과 같은 부정적이면서 각성된 정서 상태로부터 평온, 행복과 같은 긍정적이면서 덜 각성된 정서를 추구하는 과정은 다음에 논의하게 될 '감정 이입empathy'과 상통하는 면이 있다. 반면에, 따분함이나 지루함처럼 부정적이면서 각성 수준이 낮은 상태로부터 흥분이나 짜릿함과 같은 긍정적이면서 각성 수준이 높은 상태로의 변화를 추구하는 것은 서스펜스suspense를 느끼고자 하는 심리 또는 자극 추구sensation seeking 성향과 맥락을 같이한다.

소통의 정서에는 자신을 위한 정서뿐만 아니라 '다른 사람을 위해 느

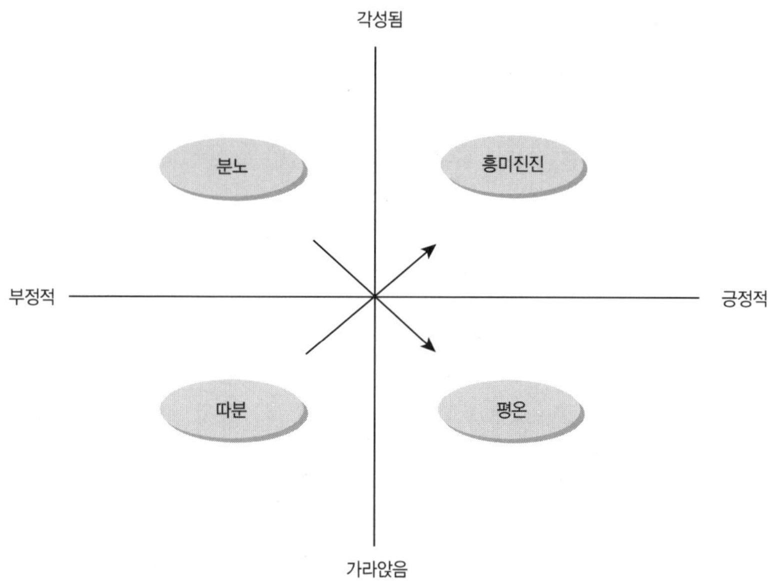



그림 1-1. 미디어를 접하는 사람들의 정서 변화 추구 방향

끼는’ 정서도 포함된다. 다른 사람과 공유하는 부분이 있어야 소통이라고 이야기할 수 있기 때문이다. 예컨대, 드라마 주인공에게 좋은 일이 일어나기를 바라는 느낌은 그 대상에 ‘대한’ 정서가 아니라 그 대상을 ‘위한’ 정서이다. 그 사람을 위해 느껴 주는 정서인 것이다. 물론 이런 과정에서 카타르시스를 느끼며 즐기는 부분도 생긴다.

반면에 즐김에서의 정서는 주로 ‘자기 자신을 위해’ 느끼는 정서이다. 스포츠를 즐기며 응원하는 것은 ‘그 선수를 위한’ 정서라기보다 그 선수의 승리를 통해 자기 자신이 대리 만족을 느끼고 싶은, ‘자기 자신을 위한’ 정서라고 할 수 있다. 즉 스스로의 기분을 상승시키려는 자기 자신의 정서에 초점이 있다. 기존 미디어에서도 이러한 정서 변화를 추구할 수 있지만, 근래에는 미디어의 디지털화로 '내가 원하는 시간과 장소에서' '내가 원하는 내용을' 즐기고 소통함으로써 스스로의 정서를 보다 용이하게 통제할 수 있게 되었다. 다만, 디지털 미디어에서는 본인이 좋아하는 하나의 정서에 푹 빠져 헤어나지 못하게 될 정도의 중독 가능성을 더욱 경계해야 한다.

감정의 일반 모델은 그림 1−2와 같이 나타낼 수 있다. 사람들이 미디어를 통해 영화를 보거나 음악을 듣거나 스포츠를 시청하거나 드라마를 즐길 때, 다양한 종류의 '감성'이 경험되고 표현된다(로스 벅, 2000, p.113; Wilson, 1979; Zajonc, 1980). 이 그림을 보면 내적, 외적 감정 자극으로 인해 인지 시스템이 작동하는 과정에서 적절한 '학습'이 필요하며, 감정을 주관적으로 경험하고 적응하는 데에는 학습보다 '촉발 단서*primes*'가 필요함을 알 수 있다. 감정은 '생각'의 과정을 깊이 거치지 않고 거의 자동화된 과정으로 나타나는 경우가 많다. 물론 이 자동화된 과정 자체가 애초에는 학습을 통해 형성되어 '매우 익숙해진' 상태가 된 것일 수도 있지만, 보통의 '사고 과정' 개입과는 다른, 거의 무의식적이고 본능에 가까운 반응일 경우가 많다는 것이다.

감정은 원시 시대부터 인간의 적응에 도움이 되어 왔다. 무서운 맹수를 보고도 무서움을 느끼지 않는다면 도망치지 않을 것이고, 그러면 그 개체는 이미 목숨을 잃어 지금까지 유전자가 보존되어 오지 못했을 것이기 때문이다.

반드시 생존을 위한 감정만 중요한 것이 아니라, 아름다운 것을 보거나 듣고 행복감을 느낀다든지, 지나친 스트레스를 받으면 평온한 음악을 들으며 정서를 안정시키고 싶어진다든지, 또는 본인을 해하려는 누군가를 보고 분노가 솟아 자기 방어 행동을 한다든지 하는 모든 상황에서 감정은 생각과 함께 (어쩌면 생각보다 더 앞서는) 행동의 원천이 된다.

우리가 미디어를 통해 드라마를 시청하고 음악을 듣고 스포츠 미디어

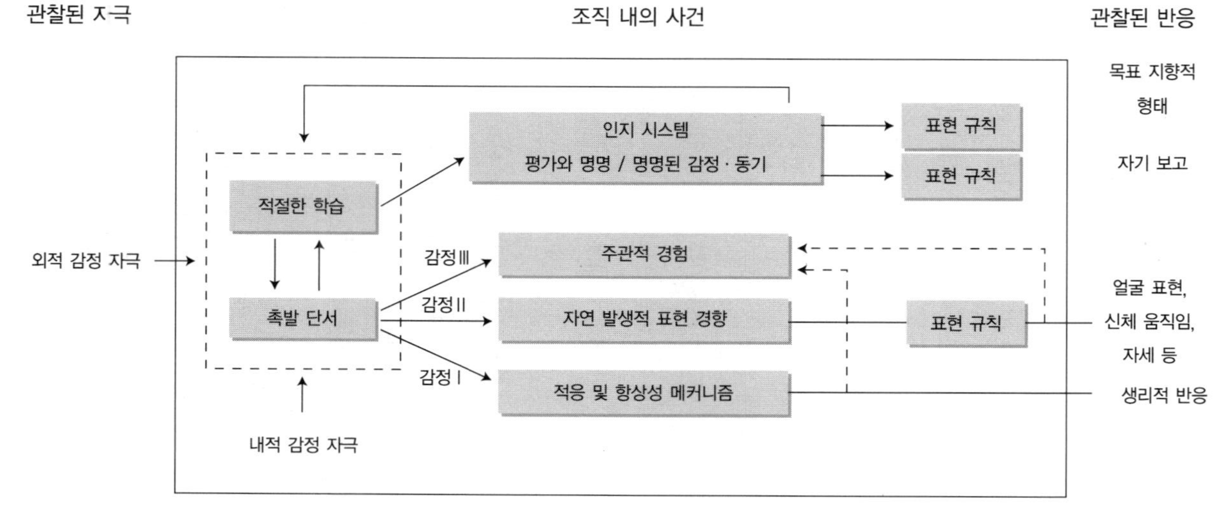


(로스 벅, 2000, p.113; Wilson, 1979; Zajonc, 1980)

그림 1-2. 감정의 일반 모델

를 즐기는 것은 감정을 표현하기보다는 감정을 '느끼기' 위해서라고 할 수 있다. 또는 애초에 그런 감정을 느끼기 위해서가 아니라 우연히 접하게 되었다 하더라도, 결과적으로 그런 감정을 '느끼는' 것을 '즐기기' 때문에 그러한 미디어의 콘텐츠를 또 찾게 되는 것이다.

이 모든 감정을 '느끼기' 위해서는 어떤 식으로든 '자기 자신과의 관련성'이 있어야 한다(래저러스·래저러스, 1997). 심지어 자신과 무관한 사람의 고통을 보고 유사한 고통을 느끼는 경우라 할지라도 '같은 인간' 내지 '같은 생명체'라는 최소한의 관련성 정도는 기본적으로 있어야 그러한 정서를 느낄 수 있다. 정서를 느끼기 위해 '자기 관련성'이 필요하다는 명제를 확대하면, 사람들에게 감동을 주는 미디어 엔터테인먼트는 어떤 식으로든 '인간 관련성,' 즉 보다 깊은 의미의 보편적인 '인간 본성'에 와 닿을 수 있는 콘텐츠여야 한다는 명제로 넓힐 수 있다. 사람들이 많이 찾는 엔터테인먼트는 무언가 자신의 존재 자체와 깊은 관련성을 맺고 있고, 잠시 가볍게 웃고 즐기든 마음껏 울며 감동을 느끼든 궁극적으로는 인간으로서의 삶에 '의미'를 줄 수 있는 콘텐츠인 경우가 대부분이다.

## 3. 기분 관리와 기분 조절

미디어 이용에 대한 정서 기반 관점은 기분 관리*mood management* 또는 기분 조절*mood adjustment* 이론과도 연계되며, 특히 음악과 코미디 분야에서 많이 연구되어 왔다(이 책의 5장과 7장 참조). 기분 관리 이론은 (1) TV 프로그램 선택을 포함한 다양한 커뮤니케이션 메시지 선택 행동을 설명하고 예측하는 것을 목적으로 하며, (2) 커뮤니케이션 메시지 선택의 동인을 개인의 심리적 상태에서 찾으려 하고, (3) 선택된 메시지들의 기능론적 효과를 강조한다는 점에서 '이용과 충족use and gratification 이론'들과 맥락을 같이한다 (Zillmann, 1988).

개인의 기분 상태에 영향을 미치는 TV 메시지의 속성에는 (1) 메시지의 흥분 유발 정도, (2) 메시지의 관여 유발 정도, (3) 메시지의 쾌락주의적 속성이 있다(Zillmann, 1988; Zillmann & Bryant, 1985). 구체적으로 살펴보면, 첫째 조건은 현재의 흥분 수준이 높은 사람은 이를 낮출 수 있는 메시지를 선호하며, 현재의 흥분 수준이 낮은 사람은 이를 높일 수 있는 메시지를 선호한다는 것이다. 둘째 조건은 현재 경험하고 있는 기분이 유지되는 것은 인지적으로 최소한의 방해를 받을 때이고, 반대로 외부에서 강한 자극이 들어오면 현재 경험하고 있는 기분이 방해되어 쉽게 훼손된다는 것이다. 세 번째 조건인 메시지의 쾌락주의적 속성은 부정적 기분을 전환하는 데나 긍정적 기분을 유지하는 데에 유쾌한 메시지가 그렇지 않은 메시지보다 더 효과적이라는 것이다.

기분 관리 이론은 TV, 음악, 영화 등 각종 미디어 엔터테인먼트의 선택에 두루 적용될 수 있지만, 검증 연구에서는 주로 TV 프로그램 선택이나 음악 선택을 많이 사용해 왔다. 대체로 스트레스를 많이 받는 여성들은 게임쇼나 버라이어티 프로그램을 선택하는 경우가 많았고, 스트레스를 많이 받는 남성들은 폭력적인 액션 프로그램을 많이 선택했다(Zillmann, 2000).

기분 조절 이론은 기분 관리 이론의 보완적 이론이며(Knobloch, 2003), 국내에서 기분 관리 이론에 근거하여 스트레스 정도가 텔레비전 프로그램 선택에 미치는 효과를 연구한 논문도 등장했다(최진명, 2007). 특히 뉴스나 드라마보다 음악, 스포츠, 코미디 등과 같은 프로그램을 선택할 때 '기분 전환'을 위해 선택하는 경우가 많기 때문에, 여러 영역에 유용하게 적용되는 이론이라 할 수 있다.

# 4. 부정적 정서의 엔터테인먼트: 인간 본성의 '의미' 추구

사람들이 긍정적 정서를 유지하기 위해 미디어 엔터테인먼트를 찾는다면, 슬플 때 슬픈 영화를 찾는 사람들의 심리는 어떻게 설명할 것인가? 이것은 쾌락 추구를 기본 가정으로 삼고 있는 기분 관리 이론에 가장 치명적인 반례이다. 최근에는 미디어와 심리학의 연계 분야에서 이러한 부정적 정서 추구의 심리까지 포괄하려는 이론적 논의가 진행되고 있다(예: Hartmann, 2009).

올리버(Oliver, 2009)는 기존 쾌락주의 연구들이 부정적 정서를 유발하는 미디어 엔터테인먼트의 효과를 다룰 때 '슬픔'이나 '애환'이라는 일부 정서에 초점을 둔 나머지 그러한 작품이 담은 심오한 인간 본성의 의미를 간과한다고 지적한다. 슬픔이라는 정서는 그런 영화나 드라마가 주는 반응의 일부일 뿐이라는 것이다. 예를 들어, 자신이 외로울 때 외로운 주인공이 슬퍼하는 영화를 더 보고 싶어 하는 심리(Mares & Cantor, 1992), 또는 결코 '기쁨을 주는' 영화라고 할 수 없는 〈서편제〉 같은 작품을 감상한 후에 느끼는 깊은 감동 등은 기분 관리 이론으로는 설명이 되지 않는다. 인간의 존재 자체와 본성에 대한 의미를 성찰하게 하는 것도 미디어 엔터테인먼트에서 큰 비중을 차지하는 것이다.

사람들이 기본적으로 고통과 괴로움을 피하고 쾌락과 즐거움을 찾고자 하는 것은 사실이지만, 어떤 유형의 엔터테인먼트에서는 1차적인 관심이 즐거움이나 쾌락보다 "통찰*insight*, 의미*meaningfulness*, 이해*understanding* 및 반추*reflection*"에 있다(Oliver, 2009, p.177). 즉 즐거움 추구나 쾌락이 엔터테인먼트 충족의 구성 요소 가운데 중요한 한 부분을 차지하기는 하지만, 그것이 전부는 아니라는 것이다. 엔터테인먼트가 주는 '의미'가 중요한지 '즐거움'이 중요한지에 관한 논의는 심리학에서 '주관적*subjective* 안녕감'과 '심리적*psychological* 안녕감'의 개념 구분과 관련이 있다(Keyes et al., 2002). 주관적 안녕감은 긍정적 정서 수준이 높고 부정적 정서 수준이 낮은 상태를 말하지만, 심리적 안녕감은 개인적 성장감, 자기 수용, 인생의 목적 등과 연관성이 깊다. 워터만(Waterman, 1993)은 이와 관련해 아리스토텔레스의 '행복eudaimonia'이란 용어를 채택하면서, 이는 '개인의 표현성expressiveness'으로 개념화되기 때문에 '쾌락적 행복감hedonic happiness'과는 다르다는 점을 강조한다. 미디어 엔터테인먼트에 대해 다양한 반응 유형이 가능함에도 불구하고 즐김enjoyment에만 초점을 둘 경우, 이와 같은 통찰, 의미, 또는 이해와 관련된 미디어 충족 부분을 놓치게 된다.

슬픈 영화를 보려는 심리를 '하향 비교'를 통해 자신의 처지에 대한 위안을 얻고자 한다는 마음으로 설명하면, 궁극적으로는 긍정적인 정서로 설명이 되기도 한다(Mares & Cantor, 1992). 또한 나중에 더 큰 보상을 얻기 위해 지금 꾹 참고 재미없는 콘텐츠를 소비하는 경우도 있다. 이것도 장기적인 긍정적 정서 추구로 설명이 될 수 있다.

그러나 '인간 본성'에 깊이 와 닿는 감동을 주는 것은 그 이상의 문제이다. 예컨대, 다른 사람의 좋지 않은 상황을 보고 자기 상황은 좀 낫다고 하여 하향 비교를 통한 위안을 느낀다면, 이것은 건강한 적응 양식이라고 보기 어렵다. 참된 적응에 도움이 되는 진정한 치유 효과는 슬픔 이상의 '감동'을 느꼈을 때 비로소 가능해지기 때문이다. 당장 얕은 즐거움을 주든 깊은 슬픔을 주든, 또는 깊은 즐거움을 주든, 인간은 궁극적으로 삶에 큰 연관성을 지니는 공감과 감동을 주는 엔터테인먼트를 추구한다는 점을 간과해서는 안 된다.

따라서 단순히 인간이 미디어에서 '긍정적 정서'를 추구한다고 단순화시키기보다는 그렇게 추구하는 긍정적 정서 안에 어떤 것들이 더 폭넓게 포함될 수 있는지를 함께 고찰해 보아야 한다. 그런 의미에서 이 책에서는 긍정적 정서의 의미를 조금 더 포괄적으로 사용하여, 인간 본성에 와 닿아 감동을 느끼는 부분까지를 의미하는 것으로 사용할 것이다.

# 5. 미디어 엔터테인먼트 이용의 기본틀

미디어 엔터테인먼트를 적극적으로 추구하느냐, 보기 싫지만 할 수 없이 보느냐, 가능하면 보지 않으려고 피하느냐 하는 문제를 하나의 틀 속에서 분석해 보자. 그림 1−3은 추구된 충족(GS: gratification sought)과 획득된 충족(GO: gratification obtained)의 일치 여부와 긍정적−부정적 정서 유발에 따른 미디어 접근−회피 가능성에 관한 모델이다. 파어와 뵈킹(Fahr & Böcking, 2009)이 '충족 격차discrepancy 모델'이라고 부르는 이 모델에서는 정서가 조정 변인moderator 역할을 한다.

충족 격차 모델을 좀 더 구체적으로 살펴보면, 미디어 이용자가 어떤 충족을 위해 엔터테인먼트를 찾았는데, 그것이 기대만큼 만족스럽지 않으면 계속 더 찾게 되는 '탐색exploration' 과정을 거친다. 그러다가 마침내 기대를 충족시키는 미디어 콘텐츠를 발견하면 그 콘텐츠를 담고 있는 엔터테인먼트에 계속 '접근approach'한다. 기존의 이용과 충족 이론은 바로 이 접근 부분에 초점을 둔 이론이었으나, 충족 격차 모델을 제안한 연구자들은 미디어를 '회피avoidance'하는 동기도 함께 고려해야 한다고 보았다.

더 나아가, 추구된 충족이 기대에 미치지 못하여 부정적 정서를 가져오면 그런 미디어 콘텐츠는 회피하게 되며, 부정적 정서를 가져오더라도 자기가 추구하던 충족을 얻을 수 있는 경우에는 참으면서 이용하는 '인내toleration'를 보인다. 예를 들면, 컴퓨터를 켜고 '학습 욕구' 충족을 위해 인터넷 강의를 듣는다고 할 때, 그 강의의 내용이 충실하여 원래 추구하던 학습 욕구를 만족시키기는 하지만 형식이 지루하여 부정적 정서를 유발하는 경우, 그런 부정적 정서를 인내하면서 그 미디어 콘텐츠를 계속 소비할 수 있다.

기존의 이용과 충족 모델에서는 미디어를 '찾는' 동기를 주로 연구해

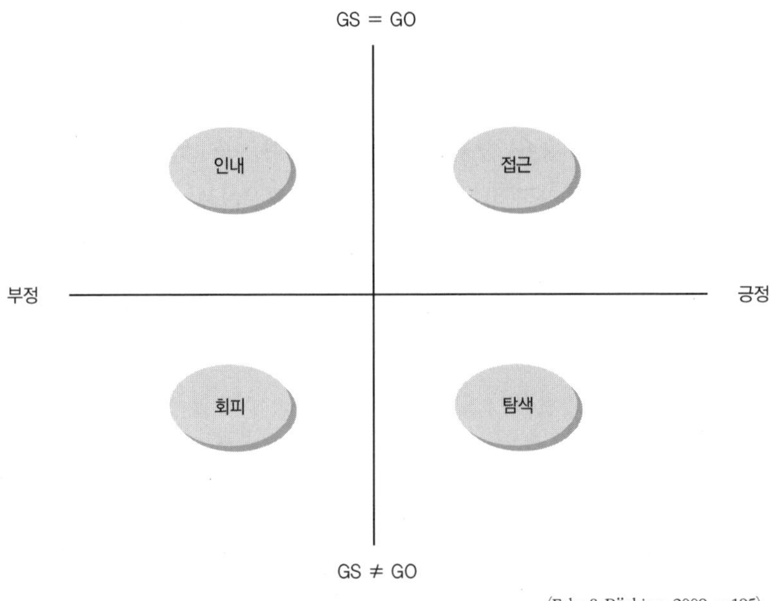


(Fahr & Böcking, 2009, p.195)

그림 1-3. 충족 격차 모델에서 정서의 조정 효과

왔는데, 충족 격차 모델의 저자들은 미디어 콘텐츠를 '피하는' 동기의 요인들을 분석하였다. 그 결과, 프로그램이 피상적이고 사소한 내용들을 다루거나, 폭력과 충격이 난무하여 혐오감을 주거나, 지나치게 생생하여 꺼리는 마음이 들게 하거나, 좋아하지 않는 내용을 다루거나, 별반 새로운 것이 없거나, 불안하게 만드는 내용일 때 사람들은 그 프로그램을 피하는 경향이 있음을 발견하였다(Fahr & Böcking, 2009, p.192~193).

# 6. 몰입과 중용

건강한 미디어의 이용은 '중용'을 되찾는 데 있다. 아리스토텔레스가 말한 '행복'은 날뛰는 쾌락이 아니라 평온한 중용의 심리에 가까운 것이라 생각된다. 기분이 나쁘면 좋아지기 위한 노력을 하고, 흥분이 되면 가라앉히려는 노력을 한다. 고민이 많으면 풀어 버리고 다시 평상심을 찾고 싶어 하고, 너무 단조로운 일상에 따분함을 느끼면 또다시 약간의 자극을 원한다. 결국 사람들은 '최적의' 평온한 적응 상태를 향해 움직이고자 하며, 그 방편의 하나로 소통의 미디어와 즐김의 미디어를 활용한다고 할 수 있다.

미디어를 즐기려면 몰입이 필요하지만, 지나친 몰입은 중독을 가져오게 된다. 여기서 몰입은 '무관심'과 '중독'의 중간 정도에 해당하는 개념으로 생각할 수 있겠다. 그림 1-4는 각성 수준이 중간 정도일 때 최적의 수행을 보여 준다는 사실을 나타낸다. 즉 각성 수준이 너무 낮으면 무관심한 상태 또는 정신이 깨어 있지 않은 상태가 되어 내용에 주의를 기울이지 않기 때문에 최적의 수행을 하지 못하고, 반대로 각성 수준이 너무 높으면 지나치게 긴장하기 때문에 최적의 수행을 하지 못한다는 것이다.

마찬가지로, 동일한 그림의 x축을 몰입 수준으로, y축을 즐거움의 정도로 볼 경우, '적절한 몰입'의 수준일 때 가장 큰 즐거움을 느낄 수 있을 것이라고 가정해 볼 수 있다. 즉 몰입 수준이 너무 낮으면 내용을 충분히 음미할 수 없어서 즐거움을 느낄 수 없고, 몰입 수준이 너무 높으면 중독에 빠지게 되어 역시 참된 즐거움을 느끼는 상태라고 보기 어려울 것이다. 즉 적절한 몰입 수준에 이르기 전까지는 미디어 콘텐츠에 정신을 기울이는 상태라 할 수 있고, 그 수준을 넘어서면 미디어 콘텐츠에 정신을 빼앗기는 상태라고 할 수 있다. 미디어의 내용을 충분히 즐길 수 있을 정도의 주의 집중은 필요하지만, 이것이 지나치면 '정신이 나간' 또는 '혼이 빠진' 상태

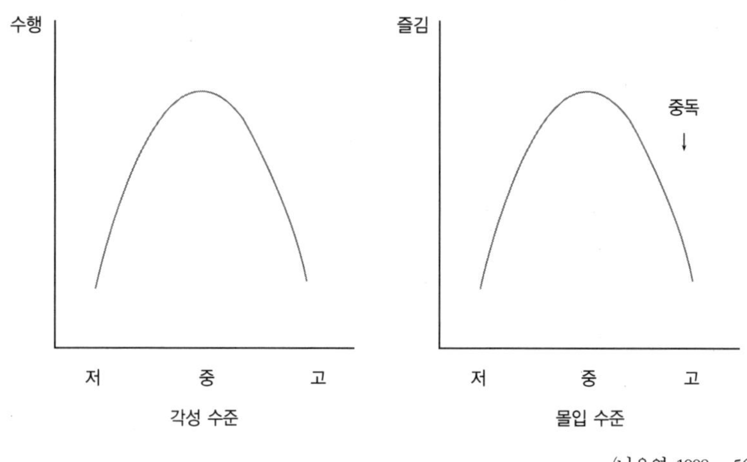


(나은영, 1998, p.56)

그림 1-4. 수용자의 각성 수준에 따른 수행의 정도 예측과
몰입 수준에 따른 즐김의 정도 예측

와 유사하게 되기 때문에 자기 통제하에서 정상적으로 미디어를 즐길 수 있다고 보기 어렵다.

디지털 미디어가 지니는 상호 작용성은 이용자로 하여금 '행동'의 개입을 요구하는 경우가 많기 때문에 더욱 '빠져들기'가 쉽다. 온몸과 마음을 기울여 집중하게 되기가 쉽기 때문이다. '나와 정신적, 신체적으로 교감을 주고받는' 상태가 몰입을 유발하게 된다. 중용을 잃지 않은 몰입이야말로 동양에서 '선'을 추구하는 것이나 도를 닦는 과정과 유사한, 평화 속의 소통과 즐김을 완성하는 상태라 할 수 있다.

# Chapter 02

# 미디어 심리학의 구성 요소

## | 인간의 욕구와 연결 미디어

미디어 심리학은 '인간이 미디어를 통해 환경을 포함한 다른 개체와 의미를 공유하는 과정에서 경험하는 모든 사고, 정서, 행위에 관한 연구'이다.

미디어는 연결의 도구이다. 좀 더 구체적으로 정의하면, 미디어란 '개체와 개체의 연결을 도와 의미 공유(커뮤니케이션)를 촉진시키는 장치'라고 할 수 있다. 여기서 미디어가 연결하는 개체 중 적어도 하나는 반드시 인간이다. 기계와 기계, 또는 기계와 환경을 연결하는 도구는 이 책에서 미디어라고 부르지 않는다.

인간과 다른 개체(들)를 연결하여 인간과의 의미 공유를 촉진하는 것이 미디어라고 할 때, 다른 개체에 해당하는 것은 (1) 다른 사람들, (2) 외부 환경(건축, 예술 작품 등 포함), (3) 기계(컴퓨터 등 각종 미디어 테크놀로지 포함)로 분류할 수 있다. 사람과 다른 사람들을 연결하는 미디어가 가장 대표적인 미디어로서, (휴대) 전화, 네트워크 컴퓨터, TV, 라디오, 신문, 책 등이 포함된다. 사람과 외부 환경을 연결하는 미디어에는 인터랙티브 빌딩 스킨과 디지털 미디어 아트 등이 포함된다. 또한 사람과 기계를 연결하는 미디어에는 원격 조종 장치(리모콘), 음성 및 지문 신호 센서 등이 포함된다. 이러한 것들을 모두 사람이 이용하기 때문에, 이용하면서 생각과 느낌과 행동이 유발될 수 있는 것이다.

따라서 미디어 심리학은 '인간이 미디어를 통해 환경을 포함한 다른 개체와 의미를 공유하는 과정에서 경험하는 모든 사고, 정서, 행위에 관한 연구'라고 정의할 수 있다. 인간이 미디어를 통해 경험하는 모든 것을 연구하는 분야가 미디어 심리학이기 때문에, 미디어가 인간의 감각 및 지각 과정에 주는 영향까지도 모두 연구 범위에 포함된다. 이제 미디어 심리학을 구성하는 요소들을 살펴보기로 하자.

# 1. 미디어 이용자의 욕구와 추구

사람들은 외부 조건이 허락하는 한 자기가 하고 '싶은' 것을 한다. 그렇게 자기가 하고 싶은 일을 하려고 마음 먹게 되는 내부 동인이 '동기*motivation*' 이며, 이 동기가 유발되면 구체적으로 그 일을 '추구*pursue*'한다. 미디어의 이용도 마찬가지다. 쉬고 싶을 때, 즐겁고 싶을 때, 짜릿함을 느끼고 싶을 때 각각 사람들이 찾는 미디어의 내용과 수단이 다르다. 이러한 과정, 즉 사람들이 미디어의 내용과 그것을 즐길 수단을 찾고 즐기고 이용하는 과정에서 부정적 정서를 일부러 추구하지는 않기 때문에, 최대한 긍정적이면서 평화로운 정서를 얻을 수 있는 방향으로 미디어 이용을 추구한다.

## 1) 미디어에서 무엇을 얻으려 하는가

### (1) 어떤 정서를 얻으려 하는가

사람들이 미디어를 통해 어떤 기분이 되고 싶어 하는가? 따분하고 지루하면 흥미진진한 볼거리와 들을 거리를 찾을 것이다. 그래서 '손에 땀을 쥐게 하는' 무엇인가를 보고 싶어 한다. 어떤 경기가 손에 땀을 쥐게 할 정도로 스릴 있을 것이라 기대하고 시청했으나 기대 이하의 경기를 보여 주어 실망하게 될 수도 있다. 그러나 결과와 무관하게 사람들은 그런 경기를 '찾는'다. 과거 경험에 의해 '이런 경기는 재미있을 가능성이 크다'고 생각하기 때문에 그런 경기를 의도적으로 찾아보는 것이다.

반면에, 화가 나고 흥분된 상태에서는 마음이 편안해질 수 있는 내용을 찾게 된다. 또는 최소한 흥분을 가라앉히거나 화나게 한 일을 잊게 할 수 있는 미디어의 내용을 찾는다. 일일 드라마의 다음 내용이 매우 궁금한 상태로 끝났을 때, 사람들은 이를 해결하기 위해 다음 날 또 그 드라마를 찾게 된다.

## (2) 어떤 생각을 구하려 하는가

사람들은 미디어를 통해 무엇을 더 알고 싶어 하는가? 우선 세상에 어떤 일들이 일어나고 있는지를 알고 싶어 한다. 이를 위해 TV 뉴스를 시청하거나 신문을 읽거나 인터넷 뉴스를 클릭한다. 또한 우리는 다른 사람들은 어떻게 살고 있는지를 궁금해한다. 그에 비추어 자기도 잘 살고 있는 것인지 판단할 수 있기 때문이다. TV든 인터넷이든 모든 미디어는 '연결'이 그 존재 이유이기 때문에, 미디어를 통하면 정보와 연결될 수 있고 사람과 연결될 수 있다. 그래서 미디어를 찾게 되는 것이다.

또한 내 힘으로 해결이 되지 않는 문제에 대한 해답을 구하고 싶어 인터넷 검색을 이용하기도 한다. 어떤 질병에 대한 정보, 학습에 대한 정보, 경제에 대한 정보 등이 부족하다고 느낄 때, 사람들은 인터넷을 검색하고 책을 들춰 보며 전문 지식과 경험담 등을 뒤적인다. 인지 욕구가 큰 사람들은 특히 더 많은 것을 알고 싶어 하고, 더 많이 생각하고 싶어 한다.

사회 비교 이론에 따르면(Festinger, 1954), 사람들은 자신의 성취도가 어느 정도인지를 알기 위해 다른 사람의 성취도를 알고 싶어 하며, 자신의 의견이 옳은지를 알기 위해 다른 사람의 의견을 알고 싶어 한다. 이러한 기본적인 욕구가 미디어 내용을 찾는 방향으로 나타나는 것이다.

(3) 누구와 만나려 하는가

사람들은 미디어를 통해 누구와 연결되고 싶어 하는가? 아예 모르는 사람들을 사귀고 싶어 하는 경우도 있지만, 대부분은 미디어를 통해 원래 친했던 사람들과의 연대가 더 강화되는 경향이 있다. 나와 의견이 다른 사람들의 생각을 많이 접하며 피곤하게 논쟁하느니, 나와 비슷한 생각을 하는 사람들을 더 찾아 나서서 그들의 지지를 받으며 자기 의견을 확신해 버린다. 미디어를 통해 '사회적 지지social support'를 추구하는 것이다.

또한 '나와 비슷한 처지에 있는 사람들'은 과연 어떻게 대처하고 있는지를 알고 싶어 하는 경향이 있다. 사회 비교 과정에서 성취 영역의 경우는 자기보다 조금 더 잘 하는 사람과 비교하고자 하는 욕구가 있고, 의견 영역의 경우는 자기와 비슷한 사람과 비교하고자 하는 욕구가 있다. 성취 영역에서는 좀 더 잘해 보려는 욕구가 바탕이 되어 약간의 상향 비교를 하게 되며, 의견 영역에서는 다른 사람늘도 나와 비슷한 의견을 가지고 있다는 데서 위안을 얻기 위해 대개 의견이 비슷한 사람들과 의견을 나누는 경향이 있다.

## 2) 미디어에서 무엇을 추구하는가

(1) 인지적 일관성 추구

사람들은 원래의 자기 생각과 다른 생각을 찾으려 하지 않는다. 불편해지기 때문이다. 따라서 인터넷 미디어가 다양한 내용을 제공하며 모든 사이트가 열려 있어도 자신이 좋아하는 사이트만 방문한다. 그래서 〈조선일보〉 사이트에는 〈조선일보〉를 선호하는 사람들이 더 많고, 〈오마이뉴스〉 사이트에는 〈오마이뉴스〉를 선호하는 사람들이 더 많다. 간혹 반대되는 주장을 하는 사이트에 들어가 반대 의견을 접하면, 그 의견에 의해 설득되기보다 그 의견을 반박하는 답글을 달면서 자신의 원래 의견이 더 강해진다.

이는 사람들이 '인지적 일관성*cognitive consistency*'을 추구하려는 사회 심리학적 원리에 바탕을 둔 것이다. 자기가 원래 싫어하던 사람이 좋은 일을 하면 '무슨 꿍꿍이속인가?' 하며 의심하고, 자기가 원래 좋아하던 사람은 나쁜 일을 해도 '그럴 리가 없어' 하며 믿는 경향이 있다. 이는 그렇게 해야만 자기 머릿속에 모순되는 생각들이 공존하지 않아 마음이 편하기 때문이다. 미디어 콘텐츠를 추구하는 데에도 마찬가지 원리가 적용된다.

## (2) 능동적 통제 추구

사람들은 미디어에 왜 빠져들게, 즉 '홀리게' 되는가? 즐김 안에는 능동적 '통제'의 심리가 있다. 그러나 통제의 환상을 즐기다 보면, 그것 이외의 다른 부분에 대한 통제력을 상실하게 되는 역설이 존재한다.

게임에 몰두해 있을 때는 세타(θ)파가 많이 관찰된다고 한다. 이는 공부에 몰두해 있을 때 높은 알파파와 낮은 베타파가 관찰되는 것과 대조적이다(정찬호, 2009). 청소년기에는 뇌의 전두엽이 성인보다 덜 발달하여, 통제력이 그만큼 떨어진다는 연구 결과도 있다(디스펜자, 2009). 물론 성인 중에도 중독에 빠진 사람은 뇌의 전두엽이 제대로 작동하지 않는다고 할 수 있다. 게임 중독이나 인터넷 중독 또는 휴대 전화 중독과 같은 미디어 중독이든, 아니면 알코올 중독이나 도박 중독이든 관계없이, 일단 '중독'이 되었다는 것은 정상적인 통제력을 상실했다는 것을 의미한다. '즐김'을 위해 어느 정도의 몰입이 필요하지만, 이것이 한 영역에만 집중되어 다른 영역의 정상적인 통제를 방해하는 정도가 되면 비정상적인 것이다.

따라서 이 책에서는 몰입의 심리를 '중용'의 입장에서 재해석한다. 즉 최적의 몰입 상태일 때 가장 큰 즐거움을 느낄 수 있으며, 지나친 몰입은 타 영역의 통제력을 빼앗아 참된 즐거움을 얻는 데 방해가 된다는 관점이다.

### (3) 긍정적 정서 추구

앞에 언급했듯이 사람들은 긍정적 정서를 추구한다. 그런데 이 긍정적 정서는 단순한 행복감이 아니라, 공포물을 보는 순간의 아찔함을 즐기고 싶은 마음이라든지, 슬픈 영화를 보고 실컷 공감해 본다든지 하는, 내부의 스트레스를 씻어 버리고 카타르시스를 느끼고 싶은 마음까지 모두 포함한다. 즉 단순한 긍정―부정의 정서를 추구하는 것이 아니라, 미디어를 즐기는 과정과 결과에 대한 자동적인 계산이 머릿속에서 이루어져, 얼핏 보면 부정적인 것을 추구하는 것 같지만 결과적으로는 긍정적인 정서를 추구하고 있다는 것이다. 순간적으로, 또는 과정상에서는 부정적 정서가 일부 포함되더라도, 궁극적으로 그러한 부정적 정서의 극복과 긍정적 정서의 획득에 목적이 있다고 할 수 있다. 또한 이렇게 궁극적으로 추구하는 긍정적 정서 안에는 격한 감동 이후의 평온한 적응 상태도 포함이 된다. 심지어 슬픈 영화라 하더라도 슬픔 속의 의미 통찰을 통해 감동과 카타르시스를 거친 후 긍정적 정서로 귀결될 수 있다.

그런 의미에서 볼 때, 미디어를 통해 얻을 수 있는 긍정적 정서는 '감동'과 '재미'로 요약될 수 있다. 짜릿함이나 흥분 등은 크게 보아 재미에 해당하고, 슬픔을 유발하는 영화를 즐기며 궁극적으로 행복한 상태를 회복하는 것은 감동에 해당한다고 볼 수 있다. 재미와 감동을 동시에 줄 수 있는 미디어 콘텐츠라면 더할 나위 없이 좋겠지만, 적어도 둘 중 하나는 줄 수 있어야만 사람들이 외면하지 않을 것이다.

# 2. 미디어를 통한 직접 연결과 간접 연결

미디어는 무엇인가를 '연결'하는 도구이며, 우리는 누군가와의 '연결'을 추구한다. 따라서 우리가 미디어 심리학을 이야기할 때, 사람들은 무엇과 무엇이 연결되는 미디어를 추구하는지를 생각해 보아야 한다. 일단 (1) 다른 사람들이 등장하는 드라마와 영화, (2) 콘텐츠 자체를 즐기는 음악과 스포츠, (3) 디지털화된 예술 작품과 환경 및 건축 영역으로 나누어 생각해 보자.

## 1) 연결의 종류: 간접 연결, 직접 연결, 혼자서 즐김

### (1) 드라마와 영화에서의 연결 요소와 연결 구조

드라마와 영화에서는 작가가 실제 인물(배우)과 등장 인물(주인공, 배역)을 스토리와 플롯으로 연결한다. 그러면 시청자는 적절한 미디어를 통해 실제 인물과 등장 인물이 스토리를 엮어 가는 과정을 보며 즐긴다.

토크쇼나 리얼리티 프로그램의 경우는 실제 인물(게스트)이 바로 등장 인물이며, 작가가 이야기를 꾸미는 것이 아니라 실제 스토리를 이야기하는 것이다. 이것을 시청자는 미디어를 통해 즐긴다.

### (2) 음악과 스포츠에서의 연결 요소와 연결 구조

음악과 스포츠도 토크쇼나 리얼리티 프로그램과 마찬가지로 실제 인물(가수 또는 선수)이 바로 등장 인물이다. 다만, 콘텐츠가 스토리가 아닌 노래 또는 경기이다. 즉 음악과 스포츠는 등장 인물의 측면에서는 토크쇼나 리얼

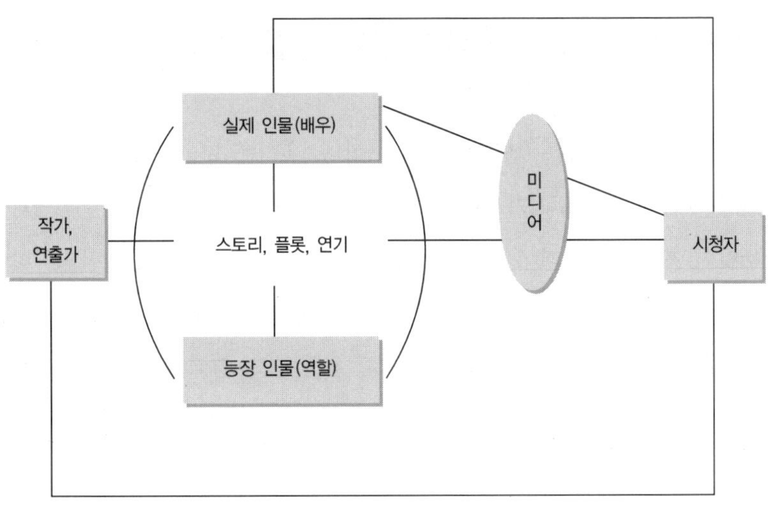


그림 2-1. 드라마와 영화에서의 연결 요소와 연결 구조

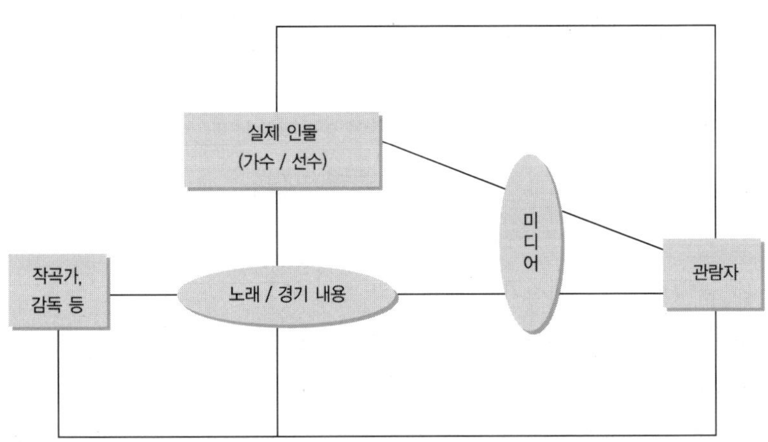


그림 2-2. 음악과 스포츠에서의 연결 요소와 연결 구조

리티 프로그램과 공통점이 있지만, 보여 주는 내용이 스토리가 아니라는 측면에서 토크쇼나 리얼리티 프로그램과 다르다.

드라마와 영화의 '작가'에 해당하는 요소는 음악의 경우 작곡가, 스포츠의 경우 감독이라고 할 수도 있겠지만, 노래나 경기와 같은 콘텐츠는 실제 내용, 즉 논픽션이라는 면에서 스토리와 플롯으로 구성된 가상 내용, 즉 픽션과 다르다.

### (3) 예술 작품과 건축에서의 연결 요소와 연결 구조

예술 작품은 연결이 비교적 명확하다. 작품을 제작하는 작가와 이것을 즐기는 관람자로 구성되기 때문이다. 예술가가 미디엄*medium* 또는 용재를 통해 어떤 대상을 표현하면, 관람자는 본인의 감각 기관을 포함한 또 다른 미디어를 통해 그렇게 표현된 대상을 감상하는 것이다. 감각 및 지각 과정이 직접 일어나기도 하고 미디어를 통해 간접적으로 일어나기도 하는 구조이다.

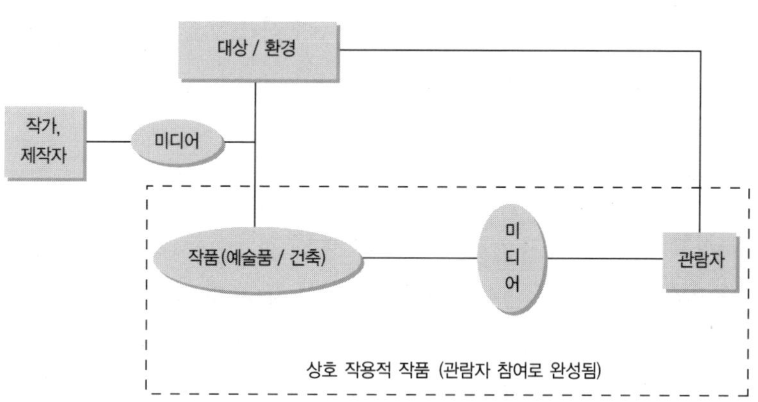


그림 2-3. 예술 작품과 건축에서의 연결 요소와 연결 구조

그런데 디지털화로 인해 예술 작품의 제작과 감상 과정이 그렇게 간단 치는 않은 과정이 되었다. 일단 제작 과정에서부터 물감이 아닌 픽셀 단위 로 색상을 디자인할 수 있게 되었고, 감상 과정에서도 감상자의 움직임이 센서를 통해 감지되어 이것이 작품에 반영되는 상호 작용적 작품이 가능해 졌기 때문이다. '반응하는 환경'은 디지털화의 상호 작용성이 만들어 낸 획 기적인 요소이다. 이를 통해 인간 주변의 환경과 그사이의 상호 작용 자체 가 완전히 다른 세상을 만들어 내고 있다.

## 2) 직접 연결과 간접 연결의 경험 및 심리

지금까지 미디어를 통한 연결의 종류를 살펴보았다. 이 연결은 직접적 인 실제적 연결일 수도 있고, 간접적인 심리적 연결일 수도 있다. 미디어 심리학에서 다루는 대부분 내용은 미디어를 통한 간접 연결, 그리고 그 연결의 경험에서 얻어지거나 변화하는 생각, 느낌, 행동에 관한 것이다. 직접적, 실제적인 연결은 배우와 팬이 사인회에서 만난다든지 공연장 뒤 편에서 만나는 경우 등이다. 공연장에서 공연하는 모습을 보는 것은 '공 연'에 해당하는 모든 미디어 장치들이 동원된 일종의 간접 연결에 해당 한다.

### (1) 간접 연결
시청자와 등장 인물, 시청자와 배우, 시청자와 극의 내용 등이 미디어를 통 해 간접 연결된다. 간접 연결된 상태에서는 등장 인물의 상황에 자기 자신 의 직접 경험을 대입해 봄으로써, 혹은 자기 자신의 직접 경험에 등장 인물 의 상황을 대입해 봄으로써, 자기 자신이 마치 극 중의 상황에 있는 듯한 감정을 경험한다. 사람들은 바로 이런 감정의 경험을 즐기는 것이다.

드라마와 영화를 보는 순간만큼은 나를 잊고 보는 것 같지만, 끊임없이 자기 자신이 경험했던 과거의 상황과 의식적, 무의식적으로 견주어 가며 감정을 느낀다. 무엇을 보는 순간 머릿속에 저장되어 있던 그와 유사한 경험을 떠올리기 때문이다. '나라면 이렇게 할 텐데……' 또는 '나라도 저렇게 하겠다,' '참 좋겠다,' '어쩌나……' 등과 같은 다양한 느낌을 받으며 드라마와 영화에 몰입하는 것이다.

토크쇼도 마찬가지다. 토크쇼에 등장하는 인물이 실제 인물이라는 점과 토크쇼에서 이야기하는 내용들이 실제 이야기라는 점을 제외한다면, 수용자의 경험 측면에서는 드라마나 영화에서와 상당히 유사한 간접 경험이다. 다른 사람들의 일상사도 자기 자신의 일상사와 상당히 유사한 부분이 있기 때문에, 자신의 경험을 대입시켜 유사한 정서를 경험하며, 또한 유사한 문제에 부딪쳤을 때 유사한 해결책을 찾아내기도 한다. 토크쇼의 게스트와 유사 사회적 상호 작용*parasocial interaction*을 하며 공감을 느끼는 것이다.

코미디는 등장 인물로 보면 드라마와 유사하지만, 시청자들이 경험하는 정서가 다르다. 사람들은 왜 코미디를 찾는가? 심각한 일상에서 벗어나 '가볍게 웃고 즐기자'는 심리가 기저에 깔려 있다. 웃음을 유발하는 요인들은 뒤에 자세히 논의하겠지만, 무엇보다 '일상적인 기대'를 위반할 때의 놀라움이나 갑작스러움, 일탈 등이 바탕이 된다. 즉 기대했던 방향과 약간 다른 쪽으로 흘러가는 갑작스러운 전환이 있을 때, 일상과는 다른 일탈이 있을 때(표정의 일그러짐, 자세의 불안정 등) 웃음이 유발되는 것이다.

휴대 전화, 전자 우편, 메신저 등을 통한 대인 커뮤니케이션도 미디어를 통한 간접 연결이다. 사람들은 왜 휴대 전화를 찾으며, 왜 메신저를 하는가? 휴대 전화는 나의 분신으로, 언제 어디서나 누구와도 무엇과도 연결 가능하게 해준다. 이런 점에서 현대인은 휴대 전화를 떠나 살 수 없는 존재가 되었다. 휴대 전화는 이미 전화 이상의 개인 미디어가 되었다.

메신저도 마찬가지다. 바쁜 일상 속에서 몸은 떨어져 있어도 마음은 하나이고 싶어 하는 많은 사람들이 있다. 서로 가까운 관계임을 늘 확인하고 싶어 하고, 가까운 사람들이 현재 어떤 상태인지 지속적으로 추적하고 싶어 한다. 사람들은 서로 연결되고 싶어 하고 공유하고 싶어 하는 것이다. 이처럼 시공간을 초월하여 '공유하고 싶은 마음'이 미디어 심리학의 근간을 이룬다.


## (2) 직접 연결

직접 연결에 속하는 것은 내가 만나고 싶은 대상을 1차적인 감각 기관으로 직접 보고, 듣고, 만질 수 있는 경우이다. 그 대상이 사람이 아니라 콘텐츠인 경우, 즉 어떤 노래와 내가 직접 연결되는 경우는 내가 그 노래를 직접 부를 때이다. 그리고 어떤 경기가 나와 직접 연결되는 경우는 내가 그 경기에 직접 참여하고 있을 때이다.

물론, 배우나 선수나 가수를 직접 만날 수도 있다. 요즈음에는 간접 연결 도구가 발달하여, 직접 연결되기 어려운 사람과 친한 경우도 흔히 있다. '안 보면 멀어진다Out of sight, out of mind'는 말도 이제는 '연결되지 않으면 멀어진다Out of connection, out of mind'는 말로 바꾸어야 할 형편이다. 그만큼 간접 연결이 직접 연결 이상으로 중요해졌다는 이야기다. 따라서 미디어를 통한 간접 연결의 심리를 다루는 미디어 심리학의 범위도 끝없이 넓어지고 있다.

## (3) 혼자서 즐김

혼자서 즐기는 것은 얼핏 아무와도 연결되기를 희망하지 않는 것처럼 보이지만, 콘텐츠와의 연결은 여전히 추구하고 있는 것이다. 즉 음악, 게임, 스포츠에 열광하는 사람들은 '다른 사람(들)'과의 연결을 추구한다기보다 노래나 경기 내용과 같은 콘텐츠 자체를 추구한다고 할 수 있다. 이런 사람들은 대개 어떤 노래를 자기가 좋아하는 가수가 부르는 것을 듣는 것도 즐기지만, 그 노래를 자기가 부르는 것도 즐긴다. 또한 스포츠의 종류에 따라 다르기는 하지만, 미디어를 통한 스포츠 관람을 좋아하기도 하고 자신이 직접 스포츠를 즐기는 경우도 흔하다. 컴퓨터 게임이든 다른 게임이든, 게임을 즐기는 사람은 다른 사람과의 연결보다 게임 자체를 즐기는 것이다.

물론 상대방이 있어야만 즐길 수 있는 게임과 스포츠도 많이 있다. 그러나 이런 경우도 여전히 상대방이 누구냐 하는 것보다는 게임이나 스포츠 자체를 즐기는 데 더 큰 목적이 있다. 간혹 게임과 스포츠를 빌미로 관심을 둔 인물과의 접촉을 시도하는 경우도 당연히 있지만 말이다.

사람들은 왜 음악에 심취하는가? 너무나 바쁜, 혹은 평화롭지 않은 일상에서 벗어나 평화로움을 느끼고 싶어 하기도 하고, 평소의 자극 수준이 너무 높을 때, 즉 각성 수준이 높을 때, 그 자극 수준을 조금 낮추고 싶어 조용한 음악을 찾는 경우도 있다. 반대로 따분하고 답답한 일상에서 잠시라도 벗어나 후련함을 느끼고 싶을 때는 헤비메탈이나 록과 같은 요란한 음악을 찾는다. 이 경우는 가사에는 거의 관심이 없고, 자유분방한 리듬을 즐기며 규범에서 이탈하고 싶어 하는 것이다. 특히 그리 즐겁지 않은 동일한 일상을 어쩔 수 없이 반복해야 하는 청소년들은 평소의 자극 수준이 너무 낮을 때, 즉 각성 수준이 낮을 때, 이를 높일 수 있는 수단으로 자극적인 음악을 찾는다. 혈기 왕성한 청소년들을 답답한 교실에 필요 이상으로 장시간 묶어 둘 때 나타날 수 있는 자연스러운 현상이다.

사람들이 게임에 빠져드는 이유도 이와 유사하다. 특히 실제 사회 속에서 별로 인정받을 기회가 없는 경우, 가상적인 게임 상황에서나마 경쟁을 뚫고 목표를 성취하는 즐거움을 만끽하는 것이다. 게임의 종류에 따라 롤플레잉 게임을 선호하는 사람도 있고 경쟁적 게임을 선호하는 사람도 있는데, 레벨을 향상시켜 인정받고 싶어 하는 욕구가 높을수록 경쟁적 게임에 빠져들 가능성이 크다. 현실에서보다 더 적은 노력으로 즐기면서 더 큰 보상을 얻을 수 있다고 느끼기 때문이다.


## 3. 연결된 요소 사이의 심리

### 1) 즐김과 몰입, 통제

인류 진화 과정에서 '즐김'을 줄 수 있는 것들이 지금까지 문화로서 살아남아 왔다. 예를 들면 그림, 연극, 문학, 음악, 춤, 게임 등이 그것이다. 인간은 먹는 것 이상으로 문화와 예술을 추구한다. 이런 것들은 대부분 일보다도 시간이 많이 소요되는 활동이다. 그럼에도 불구하고 인간이 계속 추구해 오고 있고 그로 인해 문화가 유지, 발전되어 왔다는 사실은 즐김이 인류에게 중요한 한 부분임을 말해 준다.

즐기기 위해서는 어느 정도 몰입 과정이 필요하다. 최적의 플로우*flow*는 자신의 기술 수준에 맞는 도전을 할 때 일어나기 때문이다. 칙센트미하이의 플로우 연구에 따르면, 모든 몰입 활동은 경쟁이나 우연이 포함되든

안 되든 공통적인 발견의 느낌, 즉 사람을 새로운 실제 세계로 이동시키는 창조적 느낌을 공통적으로 지니고 있다(Csikszentmihalyi, 1990).

그림 2−4에서 A2의 상태에서는 기술 수준은 높으나 도전의 정도가 낮아 지루함을 느낀다. 예를 들면, 테니스를 잘 치는데 수준 낮은 게임만 하는 경우를 말한다. 이때 선택은 한 가지뿐이다. 도전 수준을 높여 A4에 이르는 것이다. A3의 경우는 테니스를 별로 잘 치지 못하면서 너무 어려운 게임에 도전한 상태이다. 이때는 기술을 향상시키거나 좀 더 쉬운 게임에 도전하면 된다. 그러나 실제로는 일단 높은 수준의 도전이 있다는 것을 알면 이것을 무시하기 어렵다. 그래서 이후 수정된 모델에서는 A1보다 A4를 더 추구한다는 모델로 변화하였다(황용석, 1999).

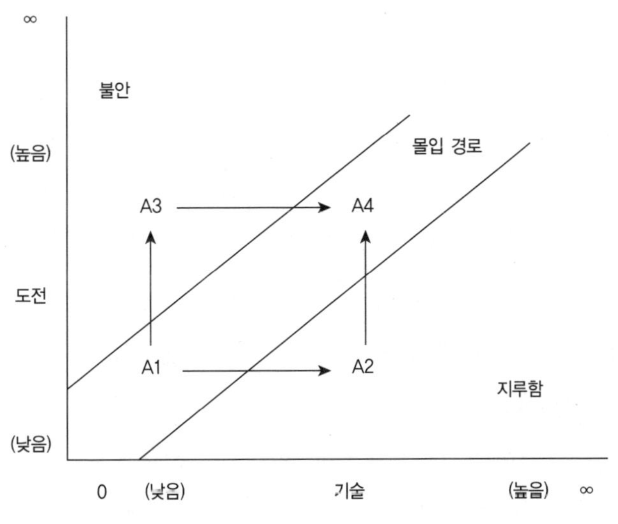



(Csikszentmihalyi, 1990, p.74)

**그림 2−4. 기술 수준과 도전 수준 간의 관계 및 몰입 경험의 결과로 의식의 복잡성이 증가하는 이유**

A1과 A4가 모두 몰입 상태에 있지만, A4가 더 복잡한 경험이다. 더 큰 도전을 포함하고 있고 플레이어의 기술을 더 많이 요하기 때문이다. 그런데 비록 A4가 더 복잡하고 즐길 만하다 하더라도, 안정된 상태를 나타내지는 않는다. 게임을 계속해 감에 따라 그 수준에서 변화 없는 기회들 때문에 따분하게 느낄 수도 있고, 또는 상대적으로 능력이 부족하다고 생각하여 불안을 느낄 수도 있다. 그래서 스스로 더 즐기기 위해 몰입 경로를 따라 다시 변화를 시도하게 되는데, 이제는 A4보다 더 높은 수준의 복잡성을 지니는 단계로 가게 된다.

즐김을 흔히 쾌락pleasure과 혼동하는 경우가 있어 이를 분명히 구분할 필요가 있다. 쾌락은 우리 몸의 생리적 상태나 사회적 조건에 의해 형성된 기대가 충족되었다고 의식할 때 생긴다(Csikszentmihalyi, 1990, p.45). 이것도 삶의 질을 구성하는 중요한 요소이지만, 그 자체가 행복을 가져다주지는 않는다. 반면 즐김에는 단순히 기대했던 욕망이 충족되는 것을 넘어 예기치 못한, 또는 전에는 상상하지 못했던 것을 성취했을 때 느끼는 것까지 포함된다. 즐김은 이처럼 새로움novelty이나 성취accomplishment의 느낌으로 생기는 전진적인 움직임forward movement이 있을 때 생긴다(p.46). 쾌락은 심리적 에너지를 투입하지 않아도 느낄 수 있지만, 즐김은 주의 집중이나 정신적 에너지를 보통 이상으로 투입하여 얻어지는 것이다. 예를 들면, 테니스를 즐기거나, 책을 읽는 데 푹 빠져 있거나, 대화에 몰입하여 즐기는 상황 등이 이에 해당한다.

칙센트미하이는 서로 다른 여러 활동들(예: 체스 선수, 등산가, 음악가, 야구 게임 등)이 잘 이루어졌을 때, 이 활동들이 매우 유사하게 묘사된다는 사실에 착안하여, 즐김의 요소들을 분리해 냈다(Csikszentmihalyi, 1990, p.48). 문화권, 연령 등이 달라 즐김을 위해 무엇을 경험하는지는 달라도(즉 한국의 노인들은 명상을 즐기고, 일본의 10대들은 무리 지어 다니는 것을 즐기지만), 그들이 이러한 것을 즐길 때 '어떻게 느끼는지'를 물어보면 거의 동일하다는 것이다.

요약하면, 즐김에는 다음과 같은 여덟 가지 요소가 있다(Csikszentmihalyi, 1990, p.49). (1) 즐김의 경험은 대개 완성의 기회가 있는 과제를 대할 때 일어난다, (2) 우리가 하고 있는 것에 집중해야 한다, (3) 그 일이 명확한 목표를 가지고 있기 때문에, 그리고 (4) 즉각적인 피드백이 주어지기 때문에 대개 집중이 가능하다, (5) 일상의 걱정과 좌절을 의식하지 못할 정도로 깊은, 그러나 그리 힘들지 않게 몰두한 상태에서 활동한다, (6) 즐길 만한 경험은 사람들로 하여금 자기 행동에 대한 통제감을 연습하게 해준다, (7) 자신에 대한 염려가 사라지지만, 역설적으로 몰입 경험이 끝난 후 자신의 느낌이 더 강해진다, (8) 시간 지속에 대한 느낌이 바뀐다(몇 시간이 몇 분 안에 지나가고, 또 몇 분이 몇 시간처럼 길어질 수도 있다). 이 요소들이 합해져서 깊은 즐김의 느낌을 주어, 사람들이 이를 위해 많은 에너지를 쓰는 것이 충분히 가치 있다고 느끼게 한다.

여기서 잠깐 통제의 역설적인 측면을 살펴볼 필요가 있다. 제대로 즐기기 위해서는 어느 정도의 통제가 필요하다. 그러나 사람이 즐김의 활동에서 통제 능력에 지나치게 의지하게 되어 다른 것에 주의를 기울일 수 없을 때 그 사람은 궁극적인 통제, 즉 의식의 내용을 결정할 자유를 상실하게 된다. 이것이 통제의 역설로서, 몰입을 가져오는 즐길 만한 활동들은 잠재적으로 부정적 측면(예: 통제의 상실, 중독 위험성)이 있다. 디지털 미디어는 상호 작용에의 몰입으로 인해 부정적 측면과 긍정적 측면이 모두 강화intensify될 소지를 지니고 있다. 그리고 그에 대한 책임도 디지털 미디어라는 기계에 있는 것이 아니라 바로 이용자인 사람에게 있다. "총이 사람을 죽이는 것이 아니라, 사람이 사람을 죽이는 것"이기 때문이다(Shedletsky & Aitken, 2004, p.102).

## 2) 공감과 거울 뉴런

우리 뇌 안에 공감을 느끼는 영역이 있다. '거울 뉴런'이 바로 그것이다(야코보니, 2009). 우리가 다른 사람의 행동을 보고 그대로 따라할 수 있는 것도 이 거울 뉴런이 있기 때문이다. 한동안 밴듀라의 '사회 학습 이론*social learning theory*'이 미디어를 통한 간접 경험의 영향을 설명하는 거의 독보적인 이론으로 인정받아 왔는데, 그 이면의 생리학적 기반이 거울 뉴런의 발견을 통해 지지된 셈이다. '사회 학습'에서 '사회'라는 말은 '다른 사람의' 또는 '대인 관계의'라는 뜻이다. 사회 학습 이론은 다른 사람의 행동을 '모방'하여 '간접적으로 배운다'는 뜻에서 '모방*modeling* 이론' 또는 '대리 학습*vicarious learning* 이론'이라고도 한다.

우리가 다른 사람의 행동을 '직접' 보고 모방하는 경우에도 거울 뉴런이 작용하지만, 다른 사람이 미디어에 등장하여 간접적으로 보여 주는 행동을 따라 하는 경우에도 거울 뉴런이 작동한다. 또한 거울 뉴런은 '청각적 입력'에도 반응한다(야코보니, 2009, p.46). 뿐만 아니라, 이 거울 뉴런이 '언어'의 형성에 기반이 된다는 사실은 조지 허버트 미드(Mead, 1934)의 상징적 상호 작용론의 생리적 근거를 제공한다. 다른 사람의 행동을 보고 마음속으로 따라 하며 그 의도에 공감하는 능력은 이처럼 거울 뉴런이라는 생리적 요소를 기반으로 한 영장류의 소중한 재능이다. 바로 이것 때문에 우리는 모든 것을 직접 경험하지 않아도 미디어를 통한 간접 경험의 누적으로 많은 것을 생각하고 느끼고 행동할 수 있는 것이다.

# 4. 미디어와 능동적 수용자의 관계

우리는 이제 미디어의 콘텐츠를 수동적으로 받아들이기만 하지는 않는다. 적극적으로 반응하며 콘텐츠를 바꾸기도 한다. '수용자'라는 용어를 버려야 할 때가 온 것 같다. 미디어 심리학에 관한 논의에서도 시청자, 관람자의 보다 적극적인 역할을 고려해야 한다.

수용자의 능동성은 다섯 가지 차원으로 나누어 볼 수 있다(Biocca, 1988; 맥퀘일, 2007, p.499). 먼저 수용자가 미디어를 어떻게 이용할지 계획을 세우고 선택을 하는 패턴이 있다는 점에서 '선택성'이 능동성의 한 차원으로 나타난다. 계획과 선택에는 영화 티켓과 책을 구매하고 빌리는 것도 포함된다. 둘째로, 수용자는 '자기 중심적 소비자'라는 점에서 '실용성'을 지니며, 그래서 능동적이다. 셋째로, 수용자는 미디어를 통해 전달되는 정보와 경험을 '의도성'을 지니는 인지 처리 과정을 통해 수용하기 때문에 능동적이다. 또한 미디어의 영향력에 저항하기도 하는 '완고함'도 가지고 있으며, 미디어 경험에 집착하고 몰두하는 '관여' 즉 '정서적 각성' 상태에 있다는 점에서도 능동적이다.

미디어와 수용자 관계의 두 차원, 즉 (1) 상호 작용(스크린상의 배우들과 상호 작용한다고 느끼는 것)과 (2) 동일시의 정도(미디어의 인물에 대한 관여)에 따라 '텔레비전 관계'를 네 가지로 분류하기도 한다. 그 첫 번째 것은 상호 작용과 동일시가 모두 높은 '포획*capture*'이며, 두 번째 것은 상호 작용과 동일시가 모두 낮은 '초연함*detachment*'이다(Rosengren & Windahl, 1989; 맥퀘일, 2007, p.533). 포획은 완전히 몰입되어 동일시하며 상호 작용하는 상태를 말하며, 초연함은 미디어의 내용에서 조금 떨어져 '쿨하게' 바라보는 것을 뜻한다.

미디어와 콘텐츠의 구성 요소 가운데 미디어 스타나 명사들 또는 특정한 종류의 미디어 콘텐츠(음악, 영화나 픽션 장르)에 특별한 애착을 경험하는 것을 '팬덤fandom'이라고 한다(맥퀘일, 2007, p.534). '영화 팬'처럼 미디어 자체에 대한 애착이 가장 약하며, 미디어 '인물'에 대한 애착이 가장 강하다. 때로는 허구적 인물에 대한 애착이 연기자에 대한 애착과 뒤섞이기도 한다. 팬덤은 고도의 감정적 투자와 활동이 개입되는 애착 상태라고 할 수 있다.

미디어 인물에 몰입된 상태인 팬덤의 구성 요소를 구체적으로 살펴보면, 감정적 투자와 동일시가 강하고, 부수적 활동에 깊이 관여하며, 팬 공동체와 같은 공유된 관심 의식을 지니고 있다. 따라서 미디어의 팬을 모집하기도 하며, 열렬한 애호가가 되어 때로는 비합리적인 모습을 보인다. 능동성이 지나친 몰입으로 이어지면 심리적으로 헤어나기 어려운 부정적 결과를 초래할 수도 있다.


## 5. 미디어 장르의 분류

최근에 미디어의 장르들이 혼합되어 가는 양상을 보이기 때문에 명확한 분류가 쉽지는 않지만, TV 장르의 구조는 표 2-1과 같이 구분해 볼 수 있다(맥퀘일, 2007, p.445). 프로그램이 얼마나 객관적인지에 따라, 그리고 감정에 소구하는 정도가 얼마나 강한지에 따라 네 가지로 분류할 때, 먼저 '경연contests'은 게임쇼, 퀴즈, 스포츠 등과 같은 경기에 해당하는 것으로, 실제 행위자가 참여하여 경쟁하는 프로그램이다. 이런 프로그램은 실제적, 객관적이며 의도에 감정이 개입되는 경우가 많다.

둘째로, '현실성 프로그램actualities'은 뉴스, 다큐멘터리, 리얼리티 프로

표 2-1. 텔레비전 장르의 구조: 유형

| 감정 소구 emotionality | | 객관성 objectivity | |
|---|---|---|---|
| | | 높음 | 낮음 |
| 감정 소구<br>emotionality | 강함 | 경연 contests | 드라마 dramas |
| | 약함 | 현실성 프로그램 actuality | 설득물 persuasions |

(Berger, 1992; 맥퀘일, 2007, p.446)

그램으로, 원칙적으로 객관적이며 감정을 배제한다. 그러나 이 책에서 다루게 될 리얼리티 프로그램 가운데 '정서 TV'의 경우는 감정 소구가 강한 장르에 속한다고 볼 수 있다. 셋째 유형으로 '설득물persuasions'은 객관성도 낮고 감정 소구도 비교적 약한 프로그램이다. 광고나 주장, 정치적 선전 등이 여기에 속한다고 볼 수 있다. 끝으로 '드라마'는 거의 모든 허구의 이야기와 광범위한 장르를 포괄하며 객관성은 낮고 감정 소구는 강한 유형이다. 근래에는 '다큐 드라마' 또는 '인포테인먼트(infotainment, 정보 오락)' 등과 같은 혼합 장르들이 계속 증가하고 있다.

# 등장 인물과의 관계에 초점이 있는 장르

## : 소통과 사회 비교

# Chapter 03

# 드라마와 영화

## | 감정 이입과 동일시, 서스펜스

우리는 왜 드라마와 영화에 심취할까? 우리는 자신이 동일시하는 극 중 인물이 자기가 원하던 것을 성취했을 때 대리 만족을 느끼기도 하며, 마치 그 사람과 실제로 상호 작용을 하고 있는 듯한 유사 사회적 상호 작용을 경험하기도 한다. 드라마나 영화 속의 인물에 감정 이입을 하여 공감을 느끼기도 한다.

# 1. 드라마와 인간 심리

사람들은 왜 드라마와 영화에 심취하는가? 드라마와 영화는 대체로 실제 이야기가 아니라 꾸며진 이야기다. 그렇지만 실제 일어날 가능성이 높은 이야기로 꾸며진다는 점에서 사람들을 몰입시킨다. 그리고 실제로 일어날 가능성이 있으면서도 실제보다 조금 더 과장되고 극화*dramatize*되어 꾸며지기 때문에, 사람들의 감정을 더 쉽게 건드린다.

〈아내의 유혹〉과 같은 복수 드라마, 〈카인과 아벨〉 유형의 폭력 드라마, 〈꽃보다 남자〉와 같은 낭만 드라마, 〈엄마가 뿔났다〉와 같은 일상 드라마, 〈선덕여왕〉과 같은 역사 드라마 등 다양한 이야기를 접하면서 사람들은 자신의 상황을 투사하여 비교해 보기도 하고, 주인공에게 몰입하여 마치 자기가 극 중의 사건을 경험하는 듯한 느낌을 받기도 한다.

자신이 동일시하는 극 중 인물이 자기가 원하던 것을 성취했을 때 대리 만족을 느끼기도 하며, 마치 그 사람과 실제로 상호 작용을 하고 있는 듯한 유사 사회적 상호 작용을 경험하기도 한다. 드라마나 영화 속의 인물에 감정 이입을 하여 공감을 느끼기도 한다.

흔히 '솝 오페라*soap opera*'라고 불리기도 하는 드라마는 소설과 마찬가지로 허구*fiction*이며, 갈등*conflict*을 주요 뼈대로 삼아 전개된다. 우리는 드라마를 보면서 등장 인물과 함께 기뻐하고 분노하며, 이야기의 전개를 예측하기도 하고, 나중의 결말을 궁금해하며 지속적으로 시청하고 싶어 한다.

## 1) 감정 이입

감정 이입 또는 공감이란 다른 사람이 느끼는 감정을 목격하거나 기대하는 순간에 정서적으로 반응하는 것이다(Stotland, 1969). 감정 이입이 무엇인지에 대한 정의는 참으로 다양하다. 그중 몇 가지만 예를 들면, 감정 이입은 다른 사람의 감정을 정확히 지각하는 능력(Borke, 1971), 다른 사람의 입장에 스스로를 놓는 능력(Katz, 1963), 다른 사람의 정서적 경험을 이해하는 기술(Davis, Hull, Young, & Warren, 1987), 다른 사람들의 걱정거리를 덜어 주기 위한 행동을 자극하는 것(Mehrabian & Epstein, 1972) 등으로 정의된다. 이 정의들을 잘 살펴보면, 감정 이입에는 대체로 다른 사람들의 정서에 정서적으로 반응하는 과정이 포함된다(Zillman, 1991a, p.136). 다른 사람의 감정을 목격하고 이에 대해 정서적으로 반응하는 것, 그리고 모델과 관찰자 간의 정서적 일치 등을 암시한다.

한편, 호프만(Hoffman, 1978)은 감정 이입을 "다른 사람 또는 그의 상황에서 오는 정서적 단서에 대한 대체로 비의도적인 대리적 반응"이라고 정의하는 반면(p.227), 아론프리드(Aronfreed, 1968)는 감정 이입과 대리적 반응을 구분한다. 즉 감정 이입이란 다른 사람의 감정적 표현에 노출됨으로써 유도되는 정서적 반응을 의미하며, 다른 사람에게 감정적 반응을 만들어 낸 '조건'을 목격함으로써 간접적으로 생기는 정서는 '대리적 반응'이라는 것이다(Zillmann, 1991a, p.137에서 간접 인용).

정서는 각성이 눈에 띄게 증가된 상태와 연관되는 반응이기 때문에, 생리적으로 자율 신경계의 공감적 흥분이 증가된 상태이다(Cacioppo & Petty, 1983). 그림 3-1과 같은 일치 정서(공감)와 불일치 정서(반감)의 성향 매개 모델은 사람들이 드라마를 보며 등장 인물에게 어떤 감정을 지니게 되는지

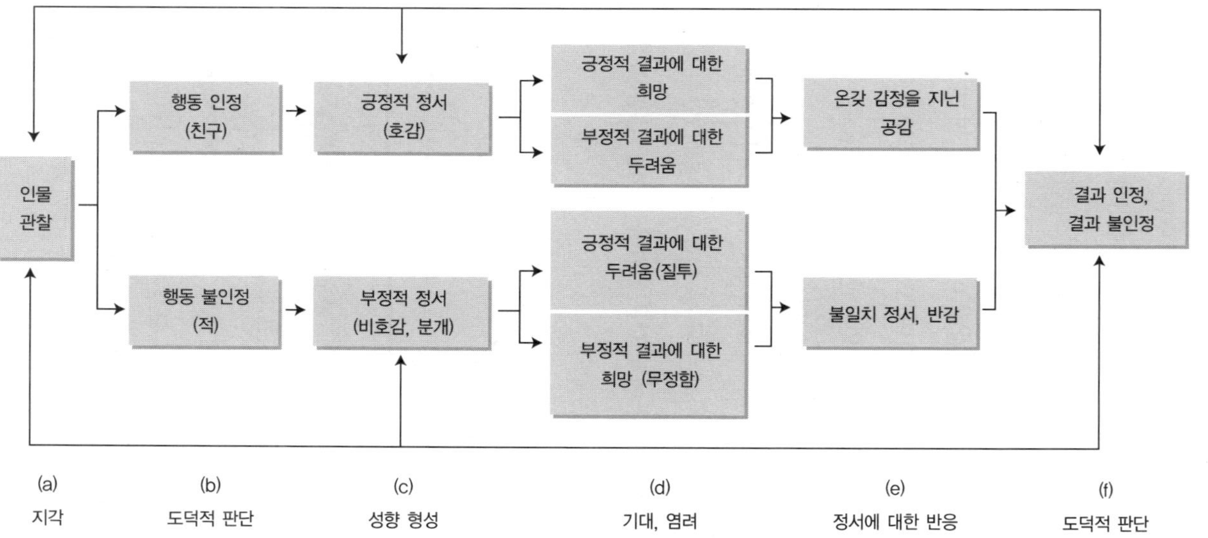


그림 3-1. 일치 정서(공감)와 불일치 정서(반감)의 성향 매개 모델

그 과정을 상당히 체계적으로 설명한다(Zillmann, 1991a, p.154). 등장 인물을 관찰한 다음 그의 행동이 인정되면 친구로 생각하고 인정되지 않으면 적으로 생각하여 그에 따라 반응함으로써 드라마의 인물에게 공감을 느끼기도 하고 반감을 느끼기도 한다는 것이다.

공감을 느끼는 인물에게 감정 이입을 많이 하면 자연히 반감을 느끼는 인물이 더 많이 미워지게 되며, 드라마 안에 더 푹 빠지게 된다. 그래서 드라마 작가들은 가능한 한 주인공과 악당의 갈등을 첨예화시키려 노력하고, 시청자들이 많이 공감할 수 있는 주인공 캐릭터를 만들고자 애쓴다. 드라마 〈찬란한 유산〉(2009, SBS)에서 배우 김미숙이 열연한 계모는 더 악독한 방법을 써서 고은성이라는 극 중 인물을 괴롭히고, 시청자들은 계모에게 반감을 느끼며 주인공에게 깊은 공감을 느끼는 감정 이입을 하게 된다. 곤경에 처한 주인공의 상황이 역전되어 곤란한 처지를 벗어났을 때 시청자들은 큰 기쁨을 얻는다.

그런데 성향 매개 모델은 주인공과 악당이라는 '선악의 이분법'으로 드라마 감상의 심리를 분석한다는 단점이 있다. 복잡한 현대 사회를 그린 드라마들은 단순히 선악 구도로 보기 어려운 부분이 많기 때문에, 최근 드라마에 이 모델을 적용하기에는 한계가 있다. 그러나 기본적인 드라마 감상 심리의 틀을 이해하는 데는 크게 도움이 된다.

이 모델과 관련된 검증 연구로, 질만과 캔토어(Zillmann & Cantor, 1977)는 착한 또는 악한 인물의 행복과 불행에 대한 정상 어린이와 지체 어린이의 정서 반응을 비교하였다. 이들은 2학년, 3학년 어린이들에게 착한 주인공(동료, 애완동물, 동생들을 잘 도와주고 친절한 인물)과 나쁜 주인공(동료, 애완동물, 동생들에게 못되게 구는 인물)이 등장하는 영화를 보여 주었다. 어린이들은 주인공의 행동을 평가하여 인정 또는 불인정하게 되고, 이에 따라 착한 주인공을 좋아하거나 나쁜 주인공을 싫어하게 된다. 이 단계가 '긍정적 정서 성향' 또는 '부정적 정서 성향'이 생기는 단계이다.

자기가 좋아하는 인물에게는 좋은 일이 일어나 행복해지기를 원하고, 자기가 싫어하는 인물에게는 나쁜 일이 일어나 불행해지기를 원하는 마음이 생길 수 있다. 이 실험에서는 엔딩을 두 종류로 하여, 해피 엔딩 스토리에서는 주인공이 선물을 받게 되어 즐거운 표정을 지으며 행복해하는 것으로 끝나게 했고, 비극적 결말로 이어지는 스토리에서는 주인공이 오래된 자전거에 올라타 거리로 출발하다가 균형을 잃고 넘어져 몸과 얼굴을 다쳐 불행해하는 것으로 끝나게 했다.

인터뷰를 통해 이들 결말에 대한 정서적 반응을 살펴본 결과, 자기가 좋아하는 인물, 즉 긍정적 정서 성향의 인물에게는 행복감이나 불행감 모두에 공감을 나타냈으나, 부정적 정서 성향의 인물에게는 공감이 없었을 뿐만 아니라 불협적인 정서가 관찰되었다. 그러나 인터뷰에서 언어로 표현되었던 공감이나 적대감이 얼굴 표정 분석에서는 잘 나타나지 않았다.

이와 유사하게 윌슨 등(Wilson et al., 1986)의 연구에서도, 정상 어린이는 착한 주인공에게 좋은 일이 일어나 주인공이 행복해하면 기뻐하고 그 주인공에게 나쁜 일이 일어나 불행해하면 슬퍼하는 결과를 얻었다(그림 3-2 참조). 반대로, 나쁜 인물에게 좋은 일이 일어나 그가 행복해하면 부정적인 감정을 느끼고 그에게 나쁜 일이 일어나 불행해하면 긍정적인 감정을 느꼈다. 그러나 좋은 감정과 나쁜 감정의 차이는 나쁜 인물보다 착한 주인공에게서 느끼는 정도가 훨씬 더 컸다. 즉 나쁜 인물에게는 좋은 일이 일어나든 나쁜 일이 일어나든 크게 개의치 않는 데 비해, 착한 주인공에게 좋지 않은 일이 일어날 때 느끼는 부정적 정서도 아주 크고, 그에게 좋은 일이 일어날 때 느끼는 긍정적 정서도 아주 크다. 지체 어린이의 경우는 주인공이 착하

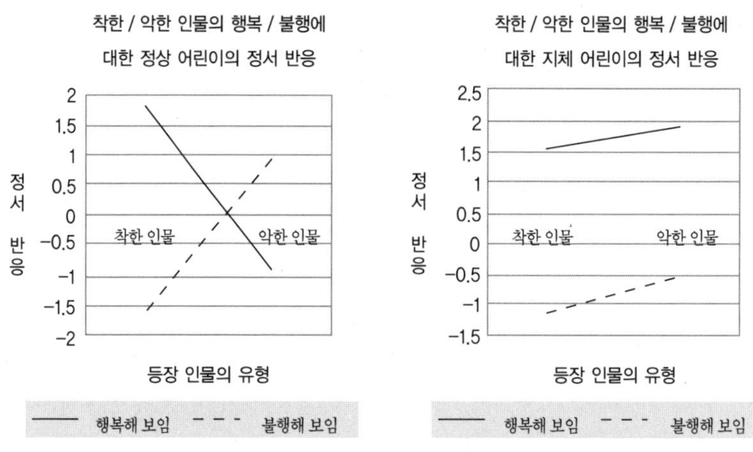


(Zillmann & Cantor, 1977; Wilson, Cantor, Gordon, & Zillmann, 1986)

**그림 3-2. 착한 / 악한 인물의 행복 / 불행에 대한
정상 어린이와 지체 어린이의 정서 반응 비교**

든 나쁘든 관계없이, 행복감을 느끼는 인물을 보면 긍정적 정서를 느끼고, 불행을 느끼는 인물을 보면 부정적 정서를 느끼는 것으로 나타났다.

한편, 질만과 브라이언트(Zillmann & Bryant, 1975)의 연구에서는 착한 왕자와 나쁜 왕자가 싸우다가 나쁜 왕자가 착한 왕자를 괴롭히고 귀양을 보내는 스토리를 보여 주었다. 나중에 착한 왕자가 다시 힘을 되찾게 되어 나쁜 왕자에게 벌을 줄 수 있게 되었을 때, 아주 약한 보복, 자기가 받았던 만큼의 보복, 또는 아주 심한 보복을 받는 것으로 스토리를 꾸며 어떤 경우에 가장 즐겁게 느끼는지 얼굴 표정으로 측정하였다.

그 결과, 도덕 발달 단계상 보복 응징 단계에 있는 어린이들은 보복의 강도가 클수록 즐거움을 크게 느끼지만, 형평 응보 단계까지 발달한 어린

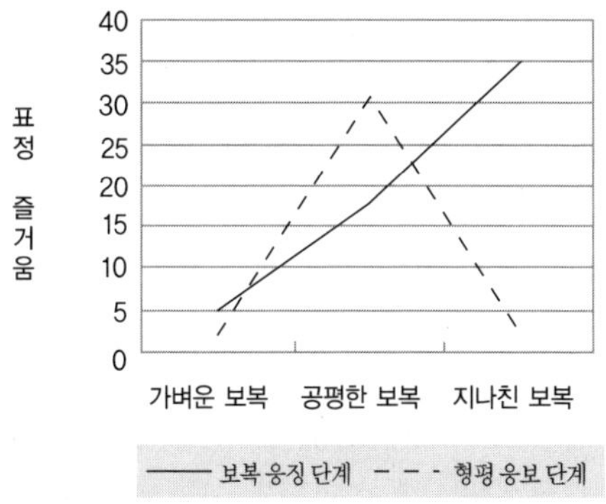



(Zillmann & Bryant, 1975)

그림 3-3. 형평 응보와 보복 응징 발달 단계에 따른
과소 / 공평 / 과대 처벌에 대한 어린이들의 표정 즐거움

이들은 공평한 보복 수준에서 가장 큰 즐거움을 느꼈다(그림 3-3 참조). 보복
이 너무 약하거나 강하면 즐거움을 더 약하게 느끼는 경향이 있었다.

## 2) 동일시와 드라마 정서

'동일시identification'는 미디어의 등장 인물에게 일어나는 일이 마치 자신에
게 일어난 것처럼 내면에서부터 감정 이입되어 나타나는 심리를 말한다
(Cohen, 2001). 이처럼 감정 이입과 동일시는 서로 밀접한 관련성이 있는 개
념이다. 감정 이입이 없는 동일시는 있을 수 없으며, 동일시가 강할수록
감정 이입도 강하게 일어난다. 등장 인물이 실제로 수용자와 유사성을 지
닐 때 동일시가 더 쉽게 일어나는 경향이 있다(Livingstone, 1990). 또한 자기가

더 닮고 싶어 하는 인물에게 동일시가 더 크게 일어난다.

동일시가 일어나면 자기 자신이 누구인지를 잠시 잊고, 자기가 동일시하는 등장 인물과의 감정적, 인지적 연결이 강해진다(Busselle & Bilandzic, 2008). 따라서 동일시를 크게 느낄수록 그 인물의 행동이 더 많은 영향을 끼친다(Paik & Comstock, 1994). 이러한 동일시 효과는 미디어가 개입되지 않아도 일어날 수 있는데, 학생이 어떤 선생님을 좋아하여 그 선생님과 동일시할 때 선생님의 말씀을 더 잘 듣는 과정도 이와 유사하다.

또한, 등장 인물에게 수용자가 동경하는 특성이 있을 때 높은 동일시가 일어나기도 한다(Cohen, 2001). 자신이 하고 싶은데 하지 못한 일을 하는 등장 인물에 대해 일종의 대리 만족을 경험하는 것이다. 이에 더하여, 현실 속에서 일어날 가능성이 높다고 생각할수록 '나와의 관련성'이 더 높게 지각되어 더 강한 정서를 일으킬 수 있다.

등장 인물과 더 강하게 동일시할수록 시청자는 그 인물과 더 강하게 공감하며 감정 이입한다. 드라마를 볼 때, 우리는 주인공을 포함한 인물에게 벌어지는 사건과 그들이 느끼는 감정 등을 '목격witness'하게 된다. 이러한 목격은 감정 이입의 바탕이 된다. 주인공이 행복감을 느끼는 순간보다 어려움을 겪는 순간이 대체로 더 길게 묘사되며, 그때 주인공과 감정을 공유하게 된다. 이러한 과정에서 주인공과 더 강하게 동일시하는 시청자는 그가 겪는 온갖 감정에 더 크게 공감하는 것이다.

여기서 잠깐 즐김과 공감의 관계를 살펴보면, 만일 주인공과 경험을 공유하며 대리적 정서의 느낌을 즐기게 된다면, 주인공에게 좋지 않은 일이 적게 일어날수록 드라마가 더 재미있어질 것이다. 하지만 실제로 주인공에게 '항상' 좋은 일만 일어날 때보다는 '곤경에 처해 있다가 좋은 일이 극적으로 일어날 때' 더 즐기는 경향이 있다. 그러므로 시청자들은 단순히 항상 행복한 느낌을 즐긴다기보다는 스릴이나 긴장감, 서스펜스를 극도로 경험하다 이것이 일순간에 풀릴 때 경험하는 카타르시스를 즐기는 경향이 강하다고 할 수 있다. 서스펜스로 인해 생기는 공감적 불안감은 누구와 '함께' 느끼는 정서라기보다 누구를 '위해' 느끼는 정서 (Zillmann, 1991b, p.288) 라고 볼 수 있다. 이제 그 서스펜스에 대해 알아보자.

## 3) 드라마에서의 서스펜스

'서스펜스*suspense*'는 무엇인가 확정되지 않은 상태에서 아슬아슬하거나 불안한 상태를 말한다. 이런 상태는 시청자에게 '마음 졸임'을 유발하며, 이러한 마음 졸임 상태가 어느 정도 있어야 드라마나 영화의 갈등 구조가 사람들에게 흡인력을 지닌다.

시청자는 극적인 사건에 대한 증인이 된다. 전지적 작가가 되어 등장 인물들 가운데 일부가 모르는 사건도 시청자는 모두 알고 있다. 그래서 착한 사람이 오해를 받으면 빨리 오해가 풀리기를 바라고, 악한 사람의 나쁜 의도가 빨리 탄로나기를 바라며 마음을 졸인다. 시청자의 정서적 반응을 매개하는 메커니즘이 무엇이든, 서스펜스는 오로지 다른 사람들(즉 주인공이 나 극 중의 다른 인물)이 위험해지거나 그들에게 어느 정도로 이로움이 생기게 될 것인지를 지각함으로써 경험된다.

서스펜스는 단순히 공포 영화나 추리극에만 적용되는 개념이 아니라, 드라마와 영화 전반에 적용되는 중요한 개념이다. 질만(Zillmann, 1991b)에 따르면, 서스펜스의 사전적 정의에는 세 가지 의미가 있다. 첫째, 의심과 미결정의 의미인 불확실성, 둘째, 불안과 유사한 불확실성, 셋째, 기대되는 사건에 대한 유쾌한 흥분이 그것이다. 따라서 서스펜스의 핵심 부분은 '불확실성*uncertainty*'의 경험이며 그것은 불쾌할 수도 있고 유쾌할 수도 있다(p.281).

그런데 실제로 드라마를 볼 때의 서스펜스 경험에서는 불확실성보다 '미래의 사건에 대한 궁금증'이 더 중요한 역할을 하며, 불확실성 자체는 부차적인 역할을 한다. 특히 시청자가 기대했던 좋은 결과가 나타날 때 느껴지는 '유쾌한' 흥분이 드라마 서스펜스의 핵심이 되기 때문이다(p.282).

서스펜스의 경험을 위해 다소 부정적인 뉘앙스를 지니고 있는 인간의 '갈등'이 드라마의 핵심을 구성한다(Marx, 1940; Smiley, 1971). 즉 두 개 이상의 상반되는 힘의 충돌이 드라마의 기본 요소로서 필요하다. 따라서 드라마에서의 서스펜스는 갈등과 위기의 해결에 관한 걱정의 경험이라고 할 수 있다. 이것은 좋지 않은 일이 생길지도 모른다는 불확실성의 경험과도 연계되어 있다. 드라마를 보는 동안 자기가 좋아하는 주인공에게 좋지 않은 일이 생기면 어쩌나 염려하고 두려워하며 조마조마해하는 마음은, 주인공에게 좋은 결말이 오게 되리라는 희망과 밀접하게 관련된다. 희망과 공포가 서스펜스를 만들어 내는 우려 내지 염려 안에 불가분의 관계로 얽혀 있는 것이다(Zillman, 1991b, p.283).

서스펜스를 느끼게 하는 드라마는 주인공에게 위협과 위험이 많이 가해진다. 주로 주인공이 겪게 될 해로운 경험에 관한 염려를 자아내는 것이다. 여기에 부차적으로 긍정적인 결과를 기대하게 만드는 부분이 첨가되기도 한다.

어떤 결과에 대한 희망이나 공포에 의해 정서적 반응이 촉진된다면, 좋아하는 주인공인지 싫어하는 인물인지에 따라 동일한 사건들에 대한 희망과 공포가 달라질 것이다. 즉 좋아하는 주인공에게 좋은 일이 일어나면 당연히 그럴 만하다고 생각하며 기쁘게 즐기지만, 싫어하는 인물에게 같은 일이 일어나면 스트레스를 받게 된다. 이것을 질만은 앞서 언급한 성향 이론*disposition* *theory*으로 발전시켰다. 등장 인물이 가진 성향이 시청자의 정서적 반응을 매개한다는 것이다. 드라마에서 서스펜스를 느끼려면, 좋아하는 주인공에게 부정적이고 염려스러운 결과가 오는 순간이 반드시 포함되어야 한다.

요약하면, 결과에 대한 불확실성과 주인공에 대한 염려가 서스펜스를 일으킨다. 좋지 않은 결과에 대한 염려로 긴장도가 높아질 때 서스펜스는 극대화되며, 결과가 확실해지면 서스펜스는 다른 정서로 전환된다.

## 4) 배우에게 느끼는 감정 이입과 동일시

동일한 드라마의 같은 역할이라도 어떤 배우가 맡느냐에 따라 그 느낌은 천차만별이 될 수 있다. 또한 같은 역할을 같은 배우가 맡더라도 이를 시청 또는 관람하는 사람에 따라 그 느낌이 완전히 달라질 수 있다. 한 배우를 어떤 시청자는 좋아하기도 하고 어떤 시청자는 싫어할 수도 있기 때문이다. 기본적으로 드라마나 영화를 감상할 때에는 자기 자신의 경험에 비추어, 그리고 개개인의 선호도에 따라 감정이 일어난다.

작가는 인물들 간의 스토리와 플롯을 구성하며, 연출가는 실제 인물(배우)과 등장 인물을 연결시키는 역할을 한다. 사람들은 이야기가 자신의 생활과 관련성이 클수록 등장 인물에 감정 이입을 강하게 하여 강한 정서를 느끼는 경향이 있다. 등장 인물에 감정 이입하는 경우가 대부분이지만, 같은 인물도 어떤 배우가 연기하느냐에 따라 감정 이입의 정도가 달라진다. 여기에는 배우의 연기력, 배우에 대한 호감도 등이 관여한다.

예를 들면, 드라마 〈선덕여왕〉(2009, MBC) 에서 고현정이라는 배우가 아닌 다른 사람이 '미실' 역할을 맡았다면, 또는 김남길이라는 배우가 아닌 다른 사람이 '비담' 역할을 맡았다면, 그 역할에 대한 시청자들의 반응은 완전히 달라졌을지도 모른다. 더욱이 최근 한국 드라마는 시작 당시에 설정 대로 이야기가 전개되기보다 방영 도중의 외적 요인들(예를 들면 시청률이나 시청자의 반응 등)에 따라 스토리 전개가 달라지기도 하기 때문에, 어떤 배우가 역할을 맡느냐에 따라 이야기의 전체 구조를 변화시키기도 하고 이에 따라 시청자의 반응이 확연히 달라질 수 있다.

〈선덕여왕〉에서도 원래 미실과 비담은 악역이었으나, 그 역할을 맡은 고현정과 김남길이 좋은 연기로 시청자의 사랑을 받자 그들의 선한 측면을 상당 부분 부각시키게 되었다. 높은 시청률로 인해 드라마의 편수가 연장되면서, 애초에 기획된 정치적인 드라마에서 미실 사후 애정 드라마로 변질되는 비연속성도 보여 주었다. 비록 이 드라마가 후반부에 약간의 시청률 하락이 있었지만, 그래도 끝까지 높은 시청률을 기록할 수 있었던 이유는 그때그때 갈등 구조를 적절히 활용하여 시청자의 서스펜스를 유지시킨 데 있었다. 초반에는 덕만과 미실의 정치적 내립이 갈등의 뼈대를 형성했다면, 후반에는 비담의 질투와 유신과 비담 사이의 긴장, 그리고 덕만과 비담 사이의 애정과 그것이 엇나가는 안타까움을 유지하면서, 비극적 종말이었지만 시청자들의 마음을 어느 정도 사로잡는 데 성공했다.

영화 〈라디오 스타〉를 보면 배우 안성기가 가수왕 출신 퇴물 가수의 매니저로 열연하는데, 만일 이 영화에서 안성기라는 배우가 아닌 다른 배우가 그 역할을 맡았다면 관객들은 역시 전혀 다른 반응을 보였을 것이다. 영화 〈내 사랑 내 곁에〉에서 루게릭 환자를 열연한 김명민에 대한 호감도와 그의 노력에 대한 찬사도 이 영화에 관객들을 몰입시킨 중요한 요인이 되었다. 결국 관객은 그들이 더 좋아하고 강하게 동일시하는 인물에 감정이입을 더 많이 하여, 그 인물이 곤경에 처할 때 더 많이 안타까워하고, 그 결과 더 많은 서스펜스 경험을 즐기며 드라마나 영화에 몰입한다.

# 2. 한국의 TV 드라마 분석

## 1) 트렌디 드라마의 서사 구조

한국에서는 1980년대에 TV 드라마 연구가 활성화되었다. 그 무렵 서구에서 대중 문화 관련 텍스트 분석 방법 등이 활발히 유입되고, 국내에서 페미니즘 연구를 바탕으로 한 드라마 분석이 이루어졌기 때문이다. 〈대장금〉을 비롯한 한류 드라마의 선전으로 한류 열풍과의 연관 속에서 동양 여러 나라의 드라마를 비교 분석한 연구들도 등장했다(예: 강명구 등, 2008).

1992년 MBC 미니시리즈 〈질투〉로 대표되는 '트렌디 드라마'의 서사적 구조에 관한 연구(황인성, 1999)는 트렌디 드라마가 영상과 음악에 바탕을 둔 이미지에서 나오는 '물질적' 즐거움을 준다고 분석하였다. 〈프로포즈〉의 에피소드 분석에서도 '촉매적 요소'인 음악이 '핵심적 요소'인 대화를 압도한 것으로 나타났다. 이러한 현상은 "이야기의 중요성을 해체시킴으로써 만들어지는 새로운 응시와 느낌" 또는 "격렬하지만 파편적이며 일시적인 심미적 경험" 등으로 해석한다(황인성, 1999, p.238; Kellner, 1995, pp.235~236).

롤랑 바르트(Roland Barthes, 1977)가 말하는 '핵심 요소'를 중심으로 빨리 진행되는 전통 드라마에 비해, 젊은 층을 상대로 하는 트렌디 드라마는 '촉매 요소'를 중심으로 느리게 진행된다(황인성, 1999). 대화를 통해 갈등이 해결된다는 점은 전통 드라마와 유사하지만, 트렌디 드라마의 경우는 시퀀스별 서사 진행 방식이 느슨하고 헐겁다. 그 대신 급진적 방식의 음악과 현란한 시각적 자극을 사용하여 대화 구조의 느슨함을 메우는 경향이 있다. 이는 "쾌락 원리를 따라 무의식 차원에서 작용하는 1차적 지각 과정"

이다(황인성, 1999, p.239). 내용에 바탕을 둔 이데올로기의 수용에 의한 정신적 즐거움이 아니라, 자연적, 육체적 즐거움의 일환(Barthes, 1975)인 것이다.

드라마에서 주변적 요소들의 비중이 크게 부각되는 현상은 마치 설득 이론에서 설득자의 미모나 주변의 분위기 등과 같은 '주변적 요소'가 설득 메시지의 내용과 같은 '중심적 요소'에 못지않게 상당한 설득 효과를 가져올 수 있다는 점을 연상시킨다. 사람은 마땅히 '중심적'인 요소를 중요시해야 한다고 '생각'하면서도 실제로는 '주변적'인 요소의 영향을 크게 받는다. 사람들은 자기도 모르는 사이에 지각적 편파나 인지적 편견에 기반한 판단을 많이 하게 되는 것이다. 미디어를 통해 제시되는 콘텐츠가 사람에게 주는 영향이 시각적, 청각적, 촉각적 요소의 다양한 결합으로 나타나는 현상은 11장에서 다루게 될 '미디어 아트' 부분에 상세히 소개될 것이다.

그 밖에도 한국, 일본, 중국, 대만의 TV 드라마에 가족이 어떻게 재현되는지, 그리고 각 나라의 드라마에 나타나는 가족 갈등의 특성과 내용은 어떠한지를 분석한 비교 연구 등이 있다(강명구 등, 2008). 한국의 TV 드라마는 다른 나라에 비해 부모와 미혼 자녀 간의 결혼에 대한 갈등을 많이 다루고 있고, 자식의 일에 지나치게 개입하거나 간섭하는 경향을 많이 드러내고 있었다.

이제 2009년에 비교적 높은 시청률을 기록했던 세 편의 드라마를 지금까지 설명한 심리학적 개념들로 분석해 보자. 감정 이입, 동일시, 및 서스펜스가 따로 움직이는 것이 아니라 함께 작용하는 구체적인 사례가 될 것이다.

## 2) 대결과 갈등의 서스펜스: 〈선덕여왕〉

〈선덕여왕〉(2009년 5월~12월, MBC) 에서는 선덕여왕이 될 덕만과 그 반대 세력인 미실 간의 갈등, 미실파의 계략으로 인해 덕만이 곤경에 처하는 장면 등이 시청자들에게 서스펜스를 느끼게 하는 갈등의 축이 되며, 주인공 덕만이 곤경에서 벗어나거나 보다 적극적으로 상황을 역전시킬 때 시청자들은 안심하며 쾌감을 느낀다. 이 드라마의 경우 미실을 미화하여 영웅시한 부분이 있었기 때문에 선과 악으로 완전히 이분되지 않는 경향도 보였으나, 대체적인 방향은 이러한 해석에 일치한다.

이에 더하여, 시청자들이 덕만에게 감정 이입하느냐 미실에게 감정 이입하느냐에 따라, 혹은 덕만을 더 좋아하느냐 미실을 더 좋아하느냐에 따라 서스펜스를 느끼는 상황이 달라진다. 요점은 자기가 좋아하거나 동일시하는 사람에게 좋지 않은 일이 일어날 때 안타까워하다가, 잘 해결되어 결국 그에게 좋은 일이 일어나는 순간 안도하며 큰 즐거움을 느끼게 된다는 것이다. 그리고 앞부분에 긴장감이 커서 안타까운 마음이 강할수록 나중에 '균형 회복'으로 얻게 되는 행복감도 더 커진다.

드라마의 후반에는, 주인공의 큰 대립축이었던 미실이 사라지자 '비담'이 갈등의 핵으로 등장했다. 드라마 초반부터 비담은 선과 악을 공유하는 역동적인 인물로 그려졌다. 짝사랑하는 덕만 앞에서는 순수하고 천진난만한 웃음을 보이는 착한 인물임과 동시에, 스승 문노의 인정을 받으려 많은 사람들을 독살할 정도로 악한 인물이었다. 비담이란 인물 자체가 변화무쌍하면서도 이중적인 캐릭터로 그려졌기 때문에 드라마 후반에 '비담의 난'으로 이어지는 다소 비약적인 상황에서도 비교적 무리 없이 드라마가 마무리될 수 있었다.

〈선덕여왕〉이라는 드라마는 일단 미실 생전과 사후라는 두 부분이 불연속적으로 나뉜다고 볼 수 있다. 미실 생전에는 미실과 덕만의 정치 싸움, 미실 사후에는 비담과 덕만의 사랑 이야기가 주축을 이루었기 때문이다. 초반에는 시청자들이 덕만의 아역 배우 남지현의 총명한 매력에 빠져, 어린 덕만에게 감정 이입을 많이 하였다. 그러다가 아역 배우들이 동시에 성인 배우들로 바뀌면서, 시청자들은 약간의 비연속성에 실망하며 감정 이입의 정도가 잠시 끊겼었다. 특히 상당히 오랜 횟수 동안 지속되었던 어린 덕만과 어린 유신, 그리고 어린 천명공주의 당찬 역할에 한껏 감정 이입되어 있다가 이들이 한꺼번에 다른 인물들로 바뀌면서 시청자들은 몰입에 방해를 받았다.

그러다가 성인 덕만의 카리스마가 살아나면서 다시 드라마가 제자리를 찾아 미실과 덕만의 본격적인 대립으로 가장 중요한 축을 되찾게 된다. 특히 '사나람의 배화'라든지, 국호 '신라'의 의미에 대한 수수께끼와 같은 추리극 요소를 한 회 한 회에 넣음으로써 시청자들이 마음 졸이며 작은 결말을 궁금하게 여기도록 하는 서스펜스의 요소를 한껏 포함시킨 점이 돋보였다. 드라마 전체에서 느끼는 카타르시스를 기다리기에는 너무 지루할 수 있기에, 각 회마다 초반에 제기되었던 문제가 해결되거나 곤경에 처해 있던 주인공측이 해당 회의 끝부분에서 반전을 보이며 승리하는 통쾌한 모습을 보여 주기도 하여, 긴 흐름의 이야기를 참을성 있게 보지 못하는 시청자도 카타르시스를 느끼며 즐길 수 있도록 탄탄한 구성을 이어 갔다.

미실 사후에는 비담이 긴장을 유지하기 위해 큰 역할을 맡게 된다. 비담은 자신의 연적이자 정적인 유신을 곤경에 빠뜨림으로써 미실의 역할을 물려받는다. 그러다가 덕만을 연모하던 마음이 점점 커져 마침내 국혼에까지 이를 뻔하지만, 미실파의 계략으로 난의 주모자로 몰려 비극적 생을 마감하게 된다. 비담이란 인물에 매력을 느낀 시청자들의 비담과 덕만 사이의 러브 라인 요청이 영향을 주었는지는 모르겠으나, 후반부에서 다뤄진 비담의 난은 정치적 계산이 아닌 사랑과 믿음에 대한 오해 때문에 일어난 것으로 변질되었다. 비담은 악역 중 하나였음에도 불구하고 시청자들의 사랑을 받았고, 이로 인해 사랑하는 사람의 모든 것을 빼앗으려는 악당으로 죽어 간 것이 아니라 사랑하는 사람 하나를 얻으려 모든 것을 버리는 멋진 남자로 묘사되었다.

드라마의 완성도나 일관성 측면에서는 부족한 부분이 있을 수 있으나, 〈선덕여왕〉은 시청자들의 마음을 한동안 사로잡았다는 점에서는 성공한 드라마라고 할 수 있다. 아쉬운 점이 있다면 〈선덕여왕〉이라는 제목에 맞지 않게, 선덕여왕이 미실과 비담을 살려 주는 조연급으로 격하되었다는 점이다. 최소한 시청자들의 마음속에서 차지했던 비중이 그렇다는 것이다. 그것이 작가가 이야기를 변경한 탓이든, 방송사의 연장 결정 탓이든, 아니면 배우 개인의 연기력 탓이든, 시청자의 마음속에 크게 자리 잡은 인물과 비교적 약하게 자리 잡은 인물로 구분이 되며, 마음속의 비중에 따라 시청자의 감정 이입, 동일시, 서스펜스의 경험 강도가 달라졌다.

## 3) 판타지와 로맨스의 동일시: 〈꽃보다 남자〉

〈꽃보다 남자〉(2009년 1월~3월, KBS)라는 드라마는 판타지에 가까운 설정에 힘입어 젊은 층의 환상을 자극함으로써 큰 인기를 끌었다. '백마 탄 왕자'를 꿈꾸는 여성들의 신데렐라 콤플렉스를 다룬 대표적인 드라마라고 할 수 있다. 일종의 '희망 사항,' '앞으로 되고 싶은 상황,' 현실적으로는 불가능할지라도 '꿈이라도 꿀 수 있다면 행복한 상황' 등을 묘사했다는 점에서 사람들, 특히 젊은 층 정서의 중요한 한 축을 움직였다고 볼 수 있다. 누구나 한번쯤 저렇게 멋진 사람과 마음껏 누려 보고 싶은 상황들이 묘사되었던 것이다. 예를 들면, (그래픽 처리를 하기는 했지만) 고급스러운 해외 휴양지에서의 로맨스, 전용 헬리콥터에서 광활하고도 멋진 정원을 내려다보며 사랑을 고백하는 장면, 물에 빠진 주인공 금잔디를 멋진 인물 구준표가 살려 내는 장면 등은 젊은이들이 꿈꾸는 상황과 잘 들어맞았다.

이 드라마는 왕따 등을 부각시켰다는 이유로 부정적인 평가를 받기도 했지만, 젊은 층의 폭발적인 몰입을 바탕으로 성공적인 마무리를 지었다. 약간은 반항적으로 보이면서도 사랑에서만큼은 순수하고 적극적인 구준표 역할의 이민호는 이 드라마 이후 일약 스타로 떠올랐다. 등장 인물에의 감정 이입이 그 인물과의 동일시를 이끌어 내고, 그 동일시가 그 배역을 맡은 연기자에 대한 호감으로까지 연결된 사례라고 할 수 있다.

또한 이 드라마에는 두 사람의 주인공을 너 빛나게 해주는 조연들이 있었다. 'F4'라고 불리는 꽃미남 스타들의 역할, 그리고 금잔디를 괴롭히며 금잔디와 구준표의 사랑에 가장 큰 걸림돌이 되었던 구준표의 어머니가 그들이다. 특히 극 중 지후 선배 역할로 주인공 구준표와 대비되는 부드럽고 따스한 캐릭터를 소화해 낸 김현중의 역할은 자칫 두 주인공의 강한 개성 때문에 서로 부딪칠 수 있는 상황에 윤활유 역할을 해주었다. 조금 우울해 보이기는 하지만 음악을 좋아하며 마음씨 좋은 지후 선배 캐릭터에 더 깊이 감정 이입을 하며 몰입하는 시청자들도 있었다. 이런 시청자들의 몰입으로 실제 배우 역시 인기를 끌었다.

드라마 시청자의 동일시와 감정 이입은 주로 인물에게 일어나며, 서스펜스는 상황에 대해 느끼는 감정이다. 즉 한 사람의 인물 자체에 대해 느끼는 서스펜스가 아니라, 그 사람이 처해 있는 상황의 갈등 구조 안에서 느끼게 되는 것이 서스펜스이다. 따라서 주인공을 곤경에 빠뜨리는 악역에는 감정 이입을 별로 하지 않으며 오히려 반감을 가지게 된다. 그 인물과 동일시하는 경우도 드물다. 다만, 시청자가 자신을 괴롭혔던 다른 사람을 떠올리며 그 사람과 동일시하여 낙인을 찍는 경우는 있을 수 있다.

어떤 경우든 시청자가 자신과 동일시하며 더 강하게 감정 이입하는 주인공을 악역 맡은 배우가 더 혹독하게, 더 교묘하게, 그리고 더 자주 괴롭힐수록 갈등 구조는 극대화되며, 그로 인해 시청자가 느끼는 서스펜스는 더 강해지게 된다. 그러므로 시청자의 미움을 받는 악역은 시청자의 사랑을 받지는 못하더라도 드라마 전체에서 그만큼 큰 비중을 차지한다. 한국의 많은 드라마가 그렇듯이, 며느리를 힘들게 하는 시어머니 역할 혹은 〈꽃보다 남자〉에서 구준표의 어머니와 같은 예비 시어머니의 역할을 충분히 강하게 해내는 드라마가 시청자들의 마음을 더 강하게 사로잡는다.

## 4) 가족 성장 드라마의 감정 이입: 〈찬란한 유산〉

〈찬란한 유산〉(2009년 4월~7월, SBS)은 젊은이의 성장 드라마이면서 가족 드라마라고 할 수 있다. 젊은이의 입장에서는 마음의 성장과 사랑 표현 과정의 발전을 자연스럽게 보여 준 '성장 드라마'임과 동시에, 다양한 유형의 가족 입장에서 무엇이 중요하고 중요하지 않은지에 대해 판단하게 하는 '가족 드라마'의 특성을 지니고 있다. 앞의 두 드라마와 유사하게 〈찬란한 유산〉의 경우도 시청자들이 좋아하는 착한 주인공과 그 주인공이 잘되는 것을 방해하는 악역 간의 갈등과 그로 인한 서스펜스, 주인공과 그 연인에 대한 감정 이입과 동일시 등을 기반으로 시청자의 마음을 사로잡으며, 장기간 높은 시청률을 기록하였다. 최근 이가영과 나은영(미발표)은 하이더의 균형 이론을 〈찬란한 유산〉이라는 드라마에서의 서스펜스와 카타르시스 경험에 적용한 연구를 진행한 바 있는데, 여기서 그 연구 결과를 간단히 소개하려고 한다.

## (1) 균형 이론

먼저 균형 이론에 대해 알아보자. 하이더(Heider, 1958)의 균형 이론*balance theory* 은 어떤 측면에서 앞에 언급한 질만의 성향 이론과 유사한 부분이 있다. 기본적으로 이 균형 이론은 인지적 일관성*cognitive consistency* 이론에 속한다. 사회 심리학의 근간이 되는 인지적 일관성 이론은, 사람들은 머릿속에서 인지적·감정적 요인들이 모두 균형 있게 일관성을 이루고 있을 때 편안함을 느끼며, 불균형이나 비일관성이 있을 때 불편함과 긴장을 느낀다고 가정한다. 예를 들어, 내가 좋아하는 사람이 내가 좋아하는 일을 하면 내 머릿속이 균형 상태가 되어 편안함을 느끼지만, 내가 좋아하는 사람이 내기 싫어하는 행동을 하면 불균형 상태가 된다. 사람은 긴장하게 되면 본능적으로 이를 감소시켜 편안한 상태로 회복하려는 속성이 있기 때문에, 불균형 상태가 되면 어떤 요소를 변화시킴으로써 균형 상태를 되찾으려 한다.

균형 이론은 그림 3-4와 같은 3자 관계를 기본으로 하지만, '나'와 '상대방' 이외의 제3자가 반드시 '사람'일 필요는 없다는 점을 감안한다면 2인 관계의 확장이라고 볼 수 있다(Heider, 1958). 예컨대, 남학생인 내가 여자 친구와 연인 관계인데, 그 여자 친구는 내가 좋아하는 당구를 싫어한다면 불편한 관계가 된다. 이 상태가 불균형 상태이다. 남학생의 입장에서는 여자 친구도 좋고 당구도 좋아하니까 여자 친구를 데리고 당구장에 가면 행복하다. 하지만 여자 친구의 입장에서는 애인과 함께 있는 것은 좋지만 싫어하는 당구장에 가는 것은 불편하다. 이런 행동이 몇 번 되풀이되면 여

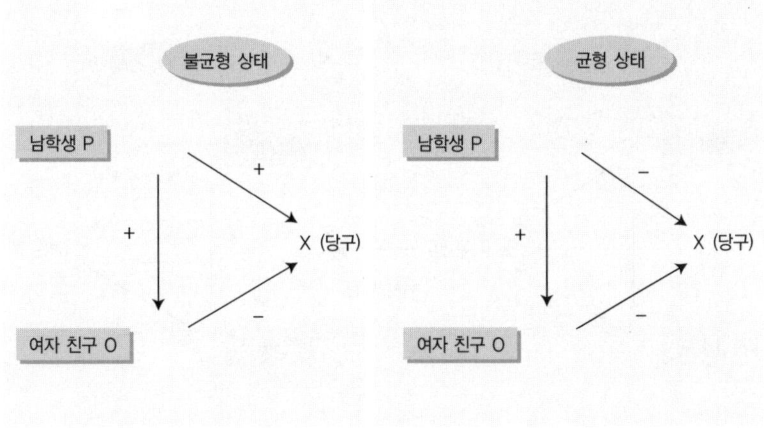


〈나은영, 2002a, p.174〉

**그림 3-4. 균형 상태와 불균형 상태의 예**

자 친구는 그 불편함을 해소하기 위해, 즉 관계에서 균형을 회복하기 위해 남자 친구에게 요청을 한다. '당구를 그만두든지 나와 헤어지든지' 둘 중 하나를 택하라는 요청이다.

여기서 남학생이 당구를 그만두면 그림 3-4의 왼쪽 그림에서 남학생으로부터 당구 쪽으로 향하는 화살표의 부호가 −로 변화하는 셈이 된다. 이렇게 되면 두 사람 간의 관계에는 변화가 없고 둘 모두 당구에 대해 유사한 행동 양식을 지니게 되어 균형 상태가 어느 정도 회복된다. 남자가 좋아하는 술을 여자가 싫어할 때에도 (혹은 그 반대의 경우에도) 관계를 균형 상태로 유지하기 위해서는 남자가 술을 끊거나 여자도 같이 마셔야 한다. 실제로 이런 경우가 상당히 많다. 공동의 대상을 포함하는 3자 관계에서 한 사람의 요청과 다른 사람의 수용으로 인해 균형 상태를 회복하게 되면, 둘 모두 한 대상에 대해 같은 태도를 지니게 되어 (예: 둘 모두 영화를 좋아함) 행복한 상태가 된다.

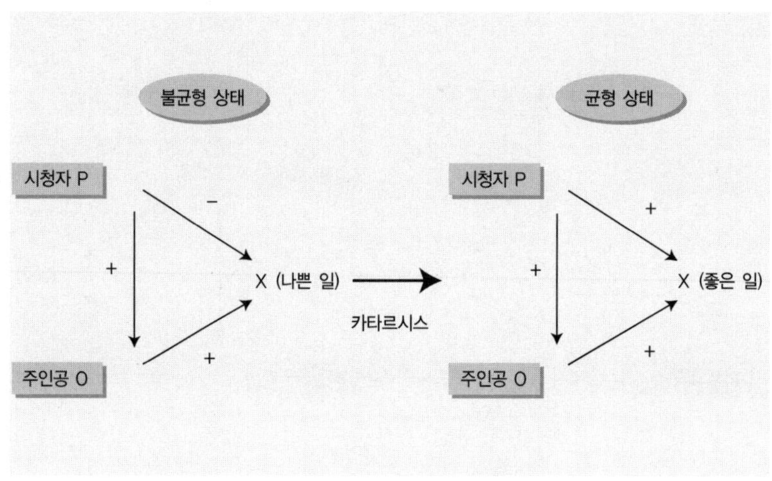


**그림 3-5. 균형 이론을 적용한 주인공 중심의 서스펜스(불균형 상태)와 카타르시스 구조**

## (2) 드라마에 적용된 균형 이론

균형 이론을 드라마 상황에 적용해 보면, 내가 좋아하는 주인공에게 나쁜 일이 일어나면 불균형 상태라 할 수 있고(그림 3-5의 왼쪽), 내가 싫어하는 악당에게 좋은 일이 일어나면 이것도 역시 불균형 상태라고 할 수 있다(그림 3-6의 왼쪽). 불균형 상태의 긴장도가 높을수록 나중에 균형이 회복되었을 때의 후련함, 통쾌함과 카타르시스의 경험이 강하게 작용하여, 강한 서스펜스의 효과를 얻게 될 것이라고 예측할 수 있다. 주인공에게 좋지 않은 일이 일어나 고생을 하다가 마침내 좋은 결과를 얻게 되고 악당이 벌을 받게 되면 마침내 균형 상태가 회복되어 카타르시스를 느끼며(그림 3-5와 3-6의 오른쪽), 이런 점에 재미를 느끼면서 드라마를 즐긴다. 최종적인 균형 상태를 기대하면서 일종의 불균형 상태를 마음 졸이며 즐기는 것이 바로 서스펜스라고 할 수 있다. 균형 이론의 시각에서 볼 때, 인지적 불균형 상태

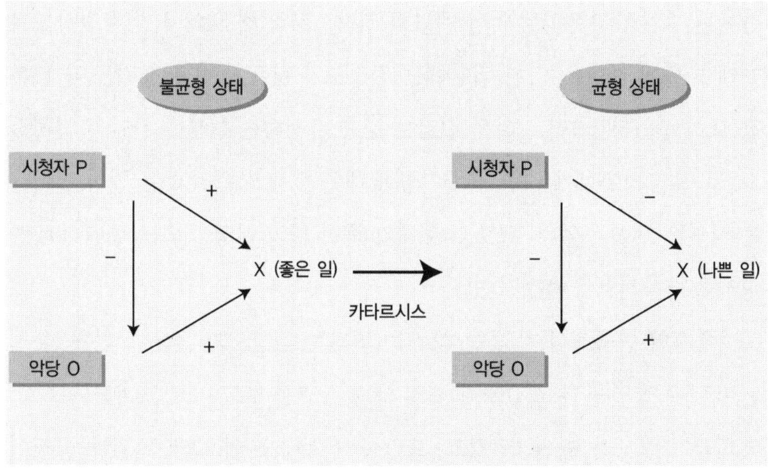



**그림 3-6. 균형 이론을 적용한 악당 중심의 서스펜스(불균형 상태)와 카타르시스 구조**

의 시청자 심리가 서스펜스에 해당한다.

그림 3-5와 3-6은 각각 균형 이론을 적용한 주인공과 악당 중심의 서스펜스와 카타르시스 구조를 따로 그려 본 것이다. 실제로 드라마상에서는 주인공과 악당이 대립적으로 상호 작용하기 때문에, 드라마의 갈등 구조 속에서 이 두 가지가 동시에 일어난다고 할 수 있다. 악당 때문에 주인공에게 좋지 않은 일이 일어나는 것이고 이것은 곧 악당에게는 좋은 일이 되기 때문이다. 어떤 경우든 초반에 불균형 상태에서 마음 졸이며 서스펜스를 느끼다가, 후반에 이것이 균형 상태로 회복되면서 큰 즐거움과 카타르시스를 느끼게 된다.

이와 같은 균형 이론을 드라마 상황에서 검증하고자 시도한 이가영과 나은영(미발표)의 연구에서는 〈찬란한 유산〉의 비디오 클립 가운데 긴장도가 높은 장면과 낮은 장면을 선별한 다음, 피험자 집단을 둘로 나누어 한 집단에는 주인공 고은성이 악한 계모의 계략으로 인해 오해를 받아 긴장도가 높게 묘사된 장면을, 다른 집단에는 긴장도가 낮은 평범한 장면을 약 12분 간 보여 주었다. 그리고 나서 긴장도 등을 측정하는 설문을 간단히 실시하고, 두 집단 모두에게 나중에 주인공에 대한 오해가 풀려 좋은 일이 일어나는 장면을 보여 주었다. 끝으로 오해가 풀려 해피 엔딩이 되는 장면에 대한 정서를 다각적으로 측정하였다.

이들의 연구에서 가장 눈에 띄는 결과는 긴장도가 높은 장면을 본 집단이 낮은 장면을 본 집단보다 해피 엔딩 장면을 보고 나서 느끼는 후련함, 통쾌함의 강도가 훨씬 더 컸고, 드라마의 재미도 더 크게 느꼈다는 것이다. 실제로 드라마는 이렇게 간단한 구조가 아니고, 시청자들의 반응도 훨씬 더 다양하지만, 아주 기본적인 요소들로 환원시켜 서스펜스와 카타르시스로 나타나는 시청자들의 드라마 정서 반응과 이로 인한 재미를 분석해 보았을 때, 상당 부분 수긍이 가는 결과들을 얻을 수 있었다.


## 3. 영화 관람과 체험의 심리

### 1) 테크놀로지의 발달과 영화 체험

영화는 이제 '관람'을 넘어 '체험'하는 시대에 이르렀다. 영화는 심리적 영향 측면에서 드라마와 상당 부분을 공유한다. 이 장의 앞부분에서 다룬 감정 이입, 동일시, 서스펜스 그리고 다음 장에서 다룰 유사 사회적 상호 작용 등은 영화와 드라마에 공히 적용되는 심리학적 개념들이다. 영화와 드라마의 가장 공통되는 부분은 '스토리'와 '플롯'이 있다는 것, 그리고 대체로 실제 이야기가 아닌 허구, 즉 픽션을 다룬다는 점이다.

드라마와 영화가 그 구성이나 효과 측면에서 많은 공통점을 지님에도 불구하고 영화가 드라마와 현격한 차이를 보이는 부분이 있다. 그것은 바로 영화는 스펙터클한 상황을 '체험' 가능하게 한다는 것이다. 체험은 사물이나 대상에 직접 노출되어 직접 경험하는 것이다. 그래서 현장감, 실재감, 더 나아가 '내가 실제로 살아가고 있는 공간'의 느낌을 그대로 간직한다. 이것이 가능하기 위해서는 3차원 묘사가 중요해진다. 우리가 살아가는 곳이 3차원 공간이기 때문이다. 예전의 영화에서 '감정'의 경험, '공간'의 경험, '삶'의 경험 등이 거의 대부분 '간접 경험'으로 이루어졌던 데 비해, 최근에는 '직접 체험'의 비율이 훨씬 더 높아지고 있다. 공간 묘사 기법이나 아트 테크놀로지 기법들을 총동원할 수 있는 디지털 시대이기 때문이다.

드라마보다 영화에서 더 강력한 체험을 할 수 있는 이유는 영화가 더 테크놀로지 의존적이기 때문이다. 드라마도 테크놀로지의 영향을 받기는 하지만, 그 범위와 규모가 영화에 비하면 아주 좁고 작다고 할 수 있다. 영화는 대규모의 공간 연출, 그래픽, 3D 영상, 모션 캡처*motion capture* 등과 같은 다양한 테크놀로지와 이를 이용한 연출 기법들을 활용해 관람자에게 실감 나는 '시각적 공간 체험'을 가능하게 한다.

영화 〈아바타*Avatar*〉(감독 제임스 카메룬, 2009)는 기술을 통한 감동의 극치를 보여 준다. 단순히 배우의 움직임*motion*을 그래픽으로 담는 것이 아니라, 섬세한 감정*emotion*을 나타내는 표정*facial expression*까지 그대로 담아 내어 모션 캡처에서 진일보한 '이모션 퍼포먼스 캡처*emotion performance capture*' 기법을 사용하였다. 첨단 디지털 기술의 발달이 인간의 영화 체험을 더욱 실감 나게 함으로써, 간접 경험을 직접 경험처럼 느끼게 하는 효과를 가져온 것이다. 이렇게 되면 인간의 몰입 수준은 한층 더 깊어지게 된다.

3차원 입체 영화에 섬세한 애니메이션 기법까지 가미된 체험 영화는 관람자가 그 영화를 수동적으로 '봄'으로써 간접 경험을 하는 것이 아니라 '직접 체험'을 하는 것처럼 '지각하도록' 만든다. 결국 '착각'을 하게 만드는 셈인데, 사람들은 진짜 경험을 하는 것과 똑같은 느낌을 갖는다. 이런 점에서 8장에서 다루게 될 '게임'의 영역, 11장에서 다루게 될 '미디어 아트'의 영역이 영화라는 장르와 자연스럽게 융합된다고 볼 수 있다.

이제 사람들은 무엇이 진짜 이미지이며 무엇이 만들어진 이미지인지 구분해야 하는 시대가 도래했다. 물론 실상과 허상을 구분하지 않고 그대로 즐기는 것만으로도 일시적으로는 행복할 수 있겠지만, 인간이기 때문에 궁극적으로는 존재의 의미를 찾을 수밖에 없고 그러다 보면 자연히 무엇이 진짜 존재하는 것인가에 대한 성찰을 피할 수 없을 것이다.

## 2) 슬픈 영화의 감동과 치유 효과

슬픈 영화의 핵심은 '슬프다'는 감정이나 '눈물'에 있는 것이 아니라, 왜 슬프게 느껴지며, 슬퍼서 울고 난 후에는 어떤 효과가 생기는가, 그리고 그러한 효과를 가져오는 영화의 요인은 무엇인가 하는 데 있다.

비극이 어떻게 감동을 주는지에 관한 연구에서, 특히 죽음에 대한 현저성*mortality salience*이 높을 때 비극적 엔터테인먼트가 매력적으로 느껴진다는 결과를 얻었다 (Oliver, 2009, p.180). 영화는 안전하고 위협적이지 않은 환경 속에서 공포와 마주할 기회를 제공하기에, '공포 관리*terror management*'의 관점에서 볼 때 비극 또는 두려움을 주는 영화나 소설이 호소력을 갖는다고 한다 (Goldenberg 등, 1999).

루게릭 환자의 사랑과 애환을 감동적으로 그린 영화 〈내 사랑 내 곁에〉(감독 박진표, 2009)도 '죽음에 대한 현저성'이 높은 상황을 나타내는 전형적인 사례다. 루게릭 환자도 보통 사람과 같이 일상적 희로애락을 겪으면서도 죽음에 대한 생각은 보통 사람보다 더 현저하게 머릿속을 맴돌 수밖에 없어, 특히 동일한 질병을 앓고 있는 이들이나 그 가족들이 그 영화를 볼 때 감동을 넘어 치유 효과까지 얻을 수 있게 된다.

슬픈 영화는 슬픔을 넘어서는 통찰과 의미를 지니기 때문에 감동을 주며, 내부에 쌓인 찌꺼기들을 정화시키는 카타르시스를 통해 어느 정도 치유 효과도 지닐 수 있다. 영화 〈서편제〉(감독 임권택, 1993)에서 눈 먼 누나가 '한恨'을 다치지 않기 위해 남동생임을 알아차렸으면서도 그 한을 풀지 않고 그것을 '소리'로 승화시킨 것은 분명 '슬픔'을 유발하는 장면이지만 우리는 그것을 보고 감동하며 무엇인가 깊은 통찰을 느낀다. 그리고 인생에 대해 다시 한 번 생각해 보게 된다.

영화나 소설과 같은 미디어 엔터테인먼트를 접하고 나서 경험하는 정서를 단순히 쾌와 불쾌로 나누기보다는 '부드러움tenderness'이라는 정서 상태의 측면에서 분석할 때 엔터테인먼트 선호를 훨씬 더 잘 예측할 수 있음을 보인 연구도 있다(Oliver, 2008). 부드러움이라는 정서는 따뜻함, 동정, 친절 등과 같은 사회적 감정들의 혼합으로 이루어져 있으며, 인간 관계에 초점이 있는 정서들이다. 혼자서 가볍게 즐기는 내용의 엔터테인먼트보다는 그 안에서 '관계'에 대해 생각하고 느낄 수 있는 내용이 담겨 있을 때 이러한 정서를 느낀다. 영화뿐 아니라 슬픈 소설책을 읽을 때도 이와 유사한 경험을 할 수 있다.

물론 슬픔이라는 정서를 유발하지 않고서도 감동을 줄 수 있다. 여기서 강조하고자 하는 것은 슬픈 영화에서 슬픔이라는 정서가 핵심이 아니라 그러한 깊은 감정을 유발하는 인간 본성의 감동이 핵심이라는 것이다. 슬픔은 영화가 유발하는 복잡다단한 정서 중 하나일 뿐이며, 눈물이 흐르는 것도 단순히 슬픔 때문이라기보다는 마음 깊은 곳을 움직였다는 감동의 증거이다. 울음의 치유 효과에 관한 부분은 5장에서 다시 다룰 것이다.

## 3) 사회의 모습을 투영하여 공감과 즐김을 주는 영화

깊은 감동을 주지는 않지만 사람들이 살아가는 시대의 사회상을 비교적 잘 묘사하여 가볍게 보고 즐길 수 있는 영화들도 있다. 1994~2007년 사이의 한국 조폭 영화들을 분석한 연구에서(곽현자, 2009), 조폭 느와르 영화에 재개발 공사장이나 철거 공간이 자주 등장하는 것은 재개발 사업이 조폭들의 주요 이권 사업이 되었던 현실 세계를 반영하는 것임을 지적하고 있다. 뿐만 아니라, 조폭 영화에서 재현되는 폭력은 한국 사회에서의 '권력' 상징과 무관하지 않다고 본다.

또한 조폭 코미디 영화에서는 대체로 '가정'이 부재하지만, 〈가문의 영광〉이나 〈조폭 마누라〉와 같은 영화에서는 가족이 중요하게 나타난다. 조폭 코미디의 공간으로 자주 등장하는 곳 중 하나는 '학교' 공간이며, 액션을 '놀이화'하여 표현하는 경향이 있다고 본다. 조폭 코미디에 나타나는 욕망은 '부와 성공'보다 '결혼하기' 또는 '학교 졸업하기'와 같은 문화적 상징 자본을 추구한다.

사회 내 폭력을 가볍게 여기도록 만들 우려가 있음에도 불구하고 이러한 조폭 영화들이 인기를 끈 이유는 우리 사회의 단면을 상징적으로 보여 주며 공감을 이끌어 냈기 때문이다. 물론 '아무 생각 없이' 이런 영화를 보다가 조폭 문화나 폭력을 당연시하게 되어서는 안 될 것이다. 한동안 이런 영화가 유행하다가, 2007년 영화 산업의 불황 이후 작품성에 무게를 둔 영화들이 다시 고개를 들기 시작했다. 어떤 미디어의 콘텐츠가 (인기 있는 영화의 내용이든 호소력 있는 광고 문구든) 사람들의 관심을 잠시라도 끌었다는 것은 그 내용이 일부나마 그 시대의 사회상을 반영한 거울 역할을 했기 때문이라고 할 수 있다.

# Chapter 04

# 정서 토크쇼와 청중 참여 프로그램

## | 사회 비교와 유사 사회적 상호 작용

누구나 다른 사람과 '비교'해서 자기 자신을 '평가'하려는 욕구가 있다. 이를 효과적으로 도와주는 것이 리얼리티 프로그램, 특히 리얼리티 토크 프로그램이다. 그 사람들을 직접 만나지 않아도 얼마든지 그들과, 또는 그들이 이야기하는 사람들과 비교하여 평가할 수 있기 때문이다.

정서 토크쇼와 청중 참여 프로그램

정서 토크쇼와 청중 참여 프로그램은 모두 리얼리티 프로그램에 속한다. 따라서 이 장에서는 우선 다양한 리얼리티 프로그램을 어떻게 구분할 수 있는지, 그 정의와 분류 과정을 개괄적으로 살펴본 다음, 청중 참여 프로그램과 정서 토크쇼, 그리고 최근에 급격히 부상하고 있는 토크 버라이어티 쇼를 시청하는 사람들의 심리를 차례로 탐색해 보려고 한다.

## 1. 리얼리티 프로그램의 정의와 분류

최근 TV 장르 간의 융합은 리얼리티 프로그램*reality program*이 주도하고 있다. 리얼리티 프로그램은 실제 인물의 실제 행동과 사건을 주된 내용으로 하여 제작한 프로그램을 말한다. 리얼리티 프로그램을 하나의 장르로 인식하게 하는 데 기여한 킬본(Kilborn, 1994)은 리얼리티 프로그램을 "개인이나 집단이 일상 생활에서 겪은 실제 사건을 ENG 카메라나 홈비디오 카메라로 극화하여 재구성*dramatized reconstruction*하되, 리얼리티 효과나 오락적 가치를 높이기 위해 다양한 요소를 가미한 프로그램"으로 정의한다(p.423). 리얼리티에 바탕을 두고 있지만 '극화된 재구성'이 들어가기 때문에 픽션과 논픽션, 현실과 허구가 어느 정도 섞일 수밖에 없는 프로그램이며, 따라서 그 섞임의 정도와 구성 및 내용에 따라 아주 다양한 혼합 프로그램이 가능하다.

프리드먼(Friedman, 2002)은 리얼리티 프로그램을 '리얼리티 기반 드라마*reality-based drama*,' '게임쇼*game show*,' '다큐멘터리*documentary*'로 구분한다. 리얼리티 기반 드라마는 '극적인 사건을 소재로 삼아 극화하는 프로그램'으로, 범죄 현장이나 엽기적인 현상 등을 재구성한 프로그램이다. 게임쇼는

'긴박한 상황에 초점을 맞추는 프로그램'으로, '실제 사건 전달이라는 한 축과 예측 불가능한 결말을 가지는 허구성의 다른 한 축'을 형성하는 양면 구조를 지닌다. 또한 다큐멘터리는 '극적 긴장감과 갈등을 극대화하기 위한 이벤트의 전 과정을 보여 주는 유형의 프로그램'이다(류철균·장정운, 2008, p.37). 1980년대 중반부터 1990년대 초까지는 리얼리티 기반 드라마가 유행했고, 그후 1990년대 후반부터 현재까지는 참가자의 경쟁 구도에 기반을 둔 게임쇼가 유행하면서 다큐멘터리 형식도 증가하고 있다.

류철균과 장정운(2008)은 '리얼리티 쇼reality show'를, 앞서 말한 리얼리티 프로그램의 정의에 "경쟁과 보상의 게임 시스템을 갖춘 형식"이 더해진 것으로 정의한다(p.38). 리얼리티 쇼의 '게임성'이라는 요소가 다른 리얼리티 프로그램과 차별화되는 가장 핵심적인 특성이라는 것이다. 그래서 리얼리티 쇼의 중요한 두 축이 '경쟁'과 '우연'이라는 요소이고, 이는 '놀이'의 유형 분류 요소와 동일하다는 데 주목한다(로제 카이와, 1994 참조).

킬본의 정의에는 해당하지만 프리드먼의 분류에서는 제외된 영역이 '리얼리티 토크reality talk' 형식이다. 리얼리티 토크 프로그램의 내용은 '실제로 일어나는 시사적 또는 일상적인 일'이며, 그 형식은 '대화' 또는 '토론'이다. 시사적인 내용은 토론 형식을, 일상적인 내용은 대화 형식을 많이 빌리기는 하지만, 두 가지 짝짓기가 모두 가능하다. 리얼리티 토크 중에서 청중이 참여하여 보통 사람의 일상 경험을 진솔하게 전달함으로써 공감을 얻고 있는 프로그램들은 특히 정서에 초점을 두기 때문에 '정서 토크'에 해당한다.

리얼리티 토크 중에서 청중이 토크에 직접 참여하지는 않으면서 방청객 또는 시청자로서 즐길 수 있는 버라이어티 쇼의 형식을 빌린 것이 '토크 버라이어티' 장르로, 최근에 급부상하고 있는 프로그램이다. 이것은 연예인들이 집단적으로 참여하는 '집단 토크' 방식으로, 여기에는 오락적 요소가 강하게 작용한다.

지금까지 설명한 리얼리티 프로그램은, 초기에는 사실 그대로를 전달하는 사실성 프로그램factual program에서 조금씩 변형되다가 최근에는 점차 거의 모든 장르와 융합하고 있다. 넓게 보면 리얼리티 프로그램이라고 할 수 있지만, 좁게 보면 일상적인 주변의 일보다는 시사적인 일을 더 많이 다루는 사실성 프로그램인 뉴스, 다큐멘터리, 그리고 시사 토크 등은 6장에서 따로 다루고자 한다.

리얼리티 프로그램은 또한 청중이나 시청자가 실제로 프로그램에 참여하는 '청중 참여 프로그램'과도 간혹 혼동된다(예: 퀴즈, 토론, 고백 프로그램). 모든 리얼리티 프로그램에 청중이 참여하는 것은 아니기 때문에, 이것도 구분할 필요가 있다. 시청자는 직접 참여하지 않지만 출연자의 사실적인 이야기를 전달하는 토크 프로그램(예: 토크쇼, 정서 토크), 그리고 버라이어티 쇼 장르와 토크가 결합된 토크 버라이어티 쇼 등이 모두 큰 범주의 리얼리티 프로그램이라고 할 수 있다.

정리하면, 리얼리티 프로그램을 먼저 내용으로 분류하여 시사적인 문제를 다루는 것과 일상적인 내용을 다루는 것으로 나눈 다음, 일상적인 내용을 다루는 다양한 프로그램을 정서 토크 프로그램과 청중 참여 프로그램으로 구분할 수 있다. 정서 토크에도 게스트가 아닌 청중이 직접 참여하는 프로그램이 있을 수 있기 때문에, 공통 부분은 '청중 참여 정서 토크'라고 할 수 있다. 이 프로그램들 간의 관계를 그림 4-1에 그려 놓았다. 정서 토크에서는 정서와 대화가 더 강조되는 반면, 퀴즈나 게임 프로그램과 같은 청중 참여 프로그램에서는 정서보다 정보와 경쟁의 요소를 더 부각시킨다.

리얼리티 프로그램의 내용과 구성이 다양하여 범주 사이가 명확히 나

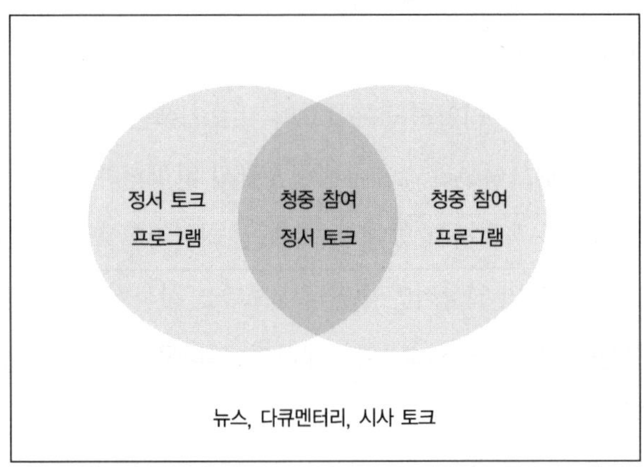


그림 4−1. 정서 토크 프로그램과 청중 참여 프로그램을 포함하는 리얼리티 프로그램

뉘지는 않지만, 개략적인 틀을 이해하기 위해 그 종류를 표 4−1과 같이 정리해 보았다. 리얼리티 프로그램들이 모두 현실 속의 사건을 내용으로 삼지만, 일상 생활의 경험에 중점을 두는 것과 시사적인 내용에 중점을 두는 것으로 나눌 수 있다. 또한 시청자들이 프로그램 제작 과정에 직접 등장 인물로 참여할 수도 있고 그렇지 않을 수도 있다. 퀴즈, 게임 및 버라이어티 쇼 형식의 리얼리티 프로그램을 찾는 동기는 '오락'이라 할 수 있고, 토크(특히 정서 토크) 프로그램이나 휴먼 다큐멘터리 등을 선호하는 사람들은 '관계' 동기가 강하며 정서와 감동을 중요시한다고 할 수 있다.

이제 '유사 사회적 상호 작용'과 '사회 비교' 개념을 살펴본 다음, 청중 참여 프로그램과 정서 토크 순으로 프로그램 사례와 이를 즐기는 사람들의 심리를 들여다보기로 하자.

표 4-1. 리얼리티 프로그램들의 범주와 특성

| 내용 | 형식 | 동기 중점 | 개입 구분 | 시청자 참여 | 사례 | 주요 심리 특성 |
|---|---|---|---|---|---|---|
| 현실 속 일상 생활 | 토크 | 정보, 관계 | 인지 | 가 | 토크쇼 | 지식, 사회 비교 |
| | | 관계 | 정서 | 가 | 정서 토크 | 사회 비교 |
| | 퀴즈 | 오락 | 인지 | 가 | 퀴즈쇼 | 경쟁 |
| | 게임 | | 활동 | 가 | 게임쇼 | 경쟁 |
| | 버라이어티 | | 정서 | 불가 | 토크 버라이어티 | 재미 |
| | 휴먼 다큐멘터리 | 정보, 관계 | 정서 | 불가 | 다큐 드라마 | 감동 |
| 현실 속 시사 문제 | 시사 다큐멘터리 | 정보 | 인지 | 불가 | 역사 다큐멘터리 | 지식 |
| | 시사 토크, 시사 토론 | | 인지 | 불가 | 토론, 좌담회 | 지식, 사회 비교 |
| | 뉴스 | | 인지 | 불가 | 메인 뉴스 | 지식 |

# 2. 유사 사회적 상호 작용과 사회 비교

앞 장에서 살펴본 드라마와 영화뿐 아니라 리얼리티 프로그램에 속하는 거의 모든 영역, 즉 정서 토크와 청중 참여 프로그램처럼 사람이 등장하는 거의 모든 미디어 장르에서 유사 사회적 상호 작용과 사회 비교 과정이 작용한다. 6장에서 다루게 될 뉴스, 다큐멘터리, 시사 토크 등과 같이 정서보다 '정보'에 더 의존하는 프로그램들에서는 유사 사회적 상호 작용이 덜 작용하지만, 이 경우도 주변의 다른 사람들은 어떻게 살아가고 있는지에 대한 사회 비교 동기가 어느 정도 깔려 있다.

## 1) 유사 사회적 상호 작용

드라마나 영화와 같은 픽션에 등장하는 인물 및 그 역할을 하는 실제 배우
에 대해 유사 사회적 상호 작용이 많이 일어나지만, 이 과정은 상당 부분
앞서 논의했던 감정 이입, 동일시 및 서스펜스 개념에 포함되어 있다. 이
장의 주제인 '실제 인물'의 '실제 상황'이나 '실제 행동'을 주로 다루는 리
얼리티 프로그램에서는 유사 사회적 상호 작용이 시청자들에게 좀 더 현
실성 있게 다가올 수 있기 때문에, 특별히 이 장에서 소개하려고 한다.

'유사 사회적 상호 작용(parasocial interaction: PSI)'은 미디어를 통해 경험되
는 인물이 마치 실제 인물인 것처럼 반응할 때 일어난다(Giles, 2003, p. 188). 이
용어는 최초에 정신병리학 학술 저널에 실린 한 논문에서 만들어졌지만
(Horton & Wohl, 1956), 미디어가 발달한 근래에는 정신병리적 용어가 아닌 정
상 범주의 용어로도 많이 쓰인다.

유사 사회적 상호 작용을 정리해 놓은 표 4-2에서 특히 주목을 끄는
것은 '원거리'에서의 유사 사회적 상호 작용이다. 실제의 면 대 면 만남이
아니더라도 간접적인 접촉 기회를 통해 얼마든지 유사 사회적 상호 작용
을 경험할 수 있다. 유사 사회적 상호 작용의 단계는 뉴스, 드라마, 만화로
갈수록 더 깊어진다. 뉴스 쪽이 더 실제 만남에 가까우며, 만화 쪽이 실제
만남과 가장 멀다.

유사 사회적 관계가 발달하는 과정을 도식화한 것이 그림 4-2이다. 이
그림은 3장에서 설명한 드라마와 영화에도 적용될 수 있으며, 이 장의 정서
토크를 포함한 리얼리티 프로그램에도 잘 적용된다. '사람이 등장하는' 미
디어 장르에는 거의 모두 대입해 볼 수 있다. 다만, 드라마와 영화에서는
'시청하는 에피소드'가 픽션인 반면, 리얼리티 프로그램에서는 그것이 리

## 표 4-2. 유사 사회적 상호 작용성

| 만남 | 위치 | 제약 사항 | | 잠재적 관계 | |
|---|---|---|---|---|---|
| | | 형식적 | 비형식적 | 형식적 | 비형식적 |
| 사회적 | | | | | |
| 2인 | 근접 | 인터뷰 | 대화 | 직장 동료 | 친한 친구 |
| | 원거리 | 전자 우편 | 전자 우편 | 미래 지인 | 온라인 친구 |
| 소집단 | 근접 | 작업 집단 | 친교 집단 | 동료 | 친구(집단 내) |
| 대집단 | 근접 | 위원회의 | 파티 | 미래 동료 | 미래 친구 |
| | 원거리 | 강의(강사와) | 강의(다른 학생과) | 반유사 사회적 | 미래 친구/동료 |
| 미디어 등장 인물과의 만남 | 근접 | 팬클럽 관습 | 우연한 만남 | 2인, 그러나 역할 제한 | 정상적인 2자 관계로서 |
| | 원거리 | 전화 쇼 | "개인적" 편지 | 2인, 그러나 역할 제한 | 반유사 사회적 |
| 1단계 PSI | 원거리 | 뉴스 방송 | — | 유사 사회적, 그러나 접촉 기회 | — |
| 2단계 PSI | 원거리 | 드라마 등장 인물 | — | 유사 사회적, 단지 대표 수준에서만 접촉 가능 (예: 배우와) | — |
| 3단계 PSI | 원거리 | 만화 등장 인물 | — | 완전히 유사 사회적, 접촉의 기회가 없음 | — |
| 유사 사회적 | | | | | |

(Giles, 2003, p.193)

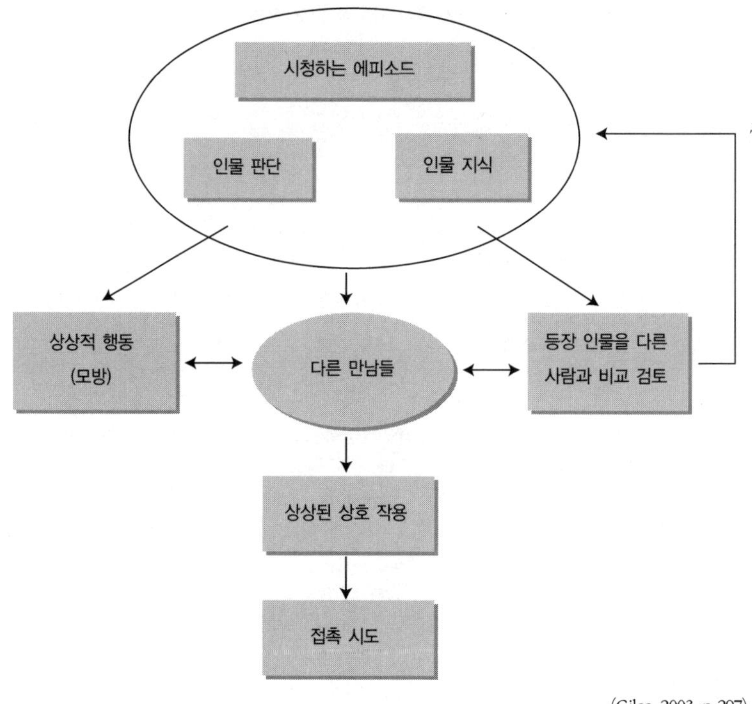


그림 4-2. 유사 사회적 관계의 발달 단계

얼리티라는 점이 다르다. 어떤 경우든 시청자는 '미디어'를 통해 '인물'을 접하기 때문에, 그 인물과의 유사 사회적 상호 작용이 일어나는 것이다.

유사 사회적 상호 작용이 일어나기 위해서는 미디어를 통해 등장하는 인물에 대한 판단, 그 인물에 대한 지식이 필요하며, 이것을 자신을 포함한 다른 사람과 비교 검토하는 과정이 포함된다. 이런 과정을 거쳐 상상적 행동을 하기도 하고, 상상된 상호 작용을 하기도 하며, 때로는 실제로 접촉을 시도하기도 한다.

## 2) 사회 비교

TV는 우리에게 다른 사람들의 생활을 보여 주는 창이다. 우리는 우리의 의견이나 능력을 끊임없이 다른 사람들과 비교한다. 그 이유는 내 의견이 옳은지 알고 싶고, 내 능력이 뛰어난지 알고 싶기 때문이다. 사회 비교 이론에 따르면(Festinger, 1954), 특히 객관적인 기준이 불분명할 때 우리는 다른 사람의 의견이나 능력을 알고 싶어 하며, 대체로 의견은 다른 사람들과 비슷하기를 원하고, 능력은 다른 사람들보다 조금 더 뛰어나기를 바란다.

같은 공간을 점유하며 살고 있는 현실 속의 타인들과 비교할 수도 있지만, 발달된 미디어 덕택에 우리는 다른 사람들의 의견과 능력에 대한 정보를 각종 미디어를 통해 얼마든지 접할 수 있다. 누구나 다른 사람과 '비교'해서 자기 자신을 '평가'하려는 욕구가 있는데, 이를 효과적으로 도와주는 것이 리얼리티 프로그램, 특히 리얼리티 토크 프로그램이라고 할 수 있다. 그 사람들을 직접 만나지 않아도 얼마든지 그들과, 또는 그들이 이야기하는 사람들과 비교하여 평가할 수 있기 때문이다.

TV의 사회 비교 기능과 관련된 실제 연구 사례를 소개하면, 메어스와 캔터(Mares & Cantor, 1992)의 연구에서는 외로운 노인들과 외롭지 않은 노인들에게 TV 프로그램을 설명해 주고 그것을 시청하고 싶은지를 물었다. 그리고 나서 무선적으로 두 집단으로 나누어 불행하고 외롭게 사는 노인의 모습을 그린 부정적 프로그램과 행복하고 사회성 있게 사는 노인의 모습을 그린 긍정적 프로그램을 보여 주었다. 그 결과, 외로운 피험자들은 부정적 프로그램을, 그리고 외롭지 않은 피험자들은 긍정적 프로그램을 선호하는 것으로 나타났다. 이에 더하여, 외롭지 않은 피험자들은 긍정적 프로그램을 보고 나서 더 좋은 느낌을 받은 반면, 외로운 피험자들은 부정적 프로그램을 시청하고 나서 더 위안을 느꼈다. 이러한 결과는 노인들이 처한 상황에 따라 긍정적 또는 부정적으로 달리 묘사된 프로그램을 선호할 수 있음을 보여 준다.


# 3. 청중 참여 프로그램

청중 참여 프로그램은 퀴즈쇼, 토론 프로그램, 몰래 카메라 등과 같이 보통 청중들이 실제로 등장할 수 있어 실제 상황에 근접한 프로그램이다. 그래서 리얼리티 프로그램*reality program*의 큰 범위를 차지한다.

## 1) 청중 참여와 리얼리티 TV

최근 TV에는 '보통' 사람이 점점 더 많이 등장한다. 이는 그만큼 청중(TV의 경우는 시청자) 참여 프로그램이 일상화되었음을 말해 준다. 이러한 청중 참여 프로그램이 인기 있는 이유를 설명하는 데 심리학적 이슈들이 많이 등장했다. 이런 프로그램은 참여자와 이를 보는 청중이 모두 즐기는 것이다.

매스 미디어가 처음 등장했을 때에는 어떤 권위자에게서 정보가 나와 이것이 일반 대중에게 전달되는 것이 주요 아이디어였다. 그러나 점차 시청자가 동질감을 느낄 수 있는 보통 사람이 자연스럽게 TV에 등장하여 정보를 주는 역할을 하게 되었고, 오히려 '나와 비슷하다'는 느낌 때문에 더 친근한 느낌을 주며 시청자의 마음에 더 깊이 파고들게 되었다. 보통 사람이 아닌 연예인이나 유명인이 등장하더라도 연출된 모습이 아닌 그 사람의 실제 모습 그대로를 보여 줄 때, 그들도 나와 같은 인간으로 일상적인 삶을 살고 있다는 생각에 친근한 느낌이 유지될 수 있다. 이것이 바로 리얼리티 프로그램이 주는 매력이다.

청중 참여 미디어의 역사를 살펴보면, 1950년대에 미국에서는 특히 퀴즈쇼 형식이 큰 성공을 거두었다. 1957년 미국 방송 쇼의 상위 10위권에 드는 프로그램 가운데 절반 가량이 퀴즈쇼였다는 사실이 이를 증명해 준다(Goedkoop, 1985). 처음에는 퀴즈쇼에 주로 상금을 걸었는데, 이로 인해 문제가 생기자 상품으로 바꾸는 경우가 많아졌다. 퀴즈쇼에서는 긴박감을 유지하기 위해 가장 극적인 순간에 광고를 삽입하기도 한다. 또한, 광고를 삽입하지 않더라도 극적인 결과 바로 앞에는 대체로 '뜸을 들이는 단계'를 넣음으로써 긴장감을 극대화시키려 노력하는 경향을 보인다. 한국에서도 오랫동안 인기를 끌어 온 〈장학퀴즈〉(EBS)나 〈도전 골든벨〉(KBS)을 비롯한 각종 퀴즈 프로그램들에서 그 예를 쉽게 찾아볼 수 있다.

리얼리티 장르의 효시는 텔레비전 PD가 실생활 시나리오에 경쟁의 요소가 가미해서 창작한 프로그램이다(Giles, 2003, p.238). 예를 들면, 스웨덴 TV 프로그램 중 〈로빈슨 탐험〉에서는 젊은이들을 40일간 외딴 섬에 살도록 하여 누가 잘 살아남는지 경쟁시키는 프로그램이 있었다. 이 프로그램의 미국판 첫 시리즈의 마지막 에피소드였던 '생존자들' 편은 5000만 명의 시청자들을 끌어 모으는 경이적인 기록을 세웠다. 이와 유사하면서 코믹한 요소까지 포함된 〈무한도전〉의 에피소드도 큰 인기를 끌었다.

리얼리티 프로그램 중에서 특히 전문가들과 대중이 함께하는 것을 '메이크오버makeover TV'라고 한다(Giles, 2003). 요리법, 원예, 부동산 관리, 건강, 패션 등 다양한 분야의 전문가가 출연하여 해당 영역에 관한 조언을 해주고, 실제로 참여자가 등장하여 변화된 모습을 보여 주기도 한다. 보다 심각한 영역에 대한 조언 내지 치료를 포함한 프로그램들로는 부부, 가족 및 자녀 관계 치료 프로그램이나 공부 성공 사례(예를 들면, EBS의 〈생방송 60분 부모〉, 〈공부의 달인〉 등), 또는 어려움을 겪은 등장 인물의 극복 과정과 그 치료 또는 변화 과정을 상세히 소개하는 형식의 프로그램을 들 수 있다. 최근에는 의사들의 수술 과정까지 그대로 보여 주는 프로그램까지 등장했다.

가족 관계나 공부 또는 정신적인 어려움을 영상으로 적나라하게 드러내 보이는 데 대한 부담이 있음에도 불구하고 많은 출연자들이 신청하여 도움을 받고자 하는 것은 그만큼 그 프로그램들이 '실제' 상황을 다루고 있고 '실제적인' 도움을 줌으로써 이를 보는 시청자들의 필요와 욕구를 충족시키고 있음을 반영하는 것이다. 시청자들은 프로그램의 등장 인물과 자기 자신을 비교하며, 그 인물 중 일부와 동일시하여 감정 이입하면서 공감을 느끼고, 일정 부분 본인의 문제 해결에 실제로 도움을 받는다고 볼 수 있다.

이러한 메이크오버 프로그램의 대표적인 예로는 육아 전문가가 과잉 행동 장애나 우울증 또는 기타 문제성을 지닌 아이들의 실제 사례를 제시하고 치료하는 과정을 보여 주는 〈우리 아이가 달라졌어요〉(SBS)라는 프로그램을 들 수 있다. 한 주 또는 그 이상 동안 집중적으로 아이들의 행동 수정과 가정의 변화를 위한 개선 방안 등을 제시해 주는 프로그램이다. 이와 유사하게, 〈생방송 부모 60분〉(EBS)에서도 부모의 양육 방식이나 대화 방식이 아이들에게 어떤 영향을 주는지 전문가와 함께 진단해 보고, 전문가가 아이와 인터뷰한 모습을 어머니에게 보여 주며 어머니가 몰랐던 아이의 마음까지 알려 주는 등, 함께 더 나은 해결책을 모색할 수 있는 기회를 전문가가 실제 사례 속에서 조언해 준다.

리얼리티 프로그램이 신뢰감을 주기 위해서는 사전에 제작자가 꾸민 것이라는 느낌을 얻지 않아야 한다. 일단 '사실'인 줄 알았는데 그것이 '픽선’이었다는 것을 알고 나면 한순간에 시청자의 신뢰를 잃게 되고, 리얼리티 프로그램으로서의 긴장감과 공감을 잃게 된다. 대표적인 사례가 〈미녀들의 수다〉(KBS)의 ‘루저loser’ 논란이다. 이 프로그램에 등장한 한 여대생이 “키가 180cm 이하인 남자는 루저”라고 말해 많은 사람들의 지탄을 받았다. 그런데 이를 해명하는 과정에서 “대본대로 했다”고 밝힌 것이 문제가 되었다. 리얼리티 프로그램에 대본이 있었다는 사실은 곧 리얼을 가장하여 등장한 인물들이 사전에 준비된 각본대로 움직였다는 것을 의미하고, 이것은 리얼리티 자체를 크게 손상하는 것이다. 대본은 도우미일 뿐, 강제된 것은 아니었다는 작가 측의 해명이 있기는 했지만, ‘루저’라는 용어 자체가 리얼리티 쇼 참여자 스스로가 진짜 그 자리에서 생각해 낸 것이 아니라면 이 프로그램의 리얼리티는 상당히 손상되는 것이다.

반면에, 리얼리티 프로그램에서 지나치게 사실 그대로를 보여 주어야 한다는 강박관념이 문제시되기도 한다. 폭로성 발언이 여과 없이 방송되거나 특정 작품의 홍보성 멘트, 또는 특정 연예인의 부적절한 행동에 대한 해명의 기회로 활용되기도 한다. 리얼리티 프로그램의 핵심인 현실성과 진실성은 왜곡하지 않으면서도 지나치게 선정적인 폭로성 발언은 막을 수 있는 장치가 필요하다.

## 2) 다양한 형태의 리얼리티 TV

최근에는 새로운 형태의 리얼리티 프로그램들이 더 많이 등장하였다. 리얼리티 TV의 다양한 형식들을 열거하면, 생방송 스튜디오 방청객 앞에서 스타 진행자와 저명 초대 손님이 함께하는 토크쇼, 생방송으로 전문가 패널들이 참여하는 공적 토론이나 논쟁 프로그램(예: MBC 〈100분 토론〉, KBS 〈심야 토론〉), 뉴스와 토크를 곁들인 매거진 쇼(예: 아침 TV 쇼), 참여자가 없는 뉴스 인터뷰, 시청자 참여와 함께 개인적 이슈들로 논쟁을 벌이는 낮 시간 토크 쇼(예: 오프라 윈프리 쇼), '다큐 드라마'와 '인포테인먼트,' 그리고 리얼리티 텔레비전 쇼 등이다(맥퀘일, 2007, p.385).

토크*talk* 프로그램은 원래 진행자가 출연자와 인터뷰, 담화, 토론 등 이야기 형식으로 방청객과 시청자에게 내용을 전달하는 프로그램으로, 진행자와 출연자의 입담 능력이 프로그램 성패에 큰 비중을 차지한다. 미국의 자니 카슨의 〈투나잇 쇼*Tonight Show*〉를 모델로 한국에서 1989년 〈자니윤 쇼〉를 시작한 것이 한국 토크쇼의 효시라고 볼 수 있다. 이어 1999년 〈서세원 쇼〉 등을 거치면서 최근에는 점차 한 명의 게스트가 아닌 '연예인 집단'을 초대하여 오락적 구성 속에서 이들의 사생활을 노출 내지 폭로하는 프로그램들이 유행하게 된다. 최근에는 연예인의 가족까지 동원되어 리얼리티 토크쇼가 진행되고 있으며(예: SBS 〈스타주니어쇼 붕어빵〉), 시청자의 참여 기회도 점점 증가하는 추세이다.

〈미녀들의 수다〉에서는 외국 여성들 16명이 한국에서의 체험을 이야기함으로써, 한국인 시청자들도 다른 나라 문화를 간접 경험하며 공감할 기회를 갖는다. 그런데 이 프로그램에서는 외국 여성과 한국 남성은 토크 참여 기회가 많지만, 한국 여성은 방청객으로만 등장할 뿐 발언 기회가 거의 없다. 이런 점은 '일부'의 시각을 '전체'의 시각으로 일반화할 수 있다는 점에서 고쳐야 할 부분으로 지적되기도 한다.

또한 리얼리티 중에서 '퀴즈'의 특성과 토크 중에서 '개그'의 특성, 그리고 연예 버라이어티 쇼의 특성이 모두 있는 프로그램의 예로, MBC의 〈세상을 바꾸는 퀴즈〉(줄여서 〈세바퀴〉라고도 하는)를 들 수 있다. 이 프로그램에서는 연예인들이 단체로 등장하여 퀴즈를 풀고 이야기를 나눈다. 이 프로그램의 한 코너에서는 한 연예인이 자신이 잘 아는 연예인에게 전화를 건다. 방송에서 보여 주는 토크의 형식 안에 휴대 전화 내지 전화라는 또 다른 '대인 미디어'가 등장하는 구성으로 이에 더하여 전화 받은 사람에게 문제를 내고 점수를 올리는 퀴즈 형식이 섞여 있다. 토크와 오락과 퀴즈가 모두 섞여 있는 장르인 셈이다.

앞서 언급한 〈우리 아이가 달라졌어요〉, 〈생방송 60분 부모〉, 〈공부의 달인〉 등과 같이, 실제 사례에 다큐멘터리 형식을 곁들여 커뮤니케이션 패턴이나 문제 행동의 상담, 교육 및 교정 효과를 출연자가 실제로 얻으면서도 이것을 전체 시청자들에게도 보여 줌으로써 간접 효과까지 얻도록 진행되는 '메이크오버' 프로그램들도 많이 생겼다. 비슷한 예로 과거에 집을 개조해 주는 프로그램이 등장한 바 있다.

그밖에도 간혹 '픽션'을 리얼리티 프로그램처럼 보이도록 구성한 다음 맨 마지막에 이 프로그램이 픽션임을 밝히는 프로그램들도 있고, 도저히 사실 같지 않은 일들이 실제로 일어남을 보이는 프로그램들도 있다. 또한 시청자가 제작한 영상을 보여 주는 리얼리티 프로그램들도 쉽게 접할 수 있다.

최근에는 연예 오락 프로그램에도 정서 토크나 리얼리티 프로그램이 급격히 증가하고 있고, 코미디 프로그램이 리얼리티 프로그램처럼 운영되기도 한다. 장르 간의 융합이 가장 활발히 일어나고 있는 영역 중 하나라고 할 수 있다.

특히 가장 주목을 끌고 있는 리얼리티 프로그램 형식은 '토크 버라이어티 쇼' 프로그램들이다. 〈무한도전〉(MBC) 이나 〈패밀리가 떴다〉(SBS) 등과 같은 프로그램은 코미디와 토크, 리얼리티와 버라이어티 쇼가 적절히 섞인 퓨전 프로그램으로서 큰 인기를 얻고 있다. 〈1박 2일〉(KBS)과 〈해피 투게더〉

(KBS)와 같은 프로그램도 이와 유사하다. 사람들에게 인기가 있다는 것은 그 시대를 살아가는 사람들의 공통적인 마음을 잘 반영하여 공감을 얻고 있다는 사실을 방증하는 것이다.

토크 버라이어티 쇼 프로그램 안에서도 다양한 구성 방식이 존재한다. 최근에는 사회 공익 차원의 리얼리티 TV 프로그램 형식도 인기를 누리고 있다. 프로그램의 장르들이 융합되고 있을 뿐만 아니라, 이렇게 융합된 장르가 사회 문제에 참여하는 방식도 점차 다양해지고 그 영역도 확대되고 있음을 뜻한다. 이는 '리얼리티' 프로그램의 외연이 점차 넓어지고 있음을 의미하기도 한다. '개인'의 리얼리티를 넘어서는 '사회'의 리얼리티로까지 확장되고 있다는 것이다.

지금은 종영된 프로그램 가운데 〈좋은 나라 운동본부〉(1999~2008, KBS)와 〈느낌표! 책, 책, 책을 읽읍시다〉(2001~2007, MBC)는 사회 참여 리얼리티 프로그램으로 인기를 누렸다. 이 프로그램들은 모두 가벼운 마음으로 즐기며 시청하는 동안 사회적으로 바람직한 행동을 하게끔 동기가 유발되는 프로그램으로, 오락적 요소를 포함한 교양 프로그램이 시청자의 흥미를 붙들어 두면서도 올바른 행동을 유도할 수 있는 프로그램으로 성장할 수 있음을 보여 주었다.

집단 토크에 기반을 둔 버라이어티 프로그램들이 특히 한국에서 큰 인기를 끌고 있는 이유는 무엇일까? 한국인들은 전통적으로 '집단'에 가치를 두어 왔고, '관계'와 '대화'를 중요시해 왔다. 토크 버라이어티 쇼 프로그램들이 바로 '집단'적인 '대화'로 '관계'를 유지 또는 향상시키는 과정과 상당히 밀접하게 연관되어 있다. 프로그램마다 주된 해결 과제들은 다르지만, '집단 토크'와 '대화나 공동 활동을 통한 관계'에 중점을 두고 있다는 점에서는 공통점을 지니고 있다. 시청자들에게 친숙한 연예인이 한꺼번에 나와 단체로 수다를 떨거나 어떤 공동 행동을 하는 모습이 결코 낯설거나 거부감이 들지 않는다는 것이다.

또한 한국인의 정서는 모든 이야기를 쏟아 놓음으로써 회포를 푸는 양상을 띠는데, 이것도 집단 토크쇼의 진행 방식과 맞는 부분이 있다. 시청자들은 제3자의 입장에서 이들의 집단 대화를 즐겁게 '목격'하며 가볍게 즐기는 경향이 있다. 그 상황 자체에 몰입하여 마치 자기도 그 대화에 참여하고 있는 듯한 느낌을 받기도 한다. 3인칭 관찰이 1인칭화되는 경험으로, 내가 바로 TV 속의 등장 인물이 되어 상대와 직접 이야기하며 활동하고 있는 듯한 착각이 들면서 공동 대화와 활동의 즐거움에 몰입할 수 있다는 것이다.

집단 토크식 리얼리티 프로그램들의 단점은 등장 인물이 너무 많아 산만해질 수 있으며, 이로 인해 고전적인 토크쇼 본연의 특성이 약해지는 경향이 있다는 점이다. 그러나 심각한 상태에서 깊이 생각하며 보는 프로그램이 아닌, 느슨하게 풀어진 상태에서 마음껏 웃고 느끼며 즐기는 프로그램으로서의 가치는 여전히 지니고 있다. 고전적인 토크쇼는 마음을 가다듬고 정돈된 상태에서 머리로 시청하게 되는 진지함을 지니지만, 토크 버라이어티 쇼 계통의 프로그램들은 그야말로 '가볍게 즐기는' 프로그램이면서도 무엇인가 자연스럽게 생각하도록 만든다는 장점을 지닌다. 전통적인 토크쇼 프로그램의 성패 여부도 진행자가 시청자와 얼마나 심리적 거리를 좁히느냐에 좌우되었듯이, 리얼리티 토크 버라이어티 쇼도 시청자들에게 얼마나 친숙하게 다가갈 수 있느냐에 따라 그 효과가 달라질 수 있다.

## 3) 청중 참여 정서 토크 TV

연예인들이 집단으로 출연하는 토크 프로그램이 아닌, 청중 참여 리얼리티 토크 프로그램들은 대개 정서 토크인 경우가 많다. 시청자 참여 토크 프로그램의 특성을 요약해 보면, (1) 공중의 토론을 유도하기 위해 만들어진다, (2) 참여자 자신의 경험담이나 의견을 이야기한다, (3) 대중과 친해질 수 있다, (4) 진행자의 권위가 감소되고 토크에 참여하는 참여자에게 권한이 주어진다, (5) 특정 주제를 다룬다, (6) 토크 프로그램의 목적은 상담, 해결을 위한 것이지 인지를 위한 것이 아니다, (7) 생산과 수용의 분리된 커뮤니케이션 채널을 연결시켜 준다, (8) 참여하는 일반 공중이 주체자가 된다(유세경, 1996, p.93). 따라서 시청자 참여 토크 프로그램은 "일반인들을 메시지 생산에 참여시키고 그들의 의견이 공론화될 수 있는 공간을 제공함으로써 공적 영역으로서 존재할 수 있음"을 보여 준다(유세경, 1996, p.95).

여성 대상 토크 프로그램에 출연하는 사람들은 대체로 중하류 계층의 여성들이며, 일탈적 경험을 한 사람들이다. 이러한 사실은 미국의 〈필 도나휴 _Phil Donahue_〉 프로그램을 분석한 미국의 연구(Preist & Dominick, 1994)와 〈아침마당〉(KBS)을 분석한 한국의 연구(유세경, 1996)에서 밝혀졌다. 그들이 출연하는 이유는 크게 두 가지로 나뉜다. 그 하나는 "자신들의 일탈적인 경험과 행동을 자신의 입장에서 논점화, 공론화시킴으로써 기존의 사회 질서와 헤게모니에 도전하기 위해서," 다른 하나는 사회적으로 고립되어 있음으로써 생기는 "외로움을 해소하기 위한 대화"를 위해서이다(유세경, pp.95~96). 〈아침마당〉을 분석한 결과에서는 토크 프로그램 참여 동기 중 "자신의 이야기를 들려주고 싶어서"의 빈도가 가장 많아, 한국의 경우 후자 쪽이 더 강함을 알 수 있다.

토크쇼의 주제도 "흥미 위주의 이야기" 빈도가 가장 많아, 공론화의 목적보다 흥미 위주의 대화로 진행되고 있음을 시사한다. 그러므로 시청자 참여 토크 프로그램은 대체로 피지배 계층에 호소력을 지니며 이들을 끌어들이는 기능은 하고 있지만, 공적 토론 영역으로까지 확대되고 있지는 못하다고 요약할 수 있다. 공적 토론 영역에 어느 정도 기여를 하고 있는 프로그램은 정서 토크 프로그램이 아닌 시사 토크 프로그램이며, 이에 대해서는 6장에서 다시 상술할 것이다.

## 4. 정서 토크 프로그램

### 1) 정서 토크 프로그램의 특성

이제 정서 토크 프로그램에 대해 조금 더 자세히 살펴보자. 정서 토크는 일종의 '정서*affect* TV' 장르로, 이것은 정보*information*와 오락*entertainment*이 함께 존재하는 인포테인먼트*infotainment*로 분류되기도 한다. 토크쇼를 보는 사람들은 사회자나 게스트에게 감정 이입을 하여 동일시함으로써 간접적 상호 작용을 한다. 게스트에 대한 실제 사실, 새로운 소식 등을 듣게 되기 때문에, 뉴스, 드라마, 토크쇼의 성격을 동시에 지니기도 한다. 게스트가 의사인 경우 의학 정보를 듣기도 하고, 경제 전문가인 경우 경제 정보를 듣기도 한다. 전문적인 이야기뿐 아니라 게스트 주변의 일상 생활에 관한 이야기까지 들으면서 자기와 비교해 보며 즐기는 것이다. 게스트가 연예인인 경우는 엔터테인먼트의 비중이 더욱 커지며, 평범한 사람인 경우도 그 사람 주변의 이야기를 들으며 새로운 정보를 얻기도 하고 자기 생활과 비교하며 희로애락을 함께 느낀다.

정서 TV를 또 다른 용어로 '친밀감 *intimacy* TV'라고 이야기하기도 하는데, 친밀감 TV의 네 가지 기능을 주인공의 관점과 청중의 역할에 따라 구분한 프랑스 사회학자의 연구를 소개하면 다음과 같다 (Mehl, 1996).

- 개인적 메시지 *personal message*: 특별히 두드러지지 않는 보통 게스트가 지금까지 좋지 않은 상황이나 방해되는 관계 때문에 드러내지 않았던 개인적 메시지를 가지고 구체적인 사람 또는 집단과 이야기한다.
- 치료 인터뷰 *therapeutic interview*: 커뮤니케이션 과정이 부모나 치료자의 것과 닮아 있다. 게스트는 자신의 문제를 공개하기를 원할 뿐만 아니라, 심리적 또는 의료적 진단과 치료를 희망한다. (예를 들면, EBS의 〈생방송 60분 부모〉나 SBS의 〈우리 아이가 달라졌어요〉와 같은 프로그램이 여기에 속한다고 할 수 있다.)
- TV 고백 *confession*: 게스트는 스스로 공개적으로 고백하는 모습을 사용하며, 짐이 되어 왔던 문제를 보고한다. 이것은 죄책감과 속죄의 의미를 지닌다.
- 공개적 스피치 *public speech*: 게스트는 청중을 바꾸거나 교육하고자 한다. 그들은 개인적 경험을 일반화하고 싶어 하며, 메시지를 공중에게 전달하고자 한다.

실제 상황을 대리 인물이 대화나 연기로 표현하거나(재연), 시청자와 유사한 처지에 있는 사람들이 실제 상황을 고백하거나, 시청자가 실제로 참여하여 자기 이야기를 할 수 있는 프로그램들이 모두 정서 토크 프로그램에 속한다. 가상이 아닌 실제 상황을 묘사한다는 점에서 이런 프로그램들은 전체적으로 리얼리티 프로그램에 해당한다.

구 미디어의 대표 주자라 할 수 있는 라디오는 특히 청중이 유선으로 참여하더라도 목소리 이외에 신분이 드러나지 않아, 공개적으로 상담하기 어려운 내용까지 상담이 가능하다. 청중 참여 프로그램은 다 대 다 커뮤니케이션 방법의 향상으로 더 다양한 구성이 가능해지고 있다.

특히 TV로 방송되는 정서 토크, 즉 정서 TV의 특성을 살펴보면, 첫째로 개인의 특별한 경험과 관련되는 스토리가 있기 때문에 '개인화 *personalization*'되어 있다. 둘째로, 특별히 두드러지지 않는 실제 인물, 즉 '보통' 사람이 '진짜' 이야기를 무대에서 이야기하기 때문에 생방송 등장 인물에 대해 청중이 목격자가 되는 듯한 인상을 주어, '진실성*authenticity*'을 포함한다. 셋째로, 사적 영역과 공적 영역 간의 전통적인 경계가 교차되면서 대인 관계와 사적인 일들의 친밀한 측면들이 공개적 이슈가 되어 '친밀감 *intimacy*'을 준다. 끝으로, 토크쇼 안에서 보여 주는 제작 기법과 대인 커뮤니케이션 스타일이 정서적 반응을 만들어 내고, 스튜디오 게스트와 청중의 개인적 태도를 드러내도록 구성되어 있기 때문에 '정서성*emotionality*'을 지닌다(Bente & Feist, 2000, p.114). 독일의 정서 토크쇼의 주제들은 대개 가족, 관계, 사회와 경제, 건강, 라이프스타일, 성, 직업 등과 관련되어, 우리 나라와 크게 다르지 않다.

여기서 독일과 프랑스 학자들의 개념화가 상통한다는 점을 알 수 있다. 우리도 이들의 개념화에 쉽게 동의가 된다. 이는 국적과 문화가 달라도 미디어에서 보고 듣고 느끼는 것이 어느 정도 보편적으로 유사할 수 있음을 말해 주는 것이다.

## 2) 정서 토크 프로그램을 즐기는 이유

사람들은 왜 이와 같은 정서 토크쇼를 시청하는 것일까? 그 동기와 이유를 생각해 보면, 사람들은 토크쇼에 나오는 사람들을 통해 자신의 삶을 비추어 보고 싶은 것이다. 잘 알려진 연예인의 사생활이든, 잘 모르는 보통 사람의 일상 생활이든, 모두가 우리와 비슷한 사람들이기 때문에, 그들은 과연 어떤 생활을 하고 있을지, 나와는 비슷한 삶을 살고 있을지 아니면 특별한 삶을 살고 있을지, 끊임없이 궁금해한다. 자기가 잘 살고 있는 것인지 확인하고 싶기도 하고, 다른 사람의 삶에 자신의 삶을 투영해 보면서 위안을 얻고 싶기도 한 것이다. 일상에서 부딪치는 크고 작은 문제들을 다른 사람들도 자기와 비슷하게 겪고 있다는 생각에 위로를 얻기도 하고, 다른 사람들은 어떻게 해결책을 찾을까 궁금하게 생각하며 프로그램에서 좋은 단서를 읽기도 한다. 즉 사회 비교 효과와 학습의 효과를 동시에 얻을 수 있다.

사람들은 토크 프로그램을 보면서 공감을 느끼며, 사회 비교 과정을 통한 대리 만족을 느끼거나 대리적 문제 해결 과정에서 안도감과 카타르시스를 느낀다. 공감을 느끼는 것은 물론 토크 프로그램 출연자의 이야기로 심리적 상호 작용을 느끼며 잠시나마 동일시를 하기 때문이다. 또한 프로그램에 등장하는 인물들과의 사회 비교*social comparison*를 통해 '상담'과 '진단' 및 '치료'의 기능까지 가능하다. 특히 대표적인, 전형적인 사례의 출연자를 통해 그에게 일어난 일들을 자신의 상황에 비추어 보게 되며, TV에 등장한 상담자가 마치 자신의 문제를 상담해 주는 듯한 느낌에 빠져들 수 있다. 뿐만 아니라, 다른 사람들도 자신과 유사한 문제로 고민한다는 데서 위안을 얻을 수도 있다.

특히 앞서 살펴본 드라마 시청 심리의 감정 이입이나 동일시의 바탕이 되는 '유사 사회적 상호 작용'이 정서 토크쇼의 시청 심리에 작용한다 (Bente & Vorderer, 1997). 특히 정서 토크에서는 동일시, 공감, 사회 학습, 또는 사회 비교에 바탕을 둔 게스트와 시청자 간의 관계 형성이 주류를 이룬다 (Mares & Cantor, 1992).

정서 토크에서의 유사 사회적 상호 작용은 뉴스와 드라마의 중간 정도 실제성을 지니는 1.5단계 PSI라고 할 수 있다(표 4-2 참조). 유사 사회적 상호 작용은 특히 시청자가 등장 인물이나 게스트와 동일시하는 경향이 클수록 더 많이 일어날 수 있다. 등장 인물에게 일어난 일을 마치 자신에게 일어난 일처럼 생각하여 감정 이입을 더 많이 할수록 유사 사회적 상호 작용도 그만큼 더 커진다.

한 연구에 따르면, 정서 토크쇼를 시청하는 동기 중 가장 큰 것은 (유사) 사회 비교와 문제 해결(설명 비율 25.1%)이었으며, 뒤를 이어 휴식과 도피 (9.9%), 정보와 뉴스(5.7%), 시간 보내기와 습관적 시청(4.0%) 동기에 바탕을 두고 있었다(Bente & Feist, 2000, p.120). '사회 비교와 문제 해결' 동기로 분류된 문항들은 "다른 사람들도 비슷한 문제들을 가지고 있다는 것을 알 수 있기 때문," "나 자신의 문제를 해결하는 데 도움이 되기 때문," "나 자신의 생활에서 일어난 일들을 떠올리기 때문" 등이다. '휴식과 도피' 동기로 분류된 문항들은 "TV를 보면서 쉴 수 있기 때문," "조용한 저녁을 보낼 수 있기 때문" 등이다. '정보와 뉴스' 동기로 묶인 문항들은 "실제 사건들을 알려 주기 때문," "새로운 것을 배울 수 있기 때문" 등이다. 끝으로, '시간 보내기와 습관적 시청'에 속하는 문항들은 "부료할 때 시간을 보내기 위해," 그리고 "다른 할 일이 아무것도 없을 때"와 같은 문항들이다. 이러한 동기들을 잘 살펴보면, 휴식, 정보, 습관 등은 모두 일반적인 다른 미디어 이용 동기와 크게 다르지 않으나, '사회 비교와 문제 해결' 동기가 특히 토크쇼 시청 동기의 독특한 측면으로 나타난 것을 알 수 있다.

정서 TV를 볼 때 생기는 감정적 경험을 분류해 보면, '유쾌함—불쾌함' 차원에서 주로 즐거움을 주는 '쾌락 추구'의 설명 비율이 30.3%로 가장 크게 나타난다. 그다음으로 '정보성—당황스러움' 차원에서 주로 당황스러움을 주는 설명 비율이 27.1%로 나타난다. 셋째로, '따분함—흥분됨' 차원에서 주로 흥분을 일으키는 '흥분 수준'의 설명 비율이 21.6%, '정서적 감동—지적 호소' 차원에서 주로 정서적 감동을 주는 '감상성'의 설명 비율이 8.1%로 나타났다. 당황스러움을 추구하는 것은 아니지만, 결과적으로 당황스러움을 느끼는 경우가 생기는 것이 바로 이 '정서 TV'만의 특성이다. 그밖에 쾌락, 흥분, 감동은 모두 긍정적 정서이다.

최근 한국의 TV 프로그램에서도 장르 간의 퓨전이 일어나면서 정서 토크와 리얼리티 프로그램이 급격히 증가하였다. 정서 토크 가운데 심각한 정서를 다루는 프로그램의 한 예로 1994년부터 15년 이상 지속되어 오고 있는 〈TV는 사랑을 싣고〉(KBS)를 들 수 있다. 다른 사람의 진지하고 심각한 정서를 '관찰'함으로써 시청자도 그 정서에 빠져드는 경험을 하게 된다. 다른 사람의 정서를 마치 자신의 정서처럼 느끼는 감정 이입이 일어나는 것이다.

정서 토크 중에서 가벼운 정서를 다루는 한국 프로그램으로는 〈무릎팍 도사〉(MBC)나 〈1박 2일〉 등과 같은 프로그램들을 예로 들 수 있다. 연예인이나 유명인의 주변에서 일어나는 신변잡기를 다루더라도 그것이 '리얼'하기 때문에 시청자들이 즐기는 것이다. 특히 〈무릎팍 도사〉의 '안철수 편'은 시청자들에게 큰 반향을 일으켰다. 이 방송을 시청한 후 시청자들은 안철수라는 인물의 인간적인 면과 천재적인 면을 발견하고 열광적인 찬사를 보냈다. 개인 안철수에게서 사람들이 목말라하던 '인자한 수평적 리더'의 모습이 보여 더욱 각광을 받았다. 게스트를 빛나게 하는 진행자 강호동의 '코믹하게 자기를 낮추는' 대화 방식도 겉으로 잘 드러나지는 않지만 이 프로그램의 성공에 큰 기여를 하였다.

# Chapter 05

## 코미디, 비극 및 공포물

| 웃음, 감동 및 자극 추구

웃음과 공포는 정서 차원에서 대조적이다. 웃음은 긍정적이면서 각성 수준이
낮은 상태이며, 공포는 부정적이면서 각성 수준이 높은 상태이다. 사람들은
미디어에서 이렇게 극단적이면서 반대되는 정서를 추구하기도 한다.

웃음과 공포는 정서 차원에서 대조적이다. 웃음은 긍정적이면서 각성 수준이 낮은 상태이며, 공포는 부정적이면서 각성 수준이 높은 상태이다. 사람들은 미디어에서 이렇게 극단적이면서 반대되는 정서를 추구하기도 한다. 한편 1장 후반부에서 언급했듯이 슬픔을 느끼게 하는 비극도 사람들에게 감동을 줄 수 있고, 울음을 통해 치유 효과를 경험하게 할 수도 있다. 이 장에서는 이처럼 다양하면서도 대조적인 정서들을 일으키는 장르, 즉 코미디와 비극 및 공포물을 즐기는 심리에 대해 알아보려고 한다.

# 1. 코미디 프로그램의 특성

코미디 프로그램은 음악처럼 '정서' 조절에 탁월한 효과가 있다. 일상으로부터 잠시 벗어나 가볍게 즐기며 스트레스를 해소하기 위한 수단으로 코미디 프로그램을 찾을 수도 있고, 우연히 접하게 된 코미디 프로그램을 보며 즐거워할 수도 있다.

코미디는 일반적으로 즐겁게 하기 위한 목적을 지닌 '유머 담화 *humorous discourse*'로, 웃음을 유발하는 아주 극적인 아이러니*dramatic irony*라고 할 수 있다. 코미디를 구성하는 요소들을 살펴보면, 놀라움*surprise*, 불일치*incongruity*, 갈등*conflict*, 반복성*repetitiveness*, 그리고 반대 기대 효과 등을 들 수 있으며, 청중을 유머의 대상으로부터 소외시키는 과정이 포함된다(위키피디아 참조). 특히 '블랙 코미디'는 인간 본성의 어두운 측면을 가볍게 희화화하는 어두운 유머로 정의된다. 또한 '패러디'는 풍자적, 해학적인 모방 작품을 말하며, 텍스트로 되어 있든 형상으로 되어 있든 야유적으로 개조한 유머성 작품을 말한다.

아리스토텔레스는 코미디를 문학의 네 장르 중 하나로 꼽았다. 그 당시 아리스토텔레스는 문학을 "삶의 모방"이라고 정의하였고, 문학의 장르로는 코미디 외에도 비극, 서사시, 서정시가 있다고 보았다. 코미디가 역사가 오래되고 오늘날까지 사람들의 사랑을 받고 있다는 것은 그만큼 그 장르가 다루는 내용이나 형식이 인간의 본성에 가깝다는 것을 의미한다. 오래전부터 인간은 즐겁기를 원했고, 이것을 '놀이 본능*play instinct*'이라 표현하기도 했다.

대부분의 코미디에는 멍청하거나 추한 사람이 나오고, 나중에 이 멍청하거나 추한 사람이 어울리지 않게 '예쁜' 여성을 얻게 된다든지 처음에 바라던 것을 성취하게 되는 것과 같은 '불일치' 내지 '놀라움'이 포함되어 있으며, 대체로 행복한 결말로 끝난다. 토머스 홉스*Thomas Hobbes*는 웃음을 "갑작스러운 영광*sudden glory*"이라 표현하기도 했는데, 이는 코미디가 유발하는 웃음이 어느 정도는 우월성*superiority*에 기반을 두고 있다는 사실과 관련이 있다.

웃음을 선사하는 코미디의 특성은 비단 코미디 프로그램에만 국한되어 나타나는 것은 아니다. TV 광고의 약 15~20%가 유머를 포함하고 있다는 연구도 있고(Cantor, 1976), 최근에는 이 비율이 더욱 높아지는 추세이다. 최근에는 심지어 딱딱한 뉴스에조차 유머와 같은 오락적 요소들이 포함되고 있다. '돌려 말하기'나 풍자적 요소를 포함하여 시청자들을 미소짓게 만들거나 엔돌핀 분비를 촉진시키는 것이다. 〈돌발영상〉(YTN) 같은 프로그램이 뉴스이면서 유머나 오락적 요소가 강한 프로그램이라 할 수 있다.

비교적 진지한 영역이라고 할 수 있는 종교나 정치 등이 점차 쇼 비즈니스 형태로 변질되는 경향도 있어, 오락의 형식이 공적 담론의 본질을 변형시킨다는 지적도 있다(Postman, 1985). 여러 장르 간의 융합이 일어나면서 전체적으로 코미디 장르의 비중이 점점 더 커지고 있는 것도 사실이며 (Zillmann & Bryant, 1991), 시추에이션 코미디물도 점차 증가하는 추세다. 이는 사람들이 미디어에서만큼은 심각한 주제보다 가벼운 주제를 즐기며 웃고 싶어 하고, 심각한 형식보다 가벼운 형식으로 만들어진 콘텐츠를 부담 없이 소비하며 마음껏 감정을 발산하고 싶어 한다는 것을 의미한다.

미국에서는 1980년대에 PD들이 코미디보다 드라마에 더 가까운 하이브리드 프로그램들을 선보이기 시작했는데, 이런 형태를 '드라마디 *dramedy*'라고 부르기도 한다. 또 다른 형태의 하이브리드 코미디 형식은 코미디 어드벤처 프로그램으로, 앞 장에서 리얼리티 프로그램으로 분류한 〈무한도전〉(MBC) 등이 여기에 해당할 수 있다. 시추에이션 코미디든, 드라미디든, 코미디 어드벤처든, 코미디 장르는 리얼리티 장르와 함께 그 어떤 장르와도 잘 융합되어, 장르 간 경계 허물기를 주도하고 있다.

## 1) 웃음을 유발하는 요인

과연 어떤 요인들이 웃음을 유발하는 것일까? 웃음에 관한 예전의 관점들을 살펴보면, 아리스토텔레스와 플라톤은 '기형적인 것, 결함 *deformity*,' 즉 보통의 규범적인 모양을 벗어난 것이 웃음을 유발한다고 보았다(Zillmann & Bryant, 1991, pp.268 이후). 또한 앞서 언급했듯이 홉스는 '유머의 우월성 이론 *superiority theory of humor*'을 이야기한 바 있다. 이것은 다른 사람에게 있는 기형적 형태, 또는 다른 사람의 불완전함을 자신과 비교함으로써 자기 찬양 *self-glorification*의 열정을 느낀다고 보는 시각이다. 이 두 관점은 모두 유머가 귀족에게는 적합하지 않다며 폄하하는 경향이 있다.

또한 칸트는 긴장된 기대를 하다가 갑자기 '아무것도 아닌 것'으로 변해 버릴 때 일어나는 감정이 웃음을 유발한다고 본다. 문제가 있어 보이던 것이 사소한 것으로 판명될 때 웃음을 기대하게 된다는 것이다. 이처럼 문제 있어 보이던 것이 웃을 만한 것으로 변하는 것을 영국의 철학자 스펜서는 "불일치의 감소descending incongruity"라고 표현했다. 이와 유사하게, 독일의 철학자 쇼펜하우어는 개념과 지각 간의 불일치가 웃음을 유발한다고 생각했다.

한편 스펜서는 유머에 대한 생리학적 이론을 제안했다. 웃음은 특성상 반발작적이라 신경 에너지를 고갈시키며, 이로 인해 처음의 걱정에서 벗어나 안심하게 된다는 것이다. 그는 칸트의 관점에 동의하여, 유머가 불유쾌한 상태를 감소시킨다고 보았다. 칸트는 이런 능력을 축복이라고 평가한다. 웃음에 관한 이와 같은 예전의 관점들은 세련되지는 않지만 유머, 코미디, 웃음에 관한 심리학적 이론의 개발에 아주 중요한 역할을 해왔다.

코미디 텍스트의 개념적 도대를 살펴보면(박근서, 2006), 코미디의 하부 형식들이 다양하여 정의하기 어렵지만, 아리스토텔레스의 정의부터 현대 학자들의 정의에 이르기까지 '웃음의 유발'이라는 요인이 코미디 정의의 핵심이라는 사실은 부인하기 어렵다. 그런데 이 웃음의 유발은 '기대를 배반'하는 것에서 나오며, '배반'은 '기준으로부터의 일탈'이나 '균형의 상실'에서 나온다(p.17). 여기에 또 한 가지 핵심적인 요인은 코미디가 '해피 엔딩'으로 끝난다는 것이다. 그래서 코미디는 "일상적 기준으로부터 불균형하게 일탈된 인물이나 상황을 다룸으로써 웃음을 유발하고, 서사적 형식을 취할 경우 해피 엔딩으로 끝나며, 대중 매체를 통하여 공적으로 발화하고 연기하기 위하여 만들어진 텍스트"로 정의된다(박근서, 2006, p.19).

코미디의 규칙에서는 '긴장'과 '놀람'이 중요한 축을 형성한다(박근서, 2006, pp.45~64 참조). 놀람의 저변에는 '기대의 위반,' 즉 '관객의 예상을 뛰어

넘는 반전'이 자리 잡고 있다. 긴장 속에 정상적인 결말을 예측하며 바라보고 있다가, 어느 순간 그 예측이 어긋나면서 뜻밖의 결말로 이어질 때 약간의 놀라움과 함께 긴장이 탁 풀리면서 웃게 된다.

기존의 드라마가 긴장 후의 '안도'로 카타르시스를 느낀다면(3장 참조), 코미디는 긴장 후의 놀람으로 웃음을 터뜨리게 된다는 것이다. 여기서 또 중요한 점은 놀람의 수준이 '충격'에까지 이를 정도는 아니어야 한다는 점이다. 약간의 놀라움은 즐거움을 줄 수 있지만, 지나친 놀라움은 충격을 주어 혐오감을 유발할 수도 있다. 놀라움이 너무 없어도 즐거움을 줄 수 없고, 놀라움이 지나쳐도 불쾌감을 준다. 이처럼 인간의 정서와 관련된 논의들은 앞서 1장에서 논의한 중용의 규칙 안에서 대부분 설명이 된다.

## 2) 유머에 관한 성향 이론

유머에 관한 성향 이론*disposition theory of humor*은 질만이 드라마 관련 연구를 확장시킨 것이다(Zillmann & Bryant, 1991, pp.270 이후). 코미디에는 많은 경우 어떤 사람이나 집단이 다른 사람이나 집단을 누르고 승리하는 구조가 있다. 대개 한 편이 다른 편을 깎아내리는 부분이다. 성향 이론은 코미디에서의 이 같은 '극적인 교환*dramatic exchange*'에 관심을 둔다. 즉 '망가뜨리는' 또는 '망가지는' 사람이나 사물에 대해 반응하는 사람들이 어떤 정서적 성향이 있는지, 즉 그 사람이나 사물을 좋아하는지 싫어하는지에 따라 즐김 반응이 다르게 나타날 수 있다고 보는 것이다(Zillmann, 1991b). 이를 구체적으로 펼쳐 보면 다음과 같은 명제들이 나온다.

· 망가지는 사람이나 사물에 부정적인 성향이 더 강할수록 웃음의 강도는 더 커진다.

· 망가지는 사람이나 사물에 긍정적인 성향이 더 강할수록 웃음의 강도는 더 줄어든다.

· 망가뜨리는 사람이나 사물에 부정적인 성향이 더 강할수록 웃음의 강도는 더 줄어든다.

· 망가뜨리는 사람이나 사물에 긍정적인 성향이 더 강할수록 웃음의 강도는 더 커진다.

그래서 유머 상황에서 A가 B를 깎아내릴 때 A를 많이 좋아하고 B를 많이 싫어할수록 더욱 큰 웃음이 유발되며, A를 싫어하고 B를 좋아할 경우 가장 적은 웃음이 유발된다는 것이다.

코미디에는 적절한 '선행 상태'가 필요하다. 화가 난 사람들은 공격적으로 선동되어, 코미디를 피하고 조금 덜 가벼운 형태의 다른 장르의 오락물을 찾는다(Zillmann, Hezel, & Medoff, 1980). 특히 이러한 경향은 남성들에게서 더 두드러지게 나타났다(Medoff, 1975). 한 연구에서 남성 참여자들은 마치 가벼운 코미디를 보면서 웃음으로 떨쳐 버리기에는 자신의 감정이 너무나 심각한 분노라고 생각하는 듯했다. 이와 유사하게, 아주 강한 슬픔처럼 안전을 위협하는 심각한 경험을 했을 때는 가벼운 웃음을 선사하는 코미디를 피하는 경향이 있다.

여성들에게 코미디, 심각한 드라마, 게임 쇼 중에서 선택하게 했을 때, 월경 전이거나 월경 중인 여성들은 코미디를 유의미하게 더 많이 선택했다(Meadowcroft & Zillmann, 1987). 월경 주기 사이에 있는 기간 동안에는 심각한 드라마에 비해 코미디에 가장 관심이 적었다. 이와 유사하게, 임신 중에는 코미디를 더 선호하는 경향을 보였는데(Helregel & Weaver, 1989), 이는 임신 중호르몬 작용으로 우울해지는 증상과 같은 부정적 정서를 경험하기 때문인것으로 보인다.

　최근에는 드라마도 희극화하는 경향이 있어, 시추에이션 코미디물이 많이 등장하고 있다. 〈거침없이 하이킥〉(MBC)에 이은 〈지붕 뚫고 하이킥〉(MBC), 1998~2000년까지 약 3년간 인기를 누린 〈순풍 산부인과〉(SBS) 등이 코믹한 성격의 시추에이션 드라마로서, 이른바 시트콤 장르의 대표적인 작품들이다. 시트콤은 다양한 연령, 다양한 계층의 사람들이 부담 없이 가볍게 웃으며 즐길 수 있다. 시트콤 외에도 〈환상의 커플〉(MBC), 〈내조의 여왕〉(MBC)과 같은 코믹한 요소를 가미한 드라마도 많이 등장했다. 우리는 이런 프로그램들을 적극적으로 선택하여 기분 전환을 꾀하거나, 또는 우연히 이런 프로그램들을 보게 되어 기분 전환을 경험한다.

## 3) 기분 관리 이론과 기분 조정 이론

사람들은 왜 코미디를 찾는가? 쉽게 말해서 '가볍게 웃고 즐기자'는 심리 때문이라고 할 수 있다. 일상의 업무에서 잠시 벗어나, 심각하게 생각하거나 중요한 의사 결정 또는 신속한 일 처리 등에 얽매이지 않고, 편하게 쉬면서 본능적인 웃음이 유발되는 대로 웃으며 즐기려는 것이다.

　앞서 언급했듯이, 코미디에서 즐거움을 느끼는 것은 코미디의 텍스트 자체가 일상적인 기대를 갑작스럽게 일탈하여 놀라움을 경험하게 하기 때문이다. 즉 기대했던 방향과 약간 다른 쪽으로 갑작스럽게 전환될 때 우리는 웃게 된다. 물론 이러한 갑작스러운 전환이 본인의 공적인 업무와 관련된 '심각한' 것은 아니어야 한다. 흔히 기대할 수 있는 일상과는 다른 일탈이 있을 때, 즉, 표 5-1에 정리해 놓은 것과 같은 수많은 종류의 유머 테크닉 중 일부(예: 표정의 일그러짐, 자세의 불안정 등)가 있을 때 웃음이 유발되는 것이다.

코미디 시청은 분명히 우리의 정서 변화와 관련이 있고, 우리는 그러한 정서 변화를 기대하며 코미디를 시청하게 된다. 또는 우연히 코미디를 시청하게 되었더라도 일단 시청하게 되면 정신을 약간 놓은 상태에서 시청을 하게 되고, 시청 후에는 가벼운 웃음으로 인해 변화된 정서를 경험한다. 이러한 정서 경험이 학습되어, 다음에 또 그와 유사한 코미디 프로그

**표 5-1. 유머 기술의 요소**

| 요 소 | 내 용 |
| --- | --- |
| 불합리*absurdity* | 넌센스, 논리적 규칙에 반하는 상황 |
| 의인화*anthropomorphism* | 사물이나 동물이 인간의 모습을 함 |
| 호언장담*bombast* | 호언장담하거나 과장된 말 |
| 추격*chase* | 어떤 사람이나 사물을 쫓아다니거나 추격함 |
| 익살스러운 행동*clownish behavior* | 활발한 팔다리 움직임이나 과장된 불규칙 신체 행동 |
| 서투름*clumsiness* | 숙달되거나 우아하지 않음 |
| 우연의 일치*coincidenc* | 우연히 예기치 않은 일이 일어남 |
| 개념적 놀라움*conceptual surprise* | 갑작스럽게 기대하지 않았던 개념의 변화로 청중을 오해시킴 |
| 실망*disappointment* | (사소한) 실망을 가져오는 상황 |
| 기이함*eccentricity* | 규범에서 벗어나는 사람, 이상한 등장 인물 |
| 당혹스러움*embarrassment* | 누군가 불편함이나 창피함을 느끼게 되는 어색한 상황 |
| 과장*exaggeration* | 과장된 말, 과장된 반응, 어떤 사람이나 사물의 질을 과장함 |
| 기괴한 외양*grotesque appearance* | 놀라운 특성을 지닌, 이상하거나 괴물 같은 외양을 가진 사람 |
| 무지*ignorance* | 어리석고 순진하여 속기 쉬운, 유치하게 행동하는 사람 |
| 모방*imitation* | 정체성을 유지하면서 어떤 사람의 모습이나 움직임을 따라 함 |

| 요소 | 내용 |
| --- | --- |
| 분장*impersonation* | 의도적이든 비의도적이든, 다른 사람의 정체성을 지님 |
| 어린애 같은 언동*infantilism* | 말소리를 어린애같이 하며 노는 것 |
| 비꼬기*irony* | 말하는 것과 다르거나 반대되는 것을 의미함 |
| 무관한 행동*irrelevant behavior* | 권위나 현존 기준을 적절히 존중하지 않음 |
| 심술궂은 쾌락*malicious pleasure* | 다른 사람의 불행을 즐거워함, 희생자 유머 |
| 오해*misunderstanding* | 상황을 잘못 해석함 |
| 재치*outwitting* | 반박, 응답, 또는 되받아칠 때 기지를 발휘하여 압도함 |
| 패러디*parody* | 문체, 다른 문학 장르, 또는 다른 미디어를 모방함 |
| 독특한 얼굴*peculiar face* | 우스꽝스러운 얼굴이나 찡그린 표정을 함 |
| 독특한 소리*peculiar sound* | 만화에서와 같이, 우스꽝스럽거나 예기치 않았던 소리 |
| 독특한 목소리*peculiar voice* | 우스꽝스러운 이상한 소리 |
| 동음이의(同音異義)의 익살*pun* | 이중의 뜻을 지닐 수 있는 단어의 의미를 활용하는 것 |
| 재치 있는 즉답*repartee* | 대개 위트 있는 대화 안에 나타나는 언어 유희 |
| 반복*repetition* | 같은 상황을 반복하거나 다시 보여 줌 |
| 조롱*ridicule* | 누군가를 언어적 또는 비언어적으로 놀림 |
| 완고함*rigidity* | 보수적이고 융통성이 없어 경직된 사고를 하는 사람 |
| 빈정거림*sarcasm* | 적대적 톤으로 날카롭게 쏘는 말을 함. 항상 언어적 표현 |
| 풍자*satire* | 잘 알려진 사물, 상황, 또는 공적 인물을 놀리거나 찌름 |
| 규모*scale* | 사람의 논리적 기대치를 뛰어넘는, 아주 크거나 작은 크기 |
| 성적 암시*sexual allusion* | 성적이거나 장난스러운 문제를 가리키거나 암시함 |
| 법석 떨기*slapstick* | 신체적으로 얼굴에 파이 묻히기 등, 누군가의 지위를 격하시킴 |
| 속도*speed* | 아주 빠르거나 느린 동작으로 걷거나 움직임 |
| 고정관념*stereotype* | 국가, 성, 집단의 구성원을 고정 관념화, 일반화시켜 표현함 |
| 변형*transformation* | 어떤 사람이나 사물이 변형되어 다른 형태를 띰 |
| 시각적 놀라움*visual surprise* | 갑작스럽고 예기치 않은 시각적, 신체적 변화 |

Buijzen & Valkenburg, 2004, pp.153~154. 일부는 Berger, 1976, 1993의 것과 중복됨.

램을 보면 잠시 시선을 돌려 바라보게 된다.

흔히 기분 상태는 '마음의 프레임*frame of mind*'이라고 부른다(Morris, 1990). 프레임은 전체적인 틀로서, 향후의 선택 행동에 영향을 준다. 현재의 기분을 최적 상태로 바꾸려고 코미디 등과 같은 미디어 프로그램을 선택한다고 보는 대표적인 이론이 기분 관리 이론*mood management theory*이며, 다음에 할 일에 현재의 기분을 맞추려고 미디어 프로그램을 선택한다고 보는 이론은 기분 관리 이론이 조금 수정된 기분 조정 이론*mood adjustment theory*이다.

기분 관리 이론(Zillmann, 1988)에서는, 스트레스 등으로 흥분 수준이 정상보다 높을 때에는 이를 낮출 수 있는 커뮤니케이션 메시지를 선택하지만, 흥분 수준이 낮을 때에는 이를 회복시킬 수 있는, 즉 흥분 유발 가능성이 높은 커뮤니케이션 메시지를 선택한다고 예측한다. 따라서 일상의 따분함에서 벗어나고자 할 경우, 코미디를 보고 마음껏 웃거나, 신나는 음악을 들으며 각성 수준을 높이거나, 박진감 있는 스포츠 경기를 보며 흥분 수준을 높이고 싶어 한다는 것이다. 사람들은 '최적의*optimal*' 정서 상태를 추구한다.

텔레비전 프로그램 선택에 스트레스가 어떤 영향을 주는지 조사한 연구(최진명, 2007)에서, 실험 참가자들을 스트레스 높은 조건과 낮은 조건으로 나누어, 이들이 3일 동안 선택한 프로그램 장르의 빈도를 비교하였다. 그 결과, 전체적으로 시트콤/코미디 프로그램의 선택률이 가장 높았고, 특히 스트레스가 낮은 집단과 높은 집단이 시트콤/코미디 프로그램을 선택한 비율은 첫 번째 선택 27.9% 대 36.8%, 두 번째 선택 38.9% 대 48.5%, 네 번째 선택 26.7% 대 35.4%로, 일관성 있게 스트레스 높은 집단의 선택률이 높았다.

기분 관리 이론을 보완한 기분 조정 이론(Knobloch, 2003)에서도 프로그램 선택 초기에 대해서는 기분 관리 이론과 동일한 예측을 한다. 그런데 기분 조정 이론의 핵심은 미디어 엔터테인먼트 소비 직후에 어떤 일을 하게 될 것으로 기대하는지에 따라 그에 맞는 엔터테인먼트를 선택할 것이라는 데 있다. 즉 어떤 업무를 마친 직후 미디어 선택 초반에는 기분 관리 이론과 마찬가지로 일이 따분했으면 흥분시키는 미디어 엔터테인먼트를 택하고, 일의 각성 수준이 높았으면 차분해질 수 있는 미디어 엔터테인먼트를 택한다고 예측한다. 그런데 휴식을 마치고 다시 일에 복귀해야 할 때가 다가오면, 다가올 일에 알맞는 정서 상태로 바꾸기 위해 그에 상응하는 엔터테인먼트를 택한다는 것이다.

기분 조정 이론을 검증하기 위해, 연구자는 컴퓨터를 이용한 실험을 진행했다. 참가자 집단을 둘로 나누어, 한 집단은 실험이 끝난 후 재미있는 게임을 하게 된다고 기대하게 했고, 다른 집단은 심각한 과제를 하게 된다고 기대하게 했다. 게임을 할 것이라고 기대한 집단은 즐거워했고, 심각한 과제를 하게 될 것이라고 기대한 집단은 따분하게 느꼈기 때문에, 앞으로의 과제를 기다리는 동안 정서가 두 가지로 나뉘었다.

참가자들이 기다리는 동안 컴퓨터 소프트웨어를 활용하여 음악을 선택하게 했는데, 기다리는 기간 중 초기에는 '심각한 과제'를 하게 된다는 이야기를 들어 기분이 좋지 않았던 집단이 '재미있는 게임'을 하게 된다는 이야기를 들어 기분이 좋았던 집단보다 더 에너지 넘치는 즐거운 음악을 택했다. 그런데 기다리는 시간의 중반이 넘어서자, 게임을 기대한 집단의 선택에는 큰 변화가 없었으나 심각한 과제를 기대한 집단은 비교적 차분한 음악을 선택하는 쪽으로 변하는 경향을 보여(Knobloch, 2003, p.244), 기분 조정 이론을 지지하였다.

미디어 엔터테인먼트의 내용이 음악이든 코미디든, 우리는 우리의 정서를 관리하고 조정하는 데 이를 활용하고 있음을 알 수 있다. 그런데 우리가 미디어 엔터테인먼트를 선택할 때 자기 자신의 기분을 의식적으로 알고 선택하는 것일까? 아니면 우리 스스로 우리의 기분 상태를 의식하지 못하는 상태에서 미디어에 우연히 노출되는 것일까? 가장 설득력 있는 설명은 처음에는 우연히 노출되었다 하더라도 몇 번 지속적으로 '어떤 프로그램을 보면 기분이 좋더라'하는 것을 학습하고 나면, 나중에는 의식적으로 그것을 선택하게 된다는 것이다.

또한 간혹 부정적 정서를 가져올 수도 있는 심각한 프로그램을 선택하는 경우가 있는데, 이것은 어떻게 설명할 것인가? 이것도 역시 단기적으로는 부정적인 정서를 일으키는 프로그램을 선택한다 하더라도 장기적으로 보면 전체적인 '쾌'의 수준을 높이기 위한 것이라고 해석하는 것이 대세이다(최진명, 2007 참조). 예컨대, 학생들이 시험 기간에 즐거운 TV를 선택하지 않고 따분한 도서관을 택한다고 할 때, 당장은 부정적 정서를 경험하게 될지라도 '만족의 지연*delay of gratification*'을 통해 궁극적으로는 좋은 성적을 받음으로써 '나중의 더 큰 보상'을 원하는 것이다. 결과적으로 '즐거움'을 추구한다는 사실에는 변함이 없으며, 그 즐거움을 얻는 '시기'를 늦추면서 '더 큰' 즐거움을 추구한다고 볼 수 있다.

## 4) 유머 광고의 구성 요소 분석

코미디 프로그램이나 시추에이션 코미디, 리얼 버라이어티 쇼뿐 아니라, 프로그램과 프로그램 사이에, 혹은 길을 가면서 의도하지 않아도 수시로 접하게 되는 광고물에도 상당 부분 유머가 섞여 있다. 유머의 요소는 크게 일곱 범주로 나뉜다. 법석떨기*slapstick*, 익살스러운 유머*clownish humor*, 놀라움*surprise*, 오해*misunderstanding*, 비꼬기*irony*, 빈정거림*satire*, 패러디*parody*가 그것이다(Buijzen & Valkenburg, 2004).

표 5-1에서 알 수 있듯이, 코미디의 유머를 구성하는 요소와 광고의 유머를 구성하는 요소는 서로 통하는 점이 많다. 즉 사람들로 하여금 웃게 만드는 것이 유머이고, 이 유머가 광고에 활용되느냐 드라마에 활용되느냐 코미디에 활용되느냐 하는 점이 다를 뿐이다. 또한 이 요소들을 잘 살펴보면, '말'로 웃기는 것과 '몸'('표정'과 '제스처' 포함)으로 웃기는 것이 모두 포함되어 있는데, 이 중에서 특히 '말'로 웃기는 것이 토크 버라이어티 쇼에서 볼 수 있는 사례들이다.

## 5) 리얼 버라이어티 쇼의 대표적 사례 분석

국내 최초의 '리얼 버라이어티 쇼'를 표방한 〈무한도전〉은 이후 〈1박 2일〉, 〈우리 결혼했어요〉(MBC), 〈패밀리가 떴다〉(SBS) 등과 같이 "현실을 재구성하거나 체험하는 프로그램"을 이끄는 선두 주자 역할을 했다(김남일, 2008, p.10). 앞서 4장에서 잠깐씩 언급하기는 했으나, 〈무한도전〉이 한국 TV 장르의 융합 역사와 문화적 맥락에서 어느 정도 큰 의미를 지닌다고 생각되어, 이 프로그램을 조금 더 자세히 분석한 연구를 여기 소개하려고 한다. 〈무한도전〉은 '웃음 유발'에 성공하면서도 사회적으로 생각해 봄 직한 과제들을 던져 주고 있어, 많은 사람들의 관심을 끌고 있다.

그림 5-1에 〈무한도전〉의 서사 구조가 요약되어 있다. 이 구조의 흐름을 보면, 3장에서 논의했던 드라마의 구조와 상당히 유사하면서도 그 이상의 것을 지니고 있다. 도전 과제로 주어진 복잡한 사건이 전환, 갈등, 회복 단계 등을 거치기 때문에, 적절한 시점에서 갈등이 유발되고 정점에 이

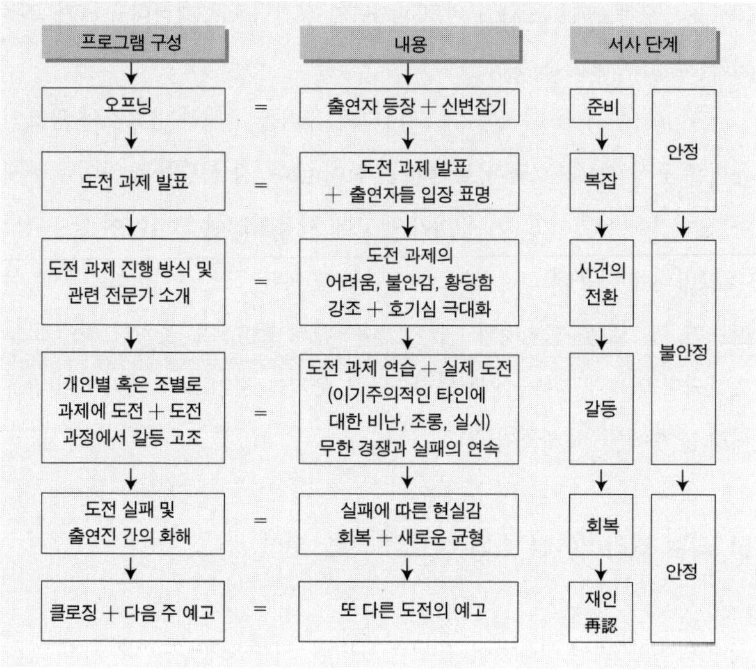


(김남일, 2008, p.31)

**그림 5-1. 〈무한도전〉의 서사 구조**

르는 서스펜스와 긴장감 및 그 해결을 통한 카타르시스 등을 MC 겸 출연자들이 유발하는 '웃음'과 함께 즐길 수 있기 때문에, 단편 드라마가 주는 즐거움의 '플러스 알파'를 충분히 제공하는 구조다. 인간의 삶 자체가 도전과 응전의 연속이기 때문에, 〈무한도전〉과 같은 프로그램은 마치 인생의 일부를 흥미진진하게 경험하는 듯한 느낌과 동시에 웃을 수 있는 기회를 제공한다. 기존의 드라마가 주던 긴장감과 서스펜스에 기존 형식의 코미디가 주던 웃음을 동시에 얻을 수 있다는 것이 큰 매력이다.

## 6) 정서 토크와 코미디 프로그램의 융합

근래에는 정서 토크 리얼리티 프로그램에 연예인이나 그들의 가족이 등장하여 실제 생활의 일부를 보여 주는 프로그램들도 인기를 끌고 있다. 실제 생활의 일부를 보여 준다는 점에서 리얼리티 프로그램이라 할 수 있고, 이를 주로 담화를 통해 전달한다는 점에서 토크 프로그램이라 할 수도 있으며, 시청자에게 즐거운 웃음을 유발한다는 점에서 코미디 프로그램이라 할 수도 있다. 예를 들면, 〈스타부부쇼 자기야〉(SBS)와 〈스타주니어쇼 붕어빵〉(SBS)에서는 스타 부부 또는 스타 부모와 그 자녀들이, 자신들의 삶이 고스란히 드러나는 형태의 질문들에 응답하며 그들의 가족 관계와 일상 생활을 리얼하게 드러낸다. 출연한 스타들끼리의 수다와 토크도 이어진다.

이런 프로그램들은 예전에 우리와 많이 다르다고 생각했던 스타들도 사실은 우리와 다름없는 생활을 하고 있다는 것을 보여 줌으로써 친근감과 위안을 느낄 수 있도록 해주며 큰 인기를 끌고 있다. 간혹 스타들의 사소한 일상까지 우리가 알아야 하느냐는 비판이 나오기도 하지만, 사람들이 그들의 생활을 궁금해하는 측면이 있어, 가십에 의존하기보다는 (어느 정도 연출되었을지라도) 그들의 삶을 리얼하게 보는 데서 오는 만족을 느끼기도 한다.

최근에는 일본이나 미국 방송의 포맷을 사온 프로그램들이 인기를 끌었고, 일부 프로그램은 표절 논란을 겪기도 했다. 〈솔로몬의 선택〉(SBS)은 일본 방송의 포맷을 구입한 것이고, 신개념 퀴즈쇼라는 〈1 대 100〉(KBS)도 미국 NBC의 포맷을 들여온 것이다. 〈무한도전〉(MBC)은 한때 표절 논란에 휩싸인 적이 있다. "엄청난 속도로 진행되는 미디어의 양적 발전에 따라갈 수 있을 만큼 콘텐츠가 충분히 개발되지 못한" 상황에서 웃음을 유발하려고 무리하다 보니 표절, 거짓말, 과장 등이 성행하게 되었다는 진단은 일리가 있어 보인다(서병기, 2007, p.140).

리얼리티 토크 프로그램이 웃음을 주는 코미디 장르와 결합되다 보니, 사실을 좀 더 극적으로 제시하고자 하는 욕구가 경쟁적으로 분출되어, 토크가 아닌 "잡담chat 경연장"이 되어 버린 측면도 있다(서병기, 2007, p.142). '고백'을 더 자극적으로 하고, 평범한 것도 비범해 보이도록 제시하고, 아는 사람의 비밀을 폭로하기를 주저하지 않는 토크 코미디물은 이제 어느 정도 정화 과정이 필요해 보인다.

한편, 코미디를 실생활 속으로, 스튜디오 바깥으로 가지고 나가려는 시도에서 시작된 〈재밌는 TV 롤러코스터〉(tvN)의 "남녀 탐구생활"은 모두가 공감할 수 있는, 남녀 간의 커뮤니케이션 차이에 초점을 두면서 인기를 끌고 있다. 단조로운 듯한 내레이션이 어색하지 않고 오히려 독특한 유머스러움을 사아내는 것노 코미디 심리의 기반인 '불일치'(여기서는 내용과 어투의 불일치)에 토대를 두고 있다고 할 수 있다. 같은 상황에서 남녀가 서로 다른 생각과 행동을 한다는 '보편적인' 사실을 다루고 있기에 공감을 주며, 그러면서도 매 순간 엉뚱함과 코믹함을 연결시켜 신선한 웃음을 주고 있다.


## 2. 비극과 사이코드라마: 울음의 카타르시스와 치유 효과

코미디 장르에서는 '웃음'을 다루었지만, 인간의 정서와 그 표현 중에 '울음'도 웃음 못지않게 중요하다. 여기서는 울음의 정서를 먼저 사이코드라마 사례를 통해 분석해 본 다음, 비극적인 미디어 엔터테인먼트의 감동에 대해 언급하려고 한다.

## 1) 사이코드라마와 울음의 치유 효과

울음은 달리 의사 표현 방법을 알지 못하는 어린 아이에게 특히 중요한 의사 표현 수단이다. 갓난아이는 출생 직후 병원에서 공포를 느낄 때, 실컷 울고 나면 공포가 해소된다고 한다. 생후 6개월 정도일 때부터 공포, 두려움 등을 느끼게 되는데, 마음껏 울거나 분노하면 같은 상황에서 공포를 느끼지 않게 되지만 실컷 울 기회를 놓치면 기억 장치 안에 정신적 충격이 남아 후유증을 유발한다(허미경, 2001).

슬픈 영화를 볼 때 나오는 눈물에는 감정이 섞여 있다. 따라서 감정이 바탕이 되어 흐르는 눈물은 양파 껍질을 벗길 때 눈을 보호하기 위해 나오는 눈물과 다르다. 감정으로 인한 눈물에 '카테콜라민' 성분이 훨씬 더 많이 배출된다고 한다. 카테콜라민은 우리가 스트레스 받을 때 분비되어 우리 몸을 긴장하게 하는 호르몬이다. 이것이 분비되면 혈관이 수축되는데, 눈물로 이것을 배출하고 나면 긴장이 풀린다고 한다(허미경, 2001). 이를 통해 일종의 '카타르시스' 효과가 나타난다고 할 수 있다. 울음은 우리 몸 안에 쌓인 나쁜 호르몬을 밖으로 배출하게 하여 스트레스를 해소시키는 작용을 하기 때문이다.

표 5-2는 사람들에게 울고 나서 어떤 생각과 느낌이 드는지를 이야기하게 했을 때, 남성과 여성이 어떤 응답을 많이 했는지를 보여 준다. 남성과 여성 모두 후련하고 시원하다는 응답이 가장 많았지만, 한편으로는 후회하는 측면도 보였다.

표 5-3은 울음에 대한 남녀 차이를 여자의 입장에서 적어 보도록 한 결과이다. 여성들은 쉽게 울며 감정에 충실한 데 비해, 남성들은 울음에 대한 부정적인 사회 관습과 교육 때문에 잘 울지 않고 참는다는 응답이 많

표 5-2. 울고 나서 든 생각과 느낌

| 순위 | 여성 | 사례 수 | 남성 | 사례 수 |
|---|---|---|---|---|
| 1 | 시원하다 | 18 | 후련하다, 시원하다 | 10 |
| 2 | 후련하다 | 12 | 다시 시작하고 싶다 | 9 |
| 3 | 왜 울었을까 생각해 봄 | 8 | 허무, 허탈, 개운하다 | 6 |
| 4 | 바보 같다, 해결된 듯한 느낌 | 7 | 왜 울었을까 생각해 봄 | 5 |
| 5 | 허무, 허탈, 멍하다 | 5 | 멍하다 | 4 |
| 6 | 후회 | 4 | 기분이 나아짐, 후회 | 3 |
| 7 | 개운하다, 창피하다, 나약하다 | 3 | | |

(허미경, 2001, p.40)

았다. 남성들이 울면 무능력해 보이기 때문에 남의 시선을 많이 의식하며, 따라서 남자가 울 때 더 진실되고 마음이 아프다는 응답도 눈에 띤다.

사이코드라마에서는 자기 안에 뭉쳐 있던 심리를 밖으로 터뜨리면서 문제가 해결되고, 이 과정에서 필연적으로 눈물을 흘리게 된다. 울음의 기능이 가장 극적으로 표출되는 형식이라고 할 수 있다. 기술적인 미디어를 사용하는 장르는 아니지만, 치료자 역할을 하는 '사람'이 다른 사람의 마음에서 해결되지 못한 문제들을 이끌어 낸다는 점에서 바로 그 사람이 미디어라고 할 수 있다. 사이코드라마를 이끄는 사람은 사이코드라마의 주인공, 즉 어떤 심리적 문제가 내재되어 있어 자기 자신과의 대화를 원활하게 진행하지 못하는 사람의 커뮤니케이션을 도와주는 미디어인 셈이다.

'사이코드라마psychodrama'는 원래 루마니아의 정신과 의사 J. L. 모레노J. L. Moreno가 창시한 심리요법으로, 심리극心理劇이라고도 한다. 극의 주제가 개인적인 문제일 때는 '사이코드라마'라 하고, 주제가 공적인 문제일

표 5-3. 여자가 본 남녀의 울음 차이

| 순위 | 여성 | 사례 수 | 남성 | 사례 수 |
|---|---|---|---|---|
| 1 | 쉽게 운다 | 28 | 잘 울지 않고 참는다 | 23 |
| 2 | 감정에 충실하다 | 13 | 울음에 대한 부정적인 사회 관습과 교육 | 15 |
| 3 | 눈물을 이용한다 | 8 | 감정 억제 잘함 | 9 |
| 4 | 여자의 울음에 대해 허용적 | 6 | 남의 시선을 많이 의식함 | 5 |
| | | | 울면 무능력해 보임 | |
| 5 | | | 남자가 울 때 더 진실되고 마음 아프다 | 4 |
| | | | 속으로 운다 | |

(허미경, 2001, p.41)

때는 '소시오드라마sociodrama'라 한다. 사이코드라마에는 정해진 대본이 없다. 어떤 문제를 가진 환자가 등장 인물이 되고, 감독 역할을 하는 치료자가 환자에게 어떤 역할과 상황을 주어 그 사람이 생각나는 대로 연기를 하게 하는 것이다. 이렇게 함으로써 그 환자의 마음속에 억압된 감정과 갈등을 표출하게 하여 마음의 병을 치료하는 방법이다. 그런 면에서 사이코드라마는 즉흥극이다.

극을 지도하는 감독은 환자가 지닌 문제들(예: 열등감, 적개심 등)을 사전에 알고 있어야 한다. 그래야만 극이 진행되는 동안 문제의 핵심에서 벗어날 때 시정이 가능하다. 사이코드라마의 관객은 연기를 하는 사람과 유사한 문제를 가진 사람들로 구성되는 경우가 많다. 따라서 관객도 그 심리극을 보고 참여함으로써 자신의 심리적 문제를 해결할 수 있게 된다. 이런 면에서 심리극은 일종의 집단 심리 치료 과정이 되기도 한다.

예를 들어, 어떤 사람이 자신에게 남아 있는 아픔의 순간에 자기가 꼭

하고 싶었던 행동을 못했었다면, 다시 그 순간으로 돌아가 그 행동을 해봄으로써 아픔을 치료하는 것이다. 이것을 '잉여 현실'이라고 한다. 가슴 깊이 묻혀 있던 아픔의 시간을 꺼내어 잉여 현실과 마주하면, 상처를 털고 치료가 된다. 즉 사이코드라마를 통해 '잉여 현실의 세계'를 펼쳐 보이면, 마음속의 깊은 슬픔을 숨기지 않고 그대로 터뜨리는 과정에서 울음이 나오는 것이다. 이렇게 함으로써 예전에 못했던 행위에 대한 갈증이 해소되고, 새로이 출발하는 마음을 가질 수 있다. 심리극 주인공의 울음을 통해 주인공의 잉여 현실에 관객들이 동의하고 그 슬픔을 공유하면, 집단 카타르시스를 경험하면서 치유가 된다.

울음은 이처럼 부정적인 정서의 일부이면서도 카타르시스와 치유의 경험을 가능하게 하기 때문에, 인간의 삶에서 중요한 기능을 한다. 사이코드라마가 아니더라도, 예를 들어 어떤 드라마나 영화를 보고 주인공의 삶에 공감하여 눈물을 흘렸다면, 이 눈물도 카타르시스와 치유의 효과를 어느 정도 지닐 수 있을 것이다. 코미디를 통해 사람을 웃게 하든, 슬픈 영화를 통해 사람을 울게 하든, 사람의 심금을 울리는 감동은 바로 정서를 움직일 때 가능하다. 정서를 움직이는 콘텐츠를 개발해야 하는 이유가 바로 여기에 있다.

## 2) 비극적인 미디어 엔터테인먼트의 감동과 치유 효과

사이코드라마 외에도 울음을 이끌어 내는 드라마나 영화는 아주 많다. 슬픈 영화의 저변에 인간 본성의 깊은 부분을 담아 감동을 주는 영화들은 3장의 후반부에서 언급한 바 있다. 여기서는 울음의 치유 효과와 관련하여, 사람들의 마음을 '치유'해 주는 영화 치료를 소개하려고 한다.

'영화 치료*cinema therapy*'는 음악 치료(7장 참조)나 미술 치료를 잇는 예술 치료의 하나지만, 1990년대 이후에 비로소 등장한 후발 치료법이다. 예술적 감성은 사람 마음의 깊은 곳을 움직이는 힘이 있기 때문에 치유 효과도 가능한 것이다. 다른 예술 치료와의 차이점이 있다면, 음악 치료나 미술 치료는 마음의 문제가 있는 사람이 스스로를 '표현'을 함으로써 치료가 되는 데 비해, 영화 치료는 마음의 문제가 있는 사람이 영화 속의 표현을 '수용'하거나 '즐기'거나 '몰입'함으로써 치료가 된다는 점에서, 메시지 전달의 방향이 다르다.

영화 치료가 울음을 통한 카타르시스와 다른 점은 영화를 보는 사람이 '의식적으로' 자기 감각에 주의를 기울이며, 영화의 이미지와 인물 등이 어떻게 자신의 자각에 영향을 주는지를 관찰한다는 점이다. 영화 자체를 분석적으로 보는 것이 아니라, "자신의 체험" 안에 완전히 머물도록 조언한다(볼츠, 2006). 영화를 보는 동안 자신의 문제에서 한 걸음 뒤로 물러나 삶을 전체적으로 조망하게 하는 것이다. 이렇게 함으로써 자존감도 높이고 부정적 정서를 극복하며 치유를 통해 성장하게 된다.

영화 치료는 '치료'의 측면에서만 본다면 다른 치료보다 얕은 수준의 치료로서, 편안한 마음으로 '감상'하도록 하며 마음을 정돈하게 하는 것으로 볼 수 있다. 치료자의 도움을 받을 수도 있고, 혼자서 또는 가족이나 친구들과 같은 소집단으로 참여할 수도 있다. 슬픔과 고민이 있을 때 그 고민의 내용과 관련이 있는 영화를 감상하면서, 영화 속 주인공과 동일시하며 감정 이입하여 감동과 카타르시스를 느끼면서 치유가 되는 것이다.

예술을 치료에 활용할 수 있는 것은 예술 작품이 인간 본성에 관여하기 때문이다. 영화 치료는 간접 소통을 통해, 음악 치료는 직접 즐김을 통해, 미술 치료는 감정의 발산을 통해 효과가 발생한다는 점에서는 차이가 있지만, 사람의 마음을 움직여 깊숙한 곳의 응어리를 풀어 주고 새로운 활력을 얻게 함으로써 치료 효과를 얻는다는 점은 공통점이라고 할 수 있다. 사람들이 미디어를 활용하고 엔터테인먼트를 즐기는 것도 인간으로서의 삶에 잘 적응하며 건강하게 살아가기 위한 방편 중 하나이다. 특히 영화의 치료적 효과는 영화 속의 상황과 유사한 상황에 처해 있는 사람들의 어려움 극복에 간접적으로나마 도움을 줄 수 있다는 점에서, 4장에 논의한 '정서 토크'의 심리적 효과와 일맥상통하는 점이 있다.

## 3. 공포 영화와 공포 드라마: 서스펜스와 자극 추구

슬픔에 이어, 공포도 부정적 정서 가운데 하나이다. 미디어가 우리의 정서에 미치는 영향을 다룰 때 부정적인 정서를 빼놓아서는 안 되는 이유는 부정적 정서도 긍정적 정서만큼이나 인간의 삶에서 중요한 부분을 차지하기 때문이다.

영화 자체가 단순히 공포를 느끼게 할 목적은 아니라 하더라도, 어떤 영화를 보면 무섭게 느낀다. 무서움이나 공포 같은 느낌은 분명히 부정적임에도 불구하고 왜 그런 영화를 찾는 것일까. 그러한 영화를 보는 동안 느껴지는 짜릿함이나 박진감, 손에 땀을 쥐게 하는 긴장감의 연속 등에서 사람들은 묘한 쾌감을 느끼기도 한다.

천편일률적인 플롯에서 벗어나 놀라움을 줄 수 있는 영화라면 그러한 즐거움을 한층 더해 줄 수 있다. 놀라움이라는 약간은 부정적인 정서를 바탕으로 새로움이나 참신함, 또는 예기치 못한 반전에 인한 인지적 퍼즐 맞추기의 즐거움과 카타르시스를 느낄 수 있기 때문이다. 또한 조금은 불편한 긴장의 연속 뒤에 오는 짜릿함도 얼핏 보면 부정적인 정서를 추구하는 것처럼 보이지만 결국은 긍정적 정서를 추구하고 있는 것이다. 불편함과 긴장감을 싫어하는 사람은 그런 영화를 피할 것이기 때문이다.

영화를 즐기는 사람들 가운데서도 공포 영화를 즐기는 사람과 그렇지 않은 사람들은 확연히 구분된다. 당연히 같은 영화에 대한 평가도 엇갈린다. 한 예로서, 공포 영화로 분류하기엔 다소 무리가 있지만 그로테스크한 장면들로 인해 공포 영화의 요소를 갖고 있는 〈박쥐〉(감독 박찬욱, 2009) 역시 극과 극의 평가를 낳았다. 공포 영화도 기본적으로는 인간의 욕망과 생활을 반영하여 '공감'을 얻는 것이 가장 기본이 된다. 다만, 현실보다는 드라마가 조금 더 극적이고, 드라마보다는 영화가 한 단계 더 극적이고, 특히 공포 영화는 현실에서 조금 멀리 떨어진다 싶을 정도로 더욱 극적인 경향이 있다. 따라서 일상 생활로부터의 일탈에 얼마나 익숙하며 그것을 긍정적으로 보느냐에 따라 그러한 영화를 즐기기도 하고 그렇지 않기도 하는 것이다.

사회가 불안정할 때 공포 영화의 인기가 높은 것은(Daniels, 1975; Dickstein, 1980), 공포 영화가 우리 사회의 문제를 바라볼 수 있는 척도가 되기 때문이다. 사회적 스트레스로 만들어진 우려의 감정이 이러한 우려의 관점을 다룬 공포물과 접점을 이루어 공감을 주게 된다.

2차 세계 대전과 같이 사회적 두려움의 수준이 높을 때는 공포 영화의 제작이 감소하고(Daniels, 1975), 불황기처럼 사회적 두려움이 낮을 때는 공포 영화가 번창했다는 연구 결과가 있다(Dickstein, 1980). 공포 영화를 즐기는 개인차, 성차 등이 있기는 하지만, 사회 전반의 분위기도 영향을 미친다는 것이다.

## 1) 공포에 대한 감정 이입

공포는 부정적인 정서인데, 사람들은 왜 공포 영화를 보는 것일까? 부정적 정서의 유발이 예측됨에도 불구하고 공포 영화를 보는 것은 '짜릿한 느낌'을 찾는 '자극 추구*sensation seeking*' 성향을 지니고 있기 때문이다. 사람은 무자극을 추구하는 것이 아니라 '적절한' 자극을 추구한다. 따라서 단조로운 일상이 계속될 때에는 뭔가 색다른 짜릿함을 느끼고 싶어하는 것이다. 자극 추구 성향에도 개인차가 있어서, 동일한 수준의 자극도 어떤 사람은 지나치다고 생각하고 또 다른 사람은 약하다고 생각할 수 있다. 그렇지만 어떤 경우든 개인이 '적절하다'고 생각하는 자극 또는 각성의 수준을 향해 엔터테인먼트 소비를 조정할 수 있다. 즉 얼핏 보면 부정적 정서를 추구하는 것처럼 보이지만, '적절한 수준의 자극 또는 각성'을 추구함으로써 결과적으로 긍정적인 상태를 유지하려 하는 것이다.

공포 영화를 볼 때에도 감정 이입이 일어난다(Zillmann, 1991b). 공포를 일으키는 장면을 보면 다소 회상적으로 이전과 유사한 반응을 보인다. 즉 과거의 부정적 감정을 떠올릴 수 있는 유사 상황을 상상하고, 그에 대한 적절한 감정 반응을 나타내는 것이다. 따라서 영화의 주인공과 거의 동시에 경험하는 듯한 감정을 느낀다. 예를 들면, 영화 〈D−Day 어느 날 갑자기〉(감독 김은경, 2006)는 대학 입시를 위한 기숙 학원의 상황을 극단적으로 표현하여 현실 생활의 입시 지옥을 연상시킨다. 당연히 부정적 정서가 짐작되며 유발된다. 영화 속 등장 인물들의 공포 정서에 관객들이 감정 이입되는 것이다.

특히 얼굴에 나타난 감정적 요소에 초점을 맞추는 영화의 형상화 능력은 공포 영화에서 공감적 반응을 일으키는 중요한 요인이다. 주인공과 캐릭터의 얼굴 표정을 보고 영화를 보는 사람도 그런 감정을 느끼기 때문이다. 일상 생활에서는 다른 사람의 감정 표현을 힐끗 보지만, 영화에서는 클로즈업된 장면을 통해 아주 상세히 보기 때문에 공감을 더 강하게 만든다. 여기에 음향 효과와 시각 효과 등이 더해져 감정 이입 효과가 극대화된다.

보통 때 감정 이입 수준이 낮고, 상상력도 덜 풍부하고, 허구에 몰입을 잘하며, 감정적으로 집중하는 사람들이 공포 영화를 더 선호한다는 연구 결과도 있다(Tamborini, Stiff, & Heidel, 1990). 어떤 영화든 개인차가 있지만, 특히 공포 영화는 좋아하는 사람과 싫어하는 사람의 구분이 뚜렷한 장르 중 하나이다.

## 2) 자극 추구 성향

위에 언급했듯이, 사람들은 최적의 자극 상태를 추구한다. 너무 따분한 것도 싫고, 지나치게 긴장되는 상황도 싫어하며, 적절한 수준의 자극이 있는 것을 선호한다는 것이다. 그래서 사람들은 지나치게 각성 수준이 높지 않은 한도 내에서 센세이션과 흥분을 줄 수 있는 환경 자극을 찾는 경향이 있다(Tamborini, 1991). 무서운 영화가 유발하는 공포심으로 각성 수준이 높아질 때 쾌락을 느끼는 사람들이 있고, 바로 이런 사람들이 공포 영화를 즐겨 찾는다(Tannenbaum, 1980 참조).

자극 추구 성향은 네 가지 독특한 차원으로 구성된다(Zuckerman, 1979). 그 네 차원이란 스릴과 모험 추구, 탈억제, 경험 추구, 따분함에 대한 민감성이다. 그중에서 특히 스릴과 모험을 추구하는 사람은 아슬아슬한 것, 위험한 것을 다른 사람보다 더 좋아하는 경향이 있으며, 탈억제를 추구하는 사람은 일상적인 규제를 벗어나고 싶어 하는 경향이 있다. 술을 마심으로 써 탈억제를 실현하기도 한다. 또한 무엇이든 직접 경험해 보고 싶어 하는 사람도 자극 추구 성향이 높으며, 조금만 지루해도 금방 따분해하는 사람 도 강한 자극을 선호한다.

두려움이 만들어 내는 스릴을 어떤 사람은 무척 싫어하기도 하지만 또 다른 사람들은 즐거움으로 경험하기도 한다(Berlyne, 1960; Tannenbaum, 1980). 공포 영화를 선호할수록 자극 추구 성향이 높게 나타나며, 또한 자극 추구 성향이 높을수록 공포영화를 더 선호하는 상관 관계를 보인다 (Tamboroni & Stiff, 1987).

공포 영화와는 달리, 액션 영화나 전쟁 영화도 관객들을 자극하는 수 준이 높다. 즉 액션 영화나 전쟁 영화 등도 높은 수준의 각성arousal을 유발 시키기 때문에, 이런 장르는 관객을 최소한 따분하게 만들지는 않으며, 짜 릿하게 하거나 흥분시키거나 손에 땀을 쥐게 만든다. 이와 같은 짜릿함, 박진감, 손에 땀을 쥐게 할 정도의 흥분감 등이 영화에 몰입하게 하는 원동 력이 된다.

미스터리 영화도 결과를 미리 알 수 없다는 점에서 서스펜스가 있다 (Zillmann, 1991b). 특정 결과에 대한 공포나 희망이 아니라, 옳거나 옳지 않은 것이 있고 그 확률이 거의 50 : 50에 가까울 때 최대의 서스펜스가 느껴진 다고 한다. 서스펜스 드라마는 시청자의 '감정'에 작용하는 데 비해, 미스 터리 영화는 '해결 과정'으로 관람객을 초대한다는 데 둘의 차이점이 있다.

## 3) 악녀에게 끌리는 이유

드라마든 영화든, 주인공의 상대역으로 등장하는 악녀가 매력적으로 느껴지는 이유는 현실 속에서 금기시되는 일들을 서슴없이 하기 때문이다. 요즈음은 등장 인물의 성격이 더욱 복잡다단해져서 단순하지는 않지만, 주인공이 대체로 착하고 평면적으로 그려지는 데 비해 악녀는 아름답고 섹시한 이미지로 그려지며, 물불을 가리지 않고 자기 목표를 향해 나아가는 경향이 있다. 규범에 개의치 않고 거리낌없이 행동하는 역할에서 시청자나 관람객은 악녀의 매력을 느낀다. 특히 여성에게 부과되는 전통적인 관습이 엄한 사회일수록 악녀가 더 매력적으로 느껴진다. 현실에서 제약받는 일이 많을수록 허구의 작품 속에서나마 '하고 싶은 대로' '마음 가는 대로' 행동해 보는 것을 대리 체험할 수 있기 때문이다.

악녀는 자기 감정에 솔직하다. 예를 들면, 〈이브의 모든 것〉(2000, MBC)의 김소연, 〈아내의 유혹〉(2009, SBS)의 장서희 등이 전형적인 악녀 역할을 하며, 하고 싶은 일을 모두 다 했다. 원래 악녀를 뜻하는 '팜므 파탈*femme fatale*'은 '치명적인 요부'라는 뜻인데, 오늘날은 그 의미가 확대 변형되어 주로 남성의 관점에서 남성을 유혹하여 파멸에 이르게 하는 여성을 지칭한다(김헌식, 2007, p.54).

'전설의 고향'에서 한이 맺혀 귀신으로 나오는 대상은 거의 모두 힘이 없는 젊은 여자다. 여기서도 마음 졸이며 시청하다가 나중에 공포가 해결되었을 때 위협이 사라져 기쁨을 경험한다. 짜릿한 흥분에서 오는 즐거움, 뒤이어 공포의 원인이 해결되었을 때 오는 안도감과 카타르시스가 이런 종류의 드라마를 보는 데서 오는 즐거움의 핵심이다.

요즘에는 착하고 참기만 하는 주인공에서 벗어나, 할 말은 하는 당찬 주인공이 등장하기도 한다. 드라마 〈너는 내 운명〉(2008, KBS)의 장새벽 역할이나 〈찬란한 유산〉의 고은성 역할도 착하지만 할 말은 다 하는 주인공이었기에 시청자들을 '답답하게' 만들지는 않았다.

2009년 최고의 드라마로 손꼽혔던 〈선덕여왕〉의 '미실'은 악녀이면서도 미워할 수 없는 장점을 지니는 인물로 그려져, 보통의 악녀보다 더 매력적으로 보이기까지 했다. 같은 드라마의 '비담' 역시 착하지 않은 역적이었음에도 '미실'과 마찬가지로 교묘히 일을 꾸미는 모습과는 상반되게 순수한 사랑으로 일편단심 '덕만'을 향해 모든 것을 던지는 면모를 보여 많은 시청자의 사랑을 받았다. 근래에는 주인공과 악역의 역할까지 융합이 일어나는 듯한 양상이다. 주인공을 더욱 빛나게 하는 데서 더 나아가, 오히려 악역이 더 빛을 발하는 기현상까지 일어나고 있다. 이것도 예전의 주인공처럼 "할 말 못하고 '착하게만' 살아서는 제대로 살아남을 수가 없는" 살벌한 생존 경생 사회의 현주소를 보여 주는 시대석 분화 현상의 일무라고 할 수 있다.

근래에는 악녀뿐 아니라 악한 (악하지는 않더라도 최소한 착하지 않은) 남자의 역할도 시청자들의 이목을 끌고 있다. 이는 특별히 '옴므 파탈*homme fatale*'이라고도 하는, 이른바 '까칠한 남자'의 매력이다. 예를 들면, 〈하얀 거탑〉(2007, MBC)의 장준혁이나 〈베토벤 바이러스〉(2008, MBC)의 강건우(일명 강마에) 역할은 (공교롭게도 김명민이라는 동일한 배우가 연기를 했다) 모두 친절하지도 착하지도 않은 (남자) 역할이었지만, 시청자들에게 묘한 매력을 주며 공감을 이끌어 낸 인물이었다. 이는 시청자들의 현실에서 공감을 얻어 낼 수 있었기 때문일 것이다. 또한 젊은 여성층의 인기를 끌었던 〈꽃보다 남자〉의 구준표 역할도 결코 착하고 마음씨 좋은 남자는 아니었지만 많은 여성의 우상이 되었다.

이 세 드라마의 남자 주인공에게는 한 가지 긍정적인 공통점이 있다. 그것은 바로 한 가지에 대한 '열정'이다. 그 일이 〈하얀 거탑〉처럼 최고의 외과 의사가 되는 것이든, 〈베토벤 바이러스〉처럼 최고의 지휘자가 되는 것이든, 아니면 〈꽃보다 남자〉처럼 자기가 좋아하는 여성을 꼭 차지하고 싶어 하는 열정이든 관계없이, 착하지 않은 남성의 역할이 많은 사람들에게 공감과 매력을 주기 위해서는 어떤 한 가지에 대한 '열정'이 필요해 보인다. 옴므 파탈의 열정은 팜므 파탈의 거침없는 규범 파괴와 공통점을 지닌다. 이런 프로그램들이 특히 인기를 끄는 것은 '거침없이' 행동하고 싶은 현 세대 젊은이의 문화 코드를 나타내는 현상 가운데 하나라고도 할 수 있다.

# Chapter 06

# 뉴스와 다큐멘터리의 이해

## | 정보와 사회 비교

뉴스, 다큐멘터리, 시사 토론 프로그램은 무엇보다 '사실'에 기반을 둔 프로그램이기 때문에, 지금까지 논의해 온 드라마나 영화, 정서 토크, 또는 코미디나 공포물 등과 달리 냉정한 상태에서 이성적인 판단을 하며 비판적으로 받아들이는 프로그램이다.

이제 좀 더 쿨한 상태의 정서와 관련되는 프로그램들을 논해 보기로 하자. 뉴스, 다큐멘터리, 시사 토론 프로그램은 무엇보다 '사실'에 기반을 둔 프로그램이기 때문에, 지금까지 논의해 온 드라마나 영화, 정서 토크, 또는 코미디나 공포물 등과 달리 냉정한 상태에서 이성적인 판단을 하며 비판적으로 받아들이게 되는 프로그램이다. 최근에는 사실성 프로그램에도 연출 요소가 많이 개입되어 사실과 허구 간의 경계가 조금씩 모호해지는 경향이 있지만, 상대적으로 사실성이 높은 프로그램들을 이번 장에서 다룰 것이다.

# 1. 사실 전달자 이상의 역할: 뉴스

뉴스는 새로운 소식을 전달하는 창구이다. 그런데 점차 뉴스가 사실 전달 이상의 역할을 하고 있다. 극적인 장면을 연출하려 애쓰는 제작자들이 점점 많아지고 있고, 뉴스도 갈등이 있는 부분을 부각시켜 드라마틱하게 만드는 경향이 있다. 예를 들면, 2001년 9 · 11 테러나 2006년 박근혜 의원 테러 당시 어떤 뉴스 프로그램에서는 유사 장면을 무려 4회 가량 반복해서 보여 주기도 했다. 사건의 중요도를 감안한다 하더라도, 짧은 호흡으로 많은 이야기를 담아 전달하는 뉴스 프로그램의 특성에 비추어 볼 때, 4회 연속 같은 장면을 내보내는 것은 도를 넘은 시도라고 할 수 있다. 방송사 간의 시청률 경쟁도 이러한 경향을 부추기는 데 한몫을 한다. TV 뉴스 의존도가 지나치게 높은 현실에 비추어 볼 때(국정홍보처 2006년 조사 자료 참조), '객관성'을 유지하는 것은 뉴스 프로그램의 가장 중요한 요소일 것이다.

　TV 뉴스뿐만 아니라 신문도 점차 잡지화되어 가는 경향이 있다. '공적' 영역의 '사실'들을 중심으로 보도되던 경향에서 점차 벗어나, '사적' 영역의 '상상' 또는 '가상'들도 신문 기사 안에 상당히 많이 포진해 있다. 이에 더하여, 퍼블리시티*publicity*로 가장한 상업적인 '광고' 목적의 기사들도 많아지고 있다. 신문사는 상업적 이득을 얻을 수 있어서 좋고, 광고 단체들은 이름을 널리 알리며 홍보할 수 있기 때문에, 이러한 공생 관계가 확대되고 있다. 이러한 가운데 시청자나 독자들은 사실과 추론과 상상을 구분하기가 점차 어려워질 수밖에 없다. 어디까지가 객관적 사실이며 어디부터가 기자 또는 논평자들의 주관인지, 그 주관 가운데는 어디까지가 진실인지를 혼동하게 되는 것이다.

## 1) TV 뉴스의 기능과 콘텐츠

TV 뉴스를 시청하는 가상 큰 이유는 세상에서 일어나는 일늘에 대한 정보를 얻기 위해서, 즉 주변에서 무슨 일이 일어나는지를 알기 위해서이다(Gunter, 1991). TV 시청 동기와 프로그램 유형 선호 간의 관계에 대한 연구를 살펴보면(Rubin, 1984), TV를 시청하는 14가지 이유 가운데 정보와 학습 기능이 가장 강력했다. '사람들'과 '사건들'에 대해 알고 싶어 하기 때문이라는 것이다.

그런데 사람들이 주관적으로는 TV 뉴스를 통해 많은 정보를 알게 되었다고 믿지만, 실제로 기억하는 것을 측정해 보면 이해도가 그리 높지 않은 경우가 많다. 예를 들면, TV 날씨 정보는 이해하기 쉽고 가치 있다고 생각하지만 실제로 회상해 내는 정도는 약했고(Wagenaar, 1978), TV 경제 정보도 많은 사람들이 잘 이해하며 도움이 된다고 믿고 있지만 실제로는 시청 인구의 1 / 3만이 잘 이해하고 있었다(Adoni & Cohen, 1978).

뉴스 콘텐츠와 관련하여 입증된 사실들을 정리해 보면 다음과 같다. 첫째, 미디어 뉴스는 정보원 이용에서 사회적 '고위층'과 공식적 견해를 과다하게 제시한다. 둘째, 뉴스의 관심사는 정치적, 사회적 엘리트에 집중된다. 셋째, 가장 강조되는 사회적 가치는 현상 유지를 위해 지지되고 합의된 것이다. 넷째, 해외 뉴스는 물리적으로 가깝고, 부유하고, 힘 있는 나라에 집중된다. 다섯째, 뉴스는 주제나 의견을 선택할 때, 세계관을 가정하거나 묘사할 때 민족주의적(애국적)이고 자민족 중심적인 편향성을 가진다. 여섯째, 뉴스는 여성보다는 남성에 더 많은 관심을 보인다. 일곱째, 소수 인종이나 이민 집단들은 주변화되고, 차별적으로 스테레오타입화되며, 부정적으로 묘사된다. 여덟째, 범죄에 관한 뉴스는 폭력적이고 개인적인 범죄를 과도하게 제시하는 반면 사회의 많은 위험 요소를 간과한다. 아홉째, 건강에 관한 뉴스는 최악의 의학적 조건들과 예방보다는 새로운 치료에 대부분 관심을 갖는다. 열 번째, 기업 경영자나 사용자가 노동 조합이나 노동자보다 더 특혜를 받는다. 그리고 끝으로, 가난한 사람과 사회 복지 수혜자들은 무시되거나 부정적으로 묘사되는 경우가 많다(맥퀘일, 2007, p.429). 뉴스뿐만 아니라 픽션과 드라마에서도 뉴스에서 혜택 받는 집단들에 관심과 존경을 보이는 경향이 있으며, 소수 집단이나 소외 집단이 뉴스에서와 마찬가지로 스테레오타입화되고 부정적으로 묘사되는 경향이 있다.

## 2) 뉴스의 유형과 속성 및 선택

뉴스 선택 요인들을 살펴보면(맥퀘일, 2007, p.381), 대개 사건과 관련된 개인의 권력과 명성이 있는 경우 선택될 확률이 높으며, 기자들의 대인 접촉, 사건의 장소, 권력이 있는 장소와 관련이 깊다. 그리고 예측성과 일상성이 있을수록, 수용자와의 근접성이 있을수록, 최근성과 시의성이 있을수록 뉴스로 선택될 확률이 높다. 또한 뉴스 주기와 관련된 타이밍도 중요하고, 독점성exclusivity 여부도 선택의 요인이 된다.

## (1) 시간 및 생산 범위와 뉴스의 유형

뉴스의 유형을 다섯 가지로 나누면 경성 뉴스, 연성 뉴스, 토막 뉴스, 새로 전개되는 뉴스, 진행 중인 뉴스로 구분할 수 있다. 이 유형들 각각에서 다시 시간 영역을 세 가지로(미리 예정된, 예상치 않은, 스케줄과 상관없는) 구분하면, 뉴스의 유형들에 대한 윤곽이 잡힌다(Tuchman, 1978; 맥퀘일, 2007, p.378에서 간접 인용). 뉴스의 유형도 아주 다양하게 나타날 수 있음을 알 수 있다.

표 6-1은 생산 범위와 미디어 자율성이 제한적인지 포괄적인지, 그리고 사회에 의한 접근 감독이 총체적으로 일어나는지 그렇지 않은지에 따라 뉴스 및 그와 유사한 프로그램의 유형들을 구분해 놓은 표이다. 생산 범위가 포괄적이고 자율성이 높을수록 상상적 창작 기능을 많이 하며 사회 통제가 없는 일반 TV 드라마와 같은 프로그램이 된다. 이것이 조금씩 현실화될수록 사회에서 조언을 받게 되며, 현실적 사회 드라마 형식을 띤다.

다큐멘터리와 뉴스는 드라마보다 생산 범위가 제한적인데, 선택과 편집 기능이 가미되어 다시 만들어진 것이 다큐멘터리, 선택과 표현 기능이 가미되어 걸러진 것이 뉴스이다. 또한 편의를 제공하기 위해 제한적으로 선택된 생산 프로그램의 사례로는 교육 프로그램을 들 수 있다. 뉴스에는 그만큼 창의성이 개입될 여지가 적지만, 현실 속에서 발생하는 많은 사건들 중에 무엇을 '선택'하고 무엇을 선택하지 않느냐에 따라, 그리고 그렇게 선택한 것을 어떻게 다시 걸러 내고 표현하느냐에 따라 시청자들이 사실이라고 믿는 세상의 일들이 완전히 달라질 수 있다.

표 6-1. 생산 범위와 사회에 의한 접근 감독에 따른 유형

| 생산 범위/<br>미디어<br>자율성 | 생산 기능 | 사회에 의한<br>접근 감독 | 사회에 대한 접근 유형 | 텔레비전 사례 |
|---|---|---|---|---|
| 제한적 | 1. 기술적 편의 제공 | 총체적 | 1. 직접적 | 일부 방송 |
| | 2. 편의 제공과 선택 | | 2. 수정되어 직접적 | 교육 |
| | 3. 선택과 표현 | | 3. 걸러진 | 뉴스 |
| | 4. 선택과 편집 | | 4. 다시 만들어진 | 다큐멘터리 |
| | 5. 현실화와 창작 | | 5. 조언적 | 현실적 사회 드라마 |
| 포괄적 | 6. 상상적 창작 | 없음 | 6. 사회 통제 없음 | 일반 TV 드라마 |

(맥퀘일, 2007, p.383)

다양한 유형의 뉴스가 있지만, 어떤 뉴스든 뉴스이기 때문에 지니는 공통적인 특성들이 있다(맥퀘일, 2007, p.450). 첫째 시의성timeliness과 최신성, 둘째 의외성, 즉 특이함과 신기함novelty, 셋째 유형의 예측 가능성, 넷째 단편성, 다섯째 사라져 버리기 쉽다는 특성, 여섯째 사전 경고의 역할, 일곱째 가치에 의해 형성되며 관련성relevance이 있어야 한다는 것, 여덟째 흥미로움, 끝으로 사실성이 뉴스의 특성이라고 할 수 있다.

## (2) 부정적 뉴스와 심각한 뉴스

슈메이커(Shoemaker, 1996)는 사람들이 뉴스를 이용하여 환경 속의 '위험'을 감독한다고 주장한다. 뉴스에 어떤 사건이 나오면 실제 생활 속에서 그와 유사한 피해를 당하지 않도록 조심하게 하는 역할을 한다. 흔히 비극적인 사건 이후에 신문 판매량이 증가하는 것이 부정적 뉴스의 매력을 이야기해 준다.

근래에는 무거운 정치 뉴스 대신 가벼운 인간사에 대한 뉴스가 많이 등장한다. 그 이유를 수준 저하 또는 속물근성 때문이라고 보는 사람들도 있지만, 일반적인 정보의 증가 때문이라는 이야기도 설득력이 있다. 일상에 근접한 사소한 뉴스들이 독자나 시청자의 흥미를 더 끌기 때문에, 서서히 진짜 뉴스의 영역을 파고들기 시작했다고 볼 수 있다.

진지한 뉴스와 잡담을 분리하기가 어려운 것은 사실이다. 예를 들면, 클린턴 전 미국 대통령과 모니카 르윈스키의 관계에 대한 보도는 과연 진지한 정치 뉴스인가, 아니면 가십 또는 잡담인가? 코너(Corner, 2000)는 주요 정치인들을 다루는 것은 그들의 정치적 활동이나 경력을 언급할 경우 제도적 영역을 다룬다고 볼 수 있고, 그들의 가정생활을 언급할 경우 개인적 영역을 다룬다고 볼 수 있으며, 이들의 공적 역할과 대중과의 관계를 언급한다면 공적/대중적 영역을 다루는 것이라고 할 수 있다고 보았다. 중요한 정치인을 다루는 뉴스, 특히 선거 기간의 뉴스에는 이 세 영역 모두가 동시에 작용하기도 한다. 이러한 경우의 뉴스는 실제 뉴스 가치를 지니면서도 대중의 관심을 끄는 일상사의 이야기까지 담게 되는 것이다.

뉴스가 위기 관리를 하기 위해 필요한 몇 가지 조건들이 있다(맥퀘일, 2007, p.447). 우선, '접근성'이 있어야 한다. 이 접근성이란 정보의 접근성, 위기 발생지의 접근성 등과 같이, 쉽게 다가갈 수 있어야 한다는 것이다. 또한, '영상의 질'이 보장되어야 한다. 필름의 질, 비디오테이프의 질 등이 보장되어야 실상을 그대로 잘 전달할 수 있기 때문이다. 또한 뉴스를 시청하거나 청취하는 수용자들과 '관련성'이 있어야 한다. 전혀 관련성이 없는 주제는 아무리 새롭고 중요한 주제라 하더라도 수용자로부터 외면당하게 된다. 끝으로, 어느 정도 주제의 통일성이 있어야 한다. 일관성이나 통일성이 없는 경우, 뉴스 전체의 이해도와 신뢰도에 악영향을 줄 수 있기 때문이다.

## (3) 뉴스 틀짓기

뉴스 틀짓기*framing*에 관한 연구들이 한동안 인기를 끌어 왔던 이유는 사람들이 받아들이는 정보가 뉴스이든 다른 내용이든 입력되는 '정보'를 처리할 때 어떤 '틀*frame*' 속에서 처리하느냐에 따라 그 효과가 확연히 달라지기 때문이다. 브랜스포드와 존슨(Bransford & Johnson, 1972)은 어떤 그림과 관련된 문장을 읽어 주는 실험을 하였다. 그 문장을 소리로만 들었던 사람들보다 그림까지 볼 수 있었던 사람들이 더 많은 것을 기억해 냈다. 그 이유는 그림을 보는 것이 전체 맥락의 이해를 돕는 틀, 즉 프레임을 제공했기 때문이다.

뉴스를 만드는 사람들이 사건의 특정 부분을 강조하여 제시하는 방식은 이를 수용하는 사람들의 참조틀*frame of reference* 역할을 한다. 엔트맨(Entman, 1991)은 1983년의 대한항공 여객기 피폭 사건과 1988년의 이란항공 여객기 피폭 사건을 〈타임*Time*〉, 〈뉴스위크*Newsweek*〉, 〈뉴욕 타임스*The New York Times*〉, 〈워싱턴 타임스*Washington Times*〉, 그리고 CBS 저녁 뉴스가 어떻게 달리 보도했는가를 분석하였다. 프레임을 분석할 때 다음 네 가지를 고려하였다.

- 행위 주체 *agency*: 사건에 대한 책임이 누구에게 있는가?
- 동일시 *identification*: 독자나 시청자들이 누구와 동일시하도록 뉴스를 만들었나?
- 분류 *categorization*: 매체들이 사건을 '고의적인' 사건으로 보았는가, 아니면 '실수'로 보았는가?
- 일반화 *generalization*: 누가 비난을 받아야 하는가? 개인인가, 아니면 국가인가?

우선 행위 주체의 측면에서 살펴보면, 대한항공 사건의 제목은 "Murder in the air" 또는 "Shooting to kill"이었던 반면, 이란항공 사건은 "Why it happens"였다. 여기서 알 수 있는 점은 전자의 경우 한 공산주의 국가가 주체가 된 고의적 파괴 행위로 틀지어진 것이고, 후자의 경우 비난받을 뚜렷한 주체가 없이 아쉬운 실수라는 측면을 강조한 틀짓기라는 것이다.

동일시 측면에서도 대한항공 사건의 경우는 폭파 사진과 희생자들의 이름을 많이 보도하였고, 이란항공 사건은 이런 것들을 많이 보도하지 않았다. 그 대신 실수가 일어나게 된 기술적 원인을 대량 보도하였다. 분류 측면에서 보아도 대한항공 사건은 '고의적인' 사건으로, 이란항공 사건은 '실수'로 취급한 것이다. 그리하여 대한항공 사건은 소비에트 정부가 비난을 받는 쪽으로 일반화된 반면, 이란항공 사건은 실수를 한 개인이나 미국 해군 내에 한정되었다.

## (4) 뉴스의 선택

여러 방식으로 틀지어진 다양한 유형의 뉴스 중에서 수용자들은 과연 어떤 기준으로 뉴스를 선택할 것인가? 이에 대한 단순하면서도 명쾌한 기준은 '정보 유용성informational utility 모델'에서 찾아볼 수 있다. 이 모델은 뉴스 메시지 이외의 메시지 선택 과정에도 적용될 수 있지만, 뉴스 메시지 선택에 특히 잘 적용된다고 여겨져 그림 6-1에 옮겨 놓았다.

그림 6-1에서 알 수 있듯이, 우리가 메시지를 선택할 것인가 말 것인가를 결정하는 것은 정보의 유용성이며, 정보의 유용성을 결정하는 것은 위협과 기회가 얼마나 크게 지각되는지, 그러한 위협과 기회가 현실화될 가능성은 어느 정도인지, 그것이 현실화된다면 얼마나 즉각적으로 될 수

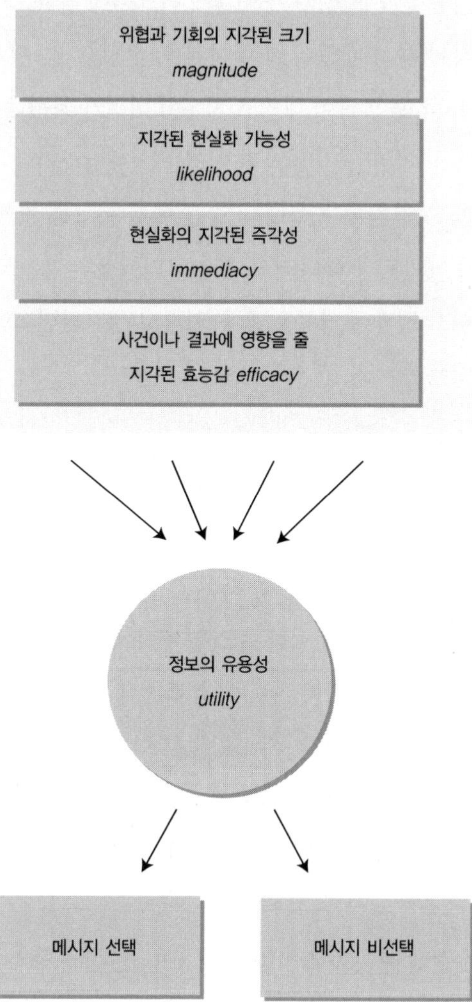


(Knobloch-Westerwick et al., 2005; Hastall, 2009, p.158)

그림 6-1. 정보 유용성 모델

있는지, 그리고 그러한 사건이나 결과에 실제로 영향을 줄 수 있을지에 대한 지각이다. 즉 어떤 큰 위협(부정적 정보)이나 기회(긍정적 정보)가 즉각적으로 현실화될 가능성이 크고, 내가 어떻게 하느냐에 따라 그 결과가 달라질 수 있다고 생각될 때, 사람들은 그 메시지를 선택한다는 것이다.

예를 들어, 곧 눈이 많이 내리고 기온이 내려가 불편해질 가능성이 크다고 생각되고, 미리 알고 대처하면 어려움을 예방하거나 극복할 수 있으리라 여겨지면, 사람들은 뉴스에서 일기 예보 정보를 찾게 된다. 그러나 어떤 신도시가 개발된다 하더라도 그것이 먼 훗날의 일이라거나, 내가 어떻게 한다고 해서 결과에 영향을 줄 수 없다고 생각되면, 그 메시지를 굳이 찾으려 하지 않는다.


## 3) 뉴스의 효과


### (1) 시청자의 개인차 영향

유사한 선택 과정에 의해 동일한 뉴스를 접하게 되더라도, 뉴스의 효과는 사람들에 따라 달리 나타난다. 인구학적 특성에 따라 시사 문제에 대한 일반적인 지식 수준이 다르고, 이에 따라 뉴스의 이해 정도도 달리 나타난다 (Gunter, 1991). 지식 격차 가설 *knowledge-gap hypothesis*에 따르면, 미디어를 통해 학습하는 정도는 개인의 교육 수준에 따라 달리 나타난다 (Tichenor, Donohue, & Olien, 1970).

지적인 수준에 따른 뉴스 이해도의 차이 이외에, 동기 변인도 뉴스 이해에 영향을 준다. 미디어에서 적극적으로 정보를 찾는 사람들이 기타 오락과 같은 다른 목적으로 미디어에 접근하는 사람보다 더 많이 알게 된다. 갠츠(Gantz, 1979)는 500명 이상의 시청자를 전화 인터뷰하여, 인터뷰 직전에

방송된 뉴스를 왜 보게 되었는지, 그 뉴스를 얼마나 기억하고 있는지 물었다. 응답자의 시청 동기를 네 범주, 즉 '정보 추구자, 오락-분산 추구자, 정보와 오락 추구자, 그리고 일상적인 시청자' 범주로 구분하였다. 연구결과, 뉴스 회상 정도는 정보 추구 및 오락 추구 동기와 모두 유의미한 상관 관계를 보였으나, 정보 추구자가 오락 추구자보다 뉴스 내용을 약간 더 많이 기억해 내는 경향이 있었다. 뉴스에서 정보와 오락을 모두 추구하는 사람들이 가장 적게 회상하여, 동기가 뚜렷한 사람들이 내용을 더 잘 기억해 낸다는 사실이 밝혀졌다.

그러나 위 연구의 한계는 많은 시청자들이 특별한 동기 없이 뉴스를 시청한다는 사실이다. 뉴먼(Neuman, 1976)은 정보를 얻기 위해 뉴스를 시청하는 응답자들이 오락을 위해 시청하는 응답자들보다 내용을 더 잘 기억한다는 결과를 얻었지만, 이 두 범주를 합해도 전체의 1 / 3밖에 되지 않았다. 즉 대부분의 사람들은 특별한 이유 없이 그냥 우연히 뉴스를 보는 것이다.

### (2) 뉴스의 구조, 스토리, 내러티브의 영향

사건들이 짧고 극적일 때, 명확한 해석이 가능할 때, 시청자에게 의미가 있으며 친숙할 때, 시청자와 관련성이 높을 때, 발생 가능하다고 기대될 때, 또는 아주 예기치 못한 사건일 때 뉴스에 보도될 가능성이 높다(Galtung & Ruge, 1965). 엘리트에 속하는 국가나 사람들, 더 개인적인 일일 때, 그리고 결과가 더 부정적일 때 뉴스거리가 될 확률이 높다(Gunter, 1991). 이처럼 뉴스 가치를 지니는 특성들이 많을수록 스토리 안에서 시청자들의 관심을 더 많이 끌게 된다(Sparkes & Winter, 1980). 자기와 동일시하거나 회상이 잘 되거나 이해가 잘 되는 스토리일 때도 마찬가지다.

아이들을 대상으로 한 실험 연구에서는 극적이거나 감정을 불러일으키는 소재를 특히 영상 자료와 함께 제시했을 때 더 잘 회상한다는 결과를 얻었다(Cohen, Wigand, & Harrison, 1976). 그러나 회상에 도움을 주었을 때에는 소재에 따른 회상 차이가 줄어들었다.

스토리 구성은 대개 역피라미드형inverted pyramid으로 이루어지는 경우가 많다. 이 방법은 신문 저널리스트가 개발했으나 TV 저널리스트들도 채택하고 있다. 여기서는 앞부분에 주의 집중을 끌어들일 수 있는 사실을 제시하고, 그다음에 두 번째 사실, 그리고 나중에 피라미드의 기반이 되는 배경 정보를 제시한다(Gunter, 1991). 최근에는 이러한 형식들이 다양하게 변형되고 있다.


## (3) 언어적, 비언어적 정보가 기억과 판단에 미치는 영향

TV에 나오는 허구의 사건들도 자꾸 시청하다 보면 실제 세계의 사건이나 사람들에 대한 시청자의 인식에 영향을 준다(O'Guinn & Shrum 등, 1997). 그 이유는 사람들이 TV에 자주 나오는 상황들이 흔히 일어나는 규범적인 상황들이라고 간주하기 때문이다. 즉 비록 허구의 사건이라 하더라도 TV에 자주 언급되면 '흔히 일어나는 일'이라는 인상을 준다.

특히 미디어가 보여 주는 폭력물에 자주 노출되면, 실제 세계에서 공격성에 대한 내성이 더 증가해, 웬만한 폭력 정도는 처벌을 약하게 해도 정의로운 사회에 크게 위반되지 않는다고 생각하게 된다(Wyer & Adaval, 2004). 이와 관련하여 와이어 등(Wyer, Bodenhausen, & Gorman, 1985)은 사전에 공격성과 연관된 개념들이 머릿속에 활성화되어 있을 때 접한 강간 뉴스에 대한 반응이 어떻게 달라지는지를 살펴보았다. 실험 집단 중 한 집단에게는 비교적 흔히 일어나는, 사회적으로 용인된 공격적 행위들(예: 경찰이 범인을 진압하는 장면, 권투 시합 장면 등)을 보여 주었고, 또 한 집단에는 부정적인 결과를 가

저올 수 있는 공격 장면(예: 교수형 장면이나 머리에 총을 맞고 죽어 있는 병사의 모습 등)을 보여 주었다. 그리고 통제 집단에는 불쾌하기는 하지만 공격성과는 연관이 없는 장면(예: 기형아의 모습이나 담배 광고 등)을 보여 주었다.

이 연구의 결과, 사회적으로 용인된 공격 장면을 본 다음에 강간 뉴스를 접했을 때는 강간범의 책임에 대한 지각에 큰 차이를 가져오지 않았다. 그러나 공격의 부정적인 결과가 심하게 나타난 장면을 본 다음에 강간 뉴스를 접했을 때는 통제 집단에 비해 강간범의 책임이 크다고 지각하였다. 이런 결과는 강간범이 면식범이든 아니든 동일하게 나타났다. 또한 공격성이 아주 부정적인 결과를 가져오는 장면을 본 경우, 사람들은 이 세상이 정의롭다는 생각에 위협을 느끼는 것으로 나타났다.

대개 긍정적인 사건보다 부정적인 사건이 뉴스화되는 경우가 많아, 뉴스를 많이 접하는 사람이 세상을 더 부정적으로 보게 될 가능성도 있다. 세상이 어떻게 돌아가고 있는지를 궁금해하기 때문에 뉴스를 찾는데, 뉴스는 세상에서 발생하는 '모든' 일을 보여 주는 것이 아니라 선택된 몇몇 사건들을 보여 주는 것이고, 일반적으로 발생하는 긍정적인 사건들은 대개 평범하다고 생각되어 뉴스화되지 않기 때문에, 뉴스가 전달하는 부정적이고 강한 사건들이 흔히 주변에서 일어나고 있다고 착각하게 되어, 지나친 방어 의식을 지니게 된다.

이러한 현상은 '배양cultivation 이론'으로 잘 알려져 있는 거브너 등(Gerbner & Gros., 1976)의 연구에서 밝혀진 바 있다. TV를 많이 시청하는 사람들이 그렇지 않은 사람들보다 자기가 범죄에 희생될 가능성이 더 크다고 생각하게 되어, 현실 세계보다 TV 세계에 더 가까운 신념을 갖게 된다는 것이다. 이용하는 미디어가 TV든 인터넷이든 관계없이, 자신이 많이 접하는 세계가 진짜 세계라고 믿게 된다.

한국에서도 뉴스 진행자의 비언어적 단서가 뉴스 수용에 어떤 영향을 주는지를 조사한 연구가 진행되었다(김혜성, 2008). 연구 결과, 사전 지식과 관심이 요구되는 뉴스에서는 고관여 수용자의 경우 정장을 착용하고 보도하는 뉴스가 메시지 기억, 진행자의 공신력 및 수용자의 정서적 반응에 더 큰 영향을 미쳤다. 반면에 저관여 수용자의 경우는 화려한 복장과 액세서리를 착용한 상태의 보도가 이런 요인들에 더 큰 영향을 주었다. 또한 뉴스에 대한 신뢰에는 뉴스 종류와 무관하게 정장을 착용하고 전달했을 때 더 긍정적인 효과를 가져왔다.

사실적인 뉴스든 픽션을 다루는 드라마든, 그것이 사람에게 전달될 때에는 언어적 측면과 비언어적 측면이 하나의 '묶음*package*'으로 전달된다. 비록 핵심적인 내용은 언어적인 요소에 담겨 있다 하더라도, 사람들은 다섯 감각 모두를 통해 그 커뮤니케이션을 전체적으로 받아들이기 때문에, 비언어적 요소가 생각보다 큰 영향을 발휘한다. 더욱이 영상 세대의 수용자에게는 그 영향이 훨씬 더 크게 나타날 수 있다. '착각'을 유도하지 않는 범위 내에서 뉴스 전달자들도 그 '내용'이 온전히 잘 전달될 수 있도록 주의를 기울여야 할 것이다.


## 2. 뉴스의 객관성과 뉴스 연성화

### 1) 뉴스의 객관성과 영상의 힘

사람들은 대체로 뉴스가 현실을 객관적으로 반영해야 한다고 믿고 있다. 그런데 과연 신문이나 TV의 뉴스가 얼마나 객관적인지에 대해서는 의심의 여지가 있다. 뉴스 객관성에 대한 의심은 1930년대 미국에서 전시에 라디오를 통한 선전이 이루어질 때 생겼다. 사실을 의견이나 가치와 분리하기가 어렵고, 주관성을 배제하기가 어려웠던 것이다. 그때부터 '객관성'보다 좀 더 명확하고 구체적인 '공평성,' '균형성' 등과 같은 개념들이 사용되어 왔다.

그러나 TV 뉴스의 시각 이미지는 대중들에게 여전히 객관적 사실이라는 증거 역할을 지속적으로 해왔다. 사람들은 TV를 통해 보여지는 것을 자기가 실제로 '보았다'고 믿는 경향이 있다. 편집된 영상임에도 불구하고 자기가 본 것은 사실이며 객관적이라고 믿는다는 것이다. 그러다가 점차 시각적 이미지도 연출될 수 있으므로 항상, 그리고 반드시 '사실'인 것은 아니라는 생각을 이제 보통 시청자들도 할 수 있게 되었다. 예전에는 신문이나 TV의 뉴스에 나왔다고 하면 당연히 사실인 것으로 받아들였지만, 이제는 무엇이 사실이고 사실이 아닌지를 '걸러 내는' 지혜가 필요하다는 것을 알게 된 것이다.

김수정(2003)은 한국과 미국의 환경 뉴스를 분석하여, 객관성을 확보하기 위해 두 문화가 상이한 영상화 전략을 사용하고 있다고 결론을 내렸다. 영상 이미지를 사용하는 방법은 문화에 따라 다르다. 구체적으로, 미국에서는 인위적인 카메라 작업을 최소화하여 조작의 인상을 줄이는 반면, 한국에서는 카메라 움직임이 많은 경향이 있다(김수정, 2003). 또한, 미국에서는 영상이 언어적 코멘트를 시각적으로 재생하는 것이 아니라 영상과 언어 사이에 약간의 거리를 둠으로써 객관성을 확보하려 한다. 반면에 한국에서는 기자나 내레이터가 말하는 내용을 시각적으로 최대한 재생해 내려는 경향이 있다. 이는 시청자들이 직접 목격하는 것과 같은 효과를 주려는 의도로 보인다.

TV 뉴스에서 특히 시각의 중요성은 크다. '읽는' 뉴스에서는 읽은 내용을 머릿속으로 '상상'하며 읽기 때문에 "실제로는 그렇지 않을 수도 있다"거나 "왜곡된 정보일 수 있다"는 가능성을 비교적 쉽게 열어놓지만, '보는' 뉴스에서는 "현실의 착각*illusion of reality*"이 실제 세계와 유사하게 발생하여(Bogart, 1980 참조), 사실이 아닌 내용이라 하더라도 '우리의 눈과 귀로 직접 보고 듣는다'는 느낌에서 생기는 현실감을 떨쳐버리기가 어렵다.

마찬가지로, 인터넷 뉴스도 모든 것이 사실이라고 보기 어렵다. 예전에는 지구상에서 일어나는 사건들 중 '기자들'이 뉴스 가치가 있다고 판단한 사건들만 조명을 받았었다면, 요즈음은 개인화된 디지털 테크놀로지의 힘을 입은 '레이 저널리즘*lay journalism*' 덕분에 누구나 기자가 될 수 있어 '어떤 이야기든' 기사가 될 수 있다. 그런데 이 과정에서 자칫 누군가 '거짓' 기사를 올리고자 한다면, 그것도 '생생한 사실처럼 보이는' 이미지와 함께 인터넷 뉴스 기사를 올린다면, 사람들은 뉴스를 통해 사실을 얻는 것이 아니라 사실 판단을 더욱 흐릴 수 있다.

인터넷 뉴스에 올라온 '영상'마저도 그것이 편집된 것인지 사실인지를 구분하기 어려운 경우가 있다. 심지어 편집되지는 않았다 하더라도 '자작극'으로 꾸민 일을 영상으로 담았는지 여부도 구분하기 어렵다. 예를 들면, 지난 2009년 12월 13일, 밀라노 친정부 집회에 연설자로 참석한 실비오 베를루스코니 이탈리아 총리가 테러를 당했다는 뉴스와 함께 그 직후의 모습이 찍힌 사진이 게시되었다. 테러 후 (체포된 범인의 사진이 있음에도 불구하고) 총리의 얼굴에는 피가 묻어 있으나 흰 와이셔츠에는 피가 전혀 묻어 있지 않다는 점 등으로, 이 사건이 자작극이라는 메시지가 떠돌아다녔다.

정치와 뉴스는 특히 뗄 수 없는 관계에 있다. 이 때문에 바람직하지는 않지만 뉴스를 '이용'하는 정치인도 충분히 있을 수 있다. 이 과정에서 연출된 이미지와 실제 영상을 구분하는 것은 고스란히 시청자의 몫으로 남는다. 영리해진 미디어를 활용하는 더 영리한 사람이 있다면, 그렇게 활용된 미디어에 속아 이용당하지 않는 더욱 더 영리한 수용자의 자세가 필요하다.

## 2) 뉴스 연성화와 한국의 뉴스 시청자 유형

뉴스가 점차 연성화되고 있다는 논의가 많다. 뉴스가 연성화되는 것은 정보 제공을 주목적으로 하는 뉴스일지라도 '인간적 흥미'가 있어야 더 많은 관심을 유발할 수 있기 때문이다. 전체적으로 사회 주변에서 어떤 일들이 일어나고 있는지에 관심을 두기는 하지만, '나'와 관련이 없는 뉴스에는 당연히 시선이 덜 가게 되는 것이다. 뉴스에 인간적 흥미가 있어야 관심을 받는다는 내용(맥퀘일, 2007, p.451)은 이 책의 1장에서 언급했듯이 나와 관련되어 있어야 정서가 경험된다는 정서의 일반론과도 연결이 된다. 정서를 경험하려면 '나'와 관련이 있어야 한다. 미디어가 제공하는 뉴스 콘텐츠에서 인지적 학습도 가능하지만 정서의 경험도 무시할 수 없다. 이 과정에서 나와의 관련성이 큰 내용일수록 더 강한 정서를 유발하며, 더 깊은 관심을 보이게 된다.

뉴스 연성화의 기반에는 미디어의 디지털화로 인한 상호 작용성의 증가도 큰 몫을 차지한다. 누구나 뉴스를 만들어 올릴 수 있고 즉각적으로 소비하며 반응할 수 있기 때문에, 가벼운 일상 생활의 뉴스가 블로거들을 통해 순식간에 퍼지는 것이 가능하다. 또한 포털 뉴스가 TV 뉴스 이상으로 큰 영향력을 발휘하고 있는 인터넷 시대에, 포털 사이트는 뉴스 연성화에서도 중심적인 역할을 하고 있다. 한 연구에서는 포털 저널리즘의 하이퍼링크 기능을 분석하여, 경성 뉴스보다 연성 뉴스에서 하이퍼링크가 더욱 활성화되어 있다는 결론을 얻었다(박광순·안종묵, 2006). 이는 포털 미디어가 전체적으로 연성화된 뉴스를 많이 내보내고 있다는 증거이다. 포털 사이트 프런트 페이지에 주로 수용자들이 쉽게 이해할 수 있는 소제목을 넣음으로써, 포털 뉴스의 연성화를 가속화시키고 있다.

형식 파괴 뉴스 프로그램이라 할 수 있는 YTN의 〈돌발영상〉을 분석한 연구의 결과에 따르면(우형진, 2006), 이 프로그램은 한국의 정치 가운데 입법부, 인물, 말실수와 행동 중심의 에피소드에 집중하는 경향이 있는 것으로 나타났다. 또한 인물과 관련해서는 '인간적 흥미' 프레임을 사용하였고, 정책과 관련해서는 '책임' 프레임을 많이 사용하였다. 이 프로그램의 희화적 접근에 사용한 방식은 '비교, 위선, 말의 묘미, 폭로, 비유, 실수, 어리석음, 몸짓 언어'로 나타났다. 이러한 형식 파괴 뉴스 프로그램의 장점은 '정치적 상상력'과 진밀감을 증가시켰다는 것이며, 단점은 흥미 위수나 냉소주의에 의존하는 경향을 보인다는 점이다. 이러한 형식 파괴 뉴스도 뉴스 연성화의 한 갈래라고 할 수 있다.

연성화 시대의 뉴스를 소비하는 한국의 뉴스 시청자들은 어떻게 분포되어 있을까? 한 연구에서 국내 주요 5개 방송사의 뉴스 콘텐츠 채널을 선택하는 시청자들의 유형 분류를 시도하였다(김승환, 2007). 그 결과, 한국의 뉴스 시청자 유형은 수동적 채널 선택자(26.8%), 간추린 뉴스 선호자(38.7%), 적극적 시청자(27.3%), 주변 요소 관심자(7.1%)로 나뉘었다.

수동적 채널 선택자들은 뉴스와 정보에 별로 관심이 없는 사람들로서, 뉴스의 중립성이나 앵커의 공신력 등에 그다지 관심을 두지 않는다. 간추린 뉴스 선호자들은 바쁜 생활 때문에 틈나는 대로 뉴스를 시청하는 부류이다. 적극적 시청자들은 뉴스에 관심이 많고 자기 나름의 관점으로 뉴스를 해석, 평가하는 유형으로, 균형 감각이 있는 뉴스를 좋아한다. 끝으로, 주변 요소 관심자들은 뉴스 내용 자체보다 기자나 앵커의 캐릭터 등에 관심을 더 두는 시청자들이다(pp.101~102). 방송사 뉴스가 아닌 인터넷 뉴스 소비자의 유형을 분석한다면, 주변 요소 관심자의 비율이 조금 더 높아질 것이라 예측할 수 있다.

각 시청자 유형들이 어떤 방송사에 상대적으로 더 많이 분포되어 있는지를 살펴보면(김승환, 2007), 수동적 채널 선택자들과 간추린 뉴스 선호자들은 MBC와 KBS1, 그 뒤를 이어 SBS와 YTN 순으로 많은 비율을 차지한다. 반면, 적극적 시청자들의 분포는 KBS1(40.2%)이 MBC(31.8%)보다 더 많으며, SBS(12.1%)와 YTN(11.2%)이 그다음을 차지했다. 또한 주변 요소 관심자들은 전체적으로 소수였지만 상대적으로 MBC(39.3%)와 SBS(32.1%)가 KBS1(17.9%)이나 YTN(7.1%)보다 비율이 더 높았다.


# 3. 다큐멘터리

## 1) 시사 다큐멘터리와 휴먼 다큐멘터리

다큐멘터리는 사실적 내용에 바탕을 두고 재구성한 프로그램이다. 최근에 다양한 주제를 다양한 방식으로 접근함으로써 예전의 따분함을 벗어던져 점차 인기를 얻어 가고 있다. 정보성 다큐멘터리, 폭로성 다큐멘터리, 휴먼 다큐멘터리 등, 현실 속의 주제가 다양한 만큼 다큐멘터리의 종류도 끝없이 다양해질 수 있다. KBS의 〈인간극장〉은 대표적인 휴먼 다큐멘터리의 예이며, MBC의 〈시사매거진 2580〉은 대표적인 시사 다큐멘터리의 예이다.

휴먼 다큐멘터리에서는 다른 사람의 삶을 엿보며 자신의 삶을 반추해 볼 수 있어 인간적인 감동과 함께 어느 정도 정보를 제공한다. 휴먼 다큐멘터리 프로그램에서 얻는 감정은 4장에서 논의한 정서 토크 프로그램에서 얻는 감정과 유사한 부분이 있다. 사람들이 미디어를 통해 얻는 정서는 '간접 경험'을 통한 정서라고 할 수 있는데, 이것은 전자 미디어가 발달하기 이전에 인쇄 미디어인 책을 읽으며 느꼈던 간접 경험과도 유사하다.

책 중에서도 특히 자기 자신이 직접 경험하여 성취한 일을 적어 놓은 것이 휴먼 다큐멘터리나 정서 토크에 해당한다고 할 수 있고, 허구의 이야기를 그럴듯하게 구성한 소설은 일종의 드라마나 영화에 해당한다고 할 수 있을 것이다. 사람들이 '읽고' 경험하든 '시청 또는 관람하고' 경험하든, 결과적으로 유사한 감정이나 정서를 경험할 수 있다는 의미이다. 어떤 형태이든 사람들에게 '감동'을 줄 수 있을 때 오래 기억되는 프로그램으로 남는다.

다큐멘터리 제작에서의 세 가지 사슬을 살펴보면, 첫째 시리즈에 대한 프로그램 아이디어들을 모으는 '주제' 사슬, 둘째 제작자, 감독, 연구자를 지인 및 정보원들과 연결시키는 '접촉' 사슬, 셋째 시간대와 예산 현실이 효과적 표현을 위한 아이디어와 연결되는 '표현' 사슬이다(Elliott, 1972; 맥퀘일, 2007, p.392에서 간접 인용).

TV 시사 다큐멘터리 프로그램 제작 과정이 인터넷의 등장으로 변화한 부분이 있다. 이는 김경희와 정희선(2003)이 시사 다큐 프로그램의 제작진을 대상으로 한 심층 인터뷰 연구에서 밝혀졌다. 즉 제작 전에는 '인터넷을 통한 사전 검증 과정'이 등장했으며, '섭외 방식'도 변화했다. 이러한 변화로 인해 주제나 소재가 주로 네티즌의 관심을 중심으로 편중되는 경향이 생겼고, '인터넷 여론의 등장으로 인한 취재 방향 설정 과정의 변화'

도 생겼으며, '취재 결과에 대한 사실 확인'도 강화되었다. 뿐만 아니라, 인 터넷 등장 이전에는 없던 '제작 후 단계'가 상당한 비중을 갖게 되었다.

다큐멘터리를 구성하는 방법은 흔히 관찰적, 상호 작용적, 설명적 양식으로 나뉜다. 대부분은 설명적 양식으로 만들어져, 해설이 뒷받침된다. 해설자는 화면에 등장할 수도 있고 그렇지 않을 수도 있다. 다큐멘터리 양식 중에서 "현실에 대한 해석의 상대성"을 드러냄으로써 진실성 판단을 수용자가 직접 하도록 하는 '성찰적 양식'과 '퍼포먼스 양식'이 뒤에 설명할 '모큐멘터리' 장르의 형성에 선구적 역할을 했다(박인규, 2006, p.154). '사실'에 '허구'와 '연출'이 더해질 여지가 점차 커지는 가운데, 여전히 사실성에 중점을 두는 장르라고 할 수 있다.

다큐멘터리가 점차 변형되어 가는 것은 사실*fact*과 허구*fiction*의 비율 및 그 구성 방식이 다양해질 수 있기 때문이다(표 6-2 참조). 다큐와 드라마가 합쳐진 장르를 미국에서는 '다큐드라마*docudrama*'라 하고 영국에서는 '드라마－다큐멘터리'라 하는데(Creeber, 2001, p.31), 다큐멘터리에 드라마의 '극화*dramatization*' 기법을 더한 것이라고 보면 되겠다. 이것도 더 나아가 다큐멘터리의 특성이 더 강한 것과 드라마의 특성이 더 강한 것으로 변형이 가능하다.

다큐멘터리는 사실에 기반을 둔 프로그램이기 때문에 최근에 등장한 '리얼리티' 프로그램들과 소재를 공유한다. 4장에서 설명한 것처럼 리얼리티 프로그램들은 대개 오락적 요소를 많이 포함하고 있어 다큐멘터리와는 차별성을 지닌다. '생생한' 이야기, '진짜' 이야기를 담아 보다 자극적으로 제시할 수 있는 방식이 끊임없이 개발되고 있다.

다큐멘터리와 관련이 깊은 리얼리티 프로그램의 발전 과정을 살펴보면(Hill, 2005), 1980년대 후반 미국의 범죄 및 긴급 구조 서비스 관련 프로그램, 1990년대 중반 영국의 관찰적 다큐멘터리로 집과 정원을 개조하는 것과 같은 생활 관련 프로그램, 2000년대 초반 북유럽의 리얼리티 게임쇼, 그리고 현재 누구든 참여할 수 있는 사회 실험 관련 프로그램 쪽으로 점차 변형되며 발전되어 왔다(박인규, 2006, p.158). 기존의 다큐멘터리가 설명적 양식을 선호했다면, 이런 종류의 리얼리티 프로그램들에서는 관찰적 양식이나 상호 작용적 양식이 많이 활용된다. 또한 가볍고 편리한 미디어의 발달로 '보통 사람들'의 참여 범위도 점차 넓어져 가는 추세이다.

## 2) 모큐멘터리

'모큐멘터리mocumentary'는 사실성을 뒤집는다는 측면에서 큰 의미를 지닌다(박인규, 2006). 모큐멘터리는 모크 다큐멘터리mock documentary로도 불리는데, 허구석, 가짜, 또는 거짓 다큐멘터리를 뜻한다(p.160). 표 6-2에 모큐멘터리를 다른 유사 장르와 구분해 놓았다.

먼저 성찰적 다큐멘터리와 모큐멘터리를 구분해 보면(박인규, 2006, p.161; Roscoe & Craig, 2001, p.32), 텍스트의 사실성에서 가장 큰 차이가 나타난다. 성찰적 다큐멘터리는 현실과 직접 관련성이 있는 영상이지만, 모큐멘터리는 허구적인 영상이다. 모큐멘터리의 대표적인 예는 비틀스를 패러디한 〈러틀스〉를 들 수 있다. 이 프로그램에는 실재 인물과 가공의 인물 간 인터뷰도 등장하고, 비틀스의 자료 영상이 러틀스의 공연 장면과 혼합되어 있다. 이때, 가사를 패러디하여 바꿔 부르기 때문에 시청자는 이것이 진짜 비틀스가 아니라는 것을 알 수 있다(박인규, 2006, p.165).

한국의 모큐멘터리 사례는 SBS 탐사 보도 프로그램 〈그것이 알고 싶다〉의 형식으로 전개된 〈목두기 비디오〉(감독 윤준현, 2003)라는 영화다. 여관

## 표 6-2. 모큐멘터리 텍스트의 특성

|  | 제작자의 의도 | 텍스트의 구성 | 텍스트의 특성 | 사실적 담론에 대한 영향 |
|---|---|---|---|---|
| 다큐멘터리 | 정보 제공, 교육, 오락을 위해 실재 세계에 대한 주장 제시 | 다큐멘터리 형식의 코드와 관습을 사용하여 이성적이고 객관적인 주장 | 제작자의 개입을 비교적 억제한 상태에서 현실을 반영하는 텍스트 | 사실적 담론의 강화 또는 다큐멘터리 장르의 확장 |
| 드라마-다큐멘터리 | 실재 세계의 극적 재현. 현실을 직접 기록한다기보다는 재현할 수 있다는 입장 | 내러티브의 형태로 실재 세계에 대한 주장을 담은 허구적 텍스트. 사실적 담론의 예상과 추정에 맞춰 묘사하지만 다큐멘터리의 규범과 관습을 지속적으로 이용하지는 않음 | 영상적으로 완전한 형태의 다큐멘터리가 아님. 정확성과 객관성을 요구하는 사실적 추정과 어느 정도 자유로운 허구적 표현 | 다큐멘터리 코드 및 관습과 관계없는 표현 형식을 허용함으로써 사실적 담론을 강화 |
| 모큐멘터리 | 문화의 특정 측면 또는 다큐멘터리 장르 자체에 대한 패러디나 비평을 할 목적으로 허구적인 텍스트를 제시 | 극적 내러티브를 갖춘 허구적 텍스트. 다큐멘터리 코드와 관습을 이용. 다양한 수준의 성찰성과 함께 사실적 담론의 예상과 추정을 따라 묘사 | 다큐멘터리와 허구적 텍스트 간의 긴장. 텍스트에 내재하고 있거나 텍스트에 의해 활성화되는 다양한 수준의 성찰성 | 사실적 담론에 대한 성찰성 독려 또는 사실성 전복 |
| 허구적 텍스트 | 주로 오락을 목적으로 상상의 인물과 사건에 집중하는 극적인 이야기를 구성 | 사실적인 내러티브를 주로 설정하고 다양한 종류의 다른 텍스트나 문화적 자원을 활용 | 얼마나 사실적인지 결정하는 관건은 텍스트 자체의 현실성이 결정 | 사실 / 허구의 대비를 은연중 강조 |

(박인규, 2006, p.162; Roscoe & Craig, 2001, p.54)

몰래카메라에 잡힌 귀신의 형상을 추적하여 살해 사건과 관련이 있음을 밝혀낸다는 줄거리로, 페이크*fake* 다큐멘터리 형식의 미스터리 공포 영화라고 할 수 있다.

그렇다면 모큐멘터리는 드라마 다큐멘터리와 어떻게 다른가? 모든 장르의 융합이 활발하게 일어나고 있는 요즈음, 장르 간의 명확한 구분이 미래에도 꼭 필요할 것인가에 대한 의문이 들기도 하지만, 지금 단계에서는 어느 정도의 구분이 필요해 보인다. 드라마 다큐멘터리는 실재 세계를 극화*dramatize*시켜 재현한 것이므로 '현실'을 '재현'한 것이라 할 수 있고, 모큐멘터리는 "실재 세계를 나타낸다고 하는 이미지를 고의로 왜곡"하여 정말 믿을 수 있는 것인지 의문을 갖게 하는 성찰적인 부분을 더 많이 지닌다(박인규, 2006, p.168).

이제 시청자들은 다큐멘터리 프로그램에서조차 무엇이 사실이고 무엇이 연출된 것인지를 잘 판단하며 시청해야 하는 시대가 온 것 같다. 인터넷 검색에서도 무엇이 사실이고 무엇이 허위로 유포된 것인지 구분해야 하고, 광고물을 접할 때에도 무엇이 사실이고 무엇이 과장된 것인지 추려내야 하고, 최근에 개봉된 〈아바타〉와 같은 영화에서도 어떤 것이 실재하는 영상이고 어떤 것이 컴퓨터 그래픽인지도 구분해야 한다. 그렇지 않으면 실재하는 세계와 상상 속에서 만들어진 세계가 인간의 머릿속에서 혼합되어, 현실 감각을 상실하게 될 수도 있을 것이기 때문이다.

# 4. 시사 토론 프로그램과 집단 극화

시사 토크 프로그램은 리얼리티 프로그램의 일종으로서 '토크*talk*'들로 이루어진다. 사회자와 전문가 게스트가 시사 문제를 놓고 이야기하되, 주로 게스트의 의견을 듣는 것이다. 시사 토크 프로그램에서 한 발 더 나아가 게스트가 여러 명 출연하고, 그 게스트들이 찬반 양론으로 나뉘어 진행되는 형식은 시사 토론 프로그램이다. 이런 프로그램들도 리얼리티 토크로 분류될 수 있으나, 정서 토크가 아닌 시사 토크이므로 사실성이 조금 더 강한 이번 장에 포함시키기로 했다.

좌담회나 토론 프로그램을 시청하게 되는 데에는 어떤 주제에 대해 좀 더 알고 싶은 '정보 추구' 동기, 그리고 자기 의견을 다른 사람들, 특히 해당 분야 전문가들의 의견과 비교해 보고 싶은 '사회 비교*social comparison*' 욕구가 중심이 된다. 특히 의견이 첨예하게 대립되는 주제일 경우, 간혹 격한 감정이 그대로 방송되기도 하고, 프로그램이 끝난 후에도 반대 의견을 가진 사람들로부터 개인 홈페이지나 시청자 게시판 등에서 호된 공격을 당하는 경우도 있다.

대화와 토론으로 이루어지는 '토론' 프로그램은 최근 들어 아주 활발하게 진행되고 있다. 특히 대통령 선거를 위한 후보자들 간의 TV 토론 대결을 비롯하여, 손석희의 〈100분 토론〉(MBC TV)과 〈시선 집중〉(MBC 라디오), 시사 평론가 정관용의 〈생방송 심야 토론〉(KBS TV)과 〈열린 토론〉(KBS 라디오) 등과 같은 토론 프로그램들은 오락 프로그램이 아님에도 불구하고 기대 이상의 관심을 끌어 왔다. 그만큼 우리나라에 사회적으로 첨예하게 대립되는 민감한 사안들이 많고, 그런 사안들에 대해 어떤 의견들이 있는지를 궁금해하는 사람들이 많았다는 것을 보여 주는 현상이기도 하다.

토론 프로그램에서 양쪽 진영으로부터 많은 이야기를 들어 보며 자기 자신의 초기 의견과 비교해 보고, 더 나은 대안은 없는지 생각해 보는 것은 도움이 된다. 그러나 사람들은 대체로 원래 자신의 의견과 일치하는 사람들의 말에만 주의를 기울이며, 자신과 의견이 다른 사람들의 말에는 주의를 기울이지 않거나, 주의를 기울이더라도 머릿속에서 반박 메시지를 많이 생각해 내며 저항하는 경향이 있다(나은영, 2002a, 10장과 11장 참조). 이로 인해 집단 간 토론 이후에 합의가 도출되기보다는 오히려 양극화가 일어나게 된다. 이는 사회 심리학적으로 볼 때 우리 머릿속에서 인지적 조화와 일관성을 추구하려는 자연스러운 경향이기는 하지만, 의식적으로라도 '나와 다른 의견을 가진 사람들의 발언'에 주의를 기울일 수 있는 토론 구조가 필요해 보인다.

현재 신행되는 대부분 토론 프로그램들의 단점은 잔반 양쪽으로 나뉜 패널들이 상대방의 논리에 수긍을 하고 설득이 되어서는 안 된다는 전제에 있다. 실제 사회에서 바람직한 토론의 목적은 상대를 제압하여 이기는 데 있는 것이 아니라 토론을 통해 합리적인 결론을 이끌어 내고 사회적 합의에 도달하여 발전적인 사회 통합을 이루는 데 있다. 그런데 토론 프로그램에서는 설사 상대방의 이야기가 더 옳다고 생각되더라도 자신의 논리를 끝까지 주장해야 한다. 학생들 대상의 토론 대회도 마찬가지다. 상대방의 논리를 받아들이고 자기 주장을 접으면 토론에서 패한 것처럼 보이기 때문이다.

최근에 《나는 당신의 말할 권리를 지지한다》라는 책을 출간한 토론 프로그램 사회자 정관용의 인터뷰(《중앙일보》, 2009년 11월 23일) 내용은 우리 사회의 토론과 토론 프로그램의 개선점들에 대해 많은 시사점을 생각하게 한다. 그가 지적했듯이, 현재와 같은 '양극 대립 형식'의 미디어 토론 방식은 소통을 위한 것이라기보다는 상대방을 '소탕'하기 위한 구조라고 할 수 있다.

이런 구성에서 토론 참여자는 서로가 상대의 의견에 귀를 기울이기보다 자기가 준비해 온 논리를 피력하기에 바쁘다. 그리고 상대방이 더 강력한 근거를 제시한다 해도 절대로 설득되어서는 안 되며, 또 계속해서 다른 증거를 들이대며 자기가 이전에 주장했던 바를 계속 주장해야 한다. 이런 토론 프로그램의 단점은 사회 통합을 위해서라도 향후 점진적으로 보완되어야 할 것이다.

# P · A · R · T · 3

# 콘텐츠 자체에 초점이 있는 장르

: 즐김과 통제

# Chapter 07

# 음악과 정서

## | 흥분과 평온

사람들은 왜 음악에 심취하는가? 음악은 사람 마음 깊은 곳의 정서를 움직이며, '생각'의 과정이 깊이 개입되지 않고 일어나는 거의 본능적인 느낌을 자극하기 때문일 것이다.

음악과 정서

# 1. 음악을 즐기는 이유

사람들은 왜 음악에 심취하는가? 음악은 사람 마음 깊은 곳의 정서를 움직이며, '생각'의 과정이 깊이 개입되지 않고 일어나는 거의 본능적인 느낌을 자극하기 때문일 것이다. 즐거운 음악, 슬픈 음악, 신나는 음악, 열정적인 음악, 격렬한 음악, 평화로운 음악 등 이 모든 것들을 음미해 보면 '음악'과 '정서'의 불가분성이 고스란히 담겨 있다. 그중 특히 "슬픔은 종종 격렬한 감정적 반응이라기보다는 분위기에 더 가깝다"(래저러스 · 래저러스, 1997, p.129).

영화나 드라마에서 느끼는 정서도 "개인적으로 의미가 있는 실생활의 주제"를 그릴 때 비로소 정서를 느끼며(래저러스 · 래저러스, 1997), 이 과정에서도 그 분위기에 맞는 음악이 큰 역할을 한다. 음악이 전혀 없는 상황에서는 정서의 경험이 제한된다는 것이다.

음악을 '미학적' 측면에서 감상하기도 하고, '기분 전환'을 위해 즐기기도 한다. 어떤 경우든 음악은 우리의 정서와 관련이 되는데, 래저러스와 래저러스(1997)는 우리의 미학적 경험의 감정을 다음과 같이 소개한다(pp.186~187).

> 대부분의 사람들은 영화, 오페라를 포함한 무대 드라마, 그림, 조각, 음악, 과학적 발견, 구경거리, 석양이나 북극광 같은 자연적인 장면에 감정적으로 반응을 한다. 그리고 그것에 대해 경외감이나 경이를 느낀다……

감정이 일어나기 위해서는 자신이 보고 있는 것의 의미를 느끼는 데 적극적으로 참여해야 한다. 우리는 그림, 음악, 드라마, 영화의 내용과 관계를 맺으려고 노력을 한다. 그런 예술 형태에서 의식적으로 의미를 찾으려 한다.

음악이 감정을 일으키는 근거는 본질론과 학습론으로 나뉜다. '본질론'은 인간의 신경이 설계된 방식이 본질적으로 특정 음의 패턴에 맞는 신경 체계가 반응하도록 정해져 있다고 보며, '학습론'은 우리가 과거 경험의 학습에 근거하여 (즉 조건 형성의 결과로서) 특정 음악을 특정 방식으로 느끼게 된다고 본다. 어느 쪽이든 우리는 음악을 들으면 정서가 유발되는 것을 경험한다는 사실에는 변함이 없다.

## 1) 정서 유발과 각성 수준

음악의 종류는 너무 많아 단순화시킬 수가 없지만, 우선 음악이 유발하는 '각성arousal'의 수준에 따라 비교적 조용하고 잔잔한 음악과 시끄럽고 요란한 음악으로 구분한다면, 이 두 종류의 음악이 하는 기능은 뚜렷하게 차이가 나타난다. 발라드와 같은 조용한 음악은 각성 수준을 낮춰 주기 때문에, 너무 바쁘거나 혹은 평화롭지 않은 일상에서 벗어나 평화로움을 느끼게 해준다. 평소의 자극 수준이 너무 높을 때, 즉 각성 수준이 높을 때, 낮추고 싶어 하는 사람들에게 알맞은 음악이다. 반대로, 헤비메탈이나 록과 같은 요란한 음악은 평소의 자극 수준이 너무 낮아 따분함을 느낄 때, 특히 규범에서 이탈하고 싶어 하는 젊은이들이 잠시라도 답답한 일상에서 벗어나 후련한 느낌을 주는 데 알맞은 음악이다. 후자의 경우 가사에는 거의 관심을 두지 않는다. 혈기 왕성한 청소년들을 답답한 교실에 필요 이상으

로 장시간 묶어둘 때, 이처럼 각성 수준을 높일 수 있는 음악을 통해 탈출
구를 찾기도 한다.

음악을 듣고 흥분되었다고, 즉 각성 수준이 높아졌다고 이야기한 사람
들은 긍정적이든 부정적이든 더 강한 감정을 느꼈다(Hansen & Hansen, 1990). 각
성이 많이 될수록 긍정적 감정을 일으키는 노래를 훨씬 더 좋아하며, 부정
적 감정을 일으키는 노래를 덜 좋아하게 된다. 이러한 연구에서는 각성 수
준과 노래의 내용이 함께 영향을 주게 되어 그중 어떤 것이 정서에 더 결정
적인 영향을 주는지를 구분하기가 어렵다.

대중 음악(또는 다른 미디어 자극)의 주제에 의해 스키마가 더 자주 활성화
될수록, 그것이 청취자의 안정된 성향으로 정착될 가능성이 높아진다
(Hansen & Hansen, 2000, p.192). 즉 자꾸 듣거나 봄으로써 같은 자극에 익숙해질
수록 그것이 더 자기에게 맞는다는 생각을 하게 되며, 자기 특성의 일부라
고 생각하게 된다는 것이다. '내가 좋아하니 듣는다'는 말도 맞지만, '자꾸
듣다 보니 좋아진다'는 말도 맞다. 사람이든 음악이든 아주 혐오스럽지만
않으면, 자주 접촉할수록 호감을 지니게 된다.

캔터와 질만(Cantor & Zillmann, 1973)에 따르면, 이전에 음악을 들으면서
각성된 적이 있는 사람이 그렇지 않은 사람보다 음악을 더 좋아한다. 이는
각성 수준이 음악 감상의 중요한 요소라는 점을 방증하는 결과이며, 음악
선호가 과거의 경험에 영향을 받는다는 뜻이므로 앞서 말한 '학습론'을 지
지하는 것이다.

음악의 영향은 의식하지 못하는 수준에서 일어난다고 보는 관점도 있
다. 음악이 불러일으키는 흥분의 성노가 이후의 행동에 영향을 숨에도 불
구하고 그 사실을 인식하지는 못한다는 것이다. 음악이 일종의 '점화,' 즉
'프라이밍priming' 역할을 하여 차후 행동을 촉발시킨다. 따라서 음악을 이

해할 때에는 콘텐츠뿐만 아니라 그 음악이 일으키는 '정서'의 종류와 '각성'의 정도를 함께 살펴볼 필요가 있다.

음악으로 인한 각성 수준의 변화와 정서의 변화는 일시적일 가능성이 크다. 물론 어떤 음악을 듣기 시작하자마자 정서의 변화나 그에 상응하는 효과가 나타나는 것은 아니며, 들으면서 어느 정도 시간이 흘러야 한다. 음악을 듣는 동안 또는 들은 후에도 음악에서 느껴지는 정서가 어느 정도 지속될 수 있지만, 시간이 흐름에 따라 그 효과는 점차 약해진다. 앞서 5장에서 언급했듯이, 사람들이 초반에는 '기분 관리'를 위해 흥분된 상태라면 조용한 음악을, 따분한 상태라면 신나는 음악을 선택하는 경향이 있지만, 시간이 흘러 다시 일터로 돌아가야 할 때가 다가오면 '기분 조정'을 위해 앞으로 할 일의 정서 상태와 어울리는 음악을 선택하는 경향이 있다 (Knobloch, 2003).

굳이 기분 조성을 위해 선택을 바꾸지 않더라도, 초기에 신나는 음악의 효과는 시간이 흐를수록 점차 줄어드는 경향이 있다(Lundqvist et al., 2009 참조). 이처럼 시간이 지나면 정서 조절 효과가 사라지는 것은 이미 처음에 원했던 효과를 보았기 때문일 수도 있고, 사람이 그 음악에 적응하게 되기 때문일 수도 있다. 적응하면 다시 정상적인 상태로 되돌아오기 때문이다.

## 2) 음악의 기능과 뇌 인지 과학

사람들마다 좋아하는 음악의 종류가 다르며, 음악의 종류에 따라 기능과 역할도 다르다. 그렇지만 어떤 한 종류의 음악이 모든 사람에게 같은 기능을 하는 것이 아니라, 사람마다 선호하는 음악이 다르더라도 '자기가 좋아하는 음악'이 여러 측면에서 긍정적인 효과를 주는 경향이 있다. 한 연구에서 응답자들에게 자기가 좋아하는 음악이 어떤 기능을 하는지 물었을 때 나온 응답들은 "기분 좋게 해준다, 활력을 준다, 내 정체성을 표현하게 해준다, 걱정을 잊게 해준다, 다른 사람들과 가까이 있게 도와준다" 등과 같은 것들이었다(Schafer & Sedlmeier, 2009, p.289). 대체로 록 음악을 좋아하는 사람은 록 음악이, 클래식을 좋아하는 사람은 클래식이 이러한 기능들을 한다고 생각한다.

최근에는 뇌 인지 신경 과학의 측면에서 음악과 정서, 음악과 언어의 관계를 분석한 연구들도 등장했다. 음악이 유발하는 정서의 강도는 강하며, 대체로 상당수의 사람들에게 유사한 정서를 일으킨다. 또한 일반 시각 자극이 유쾌한 정서를 끌어내기 어려운 데 비해, 음악은 유쾌한 정서도 끌어낼 수 있다(이지영, 2006, p.111). 유쾌한 음악을 들을 때 활성화되는 뇌의 영역은 불쾌한 음악을 들으면 활동이 줄어들기 때문에 상관 관계를 지닌다는 사실도 밝혀졌다. 또한 익숙하지 않은 새로운 음악도 친숙하고 유쾌한 음악처럼 긍정적인 정서를 유발시킬 수 있다는 사실도 발견했다. 뿐만 아니라, 유쾌한 음악을 들을 때 활성화되는 뇌의 영역은 '보상과 정서'에 관련되는 영역이었다(이지영, 2006, pp.113~116).

음악이 정서에 영향을 주기 위해서는 어느 정도 긴 시간이 필요하다. 아주 짧은 시간 동안 잠깐 들은 음악에서는 특정 정서가 쉽게 유발되지 않는다. 강한 효과음은 보통 음악에 비해 주의력과 집중도를 높이기는 하지만, 또한 스트레스를 유발시키는 정도도 더 강하다(유희종·문남미, 2008).

일반적으로 '생각'이 더 많이 작용하느냐 '느낌'이 더 많이 작용하느냐의 여부는 중뇌의 '편도체' 기능 비율에 따라 달라진다. 편도체가 정서에 관여하기 때문이다(디스펜자, 2009). 또한 뇌의 전두엽은 '새로움'을 추구한다. 새로운 일이 생기면 즉각 관심을 두며, 그것이 익숙해지면 전두엽은 그 일을 뇌의 다른 영역에 넘기고 또 새로운 일을 찾아 몰두한다. 음악이든 드라마든 일상 생활이든, 우리는 새로움과 익숙함 사이에서 균형을 추구하며 매일 매일의 삶을 영위하고 있고, 이 과정을 우리의 뇌가 지배하고 있다.

# 2. 대중 음악과 뮤직비디오

대중 음악의 역사를 잠깐 살펴보면, 1960~1970년대 대부분의 젊은이들이 미국과 영국에서 시작된 록 음악을 즐겼다. 그러다가 1981년에 미국에서 MTV(Music Television)가 생긴 이래, 뮤직비디오가 24시간 방영되는 시대가 되었고, 1987년에는 MTV가 유럽에서도 시작되었다. 요즈음에는 디지털 기술과 네트워크에 기반을 둔 인터넷의 발달로 자신이 원하는 때 원하는 콘텐츠를 언제 어디서나 즐길 수 있게 되었다. 무선 모바일 테크놀로지는 미디어를 내 몸의 일부에 거의 부착한 상태로 '나와 함께 움직이면서'까지 음악을 감상할 수 있게 해주었다. MP3의 기능이 포함된 휴대 전화는 특히 청소년들의 필수적인 놀잇감이 되었다.

## 1) 청소년과 대중 음악

대중 음악이 크게 어필하는 이유는 무엇보다 음악이 젊은이들의 몸과 마음을 즐겁게 해주기 때문이다(Rowe, 1995; Wells, 1990). 또한 대중 음악은 10대 문화의 중요한 구성 요소로서, 청소년들의 또래 집단과 친구 선택에도 영향을 주며(Frith, 1978), 자기 정체감과 집단 정체감의 발달에도 영향을 준다(Christenson, DeBenedittis, & Lindlof, 1985). 그리고 음악은 성 역할 및 사회적 역할과 행동 등에 관한 정보를 주기도 하고, 청소년 집단 안에서 사회적 커뮤니케이션을 촉진시키기도 하여, 청소년의 사회화*socialization*를 도와주는 역할을 한다(Lull, 1985).

아네트(Arnett, 1995)는 청소년들이 다양한 미디어 이용을 통해 '자기 사회화*self-socialization*' 과정을 거친다고 이야기한다. 청소년들은 엔터테인먼트, 정체감 형성, 자극 추구, 대처 방안, 또래 문화 확립 등을 위해 미디어를 이용하지만, 다양한 미디어 내용들 가운데 결국 자기 입맛에 맞는 것들을 선택한다는 의미에서 자기 사회화로 귀결된다는 것이다. 그래서 어른들에 비해 '통합성'이 부족하다.

청소년들의 팝 스타 우상화 저변에는 '환상*fantasy*'이 자리하고 있다(Denisoff, 1986). 그래서 데니소프(Denisoff, 1986)는 청소년들에게 팝 스타와 같은 우상이 그들의 소망이나 꿈을 실현시켜 줄 수 없다는 사실을 깨우쳐 주어야 한다고 주장한다. 특히 청소년기 중에서도 나이가 어릴수록, 그리고 남자 청소년보다는 여자 청소년이 팝 스타를 더 우상화하는 경향이 있다(Raviv et al., 1996).

또한 청소년들은 자기들만의 은밀한 공간을 좋아한다. 이것을 스틸과 브라운(Steele & Brown, 1995)은 '룸 문화*room culture*'라고 표현했다. 청소년들은 자기 방에서 음악을 듣고, 잡지를 보고, TV를 보고, 숙제를 하고, 그 날의 일들을 생각한다. 미디어 메시지가 자기 삶에서 어떤 의미를 지닐 수 있도록 메시지들을 변형시키는 것도 청소년들이 자기 방에서 하는 일이다. 레프 비고츠키*Lev Vygotsky*의 "경험을 통한 삶"의 개념을 도입하여, 최초의 정체성에 바탕을 둔 선택과 그 과정의 동기, 선택한 것에 집중하며 상호 작용하는 과정, 그 상호 작용을 평가하고 해석함으로써 적용하는 단계, 그리고 적용 이후 통합*incorporation*과 적정화*appropriation* 과정을 거쳐 다시 정체성에 영향을 주는 과정을 순환적으로 거친다(Steele & Brown, 1995, p.556).

청소년들은 대체로 사회적으로 낮게 평가되는 미디어 내용을 자랑스럽게 소비하는 경향이 있다. '미디어 비행*media delinquency*' 이론을 제안한 로우(Roe, 1995)는 청소년들이 헤비메탈 록과 비디오 폭력물을 이용하는 경험적 사례를 분석하여, 일부 청소년 비행과 이들의 미디어 이용이 적어도 부분적으로는 학교 시스템 안에 팽배해 있는 조건들로 인해 촉진될 수 있다는 결론을 얻었다(p.627). 청소년의 비행과 미디어 이용에서 공통적으로 "사회적으로 낮게 평가되는" 미디어 내용, 예를 들면 헤비메탈이나 비디오 폭력물에 강한 애착을 가지고 이를 많이 사용하는 경향이 있어, 이것을 '미디어 비행'의 형태로 표현하였다.

10대에게 록은 음악 이상이며, 세상을 움직이는 수단이다(Sherman & Etling, 1991). 음악을 청소년 문화의 핵심적인 부분으로 보는 관점이 많다. 1950년 내의 록 음악은 청소년의 가치와 부모들의 가치가 충돌함을 상징했다. 쾌락주의와 무책임으로 묘사되는 청소년의 록 음악 애착은 학생들의 '원초적 열정'을 자극하여 프린스턴 대학 캠퍼스의 폭동을 야기하기도 했다고 한다.

그래서 흔히 록 음악이 청소년 비행과 관련이 있을 것이라는 편견을 가지기도 하지만, 실제로 록 음악이 청소년의 비행과 관련 있다는 증거는 약하다(Sherman & Etling, 1991). 즉 록 음악이 가치관에 영향을 주는 것이 아니라, 가치관에 따라 록 음악을 보는 시각이 다를 뿐이다.

하드록과 헤비메탈, 펑크록, 랩 그리고 팝이라는 음악 장르별 팬들의 성격 특성을 비교해 보면 표 7-1과 같다. 이 표의 특성들이 항상 잘 적용되는 것은 아니지만, 대체로 공감할 만한 구분이다. 트로트나 발라드 풍의 가요를 좋아하는 사람들의 특성은 잘 나타나 있지 않지만, 주로 젊은 층이 좋아하는 음악의 장르에 따른 성격 특성들은 잘 요약해 주고 있다.

표 7-1. 음악 장르별 팬들의 성격 특성

| 하드록과 헤비메탈 | 펑크록 |
|---|---|
| · 마키아벨리즘이 높다 | · 권위를 덜 받아들인다 |
| · 남성다움이 높다 | · 성장기 가족과 가깝지 않았다고 말한다 |
| · 인지 욕구가 낮다 | · 부모에게 이해받지 못한다고 느낀다 |
| · 마음이 굳세다 | · 자기 무기를 가지고 있는 젊은이 비율이 높다 |
| · 흥분을 추구한다 | · 예술, 문화, 공공 시설을 파괴하는 젊은이 비율이 높다 |
| · 감각 추구 성향이 높다 | · 범죄를 저지르는 젊은이 비율이 높다 |
| · 무모하다 | · 감옥에 간 적이 있는 젊은이 비율이 높다 |
| · 모험을 좋아한다 | **랩** |
| · 비행이 많다 | · 자극 수준이 낮을 수 있다 |
| · 담배, 술, 마리화나를 많이 이용한다 | · 인지 욕구가 낮다 |
| · 혼전 성관계를 하는 젊은이 비율이 높다 | **팝** |
| · 코카인과 미라화나를 이용하는 젊은이 비율이 높다 | · 책과 영화(판타지)의 등장 인물에 대한 공감이 높다 |
| · 악마적 신념*satanic beliefs*을 가지고 있는 젊은이 비율이 높다 | |
| · 부모의 차를 훔친 젊은이 비율이 높다 | |
| · 데이트 파트너를 강간한 젊은이 비율이 낮다 | |

(Hansen & Hansen, 2000, p.186)

## 2) 뮤직비디오

뮤직비디오는 청각적이면서 시각적이다. 시각은 동시적이지만 청각은 순차적이라는 것을 감안하면, 뮤직비디오는 동시적, 순차적인 자극을 모두 지니고 있다. 10대 록 음악 팬들이 록 음악의 가사를 잘 이해하는 것은 아니며,

가사보다는 전체적인 소리의 분위기에 더 끌리는 경향이 있다(Hirsch, 1971).

뮤직비디오가 특히 자극적인 이유는 이것이 성적, 폭력적, 반사회적 내용을 많이 담고 있기 때문이다. 뮤직비디오의 상당수(수년 전 자료에 따르면 대략 40~75%, 요즘은 그 이상)가 성적인 이미지를 포함하고 있는데, 이는 대부분 터치, 키스, 포옹 등을 암시하는 몸짓 등이다. 특히 남성에 비해 여성이 더 자극적인 옷을 입고 등장하는 경우가 많고(Sherman & Dominick, 1986), 여성이 비하되거나 남성에 의해 지배되는 내용이 많다. 뮤직비디오에 등장하는 남녀의 직업도 대체로 분화되는 경향이 있어, 여성들은 웨이트리스, 헤어 스타일리스트, 댄서, 패션 모델 등과 같은 역할을 맡는 반면, 남성들은 경찰관, 과학자, 운동선수, 경영자 등의 역할로 등장한다.

뮤직비디오에 담겨 있는 반사회적 콘텐츠는 대개 마약이나 각성제를 사용하거나 사용한 듯한 등장 인물로 표현된다. 우정과 같은 친사회적 콘텐츠를 담고 있는 뮤식비니오노 있기는 하지만, 대부분 경고를 겨우 모면할 정도의 수준으로 전체적인 분위기가 반항적이거나 퇴폐적인 경우가 많다.

뮤직비디오로 인해 여성들이 "날씬함에 대한 욕구"에 집착하여 거식증에 걸리기도 한다(Tiggemann & Pickering, 1996). 1990년대 이후에는 뮤직비디오 채널도 늘어나 음악 장르에 따라 세분화되기도 하고(예: CMT, Country Music Television과 같은 컨트리 뮤직비디오 전문 방송), 수용자 층에 따라 세분화되기도 한다(예: BET, Black Entertainment Network와 같은 흑인 시청자 대상 채널). 그리고 MTV는 젊은 사람들을 주 타깃으로 하고 있으며, VH-1은 MTV보다는 연령층이 높은 수용자들을 대상으로 하고 있다.

MTV는 40대 이하의 시청자들을 주 타깃으로 설계되었다. 나이 든 시청자들은 정보를 원인과 결과에 따라 연속적, 순차적으로, 하나에서 그 다음으로 논리적인 처리를 하는 데 비해, 젊은 시청자들은 정보를 '비선형적으로’ 처리한다(Sherman & Etling, 1991). 즉 전체적인 느낌이나 분위기, 감각적 인상 등에 쉽게 반응하는 경향이 있다는 것이다. 또한 젊은 세대는 한정된 여가 시간을 최대로 활용할 방법을 찾으며, 욕구를 즉시 충족시키고자 하는 마음이 강하다.

‘비선형적 사고 방식’이 익숙한 젊은 세대는 비선형적 텍스트의 전형인 뉴 미디어 시대에 들어 더욱 넓고 자유로운 즐김의 공간을 찾아 탐닉하고 있다. 또한 시각과 청각 가운데 음악의 주된 요소는 청각이지만, 근래에는 시각과 청각을 동시에 즐겁게 하는 음악을 추구한다. 음악에 필요한 시각과 청각 가운데 시각 자극은 비교적 한번에 동시 처리되는 경향이 있으며, 청각 자극은 시각에 비해 순차적, 연속적으로 처리된다.

사람들이 즐기는 음악에 시각적 이미지가 요구되기 시작하면서, 음악의 고유한 특성이 손상되는 부분도 있다. 여전히 음악의 본질은 ‘듣는 것’이기 때문이다. 심지어 ‘눈을 감고 듣는 것’이 더 음악의 본질에 가까울 수도 있다. 그럼에도 불구하고 ‘듣는 즐거움’에 ‘보는 즐거움’이 가미된 뮤직 비디오는 더 창의적이고 다이나믹하게 들리기에 사람들의 마음을 더 잡아 두는 역할을 한다.

더욱 최근에는 미디어 기술과 미디어 아트의 발달로 인해 음악을 ‘촉감’으로 느끼기도 한다. 장애인을 위한 음악에서 출발하기는 했지만, 오감을 가진 정상인도 충분히 ‘촉감’으로 음악의 리듬을 즐길 수가 있다. 음악의 진동을 손끝으로 느낄 수도 있고, 앉아 있는 의자의 진동을 통해 느낄 수도 있다. 어떤 방법으로 느끼든, 음악은 우리의 ‘정서’를 자극한다.

또한, 거의 모든 미디어 작품에 배경 음악이 따라나온다. 드라마, 영화, 무용, 광고, 심지어 퀴즈 프로그램에서까지 긴장감이 높아지는 시점에 음악이 따라나오지 않는다면 실제로 느껴지는 긴장감은 훨씬 더 줄어들 것이다.

## 3) 한국의 대중 음악

1970년대의 청소년 대상 TV 대중 음악을 살펴보면(박용규, 2007), 1969년 프로그램에서는 청소년들의 '욕구'를, 1974년에는 청소년들의 '선망'을, 그리고 1979년에는 청소년들의 욕구와 선망을 합한 형태가 등장하였다. 또한 청소년들의 흥미에 맞게 "시각적 요소를 강화하면서도 부모들에게 거부감을 불러일으키지 않는" 프로그램들이 인기를 누렸다.

청소년의 마음을 '읽어 주는' 듯한 가사와 청소년의 열정을 발산할 수 있는 리듬, 그리고 '보는' 즐거움까지 안겨 주는 시각적 요소들이 합해져 청소년들의 부족한 여가에 위안이 되고 있는 요즘의 대중 가요들도 같은 맥락에서 이어져 왔다고 할 수 있다. 특히 MP3의 등장으로 자신이 즐기는 음악을 '언제, 어디서나, 자기 옆에 두고' 소유하며 즐길 수 있게 되어, MP3 기능은 휴대 전화와 함께 요즘 청소년들이 가장 아끼는 소유물이 되었다.

한국의 대중 음악 연구에서 특히 1960년대 음악을 도시화와 연계하여 분석한 연구가 흥미롭다(김형찬 · 원용진, 2007). 이 연구는 1960년대에 유행하던 트로트와 스탠더드 팝 중에서 각각 24곡, 62곡을 선정하여 분석함으로써, 대중들의 표상 공간이 농어촌에서 도시로 이동해 가는 도시화 과정에 주목하였다. 1960년대 이전의 트로트는 일제 강점기의 트로트에서 격정적인 감정을 억눌러 표현하던 구조를 답습한 반면, 1960년대 이후에는 농촌에서 도시로 이주하는 인구가 많아지고 미국의 영향이 커져 스탠더드 팝과 록 음악이 등장하였다. 그중에서도 특히 1960년대에는 스탠더드 팝이 유행했고, 록 음악은 미8군부대 중심으로 유행하다가 1970년대에 들어 널리 퍼지게 되었다. 도시화가 시작되던 1960년대에 미국적이면서도 도시화의 변화 과정을 담고 있는 스탠더드 팝이 지배적인 대중 음악으로 자리잡게 되었다는 것이

다(김형찬 · 원용진, 2007). 또한 트로트도 1960년대에는 내면의 격정적인 정서가
겉으로 강렬하게 분출되기 시작했다. 뿐만 아니라, 그 이전에 비해 대중 음
악의 구조도 더 복잡해져 강한 표현력을 지니게 되고, 전반적인 음악의 속
도도 더 빨라졌다는 분석 결과를 얻었다. 이것은 도시인들의 심리적, 신체
적 속도가 이전 농촌 시대에 비해 더 빨라진 사회상이 반영된 것이다.

　또한 대중 문화 중에서 대중 음악의 감성 이미지를 분석하고 이것을
대중 문화 소비 행동과 연결시키려는 연구도 있었다(채지영, 2002). 표 7-2
는 사람들이 다양한 장르의 음악을 듣고 느끼는 감성 반응을 (1) '평화로
운 - 시끄러운,' '부드러운 - 딱딱한' 등과 같은 서로 반대되는 많은 형용
사 쌍으로 이루어진 의미 분별 척도(-3부터 3까지)에 나타내도록 하여 음악
의 감성 이미지를 구성하는 요인들을 추출한 다음에, (2) 각 감성 이미지
의 평균을 대중 음악 장르별로 나누어 분석한 것이다. 음수는 해당 속성의
반대되는 속성을 지니는 것으로 해석하면 된다. 표 7-2에서 알 수 있듯
이, 발라드는 우아하면서도 다소 어둡게 느끼는 반면, 하드코어는 우아함
과는 상당히 거리가 있지만 독특한 카리스마를 지니는 것으로 느껴진다.

**표 7-2. 대중 음악 장르별 감성 이미지의 평균**

| 노래 종류 ＼ 요인 | 우아함 | 독특성(카리스마) | 경쾌함(밝음) |
|---|---|---|---|
| 댄스 | -0.37 | 0.78 | 0.53 |
| 발라드 | 1.16 | 0.11 | -1.02 |
| 하드코어 | -1.02 | 1.62 | -0.27 |
| 랩 | -0.70 | 0.71 | 0.34 |
| 전체 | -0.02 | 0.69 | -0.15 |

(채지영, 2002, p.64)

## 4) 대중 가요의 가사 변화와 그 의미

사람들이 노래를 들을 때, 그 가사를 정확히 음미하고 표현할 수 있는 사람
은 1/3 정도밖에 되지 않는다고 한다(Desmond, 1987). 가사를 다 알지 못해
도 노래 전체를 즐기는 데에는 거의 지장이 없다는 것이다. 가사와 음정과
리듬의 조화 자체가 즐거움을 주기는 하지만, 사람에 따라 리듬에 더 끌리
는 사람, 음정에 더 주의를 기울이는 사람, 가사에 더 공감하는 사람 등이
있을 수 있다.

흥미로운 연구 결과 중 하나를 소개하면(Hansen & Hansen, 2000), 헤비메탈
그룹의 노래를 들은 청취자들이 가사를 제대로 이해하지 못했음에도 불구
하고 그 노래에서 성, 자살, 폭력, 악마주의 등과 같은 주제를 알아낼 수 있
었다. 더 흥미로운 것은 노래 가사를 상세히 전달하지 않고 개략적인 틀로
만 제시했을 때 그 노래의 주제를 더 무성적으로 인식했다는 사실이다.

이처럼 헤비메탈이나 록 음악은 리듬에 비해 가사가 중요하지 않지만,
랩이나 발라드에서는 가사가 리듬과 함께 중요한 비중을 차지한다. 1991년
서태지와 아이들은 리듬과 가사 위주의 랩 음악으로 발라드 위주의 한국
가요계에 충격을 주며 등장했다. 이들의 음악은 한국의 청소년들이 음악을
통해 공감하며 분출하고 싶은 욕구를 잘 표현 했다고 평가된다. 현재 한국
의 청소년들이 좋아하는 대중 음악에는 어떤 내용이 담겨 있으며, 그들은
무엇을 꿈꾸고 있는 것일까? 청소년들이 좋아하는 노래의 가사들을 살펴보
면, 그들이 현재 무엇을 답답해하고 있으며, 무엇을 원하고 있는지가 나타
난다.

## (1) 시대 비판과 청소년 문화

대중 가요의 가사가 공감을 불러일으킨다면, 그것은 그 시대를 살아가는 사람들의 사회상과 가치관에 뿌리를 둔 정서를 잘 나타내 주기 때문이다.

1992년에 〈난 알아요〉라는 노래로 등장한 '서태지와 아이들'은 "랩이라는 양식을 가장 한국적으로 소화해 낸" 인물이다(김창남, 1995, p.47). 서태지는 청소년의 저항 욕구를 잘 표현하여 큰 인기를 끌며 '신세대 문화'의 신드롬을 일으켰다고 평가받는다. 김창남(1995)은 이들의 노래를 '상징적으로 저항하기는 하지만 실질적으로 일탈하지는 않는' 신세대 문화의 표상으로 평가하였다(p.49). 공연윤리위원회의 '불허' 판정을 받았던 〈시대 유감〉의 가사에 특히 저항 욕구가 강하게 나타나 있고, 교육 현실을 직설적으로 비판한 〈교실 이데아〉도 일탈을 꿈꾸는 청소년들의 마음속 깊이 자리한 욕망을 건드리기에 충분했다. 표 7-3에 일부 반복되는 부분을 제외하고 이 두 곡의 노랫말을 옮겨 놓았다.

랩의 특성은 짧은 단위 시간 안에 많은 말들이 들어 있다는 것, 그것이 리듬 때문에 처음 들으면 무슨 말인지 잘 알아듣기 어렵지만, 자세히 들으면 많은 뜻이 들어 있다는 것, 음정은 없지만 리듬으로 인해 경쾌한 느낌을 주며 댄스와도 병행될 수 있다는 것이다. '서태지와 아이들' 이후 많은 청소년이 이러한 노래에 매혹되었다. 청소년들이 그러한 가사에 매혹된다면 그 이유가 있고, 그 이면을 들여다보면 커뮤니케이션을 위한 욕구의 기반을 잘 이해할 수 있다.

## (2) 표현의 변화: 은근한 표현에서 노골적인 표현으로

한국 대중 가요의 가사 변화에는 시대 비판뿐만 아니라 '표현 방식'의 차이도 나타난다. 대중 가요의 노랫말은 대중의 정서를 담고 있고, 대중의

표 7-3. 서태지와 아이들의 〈시대 유감〉과 〈교실 이데아〉의 노랫말

왜 기다려 왔잖아 모든 삶을 포기하는 소리를
이 세상이 모두 미쳐 버릴 일이 벌어질 것 같네
어어~~어어~

짜식들 되게 시끄럽게 구네 그렇게 거만하기만 한 주제에
거짓된 너의 가식 때문에 너의 얼굴 가죽은 꿈틀거리고
나이 든 유식한 어른들은 예쁜 인형을 들고 거릴 헤매다니네
모두가 은근히 바라고 있는 그런 날이 바로 오늘 올 것만 같아

검게 물든 입술 정직한 사람들의 시대는 갔어
숱한 가식 속에 오늘은 아우성을 들을 수 있어
왜 기다려 왔잖아 모든 삶을 포기하는 소리를
이 세상이 모두 미쳐 버릴 일이 벌어질 것 같네

부러져 버린 너의 그런 날개로 너는 얼마나 날아갈 수 있다 생각하나
모두를 뒤집어 새로운 세상이 오길 바라네
너의 심장은 태워 버리고 너의 그 날카로운 발톱들은 감추고
돌이킬 수 없는 과거와 이 세상은 잘못되어 가고 있는데

검게 물든 입술 정직한 사람들의 시대는 갔어
숱한 가식 속에 오늘은 아우성을 들을 수 있어
왜 기다려 왔잖아 모든 삶을 포기하는 소리를
이 세상이 모두 미쳐 버릴 일이 벌어질 것 같네
바로 오늘이 두개의 달이 떠오르는 밤이야
내 가슴에 맺힌 한을 풀수 있기를……

– 〈시대 유감〉 (서태지와 아이들, 1996)

됐어 됐어 이제 그런 가르침은 됐어 그걸로 족해 족해
매일 아침 일곱 시 삼십 분까지 우릴 조그만 교실로 몰아넣고
전국 구백만의 아이들의 머릿속에 모두 똑같은 것만 집어넣고 있어
막힌 막힌 사방이 막힌 널 그리곤 덥썩 우릴 먹어 삼킨
이 시꺼먼 교실에서 내 젊음을 보내기는 너무 아까워

좀 더 비싼 너로 만들어 주겠어 네 옆에 앉아있는 그 애보다 더
하나씩 머리를 밟고 올라서도록 해 좀 더 잘난 네가 될 수가 있어
왜 바꾸진 않고 마음을 조이며 젊은 날을 헤맬까
왜 바꾸진 않고 남이 바꾸길 바라고만 있을까

됐어 됐어 이제 그런 가르침은 됐어 그걸로 족해 족해
국민학교에서 중학교로 들어가면 고등학교를 지나
우릴 포장센타로 넘겨 겉보기 좋은 날 만들기 위해
우릴 대학이란 포장지로 멋지게 싸버리지
이젠 생각해 봐 대학 본 얼굴은 가린 채 근엄한 척할 시대가
지나 버린 걸 좀 더 솔직해 봐 넌 알 수 있어……

됐어 됐어 이제 그런 가르침은 됐어

– 〈교실 이데야〉 (서태지와 아이들, 1994)

정서는 가치관과 사회 상황에 기반을 두고 있다. 그런데 이 가치관과 사회 상황이 변화해 가고 있기 때문에, 시대마다 공감을 주어 인기를 끄는 노랫말이 변화하는 것은 당연한 일이다.

1970년대에는 커뮤니케이션도 '은근히' 이루어지는 경우가 많았고, 무엇보다 남녀의 구별이 뚜렷했다. 표 7―4에 나타나 있는 1970~1980년대 송창식의 〈맨 처음 고백〉이란 노래의 가사를 살펴보면, 화자가 남성임

표 7-4. 송창식의 〈맨 처음 고백〉과 쥬얼리의 〈니가 참 좋아〉의 노랫말

말을 해도 좋을까, 사랑하고 있다고, 마음 한번 먹는데 하루 이틀 사흘
돌아서서 말할까 마주서서 말할까, 이런저런 생각에 일주일 이주일
맨 처음 고백은 힘이 들어라 땀만 흘리며 우물쭈물 바보 같으니
화를 내면 어쩌나 가버리면 어쩌나 눈치만 살피다가 한 달 두 달 세 달

맨 처음 고백은 힘이 들어라 땀만 흘리며 우물쭈물 바보 같으니
내일 다시 만나면 속시원히 말해야지
눈치만 살피다가 일 년 이 년 삼 년
눈치만 살피다가 지나는 한평생 에~~~

– 〈맨 처음 고백〉 (송창식, 1976)

온종일 정신없이 바쁘다가도 틈만 나면 니가 생각 나
언제부터 내 안에 살았니 참 많이 웃게 돼 너 때문에
어느새 너의 모든 것들이 편해지나 봐 부드러운 미소도 나지막한 목소리도
YOU・ 이직은 얘기 할 수 없지만 니・・ 있잖이 니기 정말 좋이
사랑이라 말하긴 어설플지 몰라도 아주 솔직히 그냥 니가 참 좋아

친구들 속에 너와 함께일 때면 조심스레 행복해지고
어쩌다가 니 옆에 앉으면 세상을 다 가진 기분이 드는걸
우연히 눈만 마주쳐도 괜스레 발끝만 보게 되고
조금씩 내 마음이 너에게 가고 있는걸 이 세상에 두 사람 너랑 나만 몰랐나 봐
YOU~ 얼마나 잘 할지는 몰라도 나~ 니 곁에 서고 싶어 정말
하루하루 점점 더 커져 가는 이 느낌 다른 말보다 그냥 니가 참 좋아

손 잡을 때는 어떨까 우리 둘이 입맞춘다면
YOU~ 아직은 얘기할수 없지만 나~ 있잖아 니가 정말 좋아
사랑이라 말하긴 어설플지 몰라도 아주 솔직히 그냥 니가 참 좋아

– 〈니가 참 좋아〉 (쥬얼리, 2003)

에도 불구하고 말을 속시원히 하지 못하고 속으로 끙끙 앓는 심정이 잘 나타나 있다. 반면에, 2000년대 이후 쥬얼리의 〈니가 참 좋아〉의 가사를 보면, 화자가 여성임에도 불구하고 속마음을 있는 그대로 표현해 내는 방식이 묘사되어 있다. 보수적인 가치관에 바탕을 둔 전통적인 남녀 관계에서는 남자가 사랑을 먼저 고백하는 것이 더 자연스러웠다는 점까지 감안한다면, 이러한 변화는 아주 큰 변화라고 할 수 있다.

대중 가요 노랫말의 사랑 표현 방법이 적극적인 방향으로 변화해 온 것과 함께, 적극성을 넘어선 노골적 표현에 춤과 어우러진 선정성까지 증가되는 경향을 보이고 있다. 한국 대중 음악의 노랫말과 관련해 선정성, 남성성, 여성성에 대해 알아보자.

## (3) 춤과 어우러진 선정성의 증가 및 남성성과 여성성

대중 가요의 노랫말과 제스처의 표현 방식이 점점 선정적이 되어 가고 있고, 그에 따라 선정성을 판단하는 기준도 달라져 가고 있다(김이진, 2007). 예전에는 조금만 선정적인 동작이나 자극적인 내용이 들어가도 금지되곤 하던 노래가 지금은 상당한 수준까지 허용이 되고 있다. 그만큼 변화된 문화에 발맞춘 변화라고 볼 수도 있고, 강한 자극에 많이 노출되다 보니 둔감화가 일어나, 웬만한 자극에는 동요되지 않는 상황이 되었다고 해석할 수도 있겠다. 선정적인 자극에 대한 역치*threshold* 자체가 높아진 것이다. 앞서 논의한 뮤직비디오가 청각 자극에 시각적 즐거움까지 가미되어 더욱 짜릿한 즐거움을 선사한다는 점과 일맥상통하는 부분이다.

박진영, 이효리의 공연에서와 같이 성적인 자극 수준이 높은 댄스가 오히려 노래보다 더 중요한 즐김의 요소로 관객의 눈과 귀를 즐겁게 해주면서, 너도 나도 경쟁적으로 춤과 어우러진 선정적 노래들을 선보이기 시작했다. 리듬, 음정, 가사에서 느껴지는 정서에 '보는' 즐거움을 주는 몸의 유희는 사람들에게 또 하나의 감각인 '촉각'의 느낌까지 선사함으로써, 3차원 영화와 마찬가지로 노래도 단순히 듣는 것이 아니라 함께 '체험'하는 장르로 만들기에 이르렀다. 댄스 뮤직에 한정된 이야기이기는 하지만, 이처럼 자극 수준이 높은 댄스 뮤직이 인기를 끈다는 것은 그만큼 이런 것들이 대중을 만족시키는 요소를 지니고 있다는 의미이기에 짚어 볼 필요가 있다.

노랫말 자체도 '미인 찬가'에서 '육체의 찬미와 조롱'으로 변화하는 가운데 지속적으로 외모 차별주의가 관통하고 있다(임인숙, 2007). 예나 지금이나 "예쁜 여자"에 대한 선망에는 변함이 없지만, 단순한 얼굴 미인에서 육체 미인 예찬으로, '청순미'에서 '관능미' 예찬으로 바뀌며 그 정도가 심해졌다는 점도 큰 변화라고 할 수 있다.

성性을 소재로 한 가사 자체에서 그 대상을 지칭하는 단어도 변화를 겪었다. 예를 들면, 1970~1980년대에는 사랑하는 상대를 가리키는 말로 "님, 당신, 그녀" 등과 같이 비교적 상대방을 존중하는 단어들을 사용했던 데 비해, 2000년대 이후에는 "너, 이봐" 등과 같은 반말투의 호칭과 용어들을 더 많이 사용하는 경향이 있다(김이진, 2007).

한국 근대 대중 가요에 나타난 여성성은 (1) 일방성 혹은 강제된 삶으로서의 여성성, (2) 무능하고 세태 변화에 둔감한 존재로서의 여성성, (3) 자포자기와 수동적 존재로서의 여성성, (4) 남성 중심적 관점에 의한 여성성의 유린으로 요약된다(이동순, 2009). 1976년 하수영의 〈아내에게 바치는 노래〉도 그 당시 아내들이 듣고 싶어 했던 노래이기는 하지만, 저변에는 여전히 "가부장적 남성 중심 사고"가 담겨 있는 가사 내용이었다(p.171).

김건모의 노래 가사를 기호학적으로 분석하여, 한국 대중 가요의 '남성성'이 어떻게 변화해 왔으며, 이것이 이데올로기적으로 어떤 의미 변화

**표 7-5. 윤형주의 〈꽃집의 아가씨〉와 박진영의 〈음음음〉의 가사**

꽃집의 아가씨는 예뻐요 그렇게 예쁠 수가 없어요

그녀만 만나면 그녀만 만나면 내 가슴 울렁울렁거려

꽃집의 아가씨는 미워요 그렇게 미울 수가 없어요

너무나 새침해서 너무나 새침해서 설레는 내 마음을 몰라요

- 〈꽃집의 아가씨〉 (윤형주, 1970)

저기서 보고 있자니 도저히 참을 수가 없네요 음음

어쩜 그렇게도 예쁜가요 그대가 정녕 사람인가요 예예

그대 아름다움은 전에 본 적이 없는 정말 신비로운 것이에요 예예

그러나 날 제발 피하지 말고 그대여 내게 맘을 열어요

- 〈음음음〉 (박진영, 2001)

(임인숙, 2007, p.261)

를 겪었는지에 대한 연구도 있다(백선기·김남일, 2006). '가부장적 남성성'의 범주에는 "경쟁(공격)성, 우월(지배)성, 여성 타자화"가 포함되며, 이를 나타내는 노래들은 "다른 남성 또는 여성에 대한 대결과 투쟁, 지배적 위치 고수, 여성에 대한 유혹, 성차의 확대" 등과 같은 공통적 신화 속성을 지닌다(p.12). 반면에, '허여적 남성성'을 재현한 노래 가사들은 "홀로 서기 괴로움, 감정 표현의 금기 및 고귀성"의 범주에 포함되며, 이것은 "여성에 대한 공포, 여성 기피, 여성을 갈망하는 남성의 무의식, 사회적 지위 하락 공포, 체면 손상의 공포, 남성이기를 애씀" 등과 같은 신화 속성을 공통적으로 지닌다(p.13). 전자가 여성을 타자화하는 남성 우월의 신화라면, 후자는 남

성다움과 체면을 중요시하면서도 수동적인 남성의 신화를 나타낸다.

결론적으로, 1990년대 초반에는 '가부장적 남성성'이 표출되다가 1990년대 후반에는 '허여적 남성성'이 표출되는 방향으로 변화하였다(백선기·김남일, 2006). 그러나 이러한 '허여적 남성성'의 표출도 전통적 남성성이 적용하는 과정일 뿐, 아직 나눔과 섬김의 의미로 변화하지는 않았다. 대중 가요의 노랫말에 남녀 간의 사랑 이야기가 많다 보니, 자연스레 남성성, 여성성, 더 나아가 선정성에서 자유롭기가 어려울 수도 있다. 그러나 평등한 상태의 건전한 공존이 대중 가요의 사랑 노래에서는 과연 불가능할지, 미래의 대중 가요 노랫말의 변화를 지켜볼 일이다.


# 3. 음악과 정서 조절

## 1) 청소년의 우울 대처 방안과 음악


음악은 기분과 정서를 조절하는 데 탁월한 효과가 있어, 청소년들이 우울한 상태를 벗어나기 위해 사용하는 대처 방안의 하나로서도 큰 역할을 한다. 청소년들이 '음악 듣기'를 가장 중요한 대처 방안의 하나로 꼽았다는 사실을 직접 보여 준 연구도 있다(Arnett, 1995; Larson, 1995). '왜' 음악 듣기를 중요한 대처 방식으로 생각하느냐에 대한 이론적 근거는 대개 이용과 충족 이론(Ganz et al, 1978)이나 기분 관리 이론(Zillmann & Gan, 1997)이다. 쉽게 말해 '유용하니까' 또는 '기분을 조절할 수 있으니까' 음악을 듣는다는 것이다.

특히 사춘기 청소년들은 음악을 혼자서 좋아하고 즐기기도 하지만 같은 종류의 음악을 좋아하는 '친구들과 함께' 즐김으로써 또래 문화에서의 소속감을 배가시킨다. 친구들과 좋아하는 음악을 공유하고 함께 음악을 들음으로써 '우리는 함께이다,' '나는 혼자가 아니다'라는 느낌 속에 안심을 하는 심리라고 볼 수 있다. 그래서 음악은 청소년의 '사회화' 과정에, 그리고 스트레스 상황에 대한 '대처 방식'으로서도 중요한 역할을 한다.

프랑스계 캐나다 청소년들을 대상으로 캐나다에서 진행된 한 연구에 따르면(Miranda & Claes, 2009), 여학생들의 경우는 음악을 들으면서 '문제 지향적' 대처 방안을 찾는 것이 우울 수준을 낮춘 반면, 음악을 들으며 '회피 / 철회' 대처 방안을 찾는 것은 우울 수준을 높였다. 남학생들은 음악을 들음으로써 '감정 지향적' 대처 방안을 찾는 것이 우울 수준을 증가시켰다. 여학생들의 경우 더 우울한 친구와 함께 있을 때 음악 청취가 우울 수준을 높였다.

## 2) 음악 치료

웹을 이용해 음악 치료를 할 수 있는 프로그램도 개발되었다. 희, 노, 애 각각에 해당하는 정서 구조를 그림으로 나타내면, 그 그림을 보고 음악을 선택하게 하여 치료하는 것이다(김태식 · 현혜정, 2007). '화나는' 감정 아래에는 다투었거나 실수했거나 꾸중을 들은 일이 있을 수 있고, '슬픈' 감정 기반에는 우울함이나 이별이 있을 수 있다. 그리고 '기쁜' 감정 아래에는 즐거움과 편안함이 있다.

그림 7-1을 잘 살펴보면, '짜증' 상태는 다투어 화가 난 경우와 슬픈 경우에 모두 해당이 되며, '여행'은 다투어 화가 난 경우, 우울하여 슬픈 경우, 이별하여 슬픈 경우처럼 부정적인 상태와도 관련이 되지만, 편안하여 기쁜 경우처럼 긍정적인 상태와도 관련이 된다. 반면에 대체로 '노래'는 편안하여 기쁨을 느끼는 긍정적인 상태와 더 많이 관련이 된다. 앞의 5장

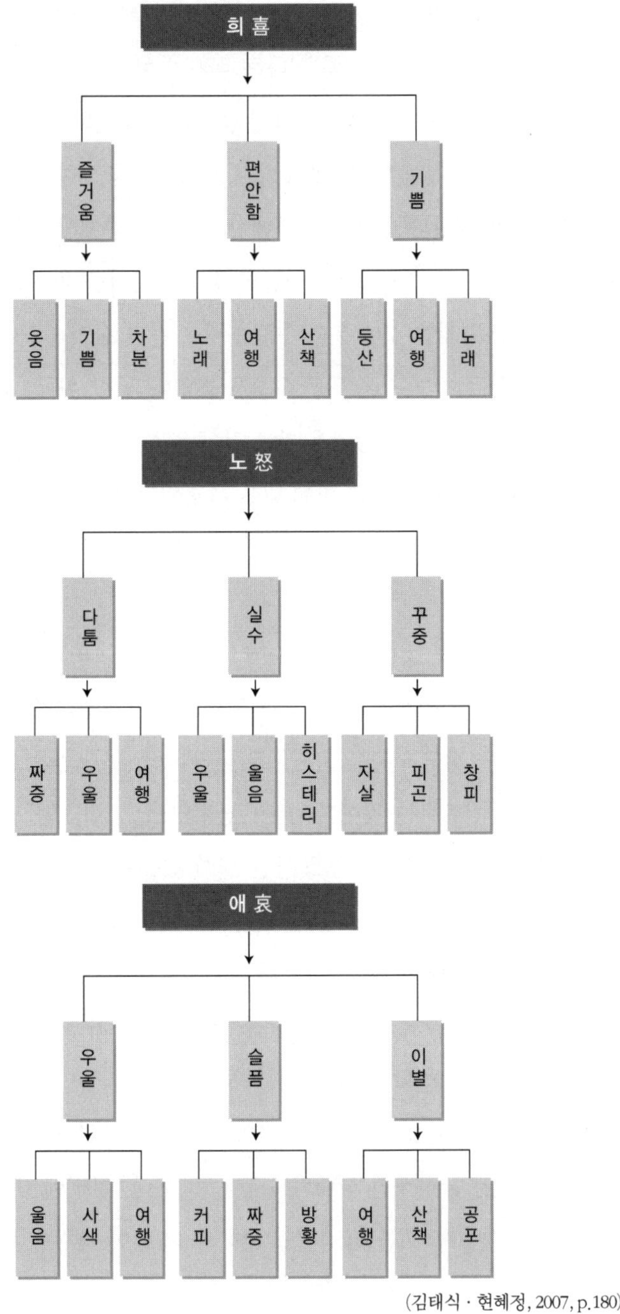


(김태식 · 현혜정, 2007, p.180)

그림 7-1. 감성의 구조 도식

에서 논의한 '울음'은 실수하여 화난 경우와 우울하여 슬픈 경우에 모두 해당이 된다.

각 감정에 대해 어떤 음악을 사용하여 정서를 치료했는지가 표 7−3에 나와 있다. 짜증 상태에서는 베토벤의 〈로망스〉나 모차르트의 레퀴엠 〈눈물의 날〉 등, 우울한 상태에서는 모차르트의 협주곡 1악장 알레그로 또는 멘델스존의 〈노래의 날개 위에〉 등, 그리고 여행 상태로 분류되었을 때는 슈베르트의 〈아베마리아〉나 멘델스존의 첼로 작품 등이 선택되었다. 개인의 선호에 따라 다를 수는 있으나, 음악이 불러일으키는 정서도 상당 부분 인간에게 보편적으로 일어나는 정서이기 때문에, 대부분의 사람들이 편안하게 느끼는 음악과 대부분의 사람들이 아름답다고 느끼는 음악 등이 크게 다르지 않다는 데 기초한 것이다.

청소년들을 포함하여, 사람은 누구나 잘 '적응'하고 싶어 한다. 청소년들의 내부에서 끓어오르는 열정을 발산할 기회가 없을 때, 청소년들은 나름대로 그 열정을 발산할 출구를 찾게 된다. 이 과정에서 다양한 방법으로 미디어를 이용하게 되는데, 정상적으로 이용하느냐 비정상적으로 이용하느냐 하는 것은 결과적으로 적응에 도움이 되느냐 그렇지 않으냐 하는 기준으로 판단할 수 있다.

스스로 정서 조절을 하지 못하면 외부에서 개입하여 상담이나 치료 과정에 들어가게 되는데, 이때 음악을 이용하면 음악 치료가 되는 것이고, 영화를 이용하면 시네마테라피가 되는 것이다. '치료*therapy*'라고 하면 흔히 '환자*patient*'를 떠올리고, 환자라고 하면 대개 어딘가 정상이 아닌 상태를 포함한다고 보아 '나와는 관련 없는' 일이라 생각하기 쉽다. 그렇지만 인간이 보다 행복한 상태로 적응하기 위한, 즉 '주관적 안녕감'이 아닌 '심리적 안녕감'을 회복하기 위한 수정 과정이라고 생각하면, 그런 의미의 치

**표 7-3. 감성에 따라 사용된 음악 치료 곡목**

| 감성 분류 | 음악 치료에 사용된 음원 |
| --- | --- |
| 짜증 | 베토벤: 〈로망스〉 외 3곡 |
| 산책 | 베토벤: 〈아드린느를 위한 발라드〉 외 3곡 |
| 우울 | 모차르트: 협주곡 1악장 Allegro 외 2곡 |
| 짜증 | 모차르트: 〈레퀴엠−눈물의 날〉 외 1곡 |
| 여행 | 슈베르트: 〈아베마리아〉 외 1곡 |
| 노래 | 슈베르트: 〈자장가〉 외 1곡 |
| 우울 | 멘델스존: 〈노래의 날개 위에〉 |
| 여행 | 멘델스존: 〈무언가〉 작품 109 (첼로 연주) |
| 차분 | 비발디: 〈사계(봄)〉 외 3곡 |
| 수줍음 | 쇼팽: 〈소녀의 기도〉 |
| 자살 | 슈만: 〈꿈〉 외 2곡 |

(김태식 · 현혜정, 2007, p.181)

료 과정은 누구에게나 해당이 된다. 이런저런 일들을 겪으며 살아가야 하는 세상에서, 어떤 방향으로든 적응을 향한 노력은 필요하기 때문이다.

특히 청소년들의 경우는 친구들과의 또래 문화도 무시할 수 없는 큰 부분이며, 또래 문화의 상당 부분은 공통된 미디어의 이용과 공통된 엔터테인먼트의 소비에 기반을 두고 있다. 따라서 청소년들이 음악, 게임, 스포츠와 같은 '즐김'의 미디어 콘텐츠를 어떻게 활용하는지, 이들이 소통과 즐김을 위해 휴대 전화와 인터넷을 어떻게 활용하고 있는지에는 특별한 관심을 둘 필요가 있다.

성인에게도 물론 음악 등이 큰 역할을 하지만, 특히 감수성이 예민한 청소년들이 더욱 심취하고 그들에게 더 큰 효과를 주기 때문에 전반적으로 이 장은 청소년들을 중심으로 논의하였다. 대체로 소통보다는 '즐김'을 위한 미디어, 전통적 미디어보다는 '뉴 미디어'를 주로 다루게 될 이 책의 후반부에서는 '청소년'의 미디어 이용과 관련된 내용이 많이 포함될 것이다. 이 영역들은 그만큼 젊은 층이 더 몰입하기 쉬운 영역들이기 때문이다.

# Chapter 08

# 게임

## | 통제의 즐거움과 통제 상실

디지털 시대의 게임 공간은 인간이 즐길 수 있는 각종 콘텐츠를 다양하고 폭넓게 지니고 있다. 뿐만 아니라 디지털 게임 환경은 개인 중심의 상호 작용성과 함께 시공간을 초월한 접근성도 지니고 있다.

# 1. 게임의 종류와 특성

## 1) 놀이로서의 게임: '즐김'의 심리

흔히 '게임'이라고 하면 '놀이'의 일종이라고 생각한다. 그런데 자세히 살펴보면, 게임은 즐김을 위한 놀이의 특성과 소통을 위한 스토리의 특성을 모두 지니고 있다. 놀이와 스토리 중 어느 한쪽에 더 비중이 가 있는 게임들도 있고, 둘 모두를 균형 있게 추구하고 있는 게임들도 있다. 이 두 가지를 하나씩 살펴보기로 하자.

먼저 게임을 '놀이'로 보는 관점에서 좀 더 엄밀히 말하면, 게임은 놀이와 스포츠의 중간 정도 되는 경쟁성과 규칙성을 지닌다. 경쟁성과 규칙성은 스포츠가 가장 강하고 놀이가 가장 약하다. 물론 놀이 중에서도 이 경쟁성과 규칙성의 정도가 약한 것도 있고 강한 것도 있어, 다양한 종류의 '즐김'이 가능해진다.

놀이의 두 가지 원동력은 (1) 자발적, 충동적으로 놀이에 참여하게 하는 '즉흥과 희열의 원초적인 힘,' 즉 '파이디아*paidia*' 본능과, (2) '자유와 즉흥과 희열을 엄하게 제어하는 규칙'인 '루두스*ludus*'이다. 게임을 놀이 속성에 따라 분류하면 다음과 같은 네 종류로 구분할 수 있다(카이와, 1994; 정동암, 2007, p.286; 안상혁, 2003, pp.122~124).

· 경쟁 *agon* 하는 특성: 상대방과 힘을 겨루거나 기량을 겨루는 스포츠 게임과 같은 종류(예: 체스/바둑, 스포츠, 권투, 당구, 삼국지, 스타크래프트 등).

· 요행 *alea* 을 기다림: 예상치 못한 행운이나 운명을 믿는 것. 우연한 수확은 자

신의 운명적 믿음을 높인다. 도박이나 복권 같은 게임(예: 복권, 룰렛, 주사위, 동전의 앞뒤 게임, 바카라, 제비뽑기 등).

· **흉내** *mimicry* 내기: 어떤 가상의 대리역을 모방하고 흉내를 내는 즐거움. 가상 체험을 통해 카타르시스나 대리 만족을 얻는다. 아바타 게임, 생활 시뮬레이션과 같은 종류의 게임(예: 가면무도회, 연극, 여행, 칼싸움, 소꿉장난, 탐험 시뮬레이션 게임 등).

· **현기증** *ilinx*의 경험: 스릴과 현기증과 같은 신체적 체험을 통해 재미를 찾는 것. 드라이빙, 비행과 같이 시뮬레이션 체험 게임(예: 롤러코스터, 그네, 왈츠, 회전목마, 공중곡예, 번지 점프, VR, 아이맥스, 영화 등).

위의 네 가지 놀이 특성 가운데 호이징하(1993)는 '경쟁'과 '흉내'만을 교육 가치와 미적 가치가 인정되는 놀이 문화의 형태로 인식한 반면, 카이와(1994)는 나머지 두 가지도 놀이에 포함시켰다. 비교적 단순한 '테트리스' 게임은 "논리에 입각한 규칙에 의존하는 놀이"이다. 따라서 이런 게임에는 그래픽 효과가 강한 현기증 놀이가 결합되기 어렵다(안상혁, 2003, p.125). 입체 그래픽 효과인 3D를 〈테트리스〉에 적용했을 때 실패했던 사례는 '규칙'에 의존하는 게임이 '현기증' 놀이와 결합되기 어려운 사례(그림 8–1의 점선 중 하나)로 거론된다. 또한, 운에 맡기거나 요행을 바라는 놀이는 의도적으로 모방하고자 하는 미미크리와 결합되기 어렵다.

반면에, 그림 8–1에서 실선 하나로 연결되어 있는 부분은 '근원적인 조합'으로 분류된다. 그림 위쪽의 '아곤*agon*'과 '알레아*alea*'는 둘 모두 규칙이 있는 놀이로서, 유사성을 지니되 운에 맡기는 부분이 큰지 아니면 의지로 행동하는 부분이 큰지에 따라 나뉜다. 주사위 놀이는 요행에 의지하기 때문에 알레아에 속하며, 바둑은 의지로 행동하기 때문에 아곤에 속한다.

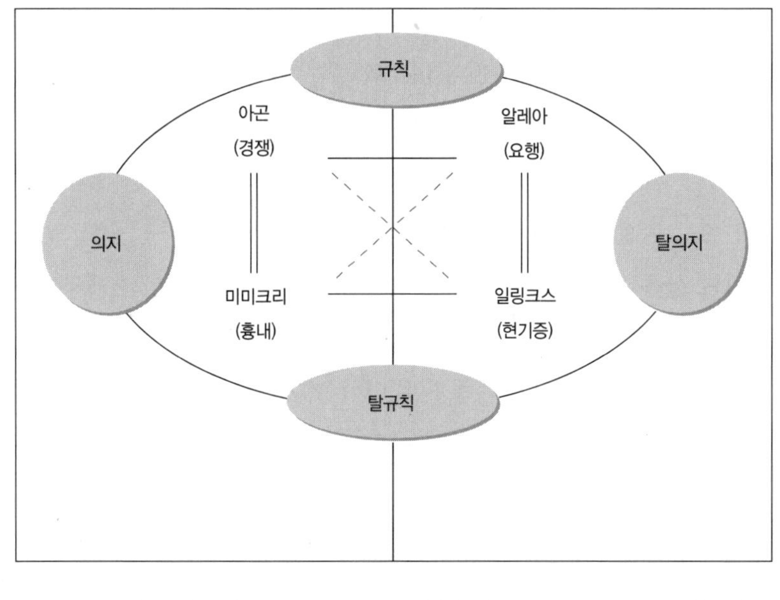


(안상혁, 2003, p.125)

**그림 8-1. 규칙성과 의지에 따른 놀이의 종류 분류**

하지만, 이 둘은 규칙을 가지고 있다는 점에서 유사하며, 전형적인 '게임'에 속한다. 이 둘의 중간 정도에 해당하는 게임이 〈테트리스〉라고 할 수 있다. 의지도 개입되면서, 일정 부분은 요행도 있기 때문이다.

규칙이 없거나 비교적 약한 영역의 놀이로서 '미미크리*mimicry*'는 영감과 즉흥성에 의존하기는 하지만 플레이어의 의지가 들어가며, '일링크스*ilinx*'는 현실 감각을 상실할 정도의 환각이나 환상의 세계 속에서 현기증을 일으키는 탈의지 성향의 놀이이다. 즉 이 두 부류의 놀이는 규칙이 약하다는 공통점을 지니지만, 의지의 강약 부분에서 차이가 나며, 이 두 극단적인 특성이 적절히 혼합된 다양한 놀이가 가능하다.

기존의 오프라인 놀이들이 대체로 컴퓨터 시뮬레이션을 통해 게임으로 재현되고 있기 때문에, "온라인 게임은 가상 공동체를 기반으로 이른바 '디지털 문화'를 선도"하고 있다(호이징하, 1993; 안상혁, 2003, p.122). 가상 공간에서 현실 속의 오프라인과 유사한 경쟁적 게임을 즐길 수도 있고, 인간의 삶을 가상 공간에 그대로 옮겨 놓은 듯한 시뮬레이션 게임이나 역할 놀이에서는 인간의 본성인 '관계'와 '소통'의 욕구를 충족시키면서도 성취감을 느끼며 인정을 받을 수 있어 그 과정과 결과를 충분히 즐기게 된다.

'경쟁' 범주에 속하지 않더라도 게임은 대부분 무엇을 얻고자 하는 경쟁이나 성취의 대상과 이를 함께 얻고자 하는 상대가 있는 경우가 많아, 미디어가 이러한 대상이나 상대방을 연결해 주는 도구로서 큰 기능을 발휘할 수 있다. 특히 미디어를 통해 경쟁적 또는 협동적인 게임이 이루어지기 위해서는 미디어가 상대방과 연결해 주거나 미디어 자체가 2인칭으로서 게임의 상대 역할을 해야 한다. 게임이 영화나 드라마와 같은 장르와 가장 다른 부분이 바로 '2인칭' 미디어가 필요하다는 점이다. 영화나 드라마는 기본적으로 '3인칭' 관찰자 시점에서 간접 경험을 하는 장르인 데 비해, 게임은 '2인칭' 상호 작용 과정을 통해 직접 경험을 만들어 가는 장르이다.

사람들이 영화나 드라마보다 게임에 빠져들기 더 쉬운 이유도 바로 여기에 있다. 미디어가 상대방을 연결해 주든, 미디어가 직접 상대방 역할을 하든, 직접 경험에 가까운 방식의 스토리가 진행되기 때문에, 강력한 경험이 가능해진다. 더욱이 현실 속의 경쟁에서는 자기 가치를 경험하기 어려운 데 비해, 게임 속에서는 보다 쉽게 자기 가치를 높일 수 있어, 현실에서 성취감을 느끼기 어려울 때 더욱 쉽게 미디어가 제공하는 가상 현실의 게임에 빠져든다.

## 2) 스토리로서의 게임: '소통'의 심리

'놀이'의 관점과 '서사'의 관점을 상호 보완적으로 종합한 박근서(2009b)는 〈테트리스〉나 〈지뢰찾기〉와 같은 놀이형 게임과 〈드래곤스 레어*Dragon's Lair*〉나 〈미스트〉와 같은 서사형 게임을 구분한다. 놀이형 게임의 핵심은 '규칙'에 있으며, 서사형 게임의 핵심은 '허구의 스토리'에 있다고 본다. 게임에서 놀이와 서사는 상호 의존적으로 작용한다. 즉 "놀이는 서사를 작용점으로 하여 '담화'를 만들어 내고, 서사는 놀이를 작용점으로 '규범'을 만들어 낸다"(박근서, 2009b, p.237).

서사형 게임은 드라마와 유사한 특성을 지닌다. 특히 영상 화면으로 진행되는 스토리 중심의 게임은 경쟁에 초점이 있다기보다 플레이어가 어떤 임무를 수행하거나 등장 인물과 관계를 맺으며 살아가는 시뮬레이션 게임이 큰 비중을 차지한다. 이러한 게임은 픽션 스토리를 포함하는 '서사'의 특성을 강하게 지닌다(박근서, 2009b). 그런데 게임이 픽션 스토리를 포함하는 영화나 드라마와 다른 점은 '보는' 것이 아니라 '하는' 것이라는 점이다. 즉 경쟁이 주가 되는 것이 아니라 무엇인가 만들어 가고 상호 작용을 해나가는 과정 자체를 실제로 '하면서' 즐긴다는 점에서, 시뮬레이션 게임은 직접 또는 아바타를 통한 1인칭 체험으로서의 몰입을 배가시켜, 3인칭 관찰자 시점의 영화나 드라마와는 차별화됨과 동시에 2인칭 경쟁 중심의 게임들과 유사성을 지닌다. 즉 실제로 플레이어가 무엇인가를 '한다'는 점에서 '직접 체험'에 가까운 경험을 하는 것이고, 따라서 영화나 드라마의 3인칭 경험보다 더 강한 경험을 하게 된다.

닌텐도의 생활 시뮬레이션 게임인 〈동물의 숲〉 사례를 살펴보면, 소통형 게임이 주는 재미가 어디에서 나오는지를 알 수 있다(정혜승, 2008). 이 게임은 가상 마을에 집을 짓고 여러 동물들과 대화 및 상호 작용을 통해 감정적 소통을 느껴 가는 '커뮤니케이션 게임'이다. 플레이어가 게임의 목표와 페이스 등을 조절할 수 있기 때문에, 사용자의 연령층이나 성향에 크게 구애받지 않는다는 장점도 지닌다.

이 게임에서 흥미로운 점은 동물들과 커뮤니케이션을 많이 할수록 친밀도가 높아지고, 그에 대한 보답으로 동물이 플레이어에게 주는 보상이 커진다는 것이다. 〈동물의 숲〉 게임에서는 마을 환경을 개선한다든지 집을 꾸미는 것, 박물관의 전시품을 수집하는 것, 그리고 커뮤니케이션 등이 주요 임무이기 때문에, 일상적인 행동들이 보상과 연결된다. 이 게임의 특성을 정혜승(2008)은 다음과 같은 항목으로 구분하고 있다(pp.93~95).

- 커뮤니케이션(23.2%): 네트워킹하기 위해 초대 받기를 원하거나 초대해 줄 사용자를 찾음. 멀티플레이어 게임을 즐길 수 있음.

- 게임에 대한 경험담 공유(19.5%): 게임 진행 과정 및 성과, 에피소드에 관한 내용을 다른 사용자들과 공유함. 게임 일기를 작성하기도 함.

- 정보 제공(19.2%) 및 문의(11.5%): 게임에 대한 상세한 정보를 문의하거나 제공함.

- 거래 활동(물물 교환 9.2%, 사고팔기 0.8%): 자신에게 없는 아이템들을 수집하고 교환. 마을 상점에 없는 물건을 다른 마을의 상점에 가서 구입하기도 함.

- 재산 증식 활동(11.4%): 마을의 무 가격이 낮을 경우 재산 증식을 위해 무 가격이 높은 마을을 찾음.

· 창작 활동(창작물 홍보 및 공유 3.8%): 플레이어가 디자인한 창작물들을 다른
  사용자들에게 자랑하고 공유하고자 하는 목적.

· 스페셜 캐릭터, 스페셜 아이템(1.4%): 각각 다른 마을에 있는 길 잃은 아기 고양
  이와 엄마 고양이를 네트워킹을 통해 서로 만나게 해주고 특수 아이템을 선물
  로 받고자 함.

〈동물의 숲〉 게임은 초기에는 네트워킹의 기능이 없이 개발되었다고
한다. 그럼에도 "다른 플레이어들과의 정보 공유"를 위해 네트워킹이 필요
하고, 사용자들은 이를 위해 '온라인 커뮤니티'를 활용한다. "사용성 및 놀
이성이 뛰어난 게임 플레이를 경험하기 위해서는 플레이어 간의 커뮤니케
이션이 중요하다"는 것이다(정혜승, 2008, p.96). 즉 '즐김'을 극대화하기 위해
소통이 필요하다는 의미이다.

시뮬레이션 게임이나 역할 놀이의 원조는 아이들의 소꿉놀이에서 찾
아볼 수 있다. 바비 인형의 옷을 입힌다든지, 부엌의 식기 모양들과 옷장
등을 모방한 플라스틱 장난감들을 놓고 마치 어린 아이들이 엄마 아빠 역
할을 나누어 맡으며 성인의 세계를 미리 경험해 보는 데서 즐거움을 느끼
는 것처럼, 인간으로서의 일상적인 삶과 커뮤니케이션을 통한 존재감 자
체가 이런 종류의 게임에서 즐거움을 느낄 수 있는 원동력이 된다.

뿐만 아니라, 일상적인 경제 활동이나 창작 활동, 여기에서 얻어지는
성취감이나 인정을 받고자 하는 욕구 등을 게임 안에서 고스란히 충족시
킬 수가 있다. 이를 위해 경험담을 공유하고 정보를 교환하며 네트워킹을
통해 사회적 연결을 도와줌으로써 아이템 선물을 받기도 하는 등 인간 삶
속의 소소한 즐거움들을 그대로 느낄 수 있게 해주는 것이다.

요점은 온라인 게임이 즐거움을 주는 요소가 단순히 경쟁을 하여 레

벨을 높이는 데만 있는 것이 아니라, 소통과 관계로 이루어지는 일상 생활의 연장을 경험하는 데에도 있다는 점이다. 연결과 소통은 인간 본연의 욕구이기 때문에, 이러한 부분이 충족될 수 있는 게임이 사람의 마음을 움직여 인기를 끌게 된다. '사람의 마음을 움직이는 힘'이 게임에서도 필요하다는 것이다.

## 3) 게임의 다른 분류와 인터넷 게임의 특성

게임의 종류를 상호 작용성과 개방성 여부에 따라 분류하기도 한다. 이재현(2001)은 게임 유형을 그림 8-2와 같이 분류하였다. 상호 작용성과 개방

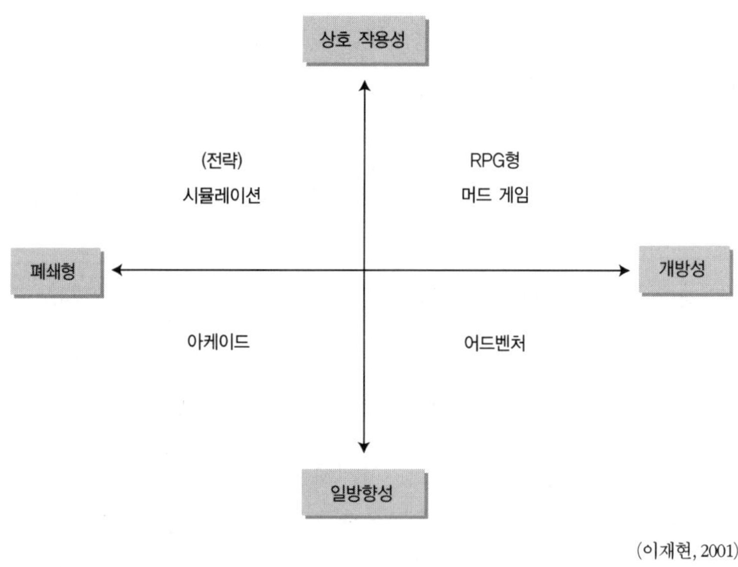


(이재현, 2001)

**그림 8-2. 게임 유형의 분류**

성이 모두 강한 게임은 RPG 게임이나 머드 게임, 반대로 일방향적이며 폐
쇄적인 게임은 아케이드형, 개방적이지만 일방향적인 게임은 어드벤처류,
그리고 상호 작용적이지만 폐쇄적인 게임은 시뮬레이션류로 분류된다. 이
분류가 그림 8-1과 유사한 부분도 있지만 1 대 1 대응이 되지는 않는다.
이러한 분류는 게임이 지금보다는 덜 다양할 때의 분류였기 때문에, 첨단

### 표 8-1. 인터넷 게임의 유형별 특성

| | 아케이드 | 어드벤처 | 시뮬레이션 | 롤플레잉 |
|---|---|---|---|---|
| 개념 | 간단한 키 조작을 통해 각 단계에 등장하는 물체나 사람을 조종하여 승리하거나 목표점에 도달하면 다음 단계로 넘어가는 방식 | 게임에서 미리 설정된 줄거리에 따라 주인공이 사건이나 문제를 적절히 대처하고 해결하며 게임의 최종 목적지를 향해 가는 게임 | 실제 또는 가상의 상황을 컴퓨터에서 재현하도록 한 게임 | 등장 인물들을 각기 자신의 역할을 수행하게 함으로써 그들을 성장시켜 나가는 게임 |
| 특징 | · 단시간 내에 게임이 끝남<br>· 키조작이 간단함<br>· 게임 진행 속도가 빠름<br>· 단편적인 게임 시나리오 | · 설정된 시나리오에 의해 문제 해결<br>· 미지의 세계를 배경으로 함<br>· 게임 진행상 마우스 조작이 필수적<br>· 그래픽과 음악, 음향 효과가 다른 장르에 비해 환상적임 | · 현장감을 느낄 수 있음<br>· 게임 과정에 있어 동일성을 갖지 않음<br>· 대부분 끝을 보기 힘듦 | · 타장르보다 자유도가 높음<br>· 주인공의 성장도를 나타내는 수치가 있음<br>· 숨겨진 이벤트가 존재함 |
| 종류 | 슈딩 게임, 보드 게임, 퍼즐 게임, 스포츠 게임, 액션 게임 | 텍스트 중심의 어드벤처, 그래픽 중심의 어드벤처 | 비행 시뮬레이션, 전략 시뮬레이션, 육성 시뮬레이션 | 텍스트형 MUD 게임, 그래픽형 MUG 게임 |

(이재현, 2001)

기법이 가미된 혼합형 게임들이 많이 등장해 갈수록 게임의 분류법도 다양해질 수 있음을 보이는 사례로 기억하는 것이 좋겠다.

이렇게 분류된 인터넷 게임의 각 장르별 특성은 표 8-1에 정리되어 있다. 사람들의 성향에 따라 즐기는 게임의 유형도 달라지며, 거기서 얻는 만족의 종류도 달라진다.

## 4) 3D 캐릭터가 등장하는 인터랙티브 가상 놀이 공간

인터페이스*interface*는 원래 "이질적인 두 가지 물질이 접촉한다"는 의미의 화학 용어였다. 이것이 커뮤니케이션 장면에 응용되면서 "두 종류의 서로 다른 세계가 서로 만나서 의사 소통을 하는 장소"를 의미하는 것으로 확대되었다(김보경 · 조은경 · 진성아, 2003, p.112). 따라서 기술적 발전으로 이루어진 컴퓨터 안의 가상 세계를 인간 세계와 연결해 수는 것이 인터페이스라고 할 수 있다.

인터페이스가 이음의 흔적 없이 자연스럽게 이루어지다 보니 사람들은 가상 세계를 마치 현실처럼 경험하게 된다. 문자, 그림, 음향, 동영상 등의 외부 물리적 자극을 우리의 시각, 청각, 촉각 등 생리적 감각 기관으로 받아들여 '아름답다, 짜릿하다, 신난다' 등과 같은 심리적 반응으로 체험하게 되는 것이다.

3D 기술의 발전은 인간이 지각한 세계와 실제 세계 간의 구분을 더욱 어렵게 만들어, 자칫 인간의 맑은 정신과 통찰력을 약화시킬 위험성도 존재한다. '가상 현실*virtual reality*'의 세계를 마치 실제 세계처럼, 때로는 실제 세계보다 더 환상적으로 그리는 현기증의 놀이가 더 일반화될수록, 인간은 실제로 존재하는 것과 지각하는 것, 더 나아가 존재한다고 착각하는 것

을 구분하지 못하게 될 수도 있다.

대인 커뮤니케이션의 도구가 점차 발달하여 미디어를 사이에 두고 있어도 실제로 사람이 바로 앞에 있는 것처럼 대화할 수 있게 된 데 이어, 이제 현실 세계의 사물과 스토리를 재현하는 미디어가 최첨단으로 발달하여 '미디어를 통해' 바라보는 데도 마치 '실제로' 바라보는 것 이상의 현장감을 느끼고 있는 것이다. 여행마저도 실제로 자연이 살아 있는 숲 속을 거니는 것이 아니라, 컴퓨터 화면을 바라보며 '마치 숲 속을 거니는 듯한' 착각에 빠짐으로써 여행하고 있다고 '생각'할 수 있게 되는 상황이다(정동암, 2007). 얼핏 유토피아처럼 보이는 디스토피아 상황이 될 수도 있다.

가상 현실의 인식 과정에 대해 좀 더 구체적으로 살펴보자. 가상 현실을 구성하는 세 요소는 사용자의 몰입, 사용자와 컴퓨터 간의 상호 작용, 그리고 상상이다(Burdea & Coiffet, 1996; 김보경 등, 2003, p.113). 이 요소들 중 '사용자와 컴퓨터 간의 상호 작용'은 기술적인 바탕이 되며, 사용자의 몰입과 상상은 그야말로 '사람'의 마음과 머릿속에서 이루어지는 것이다. 이러한 몰입과 상상이 가상 현실을 즐기는 데 필수 요소이지만, 지나칠 때는 현실 감각을 상실할 수 있는 위험 요소가 될 수도 있다.

3차원 가상 놀이 공간은 '흉내 내기'와 '현기증'의 놀이 요소가 합쳐진 영역이라고 할 수 있다. 이 영역은 특히 2차원보다 3차원 설계가 빛을 볼 수 있는 영역이다. 앞서 언급한 〈테트리스〉가 3D 시도에 실패했던 데 비해, 가상 놀이 공간은 오히려 3D로 설계될 때 훨씬 더 이용자들에게 어필할 수 있다. 영화 〈아바타〉의 대성공으로 3D 시도가 급물살을 타고 있는 2010년 현재, 이러한 시도가 성공할 수 있는 영역과 그렇지 못한 영역을 잘 구분할 필요가 있다. 최근에 시도 중인 3D 드라마와 3D 광고도 무조건 시도할 것이 아니라, 개별적인 대상과 주제에 따라, 특히 공간 환경의 조건

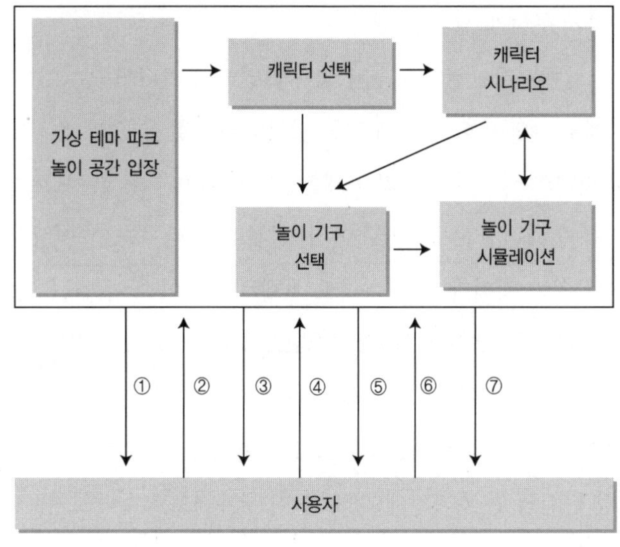



(김보경 등, 2003, p.114)

그림 8-3. 가상 테마파크 모듈 구성도

에 따라 성공 여부가 좌우될 가능성이 크다.

김보경 등(2003)은 기존의 가상 공간 놀이 공원이 2차원적 한계를 벗어나지 못하고 있다고 지적하며, 엔터테인먼트 분야에 보다 적합한 인터페이스 구조로 3D 캐릭터를 이용한 인터랙티브 가상 놀이 공간을 구축하였다. 구체적으로, "3차원 가상 공간을 구축하고 3D 아바타를 출연시켜 사용자가 능동적으로 참여할 수 있도록 동기를 부여하고 탐험을 유도하는 새로운 놀이 공간"을 제안한 것이다(pp.111~112).

먼저, 가상 테마 파크에 캐릭터를 등장시킨 다음, 놀이 기구를 선택하여 탑승하도록 도와준다. 그림 8-3의 모듈 구성도와 같이, 사용자의 자유 의지를 고려하여 3차원 캐릭터의 등장도 선택 사항으로 두었고, 캐릭터를 선택했을 경우 캐릭터 시나리오로 이어진다. 사용자가 캐릭터의 도움을 요청하면 놀이 기구 설명이 사운드, 이미지와 함께 텍스트와 내레이션으로 전달된다. 그다음에는 놀이 기구를 선택하여 시뮬레이션이 이루어지는데, 이때 3D 캐릭터가 놀이 기구를 타는 사용자 역할을 한다. 이 과정에서 사용자는 몰입과 상상을 통해 가상 현실을 경험한다.

3차원 여행 경험을 가상 현실로 실현시킨 〈읽을 수 있는 도시*The Legible City*〉라는 작품도 흥미롭다(Shaw & Groeneveld, 1989; 정동암, 2007, pp.127~131). 이것도 3D 그래픽을 활용한 가상 현실 경험이지만, '놀이'라기보다는 '예술 작품'으로 '감상'하는 것이기 때문에, 이 책의 11장에서 상세히 다루도록 한다. 이제 예술 작품의 감상도 '체험'하는 시대가 되어, 예술과 놀이 간의 경계도 사라지고 있는 것이 아닌가 생각된다.

## 5) 게임과 영화의 차이

비디오 게임과 인터넷 게임을 포함한 각종 게임을 즐기는 데에는 '통제'로 인한 즐거움이 큰 비중을 차지한다. 영화와 게임은 오락 미디어라는 점에서 공통점을 지니지만, 표 8-2와 같은 차이점을 지닌다.

영화를 처음 볼 때는 호기심*curiosity*, 놀라움*surprise*, 서스펜스*suspense*가 느껴지지만, 여러 번 보면 이런 느낌들이 약해진다. 그러나 게임에는 상호 작용이 많기 때문에 이런 느낌들이 고정되어 있지 않고 매번 변화한다.

또한, 게임을 할 때에는 실제 생활과 유사한 반복적 상호 작용성에서 통제의 즐거움을 느낀다. 진짜 통제라기보다는 자기가 통제하고 있다고 착각할 수도 있으나, 미디어를 통한 경험은 대부분 사람들이 '지각'하는 현실이 실제 현실보다 더 중요한 의미를 지닌다.

표 8-2. 영화와 비디오 게임의 특성 비교

| 오락 미디어 | | 영화 | 비디오 게임 |
|---|---|---|---|
| 지각의 질 | | 시각적 현저성이 높음 | 시각적 현저성이 중간 정도임 |
| 상호 작용 통제 수단 | 시각적 입력 (관점) | 없음 | 인터페이스를 통해 플레이어가 통제함 |
| | 이야기 사건 | 없음 | 인터페이스를 통해 플레이어가 게임 중재자와 상호 작용하며 통제 |
| | 시간적 진행 | 없음 | 플레이어의 탐색적 대처와 시간 제한 기법에 의해 통제됨 |
| | 사건의 감정적 중요성 | 영화와 등장 인물에 의해 통제됨 | 플레이어의 행위 기술에 따라 정서적 각성에 이름이 붙고, 학습 과정으로 인해 시간이 지남에 따라 달라짐. 반복적 상호 작용으로 인해 호기심, 놀라움, 및 서스펜스가 생김 |
| | | 한 번 시청 | 여러 번 게임할 |
| 주된 지지 | | 단서가 있는 사건들의 정신적, 신체적 시뮬레이션 | 공간을 인지적으로 지도화하고, 절차 스키마를 학습함으로써, 구체적인 상호 작용 시뮬레이션을 하게 되어, 인터페이스를 통한 운동 기관의 반응이 나오게 됨 |
| | | 등장 인물들의 대리적 시뮬레이션 | 역할을 1인칭 시뮬레이션함으로써 게임 세상에 빠져들게 됨 |
| 시청자의 평가 / 플레이어의 수행 | | 없음 | 있음. 게임이 성공함으로써, 그리고 궁극적으로 점수 메커니즘에 의해 |

(Grodal, 2000, p.210)

감정적 경험도 영화냐 비디오 게임이냐에 따라 달라진다. 영화에서는 등장 인물의 대처 잠재력을 관람자가 수동적으로 감상함으로써 감정에 이름을 붙이게 되는 반면, 비디오 게임에서는 감정적 경험을 결정하는 것은 플레이어 스스로의 대처 잠재력 평가다. 즉 기술이 없는 플레이어는 사자를 만났을 때 절망을 느끼지만, 기술이 있는 플레이어는 용감한 행동으로 이어지는 각성 효과를 지닌다. 그러므로 영화에 비해 비디오 게임은 전형적인 실제 생활 경험에 가까운 형태의 감정을 자극하는 경향이 있다. 감정은 플레이어의 활동적인 대처 잠재력에 걸맞는 행위를 일으키는 동인 *motivator*이 된다.

영화와 비디오 게임의 인풋과 감정을 비교해 보면(Grodal, 2000, p.202), 영화는 비교적 수동적인 정서 반응을 일으킨다. 예를 들면 멜로드라마나 공포 영화와 같은 강한 입력 사건들을 보고 눈물을 흘리거나 공포를 느낀다. 제3자의 입장에서 영화 속 사건들을 목격함으로써 주인공의 경험을 '간접 경험'하는 것이다.

이에 비해 비디오 게임의 경험은 앞서 언급했듯이 실제 생활에서와 같은 '직접 경험'에 훨씬 더 가깝기 때문에, 능동적인 정서를 경험한다. 비디오 게임은 상호 작용적 인터페이스를 제공하기 때문에 플레이어가 행동을 통제할 수 있고, 종종 게임이 제시되는 관점과 방향을 통제할 수도 있다 (Grodal, 2000, p.202). 이로 인해 게임에서는 영화와 다른 몇 가지 극적인 변화가 생기는데, 이를 정리하면 다음과 같다.

- 관점을 포함한 지각을 통제하기 위해 플레이어는 주의 집중을 할 필요가 있다.
- 플레이어는 게임 공간의 정신적 지도를 실제 3차원 세계처럼 만들 필요가 있다. 이정표와 인과 관계 등을 알아차릴 필요가 있다.

- 플레이어는 (마우스, 조이스틱 또는 키보드로) 시각적 주의 집중과 운동 기관의 활동을 적극적으로 조정할 필요가 있다. 이러한 절차 스키마가 활성화되어 피드백을 보내면 추가로 각성이 일어난다. 여러 정신적 기능과 표상이 활성화되고 조정되면 작동 기억 속에서 제한된 용량으로 경쟁하게 되어 정신적 과부하가 발생할 수 있다.

- 사건이 유발하는 각성의 정서적 중요성과 명칭이 그 문제에 대처하는 플레이어의 능력과 연계된다. 이것은 시간에 따라, 그리고 플레이어에 따라 다르다.

- 플레이어는 자기 성취에서 지속적인 만족을 얻는다. 전체적인 성취에서 즐거움을 얻기도 하지만, 지엽적인 성취들의 연속, 즉 대처 행동으로 이끄는 각성의 지엽적 연계에 의해서도 즐거움을 얻는다.

- 게임 과정은 플레이어가 수행하고 싶어 하는 동기에 의해 추진되며, 성공과 실패가 게임 세상 때문이 아니라 부분적으로는 플레이어 때문인 것으로 귀인된다. 롬 비니오 게임의 실이는 플레이어 자신의 농기와 관련된다.

## 6) 게임의 폭력성

모든 게임이 그런 것은 결코 아니지만, 게임의 내용 중에는 폭력적인 부분이 상당히 많다. 이는 따분할 때 뭔가 자극적인 내용을 찾는 사람들에게 만족을 줄 수 있는 콘텐츠, 그리고 일상 생활에서보다는 조금 더 큰 자극을 얻고자 하는 이용자의 심리에 맞추어진 결과라고 볼 수 있겠다. 비디오 게임과 영화에서의 폭력의 영향을 몇 가지 이론으로 나누어 살펴보자(Grodal, 2000, p.198). 먼저 '카타르시스설'에서는 픽션이 공격성이나 성적 욕망의 분출에 대한 안전 밸브 역할을 한다고 본다. 이 이론의 변형은 '평형 이론'으로, 사람들은 각성 수준을 통제하기 위해 영화를 보거나 비디오 게임을 한다고 본다. 이는 이용과 충족 이론으로도 설명이 된다(Rubin, 1994).

둘째 그룹의 이론은 픽션의 본질상 영화 경험을 실제 생활의 경험과 분리시킨다는 이론들이다. 여기 속하는 '둔감화 이론'에서는 폭력이나 강한 성적 자극물에 노출되면 익숙해져서 둔감해진다고 주장한다. 또한 '사회 학습 이론'에서는 영화에서 폭력 행동을 배워 실제 생활에서 따라한다고 주장한다. 이 이론의 변형은 '프라이밍*priming*,' 즉 '점화 이론'으로, 폭력이 폭력과 관련된 기억 속의 연합과 감정가를 활성화시키고 강화시킨다고 주장한다. 끝으로, '각성 이론'에서는 폭력 영화가 각성 수준을 높여, 폭력적 상황에 놓일 때 폭력 행동의 기반을 제공한다고 본다.

컴퓨터 게임의 폭력에 관한 연구 가운데는 영화의 폭력 영향 연구와 달리 카타르시스 효과, 평형 효과, 공격성 강화 효과가 약하다는 연구 결과도 있다(Grodal, 2000, p.199; Calvert & Tan, 1994; Graybill, Strawniak, Hunter, & O'Leary, 1987; Kerstenbaum & Weinstein, 1985). 그러나 요즈음 점차 게임의 폭력성이 더 선정적, 자극적으로 변화해 가는 경향을 볼 때, 영화 이상의 폭력 효과가 사이버상의 현실 감각 상실과 함께 증폭된 악영향을 끼칠 수 있다는 우려가 생긴다.

컴퓨터 게임에 빠져드는 현상, 즉 '홀린 상태*fascination*'를 구성하는 요소는 게임에 나타나는 위험한 상황으로 인해 유발되는 강력한 각성 수준과 관련된다. 즉 앞서 말한 '현기증'에 해당하는 것이다. 강렬한 혐오적 각성과 연계된 상황에 대처하는 것은 특히 범죄 행동과 정적 상관 관계를 지닌다. 그런데 다른 요소들 때문에 이미 폭력적 성향이 있는 플레이어들에게는 강력한 비디오 게임 폭력이 위험한 결과를 가져오지만, 보통의 플레이어들에게는 그리 결정적인 영향을 주지는 않는다.

# 2. 몰입과 능동성 및 상호 작용성

## 1) 게임에의 몰입 경험

2장에서 살펴본 몰입, 즉 플로우*flow* 개념도 게임 상황에 잘 적용된다. 자기 수준보다 높은 게임에 도전하면 불안을 느낄 것이고, 낮은 게임에 도전하면 따분함을 느낄 것이기 때문이다. 능력에 맞는 적절한 수준의 게임에 도전할 때 플로우를 느끼며 몰입하게 되어, 자칫 중독으로 빠져들기 쉬운 경지에까지 도달하게 된다.

게임은 처음에는 자신의 통제력을 즐기기 위해 시작하다가, 점차 게임 이외의 모든 일상 생활에 대한 통제력을 상실하게 되는 '통제의 역설'을 경험하게 만든다(Csikszentmihalyi, 1990, p.59). 게임뿐 아니라 사람을 빠져들게 만드는 모든 활동에 이러한 통제의 역설이 적용되지만, 특히 일상 생활과 구분되는 게임이나 스포츠 등을 즐기는 과정에서 흔히 일어나며, 더 나아가 중독에 이르기도 한다.

몰입 경험은 전형적으로 통제감을 포함하는 것으로 표현된다. 더 정확히 말하면, 보통 생활의 많은 상황에서 볼 수 있는 통제 상실에 관한 걱정이 없는 상태로 표현된다. 예를 들어, 어떤 댄서가 춤출 때의 몰입 경험을 "강렬한 이완과 평온함이 나에게 덮쳐 실패에 대한 걱정이 없는 상태로서, 강력하고 따뜻한 느낌"이라고 표현하기도 한다(p.59). 이는 통제의 '실제*actuality*'가 아니라 통제의 '가능성*possibility*'을 말하는 것이다.

몰입 경험을 만들어 내는 활동들은, 심지어 험한 등산과 같이 아주 모험적인 것으로 보이는 활동들까지도, 실수의 가능성을 가능한 한 제로에 가깝게 줄일 수 있는 충분한 기술을 발달시킬 수 있도록 해주는 건설적인 활동들이다. 이에 대한 예외는 우연성이 지배하는 게임(예: 룰렛 게임)이다. 게임도 즐길 만하지만, 개인적 기술에 의해 거의 영향을 받지 않는 무선적 결과에 기반을 두기 때문이다. 적어도 이 경우는 통제감이 즐김의 경험과 무관하다고도 볼 수 있다. 그러나 게임하는 사람들이 '주관적'으로는 자기 기술의 결과에 큰 역할을 한다고 확신한다. 예를 들어, 포커 게임에서 우연이 아닌 자기 능력 때문에 이겼다고 생각한다. 그래서 중독적이 되는 것이다(p.62).

통제의 즐거움을 느끼기 위해 몰입하고, 여기에서 플로우 경험을 할 수 있지만, 어느 한계를 넘어서면 이 몰입은 부메랑이 되어 부정적 결과로 돌아온다. 예를 들면, 노름, 도박 등과 같은 행위도 몰입을 가져오는 즐길 만한 활동이지만 중독이라는 늪에 빠지기 쉽고, 다소 긍정적으로 보이는 일들조차 정도가 지나치면 부정적으로 변화할 수 있다. 즐기기 위해서는 어느 정도의 몰입이 필요하지만, 정신을 굳건히, 즉 효능감과 통제력을 굳건히 할 필요가 있다. 그래야만 부정적인 방향으로 흐르지 않고 진정으로 '즐길' 수 있기 때문이다.

## 2) 능동성과 상호 작용성의 극대화

앞서 3D 인터랙티브 가상 놀이 공간을 설명할 때 언급했듯이, 점점 더 발달해 가고 있는 디지털 미디어 환경에서는 이용자가 자유자재로 만들어 가며 최적의 자극 상태를 추구한다. 자극 추구 성향이 강한 사람들은 센세이션과 흥분을 줄 수 있는 환경 자극을 적극적으로 찾는 경향이 있다. 이것은 자극 추구 성향과 관련이 있다. 전율과 모험을 추구하는 사람, 탈억제를 추구하는 사람(일상적 규제를 벗어나고 싶은 것, 술을 마시는 것도 그 방법의 하나), 쉽게 지루해하는 사람 등이 센세이션과 흥분을 주는 환경 자극을 찾는 경향이 있다(Zuckerman, 1994). 역으로, 각성 수준이 높지 않은 상태, 즉 쿨*cool*하게 안정된 상태에서는 그만큼 게임에 빠져들 가능성이 줄어든다.

디지털 시대의 게임 공간은 인간이 즐길 수 있는 각종 콘텐츠를 다양하고 폭넓게 지니고 있다. 뿐만 아니라 디지털 게임 환경은 개인 중심의 상호 작용성과 함께 시공간을 초월한 접근성도 지니고 있다. 이처럼 너무나 많은 콘텐츠에 너무나 쉽게 접근할 수 있기 때문에, 사람은 저마다 자신이 즐기고 싶은 내용을 즐기고 싶은 방식으로 즐긴다. 그래서 디지털 미디어 환경에서는 그 기술적 측면에 못지 않게 사람의 성향과 사람의 선택, 그리고 사람의 적극적인 이용이 중요하다.

게임을 포함한 디지털 콘텐츠 이용자들의 중요한 특권 중 하나는 선택과 통제의 자유, 즉 능동성이다. 괴르즈(Gortz, 1992)는 사람들의 선택 가능성, 변경 가능성, 선택 또는 변경된 제공물의 규모, 그리고 선형 / 비선형 가능성에 따라 커뮤니케이션 상황에 어느 정도 감정 이입을 하며 개입하는지가 결정된다고 보았다(송민정, 2002, pp.131~135 간접 인용). 이 기준에서 볼 때, 영화관에 앉아 영화를 보거나 도서관에서 책을 읽는 것은 일단 처음에 한 번의 선택만이 있을 뿐 그 이후의 선택이나 변경이 거의 없는 행위이다. 그리고 TV를 시청하거나 라디오를 청취하는 행위에는 TV나 라디오라는 미디어를 선택한 후 그 안에서 채널들을 선택하는 정도의 선택성이 부여된다. 반면에, 디지털 미디어를 활용하여 온라인상에서 가상 세계를 체험하는 경우, 선택 가능성과 변경 가능성은 극대화된다.

선택과 통제가 자유롭다 보니, 사람들은 어떤 한쪽의 콘텐츠에 몰입하여 헤어나기 어려운 상황에 빠져들기도 한다. 선택과 통제의 자유 때문에 통제력 상실로 이어질 위험도 커진다는 것은 디지털 미디어의 아이러니다. 게임의 경우는 이런 위험이 더 커진다. 디지털 미디어의 상호 작용성과 이용자의 능동성에 더하여, 앞서 언급한 2인칭 직접 경험의 강력함 때문이다. 게임이 원래 지니고 있던 속성과 디지털 미디어의 속성이 결합하여 예측불허의 몰입 블랙홀을 만들어 가고 있다.

## 3. 중독의 위험과 자기 통제성

게임을 비롯한 엔터테인먼트 환경의 천국을 제공하고 있는 디지털 환경은 즐김과 소통의 상호 작용성을 극대화하기 위한 최적의 조건이다. 디지털 미디어와 그 콘텐츠를 능동적으로 '선택'한 후, 그 안에 상호 작용적으로 '관여'하면서 '통제감'을 향유할 때 이용자의 근심과 속박의 느낌은 소멸되고 즐거움과 쾌감이 증가하기 때문이다(황용석, 1999). 그러나 선택과 통제의 자유로 인해 그러한 즐김의 과정에 지나치게 몰입하면 중독addiction으로 이어질 수 있다.

### 1) 자기 통제성과 자기 효능감

미디어의 이용자에게는 적절한 심리적 준비성psychological readiness이 필요하다. 이 심리적 준비성에 속하는 것이 효능감efficacy과 통제성control이라고 할 수 있다. 이러한 맥락에서 '통제'와 관련된 이용자 속성인 '자기 통제성self-control' 또는 '내부 통제internal locus of control' 변인이 중독과 관련된 매개 변인으로 연구되어 오고 있다(예: 나은영 · 송종현, 2006; 한주리 · 허경호, 2005). 미디어를 통제할 수 있는 스스로의 힘을 상실하는 순간 인간은 미디어의 노예로 전락하게 되는 것이다.

　　그렇다면, 자기 통제성과 자기 효능감은 어떤 상황에서 증가하는가? 자기 통제성은 긍정적인 대화 환경 안에서 스스로 통제해 본 경험을 바탕으로 발달하며(Logue, 1995), 자기 효능감은 성공의 경험이 누적될 때 형성된다(Bandura, 1977). 이러한 통제의 경험과 성공의 경험을 위해서는 개방적이고 긍정적인 사회적 커뮤니케이션 환경이 필요하다. 디지털 미디어 시대에 중독의 가능성을 줄이면서 소통과 즐김의 욕구를 최대한 충족시키기 위해서는, 디지털 미디어 자체의 기술적인 발전과 함께 디지털 미디어 이용자 주변의 긍정적인 커뮤니케이션 환경 조성이 중요하다는 것이다.

## 2) 커뮤니케이션 환경의 영향

미디어의 물리적 환경에 더하여 이용자가 처해 있는 사회적 커뮤니케이션 환경은 매 순간 이용자의 선택과 주된 이용 방식 및 그 콘텐츠에 영향을 준다. 동일한 기능을 지닌 미디어가 이용자 옆에 있다 하더라도 오프라인 커뮤니케이션 환경이나 사회적 환경이 어떠한가에 따라 그 미디어는 전혀 다른 방식으로 사용될 수 있다.

　　미디어 이용에 영향을 줄 수 있는 커뮤니케이션 환경이란 가족 커뮤니케이션, 또래 커뮤니케이션, 그리고 사회 커뮤니케이션의 분위기를 말한다. 커뮤니케이션 환경이 부정적일 때, 즉 긍정적 커뮤니케이션의 출구가 없을 때 소통과 즐김의 욕구는 특히 첨단 디지털 게임의 상호 작용성, 선택과 통제의 자유 등을 통로로 하여 소통과 즐김을 넘어서는 비정상적인 중독의 길로 접어들기 쉬워진다. 즉 가족과 또래 또는 사회 커뮤니케이

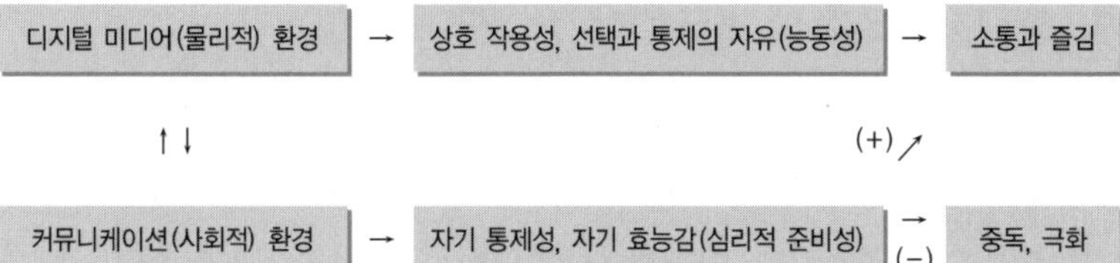



그림 8-4. 물리적 미디어 환경과 사회적 커뮤니케이션 환경이 심리적 통제 변인의 조정을 거쳐 소통과 즐김으로 이어지는 과정과 통제 상실시 중독으로 이어지는 과정의 모형화

션의 양과 질에 만족하는 상황에서는 미디어를 건전하게 이용할 수 있는 심리적 준비성(자기 통제성, 자기 효능감)이 확보될 수 있지만, 가족과 또래 또는 사회 커뮤니케이션이 불만족스러운 상황에서는 미디어 엔터테인먼트를 그런 불만의 표출 통로로 이용함으로써 부정적인 결과를 낳을 수 있다.

이러한 과정을 모형화한 것이 그림 8-4이다. 이 모형은 물리적 미디어 환경과 사회적 커뮤니케이션 환경이 심리적 통제 변인의 조정*moderation*을 거쳐 소통과 즐김으로 이어지는 과정, 그리고 심리적 준비성의 미비로 통제를 상실했을 때 중독으로 이어지는 과정을 함께 보여 준다. 요컨대, 상호 작용성과 선택 및 통제의 자유(능동성)라는 디지털 미디어의 물리적 속성이 긍정적으로 작용하여 소통과 즐김이 원활히 달성되기 위해서는 자기 통제성이나 자기 효능감과 같은 심리적 조정 변인이 긍정적으로 작용해야 하고, 이를 위해 주변의 사회적 커뮤니케이션 환경이 원만하게 조성되어야 한다는 것이다.

## 3) 청소년의 욕구 및 커뮤니케이션 환경과 게임

청소년들은 특히 게임에 취약하다. 그래서 청소년의 자기 통제성과 자기 효능감은 더욱 필요하다. 가정과 사회의 커뮤니케이션 환경이 어떠하냐에 따라 청소년이 쉽게 게임으로 유도되기도 하고 그러한 과정이 예방되기도 한다.

청소년들이 인터넷 게임을 하는 동기를 사례별로 분석한 성윤숙(2006)은 '게임으로 맺어진 혈맹'으로 표현되는 관계 욕구, '지존을 향한 길'로 표현되는 지위 향상 욕구, '대박을 터뜨리고 싶은' 한탕주의 욕구에 더하여, 흔히 이야기하는 오락 욕구, 폭력 욕구, 시간 때우기, 현실 도피, 대리 만족, 소비 욕구 등으로 이들의 동기와 욕구를 분류하였다. 그는 이어 이러한 게임들이 청소년에게 미치는 악영향으로 자극적 노출의 반복성과 연속성, 상호 작용성 및 생리석 흥분의 승가, 게임의 폭력성 경험뿐만 아니라, "게임팩에서 최고의 점수, 미인과의 키스, 팡파레가 울려퍼지는 등 직접적인 긍정적 결과의 존재를 경험"하게 된다고 말한다(성윤숙, 2006, p.97).

결국 청소년들이 현실 속에서 이루기 쉽지 않은 관계 욕구, 지위 향상 욕구, 대박 욕구 등을 인터넷 속에서 발산시킴으로써 대리 만족을 얻고 있다고 볼 수 있다. 따라서 이러한 욕구가 가족 관계나 학교 생활, 또는 또래 관계에서 충분히 만족될 수 있는 경우에는 인터넷 중독이나 게임 중독에 빠질 위험이 다소 줄어들 수 있다(김지영·류현숙, 2003; 김혜원, 2001).

나은영과 송종현(2006)은 그림 8-4의 일부를 검증하고자 하였다. 이 연구에서는 어린이의 인터넷·컴퓨터 게임 몰입 정도가 어린이의 자기 통제성에 따라 달라질 수 있으며, 이 자기 통제성은 어머니의 개방적 커뮤니케이션 여하에 따라 달라질 수 있음을 밝히고자 하였다. 서울 지역 초등학

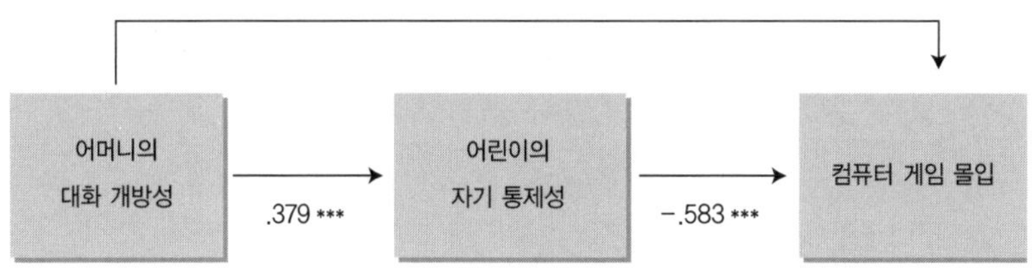


(나은영 · 송종현, 2006, p.136)

그림 8-5. 어머니의 대화 개방성과 어린이의 자기 통제성이 컴퓨터 게임 몰입에 미치는 영향

교 고학년 어린이 400명과 그 어머니 400명을 조사한 결과, 어머니가 자녀와 개방적으로 대화할수록 자녀의 자기 통제성이 커지고, 그에 따라 컴퓨터 게임 몰입 정도가 낮아질 수 있다는 결과를 얻었다(그림 8-5 참조). 또한 어머니가 자녀와 개방적으로 대화하는 가정에서는 그 자체가 어린이의 올바른 미디어 이용에 좋은 영향을 주기도 한다.

미디어 환경의 일부인 컴퓨터의 '위치'도 컴퓨터 게임 몰입에 영향을 준다. 구체적으로, 자녀의 컴퓨터가 거실이나 안방에 있을 때보다 해당 자녀의 방이나 형제 자매의 방에 있을 때 미디어 몰입에 더 취약해지는 경향이 있었다(나은영 · 송종현, 2006). 어머니가 미디어 이용 시간을 직접 통제하는 것은 게임 몰입과 인터넷 몰입에 약한 영향만을 주었으며, 이는 어머니가 개방적 커뮤니케이션을 통해 어린이의 자기 통제성을 높임으로써 미디어 몰입 경향을 낮추는 영향의 크기보다는 작았다. 어린이의 인터넷 · 컴퓨터 게임 몰입을 예방하기 위해서는 가정 내 미디어의 위치를 조정하고 어머니의 개방적 커뮤니케이션을 증가시켜 어린이의 자기 통제성을 높여 수는 것이 중요하기 때문에, 어린이 미디어 교육을 어머니와 함께 실시하는 것이 바람직할 것이다.

# Chapter 09

# 스포츠

## | 즐김과 대리 만족

우리는 스포츠를 실제로 하면서 즐거움을 느끼기도 하지만, 스포츠 경기를 직접, 또는 미디어를 통해 관람하면서 그에 못지않은 즐거움을 느끼기도 한다. 실제로 스포츠를 하면서 느끼는 심리는 '즐김'이라 할 수 있고, 스포츠를 직접 관람하거나 미디어를 통해 시청하면서 느끼는 심리는 '대리 만족'이라 할 수 있을 것이다.

# 1. 스포츠 '하기'와 '관람하기'

스포츠의 어원은 라틴어의 '디스포타레*disportare*'로, '기분 전환,' '일에서 벗어나다,' '만족' 등을 의미한다. 그런 의미에서 스포츠는 놀이나 게임과 유사한 부분이 있다. 이 세 가지를 구분해 보면, 놀이는 좀 더 자유롭고 자발적이며, 그 자체에 몰두하여 즐거움을 느끼는 활동이다. 이러한 놀이의 특성에 경쟁과 규칙성이 더해지면 게임이 된다. 스포츠는 이 두 가지에 비해 상대적으로 더 강한 신체 활동이 포함되며, 역할 분화와 조직화가 다양하게 일어나는 활동으로서, 규칙들도 성문화되어 있다. 스포츠 중에서 특히 '경기 스포츠'가 이러한 특성들을 모두 지니고 있고, '레저 스포츠'는 경쟁을 반드시 포함하지는 않으며 개인 지향적, 일상적인 활동을 일컫는다.

스포츠를 좀 더 세분화하면, 격투 스포츠, 스타일 스포츠, 기계 스포츠로 나눌 수 있다 (Sargent et al., 1998; McDaniel, 2004, p.325에서 간접 인용).

- 격투 스포츠 *combative sports*: 선수들 간에 직접적인 신체적 접촉이 있는 스포츠로, 이것은 다시 과격한 스포츠(예: 미식축구, 아이스하키)와 공격적 스포츠(예: 농구, 축구)로 구분할 수 있다.
- 스타일 스포츠 *stylistic sports*: 아름다움과 율동을 강조하는 스포츠, 피겨 스케이팅이나 테니스 등이 여기에 속한다.
- 기계 스포츠 *mechanized sports*: 자동차 경주, 골프 등과 같이, 도구를 사용하는 스포츠를 말한다.

　남성들은 여성들에 비해 격투 스포츠 시청을 더 많이 즐기며, 여성들은 남성들보다 스타일 스포츠 시청을 더 즐긴다. 또한 남성들이 여성들보다 기계 스포츠를 더 많이 즐기기는 하지만, 격투 스포츠보다는 덜 즐긴다(McDaniel, 2004). 특히 대학생 피험자 집단에서 이러한 경향이 나타났다.

　우리는 스포츠를 실제로 하면서 즐거움을 느끼기도 하지만, 스포츠 경기를 직접 가서 보거나, 또는 미디어를 통해 관람하면서 그에 못지않은 즐거움을 느끼기도 한다. 실제로 스포츠를 하면서 느끼는 심리는 '즐김'이라 할 수 있고, 스포츠를 직접 관람하거나 미디어를 통해 시청하면서 느끼는 심리는 '대리 만족'이라 할 수 있다. 김연아의 피겨 스케이팅 장면을 보며 즐기기도 하고, 우승할 때 마치 시청자 본인이 우승한 것처럼 기뻐하기도 한다.

　음악을 즐길 때 가수나 작곡가에게 관심을 갖는 것처럼 스포츠 미디어를 소비할 때에도 선수나 감독에게 관심을 갖는다(2장 참조). 그러나 이러한 관심은 드라마 주인공이나 정서 토크쇼의 게스트가 처해 있는 입장을 자신의 과거, 현재 상황과 관련시켜 보며 사회 비교를 하는 차원과는 다르다. 스포츠 선수들에게 관심을 두기는 하지만, 스포츠 미디어를 즐기는 심리는 선수들과 자기와의 관계에 초점이 있다기보다는 해당 스포츠 콘텐츠 자체에 더 초점을 두는 심리라고 할 수 있다.

　스포츠 선수나 가수 등 스타들에 대한 '팬덤'의 심리는 미디어 '장르'와 관련되는 심리라기보다 장르를 통틀어 '스타들에 대한 관심' 및 그들과의 유사 사회적 관계라는 또 다른 문제이며, 이것은 미디어를 통해 접촉하는 대상과 마치 실제 관계를 맺고 있는 것처럼 생각한다는 점에서 컴퓨터 안의 가상적 관계를 현실의 관계로 착각하는 과정과 일부 유사한 점이 있다. 이에 대해서는 뒤에 다시 논의하기로 하고, 일단 여기서는 스포츠가

'스포츠라는 콘텐츠에 대한 팬'들에게 하는 기능을 보자(Sloan, 1979; Crabb & Goldstein, 1991, p.368에서 간접 인용).

- 팀과 동일시함으로써 소속감 욕구가 채워진다.
- 일과 가족 생활이라는 일상적 일로부터 벗어날 수 있다.
- 자극과 흥분의 원천이 된다.
- 긴장과 공격성이 스포츠를 통해 대리적으로 완화될 수 있다.
- 스포츠는 오락의 원천이 된다.
- 개개인이 자기 팀의 승리를 통해 성취감을 대리적으로 느낄 수 있다.

이제 사람들이 주로 어떤 미디어를 통해 스포츠를 즐기는지를 간단히 살펴본 다음, 스포츠'하기'와 '관람하기' 및 '시청하기'의 저변에 자리하고 있는 심리적 효과, 그리고 미디어의 발달에 따른 스포츠와 미디어의 상호 작용 등에 관해 차례로 생각해 보자.

## 2. 스포츠 미디어와 심리 효과

### 1) 어떤 미디어로 스포츠를 즐기는가?

스포츠에 대한 사람들의 관심은 생각보다 아주 크다. 중요한 스포츠 중계는 시청률도 인기 드라마 수준이며(표 9-1 참조), 게임과 함께 중요한 콘텐츠의 하나로 각광받고 있다. 콘텐츠의 장르별로 이용자들이 어떤 미디어를 많이 선택하는가에 관한 연구에서(전범수 · 박주연, 2008), 스포츠 콘텐츠는

표 9-1. 인기 드라마와 거의 비슷한 스포츠 콘텐츠 시청률 2007년 순위 사례

| 순위 | 프로그램명 | 시청률 |
|---|---|---|
| 1 | MBC 특별 기획 드라마 〈주몽〉 | 45.5% |
| 2 | KBS 일일연속극 〈열아홉 순정〉 | 40.8% |
| 3 | KBS 스포츠 아시안컵 축구 (한국 : 이라크) | 34.6% |
| 4 | KBS 스포츠 아시안컵 축구 (한국 : 이란) | 32.0% |
| 5 | MBC 스포츠 아시안컵 축구 (한국 : 일본) | 30.5% |
| 6 | SBS 드라마 스페셜 〈쩐의 전쟁〉 | 30.5% |
| 7 | KBS 일일 연속극 〈미우나 고우나〉 | 30.0% |

(김지혜 · 임정수, 2008, p.75)

지상파 TV를 선택하는 비율이 33.2%, 그다음으로 케이블 TV가 22.4%, 인터넷이 14%, 도시 / 잡지 10.4%, 위성 방송 8.8%로시, 상당히 고른 미디어 이용 패턴을 보였다. 즉 특정 미디어 집중도가 스포츠의 경우는 상대적으로 낮아(표 9-2 참조), 여러 미디어를 통해 고루 스포츠 콘텐츠를 소비하고 있는 것으로 나타났다.

전체적으로 지상파 TV의 강세가 유지되어, 드라마, 다큐멘터리, 뉴스, 오락, 스포츠, 교양 프로그램은 지상파 TV 이용 비율이 가장 높았고, 영화는 케이블TV 이용 비율이 가장 높았다. 반면에 게임, 애니메이션, 음악은 인터넷 이용 비율이 가장 높았다. 특히 드라마와 뉴스의 지상파 TV 집중도가 가장 높았고, 게임의 인터넷 집중도가 가장 높았다(전범수 · 박주연, 2008, p.379). 여기서 흥미로운 점은 스포츠 프로그램의 경우 미디어 집중도가 가장 낮아, 지상파 TV, 케이블 TV, 인터넷 등에서 비교적 고루 소비되고 있다는 점이다. 스포츠 다음으로는 교양 프로그램과 음악 프로그램의 특정 미

| 장르 | 상위 4개 미디어 | 비율(%) | CR4(%) * | HHI |
|---|---|---|---|---|
| 뉴스 | 지상파 TV | 42.4 | 92.8 | 2,944.96 |
| | 인터넷 | 25.6 | | |
| | 신문 | 21.6 | | |
| | 도서 잡지 | 3.2 | | |
| 다큐멘터리 | 지상파 TV | 53.2 | 88.0 | 3,478.40 |
| | 케이블 TV | 23.2(28.4)* | | |
| | 인터넷 | 6.4 | | |
| | 위성 방송 | 5.2 | | |
| 교양 | 지상파 TV | 28.4 | 82.4 | 2,022.40 |
| | 인터넷 | 28.0 | | |
| | 도서 / 잡지 | 14.0 | | |
| | 케이블 TV | 12.0(16.0)* | | |
| 오락 | 지상파 TV | 35.6 | 88.0 | 2,328.96 |
| | 인터넷 | 24.8 | | |
| | 케이블 TV | 17.6(22.0)* | | |
| | 지상파 DMB | 10.0 | | |
| 스포츠 | 지상파 TV | 33.2 | 80.0 | 2,030.72 |
| | 케이블 TV | 22.4(31.2)* | | |
| | 인터넷 | 14.0 | | |
| | 신문 | 10.4 | | |
| 드라마 | 지상파 TV | 53.2 | 93.2 | 3,428.80 |
| | 케이블 TV | 18.8(21.6)* | | |
| | 지상파 DMB | 12.4 | | |
| | 인터넷 | 8.8 | | |

* CR4는 4대 기업 시장 집중률*concentration ratios*을 나타내며, HHI(Herfindahl-Hirschman Index)는 개별 장르 시장에서 차지하는 단위들의 점유율을 제곱한 값을 통합하여 계산한 것으로, 유료 미디어 시장의 집중도를 알 수 있다(전범수 · 박주연, 2008, p.366.)

| 장르 | 상위 4개 미디어 | 비율(%) | CR4(%) | HHI |
|---|---|---|---|---|
| 영화 | 케이블 TV | 43.2(48.8)* | 89.2 | 2,833.92 |
| | 인터넷 | 26.8 | | |
| | 지상파 TV | 13.2 | | |
| | 지상파 DMB | 6.0 | | |
| 음악 | 인터넷 | 33.2 | 86.0 | 2,195.84 |
| | 라디오 | 22.8 | | |
| | 휴대폰 | 20.4 | | |
| | 지상파 DMB | 9.6 | | |
| 게임 | 인터넷 | 67.6 | 95.2 | 4,986.24 |
| | 휴대폰 | 19.2 | | |
| | 케이블 TV | 5.6(8.0)* | | |
| | 지상파 DMB | 2.8 | | |
| 애니메이션 | 인터넷 | 55.2 | 89.2 | 3,047.04 |
| | 케이블 TV | 20.0(23.2)* | | |
| | 지상파 TV | 9.6 | | |
| | 지상파 DMB | 4.4 | | |

*은 케이블 TV와 위성 방송을 동일 미디어로 간주할 때의 시장 점유율.

(전범수 · 박주연, 2008, p.379)

디어 집중도가 비교적 낮아, 여러 미디어에서 고루 소비되고 있는 콘텐츠인 것으로 드러났다.

예전부터 스포츠'하기'와 '관람하기'는 항상 있었다. 스포츠의 종류가 시대적 상황에 따라 변형되어 왔을 뿐이다. 콜로세움과 같은 원형 경기장의 존재가 그 대표적인 예이다. 음악이든 놀이든 게임이든 스포츠든, 인간이 있는 곳에 항상 있어 왔다는 것은 그만큼 인간의 존재 자체와 밀접한 관련을 지니고 있음을 의미하며, 그만큼 인간의 삶과 본성에 근접하는 콘텐츠임을 방증하는 것이다. 미디어는 단지 인간이 즐길 수 있고 소통할 수 있는 콘텐츠의 전달과 연결을 더 빨리, 더 완전하게 하려는 노력을 충실히 발전시켜 오고 있을 뿐이다. 그렇다면 스포츠를 하는 것과 보는 것은 인간의 마음에 어떤 위안을 주는 것일까? 이제 그 하나하나를 짚어 보기로 하자.

## 2) 결과의 불확실성과 서스펜스

스포츠에는 드라마나 영화와 달리 대본이 없다. 그러나 대본이 없다 하더라도 드라마와 영화에서 느낄 수 있는 서스펜스를 느낄 수 있다. 이는 앞서 논의한 서스펜스의 기본 조건 중 하나인 '결과의 불확실성'이 스포츠에서도 전제되기 때문이다. 자기가 더 많이 관련되어 있는 팀일수록, 그리고 박빙의 승부일수록 더 큰 서스펜스를 느낄 수 있다.

드라마에서의 서스펜스와 마찬가지로, 서스펜스는 불확실함 자체에서 온다기보다는 부정적 상황을 확실히 인지하기 때문에 나타난다. 따라서 시청자가 이 부정적 상황을 더 강하게 인지할수록 서스펜스 수준이 높아진다. 부정적인 결과가 나오면 어떻게 하나 마음을 졸이다가 마침내 좋은 결과로 끝난다면, 긴장 수준이 높았던 드라마의 대단원을 보는 것처럼 스포츠에서도 아주 큰 카타르시스를 경험하게 된다. 최종 승부가 원하는 대로 끝나지 않더라도 손에 땀을 쥐게 하는 박진감이 경기의 과정 자체를 즐기게 한다.

스포츠의 경우, 팀이나 선수를 좋아하는 강도가 강할수록 부정적 결과에 대한 두려움은 더 커지고, 공감적 고통*empathetic distress*을 느끼게 된다 (Zillmann, 1980). 이러한 공감적 고통으로 인해 공감적 흥분이 강해지고, 이것이 시청자들의 인지적 평가와 연계하여 불쾌감이나 행복감으로 이어진다. 수영 올림픽 금메달리스트였던 박태환 선수가 불과 1년 만에 세계 선수권 대회에서 부진한 모습을 보이자, 많은 사람들이 공감적 고통으로 인한 흥분을 느끼거나, 아예 자신과 무관한 일처럼 선을 긋는 경향을 보였다. 선수가 잘할 때는 시청자 자신을 그 선수에게 동일시하거나 애착을 느끼다가, 선수가 잘 못하자 자신과 분리하려는 경향을 보인다는 것이다.

서스펜스가 어떤 역할을 하는지에 대한 실증적 연구 두 가지를 소개하면(Bryant & Raney, 2000), 한 연구에서는 서스펜스 넘치는 중계를 통해 스포츠 방송을 본 경우 게임이 덜 지루하고 더 중요하며 더 즐겁다고 여겼다. 서스펜스가 높은 상황에서 결과를 더 불안해하고, 자기가 좋아하는 팀이 이길 것인지에 더 깊은 관심을 보였으며, 더 격렬한 팀을 좋아하였다. 또한 연구에서는 NCAA 농구 경기에서 점수 차이가 더 적을수록 더 강한 서스펜스를 느끼고 경기를 더 즐겼다는 결과를 얻었다. 이러한 경향은 남성의 경우에 더 강했다. 대체로 모험적인 경기일수록 스릴 있게 진행되어 이를 보는 사람들에게 더 큰 즐거움을 준다.

## 3) 동일시와 감정 이입

2002년 한국이 히딩크 감독의 리더십으로 월드컵 4강에 진출했을 때, 한국인의 일체감은 극에 달했다. 그리고 2009년 일본과의 야구 결승전에서 연장까지 가는 접전 끝에 아쉽게 준우승을 했을 때도 한국인들은 선수들과 일체감을 느끼며 아쉬워하며 자리를 뜨지 못했다. 박태환 선수가 2008년 베이징 올림픽에서 금메달을 땄을 때, 그리고 김연아 선수가 2010년 벤쿠버 동계 올림픽에서 완벽한 세계 신기록을 세우며 금메달을 목에 걸었을 때, 한국의 어른들은 마치 박태환, 김연아가 자기 자신의 아들, 딸이라도 되는 것처럼, 그리고 한국의 젊은이들은 마치 자기가 박태환, 김연아가 된 것처럼 들뜨며 기분 좋아했다. 단순히 기분 좋아한 정도가 아니라, 엄청난 희열감을 느꼈다고 해야 할 것이다. 특히 김연아 선수가 숙적 일본의 아사다 마오를 엄청난 차이로 후련하게 따돌렸다는 사실은 한국 국민 전체에게 집단 카타르시스를 안겨주었다.

이러한 것들은 앞서 논의한 '서스펜스'의 요소를 스포츠 관람도 고스란히 가지고 있기 때문에 느끼는 긴장감과 스릴, 그리고 앞서 논의한 배우와의 동일시에 버금가는 선수와의 동일시에 근거한 감정 이입과 대리 만족 등의 심리로 풀어 낼 수 있다. 이러한 감정 이입과 동일시는 김연아 선수가 감격의 눈물을 흘릴 때 함께 눈물을 흘린 사람들이 더 강하게 느낀 것이라고 해석할 수 있다.

이는 세계 최고가 된 김연아와 동일시함으로써 마치 시청자 또는 관람자 자신이 완벽한 연기를 하여 우승한 듯한 착각에 빠지는 심리라고 할 수 있지만, 이것은 유쾌한 대리 경험이다. 이것이 가능한 것은 자신이 김연아인 듯한 동일시, 그로 인한 유사 사회적 상호 작용과 감정 이입 때문이며, 이러한 심리들은 드라마나 영화 속의 등장 인물에 동일시했던 과정과 상당히 유사하다. 즉 스포츠 관람의 심리에도 드라마 시청의 심리와 유사한 긴장감의 서스펜스, 동일시와 감정 이입 등이 모두 개입된다는 것이다.

특히 스포츠의 경우 '경쟁에서 승리했다'는 성취감을 대리 만족하는 부분이 특히 매력적이다. 게임이나 스포츠에는 경쟁이 포함되며, 이것을 직접 자신이 했을 때에는 실제로 성취감을 느낄 수 있어 만족감이 큰 것이고, 이것을 시청하거나 관람했을 때에는 경기 참여자에게 동일시하여 감정 이입함으로써 이러한 성취감을 대리 만족하는 것이다. 그러므로 관람자나 시청자가 경기 참여자를 더 좋아할수록, 그 연대감이 더 강할수록 당연히 대리 만족감이나 성취감도 더 커지게 된다. 이러한 과정에서 유사 사회적 상호 작용이 일어나는 것이다.

## 4) 각성과 자극 수준 높이기

사람은 적절한 수준의 자극과 각성을 원한다. 즉 너무 따분하면 자극적인 것을 원하고, 너무 자극적이면 평온한 것을 원한다. 어느 정도의 자극과 각성이 '적절'하다고 생각하느냐 하는 수준에는 개인차가 있다. 상당히 자극적인 것을 보아야만 비로소 재미있어 하는 사람이 있는 반면, 조금만 자극적이어도 금방 스트레스를 받는 사람도 있다. 성별과 연령에 따른 차이도 있어, 대체로 남성이 여성보다 더 높은 수준의 자극을 원하며, 남녀 모두 연령이 승가함에 따라 자극 주구 성향이 감소한다.

스포츠 시청은 각성 수준*arousal level*을 높일 수 있다. 그러나 자극 추구 성향과 스포츠를 연결시킨 연구들은 대부분 스포츠 시청자나 관중이 아닌 스포츠 참여자를 다루는 연구들이었다(Zuckerman, 1994). 예외적으로, 자극 추구 성향이 높은 관중들이 더 군중 폭력에 가담할 가능성이 높다는 연구가 핀란드와 캐나다 표본에서 나왔다(Mustonen, Arms, & Russell, 1996).

자극 추구*sensation seeking* 성향은 '다양한, 새로운, 그리고 강렬한 감각과 경험을 기꺼이 추구하는 것을 선호하는 개인의 성향'으로 정의된다(Zuckerman, 1994, p.27). 자극 추구 성향은 '충동적*impulsive* 자극 추구'라고 불리는, 보다 넓은 개념의 성격 특성 안에 속한다. 자극을 추구하는 사람들은 "강한 정서적 반응을 일으키는 자극들을 선호한다"(Zuckerman, 1988, p.180).

과격한 스포츠는 특히 자극 수준이 높아, 강한 자극을 원하는 사람들이 많이 찾는다. 과격한 스포츠를 보거나 그러한 스포츠에 참여하는 것은 그 이상의 폭력을 학습하게 하거나 자극하는 경향이 있다(Goldstein, 1988; Russell, 1983; Crabb & Goldstein, 1991, p.366에서 간접 인용).

## 5) 스포츠의 폭력성과 긴박감

스포츠의 폭력성은 그 경기 자체가 폭력적이라기보다는 그것을 인식하는 관람객이나 시청자의 지각에 따라 달라진다. 두 팀 또는 두 경기자가 대결하는 상황에서 한쪽을 응원하면 자연히 다른 쪽에 적대감이 생기게 되는데, 그 이면을 들여다보면 결국 자기가 응원하는 선수나 팀과 동일시가 일어나 해당 선수가 속해 있는 집단(그것이 나라이든 집단이든)에 비추어 '(소속) 집단 간 갈등'이 재현된다고 할 수 있다.

홍분한 관중들의 폭력 사례 등은 다른 관중의 홍분을 보고 전이된 효과도 있지만, 애초에 스포츠 자체가 다른 활동들보다 더 몸을 많이 움직여 생리적으로 각성되고 홍분된 상태의 선수들을 보는 것이기 때문에, 그러한 홍분이 자연스럽게 서로에게 전이된 것이라 할 수 있다. '정서의 자기 관련성'을 생각할 때, 특히 자신과 밀접한 관련이 있는 팀이 백중세의 라이벌 팀과 경기할 경우에는 조금이라도 마음에 들지 않는 부분이 생기면 필요 이상으로 홍분하기 쉽다.

경기를 하는 선수가 과격해지거나 이를 보는 관중 또는 시청자들이 과격해지는 것은 소속팀을 자기 자신과 동일시하는 강도가 아주 강하여 자기 팀이 지면 곧 자기가 녈방하는 것과 동일하다고 보기 때문이다. 상대 팀이 예전에 라이벌 관계였던 경우 이러한 경향은 더 심하게 나타난다. 한국팀이 일본과 경기할 때 온 국민이 더욱 열광하며 '꼭 이겨야 할 경기'라고 생각하는 것도 같은 맥락이다.

경기 관람자(또는 시청자)의 입장에서는 경기를 하는 두 팀의 실력이 백중세이거나 오랜 라이벌 관계일 때 더 많이 즐긴다. 관중의 입장에서 두 팀이 서로 친한 관계로 보이거나 실력 차이가 많이 날 때보다 서로 앙숙인 것처럼 보이거나 실력이 비등할 때 더 손에 땀을 쥐는 긴박감을 느끼며, 특히 자기 팀이나 자기가 응원하는 팀이 그런 경기에서 이겼을 때 극적인 희열을 느낀다(Crabb & Goldstein, 1991).

감정적으로 깊이 개입되어 있는 팀의 아슬아슬한 경기에서 느끼는 이와 같은 즐거움은 마치 드라마에서 주인공이 위험에 빠져 있어 이를 보는 사람이 애를 태우다가, 마침내 모든 일들이 주인공에게 유리하게 잘 풀렸을 때 이를 보는 사람도 극적인 안도감과 함께 카타르시스를 느끼며 큰 즐거움을 느끼는 과정과 흡사하다. 주인공에게 더 강렬한 동일시를 할수록 이러한 감정의 강도도 더 강해지는 것은 물론이다.

스포츠는 적대감을 건강하게 분출시키는 창구라고 이야기하기도 한다(Crabb & Goldstein, 1991). 우리의 원시 선조로부터 물려받은 감정의 유산 가운데 사랑이나 기쁨과 같은 긍정적인 감정보다 분노, 불안, 적대감 등과 같은 부정적 감정들이 인류를 위험으로부터 보호하고 생존해 오도록 하는 데 더 기여한 면이 있다. 나를 해치려 하는 사람에 대한 분노나 적대감은 어느 정도 생존에 필수적이다.

청소년의 경우 내부에서 끓어오르는 열정을 스포츠 등으로 분출할 때 다른 방향의 공격성이 정화될 수 있다는 사실도 잘 알려져 있다. 신체 접촉이 많고 몸을 움직여 내부의 에너지를 발산시키는 스포츠는 그래서 인간이 피할 수 없는, 면면히 이어져 내려오는 전통이 되었는지도 모른다.

그런데 공격성이나 분노는 분출할수록 없어지는 것이 아니라 더 늘어 난다고 보는 관점도 있다. 한번 공격해 본 사람이 자꾸 더 공격하게 되는 사례가 바로 이런 경우다. 이는 마치 공격 영화 연구에서 '공격 영화를 보고 나면 공격성이 줄어든다'고 예측하는 카타르시스설과 '공격 영화를 보면서 공격성을 더 모방하게 된다'고 예측하는 모방설의 대립을 연상시킨다(나은영, 1995).

공격 영화의 카타르시스설과 모방설, 스포츠의 공격성 촉진설과 억제설 중 어느 쪽이 '항상' 옳은 것이 아니라, 그 사람이 처해 있는 상황에 따라, 혹은 그 사람의 성향에 따라 달리 나타나는 경우가 많다. 물론 공격 영화의 경우는 현재까지 모방설이 조금 더 우세하지만, 실제로 몸을 움직여 스트레스를 풀어 버릴 수 있는 스포츠에서는 카타르시스설도 상당한 설명력을 지닌다.

## 6) 미디어 소비자의 특성과 스포츠 시청 및 소비 행동

미디어 스포츠는 "직접 스포츠 경기 현장에 참여하지 못한 스포츠팬을 위하여 일반 미디어인 TV, 라디오, 신문, 잡지, 비디오, 필름, 만화, 영화 등과 같은 미디어를 통해 스포츠에 관한 지식이나 정보, 경기 장면을 전달하는 복합적 조직의 매개체"로 정의된다(이재현, 2001; 어재석, 2009, p.500). 대학생들을 대상으로 그들의 소비자 특성이 TV 스포츠의 시청 태도와 행동에 주는 영향을 살펴본 연구에서(어재석, 2009), 여가 가치관의 하위 요인인 발산형, 생산형, 동반형 가운데 동반형만이 스포츠 시청 행동에 유의미한 영향을 미치는 것으로 나타났다. 또한 TV 시청 동기의 하위 요인인 도피성, 유용성, 습관성 가운데 습관성만이 스포츠 시청 행동에 유의미한 영향을 주었다. 스포츠 혜택 중에서는 무형의 혜택이, 그리고 스포츠 지식과 스포츠 중계의 공신력(공정성과 전문성) 등이 스포츠 시청 행동에 유의미한 영향을 주는 것으로 나타났다.

청소년의 심리 요인이 매스 미디어를 통한 스포츠 간접 소비 행동에 미치는 영향에 관한 연구 결과는 다음과 같이 요약된다(서병세 · 김찬룡, 2000, p.307).

· TV 프로 스포츠 중계 시청 빈도: 남학생, 여학생 모두 신뢰도와 선호도가 유의미한 영향을 준다.

· TV 프로 스포츠 관련 뉴스 및 하이라이트 시청 빈도: 남학생은 신뢰도와 선호도가, 여학생은 신뢰도, 인지도 및 동일시 욕구 순으로 유의미한 영향을 준다.

· 프로 스포츠 관련 잡지 기사 구독 빈도: 남학생은 동일시 욕구와 인지도가, 여학생은 선호도, 신뢰도, 인지도 순으로 유의미한 영향을 준다.

· 프로 스포츠 관련 신문 기사 구독 빈도: 남학생은 신뢰도와 선호도, 여학생은 신뢰도와 인지도 순으로 유의미한 영향을 준다.

스포츠 잡지는 특히 경기 자체에 대한 안내뿐 아니라 스포츠 스타와 그 주변 인물들의 생활, 그 스타가 착용한 신발 등 사소한 내용까지 다룰 수 있어, 특히 10대들의 동일시 욕구와 모방 심리를 부추기는 데 큰 역할을 한다.

# 3. 스포츠에서 미디어의 역할

## 1) 스포츠, 미디어, 기업 간의 관계

스포츠는 그 자체가 사람이 즐기는 활동이지만, 이것을 미디어를 통해서
든 경기장을 통해서든 많은 사람들에게 보여 주며 즐기게 하는 활동이기
도 하다. 이 과정에서 선수들과 스포츠팀은 다각도로 지원을 받아야 할 필
요가 있고, 그 과정에서 정부나 기업이 개입하게 된다. 사람들이 좋아하는
스포츠팀을 지원함으로써 기업이 얻는 이익도 있다. 그래서 스포츠, 미디
어, 기업 간에는 그림 9-1과 같은 관계가 성립한다(김지혜 · 임정수, 2008).

그런데 이 그림에서 스포츠, 미디어, 기업이라는 세 요소를 바라보는
'사람들'은 어디에 있을까? 이 장은 바로 그런 '사람들'의 마음에 핵심을

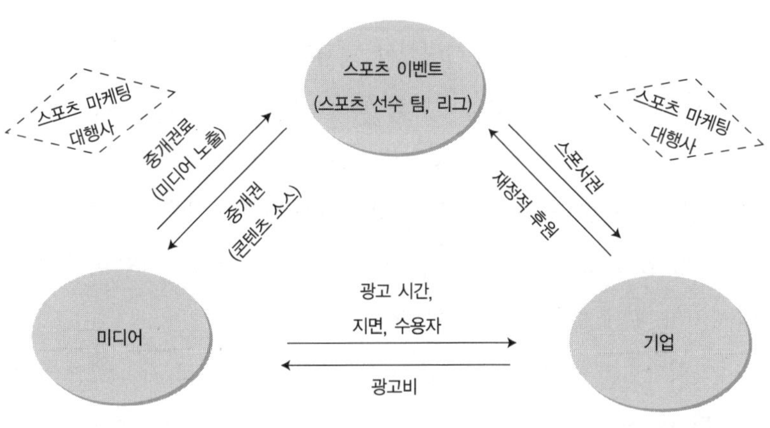


(김지혜 · 임정수, 2008, p.72)

**그림 9-1. 스포츠 콘텐츠 산업의 구조**

두고 있다. 스포츠 선수와 경기 자체를 사람들이 어떻게 생각하는지, 이를 중계하는 미디어를 사람들은 어떤 마음으로 즐기는지, 그리고 이들을 후원하는 기업들을 사람들은 어떤 눈으로 바라보는지 하는 문제에 관심을 둔다는 것이다.

스포츠 콘텐츠 산업의 구조를 그림으로 나타내고 나면 각 요소가 '물질화'되지만, 그 이면을 살펴보면 스포츠 이벤트를 이루는 것도 선수와 감독 등과 같은 사람들이고, 미디어의 이면에도 스포츠 경기나 선수에 관한 기사를 찾아 프로그램을 만들고 기사를 내보내는 신문, TV, 잡지사의 기자를 비롯한 사람들이다. 기업을 구성하는 3M, 즉 돈money, 물질material, 사람men 가운데 중요한 요소도 역시 사람이다.

미디어는 사람들이 생산하는 콘텐츠를 '기술'을 통해 연결해 주지만, 기업은 이러한 연결에 윤활유 역할을 하는 '돈'을 매개로 하여 요소들 간의 연결을 높는다. 바로 이 과정에서 스포츠의 상업화, 미디어의 상업화가 일어나는 것이고, 어쩔 수 없이 사람들이 경제 논리에서 자유로울 수 없게 되는 것이다.

미디어가 발전하고 다양해지면서, 미디어에 따라 스포츠 콘텐츠 자체도 변화를 겪을 수밖에 없다. 간단한 예를 들면, 프로 야구 경기장 주변에 아주 큰 현수막으로 기업 광고를 하는 것은 흔한 일인데, 이것도 인기 있는 경기에는 어김없이 등장하는 콘텐츠의 하나가 되어 버렸다. 스포츠 관중은 그런 광고를 보고 싶어 하든 그렇지 않든, 그 스포츠를 즐기려면 어쩔 수 없이 광고와 '함께' 즐겨야 하는 것이다.

아직까지는 미디어의 왕좌를 굳건히 지키고 있는 TV가 스포츠에 끼친 영향도 아주 크다. 예컨대, TV로 경기를 중계할 때 시청률을 높이기 위해 유니폼의 색상에 주의를 기울이는 경우는 매우 흔하며, 심지어 공의 색

깔을 바꾸고 규칙을 수정하는 경우도 생겼다.

이는 '미디어적 가치'가 존재하는 스포츠만이 기업으로 하여금 '스포츠를 통한 마케팅'에 투자하게 만들기 때문에 나타나는 현상이다(치히로, 2004). 스포츠가 미디어적 가치를 지니기 위해서는 "미디어로 다루어지기 쉬운 인기 선수의 존재, 또 시청자가 공감하기 쉬운 선수들의 개인적인 스토리, 즉 연습의 노고, 좌절, 가족이나 친구의 지원 등 이야깃거리"가 있어야 한다(p.94). 이런 내용을 담기 쉬운 미디어가 발달해 갈수록 스포츠 콘텐츠 안에 이 모든 것들이 포함되어 가는 것이다.

표 9-3은 미디어 플랫폼이 다양화되어 감에 따라 스포츠 콘텐츠가 미디어와 어떻게 상호 작용할 수 있는지를 잘 보여 준다(김지혜·임정수, 2008, p.84). 전통적인 미디어에서는 지상파 방송을 중심으로 스포츠 중계가 주로 이루어지던 것이 다채널화되면서 스포츠 전문 채널이 등장하고 스포츠가 더욱 대중화, 상업화되는 경향을 보였다. 2000년대 들어 포털과 UCC, 모바일 미디어 등을 통해 e-스포츠, 웹 2.0과의 결합, DMB를 통한 동영상 서비스 등 보다 다양한 사용자 중심의 콘텐츠와 서비스들이 속속 등장하였다.

결국 스포츠도 '언제 어디서나, 원하는 콘텐츠를 골라' 즐길 수 있게 된 미디어 환경은 스포츠 경기 콘텐츠뿐 아니라 그와 관련된 모든 콘텐츠, 특히 스포츠 스타와 관련된 콘텐츠들에 몰입하는 것을 더욱 용이하게 하여, 스포츠 콘텐츠 영역의 확대와 다양화를 가져왔다. 그 결과 스포츠가 '킬러 콘텐츠'로까지 자리 잡게 된 것이다.

이제 스포츠라는 용어가 단순한 '스포츠'가 아니라 '미디어 스포츠'를 의미하는 경우가 점점 더 많아지고 있다. 미디어 스포츠는 "매스 미디어에 의해서 각색되고 편집되어 스포츠 소비자에게 전달되는 스포츠 기사와 보도 프로그램 내용"을 말하며, "미디어를 통해 간접적으로 스포츠 팬에게 전달되는 스포츠에 관한 지식이나 정보, 그리고 게임 실황 등의 모든 메시지 측면"을 뜻한다(임번장, 1994; 강형철 등, 2005, p.9에서 간접 인용). 미디어 스포츠의 발달로 인해 미디어적 가치를 담은 콘텐츠로의 쏠림 현상은 한층 더 가속화되고 있다.

오페라나 연극, 발레 등 모든 콘텐츠가 그렇듯이, 전문성이 가미된 해

**표 9-3. 미디어 플랫폼의 다양화와 스포츠 콘텐츠의 상호 작용**

| 미디어 | 주종목 | 미디어 → 스포츠 | 미디어 ← 스포츠 |
|---|---|---|---|
| 전통적 미디어 | (1980년대 이전) 아마추어 / 국가 대표 팀 경기, 프로 복싱, 프로 레슬링. | · 지상파 방송 중심의 스포츠 중계<br>· 경기 일정. 규칙, 시간 변화<br>· 1986년 아시안 게임. 1988년 서울 올림픽 등 빅 이벤트 TV 수상기 증가 등 일반 산업에까지 영향 | · 높은 시청률과 광고 수익률<br>· 미디어에서 중요한 콘텐츠로 자리 매김<br>· 미니어 기술 발날 영향<br>· 인기 스포츠 종목 기존 프로그램 편성 영향(빅 이벤트 경기 기존 프로그램 결방, 방송 시간 연기) |
|  | (1980년대) 프로 야구, 프로 축구, 민속 씨름 등 |  |  |
| 다채널 미디어 | (1990년대) 프로 농구, 프로 배구, 골프, 메이저리그 | · 스포츠 대중화와 상업화 영향<br>· 팬들 관심 높이는 효과<br>· 스포츠 콘텐츠의 경제적 가치 높임(인기 종목, 인기 이벤트 중계권료 상승) | · 스포츠 전문 채널 등장<br>· 다양한 종목 스포츠 콘텐츠 제공<br>· 박세리, 박찬호 해외 활동 해외 스포츠 콘텐츠 제공<br>· 인기 스포츠 단체 권력 향상<br>· 안정적인 시청률 보장 |
|  | (2000년대) e-스포츠, 이종 격투기(K-1) | · e-스포츠의 대중화 영향<br>· 스타 프로게이머 배출<br>· 이종격투기 위성 핵심 콘텐츠 | · e-스포츠 채널 등장<br>· 게임 전문 채널 등장<br>· 최홍만의 K-1 진출, 이종 격투기 관심 활성화 |

설은 수용자들에게 또 다른 즐거움을 준다. 단순히 이해를 돕는 차원을 넘어 감정을 일으키는 근원이 되기도 한다. 스포츠 영역에서도 스포츠 방송 해설에 따라 그 경기가 얼마나 거칠게 지각되는지가 달라진다는 연구 결과가 있다(Comisky, Bryant, & Zillmann, 1977). 경기가 거칠다는 사실을 강조하거나, 선수들 간의 적의를 강조하는 해설을 들을 때, 사람들은 그 경기가 더 거칠다고 생각한다.

| 미디어 | 주종목 | 미디어 → 스포츠 | 미디어 ← 스포츠 |
|---|---|---|---|
| 포털,<br>UCC | (2000년대)<br>유럽 축구리그, 일본 프로 야구 등 해외 스포츠 | · 이용자 간의 상호 작용적 시청<br>· 웹 2.0 문화와의 결합.<br>· 미디어 기업 스포츠 스폰서 (예: 곰TV, MBC 게임, MSL 후원)<br>· 다양한 수용자 확보(컴퓨터 통해 동영상 소비하는 젊은 층) | · 높은 시청률과 광고 수익률<br>· 미디어에서 중요한 콘텐츠로 자리 매김<br>· 미디어 기술 발달 영향<br>· 인기 스포츠 종목 기존 프로그램 편성 영향(빅 이벤트 경기 기존 프로그램 결방, 방송 시간 연기) |
| | | · 미디어의 리그 직접 운영(예: 나우콤의 '아프리카' 이용자들이 직접 리그 운영. 경기 중계 UCC 방송) | |
| 모바일<br>미디어 | (2000년대)<br>프로 야구, 프로 농구, PGA 골프, 이종 격투기, MLB 등. | · 이동 전화의 텍스트 중심 서비스에서 DMB를 통한 동영상 서비스 중심으로 전환<br>· 스포츠의 속보성과 동시성 | · 빅 스포츠 이벤트 DMB 가입자 수 증가 영향(2006년 WBC)<br>· 모바일 콘텐츠 진일보(스포츠 선수 배경 화면, 벨소리 등 서비스)<br>· 킬러 콘텐츠로 자리 매김 |

(김지혜 · 임정수, 2008, p.84)

해설은 특히 스포츠에서 발생하는 공격적인 상황이나 애매한 상황을 미디어가 규정지어 주는 역할을 한다. 해설자가 일종의 틀 짓기, 즉 '프레이밍framing' 기능을 하는 것이다. 해설자뿐 아니라 미디어 전체가 스포츠와 스포츠 스타의 프레이밍에 관여하고 있으며, 이러한 프레이밍 방식은 스포츠와 스포츠 스타를 사람들이 어떻게 받아들이는지에 결정적인 역할을 한다.

## 2) 스포츠 영웅의 미디어 프레임

스포츠 영웅에 대해 느끼는 심리는 스포츠에 대해 느끼는 심리와 구분해서 다룰 필요가 있다. 스포츠는 드라마와 달리 등장 인물 자체보다 경기 내용 자체에 초점을 두는 장르임은 앞에 이야기한 바 있다. 그런데 어떤 경기를 아주 잘하는 사람은 스포츠의 영웅으로 부각되고, 그러면 스포츠 신수라기보다는 마치 드라마나 영화의 '주인공'처럼 사람들의 마음속에 자리 잡게 된다. 이렇게 된 다음의 심리는 콘텐츠로서의 '스포츠' 관련 심리라기보다 앞의 장들에서 논의한 드라마나 영화에 등장하는 '미디어 인물' 관련 심리로 전환된다.

스포츠 영웅은 개별 시청자가 경기를 시청하는 과정에서 자연스럽게 형성될 수도 있지만, 기업의 스타 마케팅 정책이나 정부의 이데올로기 강화 정책의 일환으로 '만들어질' 수도 있다. 신성아(2008)는 신자유주의 국가 재편 과정에서 스포츠 스타가 어떻게 소비되는지를 분석하면서, 박찬호, 박지성, 김연아와 박태환을 다음과 같이 묘사하고 있다.

· '코리안 특급' 박찬호(국가와 개인의 동일시를 통한 통합 이데올로기 강화):
"박찬호의 개인적 능력과 위상이 한국 전체의, 혹은 정부의 그것으로 치환되는 경우가 종종 발견된다"(pp.318, 321).

· '산소 탱크' 박지성(전문가주의의 강요와 배제 / 포섭의 논리 심화): "작지만
　강한 정부," "노력만 하면 성공할 수 있다는 능력주의에 대한 환상 …… 신자
　유주의가 배태한 '배제와 포섭의 논리'가 점차 고착화"(pp.325, 330~331).
· '국민 여동생' 김연아와 '국민 남동생' 박태환(종족적 민족주의의 환상): "위
　대한 한국인, 김연아와 박태환," "종족적 민족주의에 대한 대중의 지지 ……
　신인류가 등장했다"(pp.332, 334).

　　스포츠 영웅들이 가지고 있는 위대한, 또는 좋은 특성들을 광고주나
기업 또는 국가나 정부에 '전이'시키려는 노력들을 위와 같이 표현했다고
볼 수 있다. 선거나 광고 등에서 흔히 사용되는 설득 전략에 스포츠 영웅
들이 활용된 것이다.

　　본격적으로 '스포츠 영웅의 미디어 프레임'에 관해 실증적으로 분석
한 연구(윤여광 · 이인희, 2005)에서는 스포츠 영웅을 다루는 미디어 프레임을
표 9-4와 같이 다섯 가지로 분류했다. 이승엽 선수에 대한 각 프레임의
예를 들면 다음과 같다(윤여광 · 이인희, 2005, pp.390~397).

· 민족주의 프레임: "국민 타자 빅리그서도 통한다," "이승엽은 한민족의 자존
　심" 등
· 선정주의 프레임: "대포 한 방으로 끝내라," "달아오른 홈런포는 화염을 토했
　다" 등
· 상업주의 프레임: "황금알을 낳는 홈런포," "이승엽 100억 돈방석" 등
· 승리 지상주의 프레임: "지존의 자리는 하나," "기필코 홈런왕 되겠다" 등
· 성차별주의 프레임: "홈런킹 아내, CF 퀸으로," " '여보 힘내요' 아내의 외침" 등

**표 9-4. 스포츠 영웅에 대한 미디어 프레임 분류**

| 메타<br>프레임 | 핵심 프레임 | |
|---|---|---|
| | 명칭 | 내용 |
| 사회 통합 | 민족주의 | 스포츠 영웅의 본질적인 모습은 집합적 가치를 영속화시키고, 사회적 규범을 확인하며, 사회 단결에 공헌하는 방식으로 형성되어 옴. |
| | 선정주의 | 미디어 스포츠의 선정적인 군사주의 용어들은 스포츠 행위를 '싸움,' '전쟁' 같은 범주 행위로 인식하게 함으로써 스포츠의 사회, 문화적인 긍정적 요인과 상관 관계를 가지게 하며, 수용자들에게 공통 가치를 심어 줘 여론을 한곳으로 결집시키는 역할을 함. |
| 물질주의<br>조장 | 상업주의 | 스포츠 영웅은 궁극적으로 금전적 욕구에 지배당함으로써 자본주의적 일상 의식을 확대 재생산한다. 미디어 스포츠에서는 시청률, 열독률 등의 형태로 나타남. |
| | 승리 지상주의 | '승리'는 미디어 스포츠의 기본이다. 승자 위주의 보도 행위는 스포츠 영웅을 탄생시키는 촉매 역할을 하며, '승리 = 물질적 보상'이라는 가치관을 심어 줌. |
| | 성차별주의 | 성차별은 스포츠에 본질적으로 내제되어 있는 것으로, 스포츠 영웅을 통해 남성이 여성보다 우수하다는 '남성 헤게모니'를 강화한다. 이러한 차별적 가치는 여성 선수의 상품화로 이어지며, 매체의 이윤을 극대화하려는 장식물로 자주 이용됨. |

(윤여광 · 이인희, 2005, p.387)

이와 같은 다섯 가지 스포츠 영웅 미디어 프레임을 신문과 방송에서 어느 정도 사용하고 있는지를 분석해 본 결과, 전체적으로 '승리 지상주의' 프레임이 27.3%로 가장 많았고, 뒤를 이어 '민족주의' 프레임 19.0%, '상업주의' 프레임 14.6%, '선정주의' 프레임 10.8% 등이었다.

〈중앙일보〉, 〈스포츠조선〉, MBC TV, KBS1 TV 중에서 '승리 지상주의' 프레임은 KBS(35.8%), 〈중앙일보〉(29.2%), MBC(28.1%), 〈스포츠조선〉(22.0%) 순

으로 나타나, 전체적으로 방송이 신문보다 '승리 지상주의' 프레임을 더 많이 사용하는 것으로 밝혀졌다. '민족주의' 프레임은 〈스포츠조선〉(22.5%), MBC(19.2%), KBS(18.5%), 〈중앙일보〉(11.7%) 순으로 많이 나타났다.

'상업주의' 프레임은 〈중앙일보〉(17.9%), 〈스포츠조선〉(14.7%), KBS (13.7%), MBC(12.4%) 순으로 많이 나타났고, '선정주의' 프레임은 〈스포츠조선〉(12.5%), MBC(12.4%), 〈중앙일보〉(10.8%), KBS(5.3%) 순이었다. 끝으로, '성차별주의' 프레임은 〈스포츠조선〉(4.0%), 〈중앙일보〉(2.9%), KBS(0.5%), MBC (0.0%) 순으로 조사되었다.

스포츠 전문지인 〈스포츠조선〉은 '승리 지상주의'와 '민족주의' 프레이밍의 비율이 거의 비슷하며, 종합 일간지인 〈중앙일보〉는 '승리 지상주의' 프레임에 의존하는 비율이 더 높았다. 이는 "미디어의 특성에 따라 이슈의 속성 부각, 즉 2차 의제 설정이 달라진다"는 것을 의미한다(윤여광·이인희, 2005, p.400). 같은 스포츠 영웅을 다루더라도 미디어가 어떤 의제를 설정하며 어떤 방식으로 프레이밍을 하느냐에 따라 사람들이 받아들이는 이미지는 확연히 달라질 수 있다.

## 3) 스포츠 영웅에 대한 '동일시' 정서의 이중성

스포츠 영웅의 프레임 과정에는 앞서 설명한 '동일시'의 과정이 이중으로 적용된다. 즉 스포츠 영웅의 경기 장면이나 개인 활동이 묘사된 신문과 방송 프로그램들을 접하는 독자나 시청자의 마음에는 대리 만족을 주는 그 '스포즈 영웅과의 동일시'가 일어난다. 그의 승리가 바로 나의 승리처럼 생각되는 것이다. 더 나아가 그를 묘사하는 미디어의 프레이밍 방식에 힘입어 '내가 한국인이라는 사실'이 자랑스러워지는 '개인과 국가의 동일시'도 함께 일어난다. 그 선수가 한국인으로서 세계 1위가 되어 강대국의 선수들을 물리치고 태극기가 1위의 자리로 게양되는 것을 보며 '그 선수와 내가 하나'가 되고, '대한민국과 내가 하나'가 되어 마침내 '우리 모두가 하나'가 되는 경험을 하게 되는 것이다.

그 '하나'가 되는 동일시의 경험 안에 편승해 보고자 어떤 기업이나 정부가 '잘 나가는 스포츠 영웅'과 마치 한몸인 것처럼 홍보 전략을 펴곤 한다. 그러다가 어떤 선수가 기대 이하의 성과를 내면 순식간에 홍보 장면에서 사라지고 만다. 김연아 선수와 박태환 선수를 함께 '이용'하던 많은 기업과 정부 기관들이 박태환 선수의 탈락 이후 김연아 선수만을 부각시키고 있다. 심지어 '자서전'까지 부추기며 '활용'하고 있다. 언젠가 박태환 선수가 세계 대회에서 우승을 하면, 또다시 스포츠 영웅으로 부각되어 홍보에 활용되겠지만 말이다.

결국 스포츠 영웅과의 동일시를 활용하여 사람들의 마음을 사는 것은 그 선수라는 인물 자체에 있는 것이 아니라 그 선수가 쌓아올려 성취한 '공적'에 있다고 볼 수 있다. 그 공적이 사라지는 순간 그 선수에 대한 경탄과 찬양의 마음은 사라지고 만다. 동정과 안쓰러움은 남아 있을지언정, 우러러보던 동경의 마음은 사라진다는 것이다.

사람들이 "내가 가지고 싶으나 현재 가지고 있지 못한" 것을 가지고 있는 사람에 대한 정서는 두 가지로 나타난다. 그 하나는 '질투*jealousy*,' 다른 하나는 '경탄*admiration*'이다. 자기가 하고 있는 영역에서 자기가 조금만 더 하면 얻을 수 있을 것 같은 목표를 다른 사람이 더 먼저 또는 더 높게 이루었을 때 '질투'가 유발되는 반면, 자기가 하고 있지 않은 영역에서, 또는 자기가 하고 있는 영역이라 하더라도 자기가 아무리 해도 도달하기에는 벅차다고 인정하는 목표를 다른 사람이 이루었을 때 '경탄'이 유발될 수 있다.

기업이나 정부는 최대한 많은 사람들로부터 경탄까지는 아니더라도 호감을 받고 싶어 한다. 그래서 호감을 주는 스포츠 영웅을 끌어들이는 것이고, 스포츠 영웅이 대중에게 호감을 주려면 경탄할 만한 성과를 보여 주어야 한다. 성과가 부진할 때 사라져 버리고 마는 정서는 진정 그 '인물'에 대한 정서라기보다는 '성과'에 대한 정서라고 해석하는 것이 옳을 것이다.

## 4) 스포츠 2.0

전통적으로 스포츠는 수동적인 입장에서 '관람'하는 형태를 띠고 있었다. 그러나 상호 작용성이 큰 특징인 디지털 미디어 패러다임 안에서는 스포츠를 즐기는 패턴도 달라지고 있다. 미디어 2.0 시대를 맞아 건강, 과학 등 모든 영역에서 웹 2.0의 기능들이 활용되고 있고, 스포츠 영역도 예외가 아니다(송해룡 · 김원제, 2009).

미디어는 웹 시대로 진입한 이후에도 발전을 거듭하여, 웹 1.0에서 웹 2.0으로의 진화가 급속도로 이루어지고 있다. 이에 따라 스포츠나 영화, 게임, 음악 등 각종 콘텐츠를 미디어로 즐기는 사람들도 '적극적 활용자' 겸 '역동적 창조자'의 역할을 하며 그 위상이 한층 격상되어 가고 있다(나은영, 2009b).

흔히 웹 2.0 시대의 특성은 개방, 참여, 협동, 공유라고 이야기한다. 또한 웹 2.0 환경에서 가장 중요한 요소는 쌍방향성과 맞춤형 서비스이다. 대개 이러한 논의가 시작되었으며 UCC 등이 본격화된 2005년을 기점으로 웹 2.0 시대에 접어들었다고 이야기한다(박유리 등, 2008; 전종홍 · 이승윤, 2007). 미디어 1.0과 미디어 2.0의 차이를 표 9-5에 비교해 놓았다.

첨단 미디어의 발달은 모든 사람들 간의 거리를 더 가까이 이어 주는

표 9-5. 미디어 1.0과 미디어 2.0의 특징 비교

|  | 미디어 1.0 | 미디어 2.0 |
|---|---|---|
| 시기 구분 | 1990~2005 | 2005~현재 |
| 생산 주체 | 생산자와 소비자 별개 | 생산자인 동시에 소비자 |
| 시기 구분 | 미디어 형식 인터넷 커뮤니케이션 툴 (카페, 메신저) 등장 | 오픈 플랫폼으로서의 인터넷, 1인 미디어 |
| 콘텐츠 성격 | 권위적, 범용적, 종합적, 객관적 | 즉흥적, 전문적, 단편적, 주관적 |
| 콘텐츠 유형 | 프로페셔널 콘텐츠, 틈새 콘텐츠 | UCC 본격화 |

박유리 등, 2008, p.34 [원전: 전자부품연구원(2007. 4), "미디어 2.0의 개념과 새로운 가치창출"].

역할을 하기 때문에, 스타들과의 거리도 예전에 비해 점점 더 가까워지고 있다. 예전에는 스타가 저만치 떨어져서 경탄하며 바라보는 대상이었다면, 지금은 스타가 바로 내 옆에 있는 친구처럼 되어 버린 것이다. 그래서 이제 스포츠 경기 자체의 콘텐츠에 스타와 관련된 콘텐츠가 더해져, 스포츠 콘텐츠에 대한 사람들의 심리적 반응도 이 책의 전반부에서 논의한 '등장 인물과의 관계에 초점이 있는' 장르들과 상당히 유사해져 가고 있다. 허구의 인물이 아닌 실제 인물, 실제 스타에 대해 유사 사회적 상호 작용을 넘어서는 실제 상호 작용을 하며, 동일시에서 한 발 더 나아가 그 스타를 위해 적극적인 활동까지 벌이기가 쉬워진 것이다.

사람들이 미디어를 이용하여 즐기는 모든 콘텐츠의 저변에는 '나와의 관련성'이 내재하며, 그로 인해 '정서'가 유발된다. 스포츠와 스포츠 스타의 경우도 예외는 아니다. 앞서 음악과 영화 부분에서 살펴보았듯이, "모든 감정 밑에는 개인적 의미가 깔려 있다"(래저러스 · 래저러스, 1997, p.189). 그렇기 때문에 우리는 우리와 관련이 없는 팀이 경기하는 것을 보면 별다른 감

흥을 느끼지 못한다. 우리 팀이 경기를 하는 상황에서도 상대 팀이 어디냐에 따라 감정의 강도는 또 달라진다. 예를 들어, 야구 준결승에서 한국팀이 숙적 일본팀을 만나 통쾌한 역전승을 거두었다면, 그로 인한 정서의 강도는 다른 팀과 승부했을 때보다 한층 더 강해진다. 경기 후의 카타르시스가 강렬할 뿐만 아니라, 경기가 이루어지는 순간순간 손에 땀을 쥐게 하는 긴장감의 정도도 훨씬 더 크다. 스포츠 관람에서 느끼는 이러한 정서들을 사람들은 즐기는 것이다.

우리는 사람이기 때문에 정서에서 자유로울 수 없고, 이 정서는 '자기 관련성'과 불가분의 관계에 있음은 이미 이야기한 바와 같다. 결국 자기와 관련된 집단을 응원하며 희열을 느끼고, 자기 팀에 적대적인 집단이 이기면 화가 나는 것도 모두 크게 보면 인간의 생존을 면면히 이어 온 정서 심리학의 적응력과 관련이 있다. 미디어의 역할은 이 과정에서 사람들이 '내가 직접' 겪지 않아도 '마치 내가 직접 겪은 것처럼' 생생하게 느끼게 해주는 역할이다. 간접 경험을 직접 경험화하는 데 미디어가 중심적인 역할을 한다는 것이다. 이러한 일반 논리는 미디어의 콘텐츠가 드라마든, 리얼리티 프로그램이든, 음악이든, 스포츠든 마찬가지다.

# 디지털 미디어와 미디어 심리

## : 상호 작용성과 몰입

# Chapter 10

# 소셜 미디어와 콘텐츠 공유

| 소통과 즐김의 융합

인간의 상상력이 실현되는 속도가 점점 더 빨라지고 있다. 결국 사람들은 미디어가 사이에 있는지 없는지는 간과한 채, 더 많은 사람들과 더 쉽게 연결되며, 더 많은 콘텐츠들을 더 실감나게 접하게 되고, 무한한 자극의 홍수 속에 던져진 삶을 살아가게 될 가능성이 커졌다. 더 나아가, 현실 속 모든 관계가 미디어로 완전히 연결되어, 전 세계의 사람들과 그들이 생산, 소비하는 콘텐츠들이 복잡계 네트워크를 형성하고 있다.

# 1. 소통과 즐김의 융합

## 1) 디지털 소셜 미디어

지금까지 살펴본 드라마와 영화, 코미디, 뉴스와 다큐멘터리, 음악, 게임, 스포츠 등 거의 모든 장르의 콘텐츠를 이제는 디지털 기반 위에서 즐길 수 있다. 디지털 미디어로 즐긴다는 이야기는 곧 엄청난 유동성의 증가를 의미하며, 소통과 즐김의 융합을 의미한다. 동일한 내용일지라도 어떤 미디어를 통해 즐기느냐에 따라 이용자가 선택할 수 있는 활동의 종류가 천차만별이다. 특히 디지털 미디어로 즐길 경우, 이용자가 할 수 있는 일이 많아진다. 상호 작용성의 증가 때문이다. 또한 이로 인해 몰입감과 실재감도 크게 증가한다. 이제 콘텐츠 대부분을 디지털 미디어만을 통해 즐기게 될 상황이 눈앞에 다가와 있기 때문에, 특별히 뉴 미디어를 통한 소통과 즐김의 융합 과정에 초점을 둘 필요가 있다.

소통과 즐김의 융합은 유선이든 무선이든 인터넷의 광범위한 소셜 미디어화로 더욱 촉진되고 있다. 소셜 미디어*social media*는 원래 온라인 친구 찾기 사이트(예: 아이러브스쿨)에서 시작되어, '개방, 참여, 공유'를 표방하는 웹 2.0의 발달로 더욱 활성화되었다(최민재·양승찬, 2009). 소셜 미디어의 특성은 표 10−1과 같이 요약된다.

디지털화된 온라인 네트워크는 단순히 사람과 사람들만을 연결하는 것이 아니라 사람들이 만들어 낸 콘텐츠까지 자유자재로 연결할 수 있기 때문에, 이제 즐김을 위한 콘텐츠가 따로 있고 소통과 관계를 위한 네트워크가 따로 있는 것이 아니라 이 둘이 합쳐진 것이다. 최민재와 양승찬

표 10-1. 소셜 미디어의 특성

| 구분 | 해설 |
| --- | --- |
| 참여<br>*Participation* | 소셜 미디어는 관심 있는 모든 사람들의 기여와 피드백을 촉진하며 미디어와 오디언스의 개념을 불명확하게 함. |
| 공개<br>*Openness* | 대부분의 소셜 미디어는 피드백과 참여가 공개되어 있으며, 투표, 피드백, 코멘트, 정보 공유를 촉진함으로써 콘텐츠 접근과 사용에 대한 장벽이 거의 없음. |
| 대화<br>*Conversation* | 전통적인 미디어가 'broadcast'이고 콘텐츠가 일방적으로 오디언스에게 유통되는 반면, 소셜 미디어는 쌍방향성을 띔. |
| 커뮤니티<br>*Community* | 소셜 미디어는 빠르게 커뮤니티를 구성케 하고 커뮤니티로 하여금 공통의 관심사에 대해 이야기하게 함. |
| 연결<br>*Connectedness* | 대부분의 소셜 미디어는 다양한 미디어의 조합이나 링크를 통한 연결상에서 번성. |

최민재·양승찬, 2009, p.19.

(2009)은 현재 서비스되는 소셜 미디어의 유형을 크게 네 범주로 나눈다. 즉 커뮤니케이션 모델, 협업*collaboration* 모델, 콘텐츠 공유 모델, 엔터테인먼트 모델의 네 가지다. 커뮤니케이션 모델에 속하는 것은 주로 블로그와 소셜 네트워킹 서비스이고, 협업 모델에 속하는 것은 의견을 개진하고 토론하거나 지식을 주고받는 사이트이며, 콘텐츠 공유 모델에 속하는 것은 오디오나 비디오 또는 뮤직 자료를 공유하는 사이트이고, 엔터테인먼트 모델에 속하는 것은 세컨드 라이프와 같은 가상 세계나 게임 공유 사이트 등이다.

이제 앞서 논의해 왔던 각 장르들이 이와 같은 디지털 기반의 소셜 미디어로 옮겨질 때 어떤 활동들이 가능해지며 어떠한 변화가 생기는지를 몇 가지만 예로 들어 살펴본 다음, 디지털 미디어의 공통된 특성과 그 이용 심리에 관해 논의하려고 한다.

## 2) 트위터와 페이스북: 네트워킹과 커뮤니케이션

다른 사람들과의 '관계'와 '소통'에 초점을 둔 네트워킹 미디어의 힘은 콘텐츠 자체의 '즐김'을 위한 미디어를 압도한다. 연결을 희구하는 인간의 본성이 반영된 것이라 여겨진다. 사람들과의 연결은 단절된 채, 콘텐츠만을 자유자재로 사용할 수 있는 미디어를 상상해 보자. 과연 인간이 그런 미디어에 만족을 할 것인가. 반대로, 사람들과의 연결만이 가능한 미디어를 상상해 보자. 동시대를 살아가고 있는 사람들은 그 자체로서 아주 소중한 콘텐츠이며, 끊임없이 새로운 콘텐츠를 만들어 내는 존재다. 아무리 사소한 일상이라도 서로 주고받으면 귀중한 콘텐츠가 될 수 있는 것이다. 그 이유는 바로 '인간'을 담고 있기 때문이다. 같은 인간으로서의 삶을 살아가며 공감하고 연민할 수 있는 공통된 콘텐츠를 사람이라면 누구나 가지고 있기 때문이다. 뿐만 아니라, 콘텐츠도 혼자 즐기는 것보다는 함께 즐기고 싶어 하고, 내가 만든 콘텐츠를 누구에겐가 자랑하고 싶어 한다.

마이크로 블로깅의 한 유형인 트위터와 소셜 네트워킹 사이트인 페이스북이 큰 인기를 끌고 있는 이유가 바로 여기에 있다고 생각된다. '트위터Twitter'는 140자 이내의 텍스트만을 포스팅할 수 있는 실시간 단문 서비스로, 이미지 콘텐츠까지 연결이 가능하다. 트위터 열풍이 선거에까지 영향을 줄 수 있지 않을까 염려하는 단계에까지 왔다. 짧은 내용을 실시간으로 대화할 수 있다는 것이 트위터의 가장 큰 매력이다.

'페이스북Facebook'은 한국의 싸이월드 미니홈피 서비스와 유사한 소셜 네트워킹 서비스이다. 이 웹사이트를 개발한 마크 주커버그가 당시 자신이 다니던 하버드 대학에서 시작하여 고등학교, 지역, 직업 등으로 확대된 서비스로, 이미지나 텍스트 등을 업로드한 다음 '친구'로 등록된 사람들에게 전달하는 구조이다. 페이스북은 2010년 첫날 방문객 수가 점유율 7.07%를 차지하여, 7.03%에 그쳤던 구글을 넘어섰다고 한다(〈조선일보〉, 2010. 3. 17).

트위터와 페이스북의 공통점은 짧은 메시지의 즉각적인 교환이 가능한 소셜 네트워킹 서비스라는 점이다. 사람들이 만나 단순한 잡담을 즐기는 것과 유사한 상황이 미디어를 통해 전 세계적으로 일어나고 있는 것이다. 거미줄처럼 연결된 '좁은 세상'이 그대로 구현되고 있는 시스템이라고 할 수 있다. 사람들은 친한 사람들과의 사소한 연결 자체에서 행복감을 느낀다. 소셜 네트워킹 서비스는 사소한 연결을 편하게 만들어 주는 시스템이기에 많은 사람들이 열광하는 것이며, 사소해 보이는 콘텐츠 사제에 진한 사람의 진정한 마음이 담기기에 행복감을 느낀다고 할 수 있다. 이것이 정치적, 상업적으로 이용되기 시작하여 주객이 전도되면, 사람들은 또다시 진정성을 지닌 비정치적, 비상업적인 도구(이것이 불가능하다면 최소한 덜 정치적인, 덜 상업적인 도구)를 또 만들어 낼지도 모른다.

## 3) 뉴스: 새로운 정보를 얻으며 소통하기

전통적으로 일방향성이 가장 강했던 장르가 뉴스였다면, 이제는 이 뉴스마저 상호 작용성을 띠게 된다는 점이 가장 큰 변화일 것이다. 단순히 새로운 정보를 얻는 데서 그치는 것이 아니라, 새로운 정보를 얻음과 동시에 피드백을 하며 대화와 소통이 가능해졌기 때문이다. 그래서 대화형, 세미나형 뉴스가 대세를 이루게 될 것이라는 전망도 나온다(최민재·양승찬, 2009).

소셜 미디어의 네트워킹 서비스는 사람들 간의 온라인 만남뿐 아니라 사람들이 제공하는 정보와 의견들의 교환에 더없이 좋은 환경을 제공한다. 웹 2.0 환경의 저널리즘은 열린 공간에서의 상호 작용성을 바탕으로 새로운 정보의 생산과 소통을 담당한다. 뉴스 가치의 판단이 특정 편집진에 의해 이루어지기보다는 일반 사용자 개개인의 판단이 모여 이루어지는 경향이 있기 때문에, 일방향적인 전통적 저널리즘보다 더 연성화된 정보를 운반하게 된다. 이러한 과정에서 탈집중화된 다양성이 생겨난다.

최민재와 양승찬(2009)은 최근에 이와 같은 소셜 미디어에 기반을 둔 새로운 저널리즘의 개념을 (1) 주체 면에서는 '참여' 저널리즘, (2) 방식에서는 '대화' 저널리즘, (3) 기능 면에서는 '대안' 저널리즘이라 명명하였다. '참여 저널리즘*participatory journalism*'은 "시민 또는 시민 집단이 뉴스와 정보의 수집, 생산, 분석, 및 전파 과정에서 적극적인 역할을 하는 활동"을 통칭한다(Bowman & Willis, 2003). 참여 저널리즘은 그 실행 과정에서 논평, 필터링과 편집, 사실 점검, 목격 전달의 풀뿌리 시민 보도, 주석 달기 보도, 상호 검토, 오디오와 비디오 중계를 통한 시민들의 직접 참여 등과 같은 기능들을 수행한다.

또한 소셜 미디어를 통한 뉴스 보도는 대화식이나 세미나 방식이 될 것이라는 예측도 상당히 타당해 보인다. 네트워킹으로 인한 연결의 극대화는 상호 작용을 보다 용이하게 할 것이기 때문이다. 끝으로, 소셜 미디어는 엘리트 중심의 기존 주류 저널리즘이 다루는 내용과는 다른 대안 저널리즘으로서, 다양한 사회 구성원의 정보들이 교류될 수 있는 장을 제공하기도 한다.

소셜 뉴스*social news*는 뉴스 기반 사이트이지만, 이용자들의 평가에 따라 노출 위치가 결정된다는 데 중요성이 있다. 이용자들의 추천 수에 따라 잘 보이는 곳에 놓이게 되며, 이런 뉴스들은 다른 사이트로 더 잘 퍼지게 된다. 사람들은 이제 단순히 뉴스에서 정보를 얻기만 하는 것이 아니라 여기에 적극적으로 즉시 반응할 수 있다. 뿐만 아니라, 자신이 얻은 정보를 다른 사람들에게 쉽게 즉시 퍼뜨리며 상호 작용할 수 있는 환경이다. 새로운 정보를 얻으며 소통하고, 소통하며 새로운 정보를 교환하는 시스템인 것이다.

## 4) 영화: 스펙터클(공간)과 내러티브(시간)의 융합

영화의 특수 효과는 SF 영화를 중심으로 예전부터 있어 왔던 기법이다. 그런데 미디어가 디지털화되면서 상상을 초월할 정도의 특수 효과로 '어지러움'이 증가하고 있다(문재철, 2006). 고선 영화가 시간의 흐름에 따라 짜임새 있게 구성되는 내러티브 중심이었다면, 첨단 디지털 특수 효과의 전시장처럼 된 현대 영화 중에는 상대적으로 공간에 대한 지각과 경험에 초점을 둔 스펙터클 중심의 영화가 많다. 문재철(2006)은 스펙터클화로 인해 내러티브가 손상되었다기보다는 이 둘이 결합하여 디지털화로 인한 공간과 시간의 융합이 이루어졌다고 본다.

내러티브 영화를 보고 나면 스토리가 머리에 남지만, 스펙터클 영화를 보고 나면 보는 당시의 경험에의 몰입은 더 강한 데 비해 '스토리'는 내러티브 영화보다 약하게 남는다. 그만큼 스펙터클 중심의 영화는 '보는 당시'의 경험을 더 중요시한다고 볼 수 있다. 내러티브 영화와 스펙터클 영화의 차이를 다음과 같이 볼 수 있다(문재철, 2006, p.287).

고전적 할리우드 영화가 이미지에 대해 초월적이고 지배적인 위치를 차지하게 해줌으로써 관객에게 상상적 통제와 통일성의 충일감을 제공했다면, 어트랙션 효과를 발휘하는 스펙터클은 오히려 그 이미지에 압도당하는 경험을 제공한다. …… 거대한 파도는 그것이 컴퓨터 그래픽으로 구현된 인공의 이미지임에도 불구하고 실사 영화의 표면적 정밀성을 능가하는 것이어서 …… 인간의 이해와 언어를 넘어서는 느낌을 말한다. 관객의 눈앞에 펼쳐지는 디지털 테크놀로지는 기존의 관습적 표현과 기법을 깨뜨린다는 점에서, 그리고 내러티브로 환원할 수 없는 일종의 '과잉excess' 이자 재현의 한계를 넘어서는 무한의 수사적 구성이라는 점에서 관객에게 충격과 놀람, 경외와 같은 숭고한 감정을 불러일으킨다(문재철, 2006, p.287).

스펙터클에 의존하는 영화들은 대체로 스토리의 구성보다는 공간 속의 시각적 이미지를 입체적 현실로 제공해 주는 데 더 초점을 두는 경향이 있다. 그리고 디지털 미디어를 활용한 특수 효과 기술은 이러한 스펙터클 영화에 더욱 진짜 같은 현실감을 불어넣는 데 큰 공을 세우고 있다.

한 예로서, 디지털 특수 효과 기술의 백미라 할 수 있는 영화 〈아바타〉에 활용된 '이모션 캡처*emotion capture*' 기술은 이전의 '모션 캡처*motion capture*' 방식에서 한 발 더 나아간 것이다. 모션 캡처에서는 배우 몸의 일부에 센서를 부착하고 움직임을 포착하여 컴퓨터 그래픽으로 연결했으나, 이모션 캡처에서는 이에 더하여 배우들이 초소형 카메라를 머리에 쓰고 연기를 함으로써 섬세한 표정과 근육의 움직임까지 실시간 캡처가 가능했고, 조명을 통제하면서 농시에 여러 대의 카메라를 활용하여 즉석 수정 작업까지 용이하게 한 영화 촬영의 혁명을 이루었다.

인공적인 것을 점점 더 현실적으로 실감나게 느끼도록 하는 것이 디지털 기술이라면, 디지털 착시 효과는 자칫 인간의 진짜 지각 기능을 마비시킬 위험도 있다. 기술의 발달로 실상과 허상의 구분이 더욱 어려워질 수도 있다는 것이다. 허상을 실상처럼 느낄수록 더욱 큰 즐거움을 느낄 수 있다면, 즐거움의 일부를 희생해야 할 것인가, 아니면 인간 의식의 일부를 잠시 희생해야 할 것인가. 과유불급過猶不及이라 하지 않았던가. 기술 발전의 속도를 조절하며 잠시 생각해 볼 시간도 필요한 것 같다.

## 5) 음악: 소통하며 즐긴다, 즐기면서 소통한다

음악을 즐기는 방식에서는 노래하기와 듣기, 음악 감상하기 등과 같이 주로 스스로 콘텐츠에 몰입하는 부분이 큰 비중을 차지한다. 가수는 음반에 노래를 담고, 그것을 팬들이 즐긴다. 가수나 연주자의 공연을 보며 즐기기도 한다. 그런데 이러한 음악 콘텐츠들이 디지털 미디어를 통해 전달되면서, 콘텐츠의 주고받음이 훨씬 더 유연해졌고, 이를 통해 음악을 즐기는 사람들 간의 상호 작용이 음악 콘텐츠 자체에 못지 않게 중요한 활동이 되었다.

대표적인 음악 공유 사이트인 '아이밈(www.imeem.com)'은 2004년에 만들어져, 2008년에 온라인 음악 사이트 '스노캡Snocap'을 인수했다. 이용자 수는 매일 평균 6만 5000명, 방문자 수는 한 달 평균 2500만 명 정도라고 한다(최민재·양승찬, 2009). 대체로 30초 간 샘플 음악을 들은 다음 마음에 들면 정상적인 저작권 획득 방식으로 다운로드해야 하지만, 음반사나 저작권자가 허락한 경우 전곡을 스트리밍으로 감상할 수도 있는 형태이다.

아이밈의 '플레이리스트playlist' 서비스에서는 이용자가 자기 '아이밈'에 음악을 업로드하여 '플레이리스트'를 만들 수 있다. 그리고 이 리스트는 아이밈 이용자들과 공유되며, 친구로 등록된 이용자가 업데이트한 플레이리스트도 전달받을 수 있다. 음악 검색도 가능하고, 다른 사이트와의 연결도 가능하다. 플레이리스트에 대한 다른 이용자의 코멘트도 가능하고, 다른 이용자들의 음악도 들을 수 있어, 음악이라는 콘텐츠를 즐기면서도 그에 관심이 있는 이용자들과의 상호 작용을 활발히 할 수 있다는 점이 장점이다.

이러한 이용 방식은 '즐김'과 '소통'이 융합된 전형적인 방식이다. 예전에 레코드판이나 오디오테이프를 통해 듣는 음악은 소통보다 '즐김'에 더 중점을 두는 형태였고, 이를 소통하기 위해서는 또 다른 미디어를 이용해야 했다면, '아이밈'과 같은 형태는 즐기면서 동시에 소통하며, 이 소통이 즐김을 더욱 완전하게 만들어 주는 방식이라고 할 수 있다. 단순히 음악을 즐기는 것이 아니라, 음악을 통한 네트워킹 자체를 즐긴다고 볼 수 있다.

한국에도 아이밈과 유사한 사이트가 있으나 기능이 제한적이다. '네이버 뮤직'에는 플레이리스트 작성 기능이 없으며, 주로 음악을 듣거나 MP3 파일을 구매하는 데 이용된다. '벅스'는 플레이리스트 작성 기능은 있으나, 외부 연동 기능이 없다(최민재·양승찬, 2009). 현재 일부 기능이 없더라도, 점차 즐김과 소통이 융합되는 소셜 미디어의 형태로 전환되어 갈 것으로 예상된다.

## 6) 게임: 소통형 게임의 증가

디지털 미디어로 전달되는 콘텐츠 가운데 가장 디지털과 궁합이 잘 맞는 장르 중 하나가 게임이다. 게임을 잡는 자가 IT의 승자가 될 것이라는 이야기까지 나오고 있는 실정이다. 이는 수용자들을 즐겁게 해주는 데 기여하는 미디어 콘텐츠가 승리할 거라는 사실을 의미하는 것이다.

게임은 원래 상대가 있어야 즐겁다. 상대와의 상호 작용이 게임의 필수 요소 중 하나인 것이다. 그래서 게임이라는 장르 자체가 가지고 있던 상호 작용성이 디지털 미디어가 부여하는 무궁무진한 상호 작용성으로 인해 날개를 단 셈이다.

특히 소통형 게임의 편리한 플랫폼이 된 디지털 공간은 다양한 게임들의 천국이 되었다. 3D 가상 세계를 구현한 '세컨드 라이프(www.secondlife.com)'는 1999년에 만들어졌으며, 2009년 동시 접속 규모가 8만 8200명에 달하기도 했다(최민재·양승찬, 2009). 세컨드 라이프의 매력은 실제 생활과 거의 유사한 환경 안에서 자신의 아바타를 내세워 실제 세계에서는 하고 싶지만 할 수 없었던 일들을 해볼 수 있다는 데 있다. 경제, 교육, 사업 등 거의 전 분야의 활동들이 가능한 공간인 것이다.

또한 웹 2.0의 발달은 게임과 소셜 네트워킹 서비스의 연합을 촉진시켜, 소셜 게임을 크게 유행시키고 있을 뿐 아니라, '상호 작용성을 부여받은 콘텐츠'로서 소통과 즐김을 융합시키는 다양한 형태의 콘텐츠 창조와 공유에 기여하고 있다. 참여와 공유 기능이 점점 더 편리해져, '콘그리게이트(www.kongregate.com)'나 '미니클립(www.miniclip.com)'과 같은 게임 공유 사이트에서는 웹 기반의 게임들을 다양하게 제공한다. 콘그리게이트는 커뮤니티성이 강하여, 게임을 하는 동안에도 채팅이 가능하며, 이용자의 레벨이나 카드와 같은 보상이 더 직접적으로 이루어진다(최민재·양승찬, 2009).

이와 같은 디지털 환경은 게이머들에게 천국이나 다름없어, 몰입을 이끌어 내기에 충분하다. 흔히 '관여involvement'와 '몰입immersion' 가운데 몰입은 상호 작용성이 있는 경우를 지칭하며(Vorderer, 2000, p.29), 컴퓨터 게임과 같이 아주 강력하게 빠져드는 경험에 사용되는 용어이다(Biocca & Delaney, 1995). 몰입이 즐김의 경험을 완전하게 하는 데 기여하기는 하지만, 개인의 통제력을 상실할 정도의 몰입을 가져오게 되는 수도 있어 주의가 요망된다. 미디

어 제국 안에서 인간이 미디어에 의해 지배받지 않고 미디어의 주인으로
살아가기 위해서는 개인의 통제력을 먼저 키워야 한다. 이는 미디어가 발
달할수록 미디어 교육의 필요성이 더 절실해지는 이유이기도 하다.

## 2. 인터넷과 모바일폰의 변신*

인터넷과 모바일폰의 끝없는 변신으로 이제 '인터넷'이나 '모바일폰'이라
는 용어 자체도 구식이 되어버린 상황이다. 더 이상 '폰phone'이 아니라는
뜻이다. 즉 기기의 발달로 미디어의 기능 자체가 융합되고 진화하면서 미
디어의 원래 의미가 점점 확대되며 변화하고 있다. 모바일폰은 이제 무선
연결 도구일 뿐이고, 그 연결 기능 중 하나가 폰의 기능인 것이다.

거의 모든 디지털 미디어는 소셜 미디어의 기능을 포함한다. 즉 콘텐
츠뿐 아니라 다른 사람과의 연결이 상당히 큰 부분, 또는 대부분을 차지하
게 된다는 것이다. 이는 연결의 극대화를 의미하며, 연결의 극대화는 수많
은 사람들로 이루어진 네트워크 고속도로에서 다양한 정보의 무한 전송과
교환이 이루어짐을 의미한다.

연결이 극대화되면 약한 연결의 수도 많아지지만, 강한 연대가 물리적
불리함을 극복하고 항시 연결될 수 있어 더욱 강화되기도 한다. 이로 인해
동질적인 콘텐츠만 집중적으로 소비하거나, 동질적인 사람들끼리만 뭉치게
되는 악영향도 있다. 다양한 콘텐츠와 사람들, 의견들에 열려 있음에도 불구
하고, 인간의 선택권 확대 때문에 빚어지는 현상이다. 자유롭게 선택하도록
하면 원래 좋아하던 것만 계속 탐닉하게 되는 것 또한 인간의 본성이기 때문
이다. 이는 디지털 미디어 환경이 중독을 유발하기 쉬운 원인 중 하나다.

* 이 절에서는 인터넷과 모바일폰에 관한 필자의 기존 연구들을 많이 인용하였다. 또한 지금까지는 일반적인 '휴
대 전화'로 부르던 용어를 여기부터 '모바일폰'과 구분하여 부르고자 한다. 모바일 소셜 미디어의 대표 주자로 자
리잡아 가고 있는 스마트폰의 기능까지 포함시킬 경우 이제 더이상 휴대 전화가 아니기 때문이다.

## 1) 인터넷: 정보의 바다에서 접촉의 바다로

인터넷을 필두로 한 뉴 미디어를 이용하는 심리에는 이 책에서 지금까지 살펴본 두 범주의 미디어 심리, 즉 소통과 즐김의 심리가 모두 포함된다. 인터넷은 연결의 극대화와 신속한 전달 기능으로 사람들의 마음을 사로잡고 있으며, 이것이 모바일화되면서 상호 작용성과 개인 중심성, 이동성이 더욱 증가하여 뉴 미디어에 특히 더 몰입하게 만드는 기반을 제공하고 있다. 미디어를 통한 간접 경험이 거의 직접 경험화되는 것을 체험하기 때문에 여기서 빠져나오기가 더욱 힘들어지고 있는 것이다.

어떤 미디어든 미디어의 발달 초기에는 대체로 '정보'를 얻기 위한 창구로서 미디어가 활용되지만, 미디어가 점차 대중화될수록 '접촉contact'을 위한 도구로 많이 사용된다. 더욱이 보다 발달된 미디어일수록 일방적인 정보 전달이 아닌 상호 작용적 관계 유지와 용이한 접촉의 기능이 눈에 띄게 향상되기 때문이다. 인터넷의 경우도 초기에는 전송 속도가 느려 즉각적인 접촉과 상호 작용에 큰 매력을 줄 수 없었지만, 초고속 네트워크화로 인해 사람들이 진정으로 원하는 상호 작용과 즉각적인 접촉이 용이해지자 중요한 정보의 수집만을 위해 한정적으로 이용하던 패턴에서 벗어나 사소한 일상의 일들까지 주고받는 관계 유지와 접촉의 기능에 큰 비중을 두고 있다. 이제 아예 인터넷 자체가 소셜 미디어화되어, 사회 심리학의 거의 모든 원리들이 소셜 미디어를 사이에 둔 사람들 간의 심리에 적용될 수 있는 상황이 되었다.

2009년 9월, 13세 이상의 네티즌을 대상으로 한 웹 서베이에서(최민재 · 양승찬, 2009), 인터넷 소셜 미디어 가운데 매일 이용하는 비율이 가장 높은 것은 카페(24.9%)와 지식 공유 사이트(22.9%)였다. 1주일 중 평균 이용 일을 구했을 때는 카페(3.99일), 지식 공유 사이트(3.89일), 미니홈피(3.61일), 게시판(3.46일), 블로그(3.09일), 콘텐츠 공유 사이트(3.04일) 순으로 많이 이용하고 있었다. 이 연구의 표본은 20대부터 40대까지의 인원이 가장 많았다.

1일 평균 이용 시간을 보면, 카페 / 커뮤니티(61분), 콘텐츠 공유 사이트(52분), 지식 공유 사이트와 미니홈피(각 50분), 블로그(44분), 게시판(41분)의 순이었다. 전체적으로 가장 많이 이용하는 인터넷 소셜 미디어는 역시 카페 / 커뮤니티와 지식 공유 사이트였고, 한번 들어갈 때 오래 머무는 기준으로 보았을 때는 여기에 콘텐츠 공유 사이트가 더 포함되었다. 특히 여성들은 미니홈피 선호도가 남성보다 더 높아 감성적이며 개인화된 소셜 미디어에 대한 선호를 보여 주었고, 남성들은 지식 공유 사이트 선호도가 여성보다 더 높았다.

소셜 미디어에 대한 신뢰도는 지식 공유 사이트, 카페 / 커뮤니티, 블로그, 미니홈피, 게시판, 콘텐츠 공유 사이트 순으로 높았다(최민재 · 양승찬, 2009, p.142). 또한, 개인적으로 가장 중요하다고 생각하는 미디어는 텔레비전 뉴스, 종합 일간 신문, 지식 공유 사이트, 카페 / 커뮤니티, 블로그, 미니홈피, 게시판, 콘텐츠 공유 사이트 순이었다. 끝으로, 소셜 미디어별로 어떤 뉴스를 어떤 사이트에서 많이 이용하는지를 알아 본 결과, 지식 공유 사이트에서 경제, 사회, 국제, 과학 뉴스를 많이 이용하였고, 블로그에서 생활 문화, 연예 스포츠 관련 뉴스를 많이 이용하고 있었다.

인터넷의 사용 영역을 구분해 보면(그림 10-1의 위쪽 참조), 크게 '관계적-정보적' 차원과 '도구적-표현적' 차원으로 나뉜다(나은영, 2002b, pp.97~98). 관계성과 표현성이 높은 제1사분면에는 인터넷 게임과 동호회 활동이 놓이며, 관계성과 도구성이 높은 제2사분면에는 종교 사이트와 인터넷 쇼

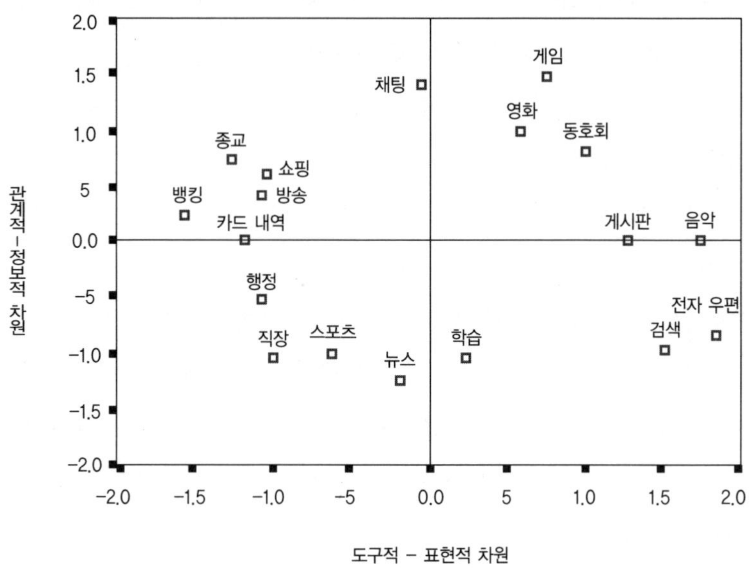


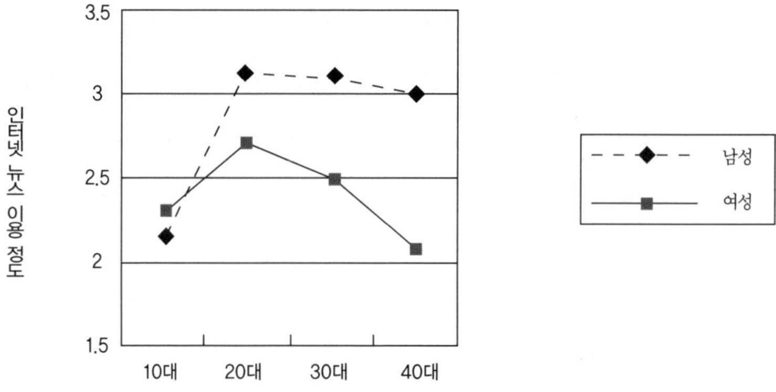


(나은영, 2002b, pp.97~98)

**그림 10-1. 인터넷 사용 영역의 다차원 척도화 결과와 성별, 연령별 인터넷 뉴스 이용 정도**

핑이 놓인다. 그리고 정보성과 도구성이 높은 제3사분면에는 행정 기관 홈페이지, 직장 업무 처리용, 스포츠 사이트가 놓이고, 표현성과 정보성이 높은 제4사분면에는 종합 검색과 전자 우편e-mail이 놓인다. 관계—정보 차원에서 중간쯤에 놓이는 이용 영역들 중, 게시판과 음악은 도구—표현 차원에서 표현성 쪽에 치우쳐 있으며, 신용 카드 및 휴대 전화 사용 내역 확인은 도구성 쪽에 치우쳐 있다. 도구—표현 차원에서 중간쯤에 놓이는 이용 영역들 중에서는 채팅이 관계성 쪽에 치우쳐 있고 뉴스와 학습이 정보성 쪽에 치우쳐 있다.

인터넷의 각 영역별 이용 정도를 남녀별로 살펴보면(은혜정 · 나은영, 2002 참조), 온라인 게임, 인터넷 뉴스, 행정 기관 홈페이지, 종합 검색 사이트, 스포츠 관련 사이트, 직장 업무 처리용 이용 정도는 남성이 여성보다 더 높았으며, 전자 우편, 채팅, 게시판, 인터넷 쇼핑, 인터넷 뱅킹, 인터넷 방송, 동호회 활동, 학습 자료 이용, 음악 듣기, 영화 보기, 종교 관련 사이트, 신용 카드 및 이동 전화 사용 내역 확인 등에서는 남녀 차이가 없었다.

인터넷 이용자 조사(나은영, 2002b)에서 발견된 가장 중요한 현상은 부채꼴 모양의 남녀 간의 '점증적 정보 격차digital divide' 현상이다(그림 10—1의 아래쪽 참조). 이것은 젊은 층에서는 비교적 남녀 간 정보 격차가 거의 발견되지 않으나 나이든 층으로 갈수록 남녀 간의 정보 격차가 점진적으로 더 커지는 현상을 명명한 것이다. 이것은 나은영과 더킷(Na & Duckitt, 2003)이 가치관 차원에서 발견했던 '남성보다 여성들의 더 큰 세대차'가 인터넷 이용 양식에서도 그대로 드러나고 있음을 의미한다.

'뉴 미디어 이용 격차'로 자리매김되고 있는 이 부채꼴 모양의 점증적 정보 격차는 시대가 흘러 감에 따라 신세대가 어른이 되면서 적어질 것이라고 낙관할 수도 있지만 문제는 그리 간단하지만은 않다. 20대까지는 남성의 삶과 여성의 삶이 크게 다르지 않고 비교적 양자 모두 역할의 연속성 *role continuity*을 지니지만, 20대 후반부터 결혼 적령기에 들면서 여성의 삶은 결혼을 기점으로 상당히 큰 역할 비연속성*role discontinuity*을 지니기 때문이다(나은영, 2002b, pp.102~103). 생활 속의 역할과 뉴 미디어 이용 양식 간에 밀접한 연관성이 있기 때문에, 정보 격차의 해소를 위해 역할의 평등이 선행되어야 함을 의미한다.

## 2) 청소년의 인터넷 이용

인터넷을 비롯한 뉴 미디어의 특성과 뉴 미디어를 이용하여 즐길 수 있는 콘텐츠들은 특히 청소년들에게 아주 매력적이다. 음악, 게임, 영화 등 거의 모든 콘텐츠를 원하는 시간, 원하는 장소에서 개인적으로 즐길 수 있다는 것은 이들에게 해방감을 주는 탈출구이다. 청소년늘은 특히 뉴 미디어에 적응하는 속도가 빠르고, 모든 것이 또래 문화를 통해 급속히 확산되기 때문에, 뉴 미디어를 이용하는 청소년의 심리에 특별히 주의를 기울일 필요가 있다.

청소년 인터넷 이용자들은 크게 블로그형과 게임형으로 구분이 된다(나은영·박소라·김은미, 2007). 이러한 분류는 이 책에서 미디어를 이용하는 심리를 '소통'과 '즐김'으로 크게 분류한 것과 일맥상통하는 점이 있다. 인터넷의 대표적인 이용 영역 중 (1) 커뮤니케이션 중점 영역이라 할 수 있는 '블로그와 미니홈피,' (2) 엔터테인먼트 중점 영역이라 할 수 있는 '게임' 가운데 어느 쪽에 치중하여 이용하는지에 따라 유형을 나눈 다음, 유형별로 인터넷과 타미디어의 이용 양식 및 일상 생활에의 적응 정도 등을 전반적으로 비교해 보았다.

분석 결과(나은영·박소라·김은미, 2007, pp.418~420), 청소년의 인터넷 이용 유형을 크게 멀티형, 블로그형, 게임형, 소이용형으로 구분할 수 있었다. 멀티형은 블로그와 게임을 모두 많이 이용하는 유형, 블로그형은 블로그나 미니홈피는 많이 이용하지만 게임은 많이 하지 않는 유형, 게임형은 인터넷 게임을 많이 하면서 블로그나 미니홈피는 별로 이용하지 않는 유형, 그리고 소이용형은 블로그와 게임을 모두 많이 이용하지 않는 유형이었다. 따라서 동일한 인터넷 미디어라 하더라도 전혀 다른 방식으로 이용하는 집단의 구분이 가능했다.

남녀 초중등학생별 분포를 살펴보면, 초등학생 때는 남녀 모두 소이용형이 많은 가운데 남자는 게임형으로, 여자는 블로그형으로의 이동을 어느 정도 보이고 있었다. 그러다가 중학생이 되면서 남학생은 게임형, 여학생은 블로그형의 선호가 확연히 드러나, 중학교 남학생은 멀티형의 비율이 가장 높고 여학생은 블로그형의 비율이 가장 높았다. 초등학생 시절에는 잘 드러나지 않던 성별 이용의 차이가 연령이 높아지고 사회화가 이루어질수록 명확히 나타난다는 점과 또래 집단과의 상호 작용을 통하여 점차 성별 집단의 동질화가 이루어지고 있음을 알 수 있었다.

블로그형과 게임형이 인터넷 이용 시간은 비슷하나(특히 평일에), 인터넷을 이용하는 패턴은 아주 대조적인 것으로 나타났다. 예를 들면, 블로그형은 게시판, 메신저, 동영상 등과 같은 기능을 많이 이용하는 반면, 게임형은 15/18세 게임이든 다른 게임이든 관계없이 게임에 배타적으로 몰입하는 경향이 있었다. 특히 휴일에는 게임형의 인터넷 이용 시간이 블로그형보다 길어, 주로 휴일 인터넷 이용에서 이 두 유형의 차이가 컸다. 청소년들의 미디어 이용 문화는 그들의 일상 생활이나 여가 시간의 활용과 밀접한 관련을 지니기 때문에, 틀에 짜인 비슷한 생활을 할 수밖에 없는 평일보다는 시간 활용이 보다 유연한 주말에 이용 유형별 차이가 더 크게 나타나는 것이라고 해석할 수 있다.

　TV 프로그램의 장르 중에서 블로그형은 비경쟁적, 관계 정서 중심적인 드라마, 음악, 뮤직비디오 등을 즐기며, 게임형은 스포츠나 애니메이션 등과 같은 경쟁적, 오락적 프로그램을 선호하는 패턴을 보였다. 따라서 블로그형과 게임형의 인터넷 외 다른 미디어(TV, 신문, 책, 음악 등)의 이용 양식에도 유의미한 차이가 있었다. TV 뉴스나 영화 등에서는 블로그형과 게임형의 차이가 크게 나타나지 않았고, 전반적으로 많은 미디어를 이용하는 멀티형의 이용도가 높았다. 거의 모든 미디어는 경쟁적, 오락적인 콘텐츠와 비경쟁적, 관계 정서 중심적인 콘텐츠를 함께 제공할 수 있지만, 이용하는 사람들의 성향 및 선호 경향과 문화 활동 패턴에 따라 어느 쪽에 치우치는지가 확연히 달라질 수 있음을 보여 주는 결과이다.

　녹서, 음악, 신문 이용도에서도 유형 차이가 드러났다. 구체적으로, 휴일 독서 시간은 컴퓨터 이용 시간의 역순으로 소이용형, 블로그형, 게임형, 멀티형의 순으로 나타나, 컴퓨터 이용과 독서는 시간상, 그리고 선호 양식상 양립하기 어려운 매체임을 보여 주었다. 또한, 휴일 신문 열독 시간은 블로그형이 가장 긴 것으로 보아, 블로그형이 세상 돌아가는 일에 관심이 많음을 알 수 있었다. 음악 듣기도 특히 블로그형이 선호하는 것으로 나타났는데, 이는 음악 듣기가 컴퓨터 이용과 병행이 가능하고 블로그형의 생활 패턴에 잘 들어맞아, 블로그형이 선호하는 미디어 문화 중의 하나가 음악이라고 해석할 수 있다. 블로그와 게임을 모두 많이 이용하지 않는 소이용형은 휴일에 독서는 가장 많이 하면서도 신문 열독 시간은 가장 짧은 패턴을 보여, 상대적으로 소이용형이 다른 유형에 비해 가장 많이 이용하는 주된 미디어가 책인 것으로 나타났다. 즉 블로그형과 게임형 및 멀티형과 소이용형은 인터넷뿐만 아니라 타미디어 이용과 문화 생활 전반에 차이를 보이고 있다는 것이다.

### 3) 모바일폰: 내 손안의 네트워크

모바일폰은 말 그대로 '내 손안의 작은 세상,' 즉 내 손안의 네트워크를 가리킨다. 특히 모바일폰은 주로 자기와 절친하게 지내는 사람들과 연결되어 있거나 업무상 중요한 연락을 취해야 하는 사람들과 연결되어 있어, '대중 일반'과 연결되어 있는 인터넷과는 사뭇 다른 특성을 지니고 있다.

사람들이 공적으로 바쁜 가운데 사적으로 중요한 사람들과 항상 함께 있다는 느낌을 주며, 또한 사적으로 자기 생활을 즐기면서도 언제 어디서나 중요한 공적 인물들과 연결이 가능한 것이 모바일폰이다. 뿐만 아니라, 개인적으로 언제든 모바일폰을 통해 인터넷에 접속하여 정보를 얻을 수도 있고, 오락을 즐길 수도 있다.

초기에 대인 커뮤니케이션 기능을 주기능으로 하여 등장한 모바일폰은 이제 개인의 정체성 표현을 도와주는 상징물, 또한 오락을 가능하게 해 주는 장난감 내지 오락 미디어의 기능까지 겸한다. 즉 모바일폰은 대인 상호 작용을 도와주는 수단임과 동시에, 이용자가 기계 자체와 상호 작용하는 과정에서 얻을 수 있는 즐거움을 함께 제공하는 미디어인 것이다.

따라서 모바일폰은 지금까지 논의한 '소통'의 기능과 '즐김'의 기능을 고스란히 '내 손안에' 담고 있는 요술 상자와 같은 미디어라 할 수 있다. 그래서 사람들은 모바일폰을 자신의 분신처럼 생각하는 것이다. "내 손안의 요술 상자. 누구와도 연결된다. 무엇과도 연결된다. 언제 어디서나 연결된다. 다니면서 연결된다. 원하는 대상, 원하는 내용과 직접, 즉시 연결된다.

나도 만들어 보낼 수 있다." 이처럼 즐김과 소통의 상호 작용성을 언제 어디서나 간편하게 만끽할 수 있는 개인 미디어로서, 모바일폰은 거의 현대 인류의 필수품이 되어 가고 있다. 특히 스마트폰의 등장은 인터넷과 모바일폰의 거의 완전한 융합을 의미한다.

해외의 모바일 인터넷 이용 상황을 잠깐 살펴보면, 2008년 기준으로 모바일 인터넷 이용자의 규모는 영국(22.7%), 미국(19.2%), 프랑스(12.3%), 이태리와 스페인(10.6%), 독일(6.6%) 순으로 나타났다. 그런데 이 비율은 지금도 계속 급격히 증가하고 있다. 특히 페이스북 이용자는 8개월 사이에 1억 명에서 2억 명으로 증가했고, 트위터 이용자는 2009년 2월에서 3월 사이에 76.8%가 증가했다고 한다(최민재 · 양승찬, 2009, p.177~178). 특히 '트위터' 이용자의 평균 연령은 31세, '페이스북' 이용자의 평균 연령은 26세로서, 모바일 소셜 미디어의 이용을 주도하는 세대는 20대 후반부터 30대 초반까지라고 할 수 있다. 이제 인터넷의 서의 모든 기능이 모바일폰으로 옮겨와, 모바일 소셜 미디어의 전성 시대를 구가하는 것으로 보인다.

## 4) 청소년의 모바일폰 이용

10대 청소년들은 경제력의 한계 때문에 직장을 가지고 있는 20대 후반과 30대 초반에 비해 원하는 미디어를 자유자재로 사용할 수는 없다. 그렇지만 점점 변신해 가고 있는 모바일폰의 다양한 기능은 청소년들에게 특히 매력적으로 다가간다. 모바일폰의 특성은 청소년들의 욕구 충족, 또래들과의 관계 형성, 그리고 청소년들 자신만의 심리 사회적 공간 확보 등에 아주 잘 들어맞아, 모바일폰의 매체적 속성이 청소년들의 이용에서 극대화되어 나타나고 있다.

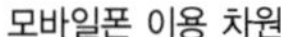


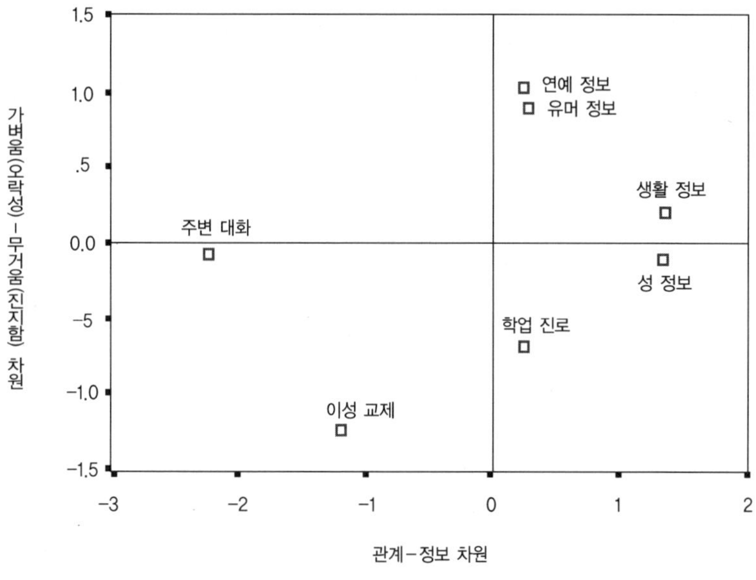


(나은영, 2005, p.212)

**그림 10-2. 청소년의 모바일폰 이용 차원**

그림 10-2는 2002년부터 2004년 사이에 청소년들이 모바일폰을 주로 어떻게 이용하고 있는지 조사한 연구에서 얻어진 두 가지 차원을 나타낸다 (나은영, 2005). 앞서 인터넷 이용 차원과 공통되는 부분은 '관계-정보' 차원이 며, 다른 부분은 '가벼움(오락성)-무거움(진지함)' 차원이다. 이 그림을 살펴보 면, 청소년들은 주로 모바일폰을 활용할 때 '가벼운 오락 정보'와 '진지한 또 는 가볍지도 무겁지도 않은 일상적 관계'를 추구하고 있음을 알 수 있다.

전반적으로 정소년늘의 모바일폰 이용 특성은 다음과 같이 정리된다 (나은영, 2005, p.224~225).

(1) 청소년들의 모바일폰 이용 차원은 '관계-정보' 차원과 '오락성-

진지함' 차원으로 나뉜다. 청소년들은 모바일폰을 대부분 또래들 간의 수평적 친밀 관계 유지를 위해 사용하며, 성인들에 비해 모바일폰을 도구적으로 사용하기보다는 상징적·오락적으로 사용하는 경향이 있다. 청소년들의 모바일폰 각 사용 영역의 정도를 비교해 보았을 때, 가벼운 정보 추구와 중간 정도로 진지한 주변적 대화가 많음을 알 수 있었다.

(2) 청소년들 스스로의 모바일폰 효과 지각 차원을 분석한 결과, '친밀감—긴장감' 차원과 '자유—구속' 차원으로 나뉨을 알 수 있었다. 전체적으로는 '친밀감'과 '자유' 쪽의 효과를 그 반대의 경우보다 더 크게 지각하는 경향이 있었다. 그러므로 청소년들이 모바일폰을 거의 자신의 일부로서 일상화된 사용 행태를 보이며, 모바일폰이 있기 때문에 어느 정도 긴장감과 구속을 느끼는 부분도 있기는 하지만 친밀한 관계의 유지와 자유를 누릴 수 있는 효과 부분을 더 크게 지각한다고 볼 수 있다.

(3) 커뮤니케이션 변인들과의 관계를 살펴보면, 모바일폰 일상화 자체는 부정적이지 않으나, 커뮤니케이션 효능감이나 가족 구성원 간 평등한 대화의 부재, 또는 이로 인한 외톨이 성향이나 대화를 꺼리는 성향과 같은 부정적 커뮤니케이션 변인들과 결합될 때, 모바일 게임에 몰두하거나 모바일 채팅에 빠져들 수 있는 부정적 영향을 보이게 된다. 모바일폰도 커뮤니케이션의 한 출구이기 때문에, 청소년들이 발산시킬 수 있는 전체적인 커뮤니케이션 흐름과 통로의 상태에 따라 모바일폰이 긍정적으로 활용되기도 하고 부정적으로 이용되기도 하는 것이다.

하루가 다르게 진화해 가면서도 청소년의 일상 생활 속에 깊숙이 침투해 있는 모바일폰 이용 행태의 '변화'는 예의 주시해야 할 연구 주제이다. 미디어의 변화 속도를 인간이 따라잡기는 비교적 용이하나, 이에 대한 연구들을 순식간에 업데이트하기는 어려운 점이 있다. 그러나 미디어의 진화에 발맞추어 연구도 끊임없이 변화를 겪을 수밖에 없는 것이 커뮤니케이션과 미디어 분야 연구의 특징이라고 본다.

## 5) 청소년의 뉴 미디어 이용과 가족 커뮤니케이션

사람들의 미디어 이용은 '사람들 사이에서' 이루어진다. 특히 소셜 미디어의 경우 더욱 그렇다. 이를 청소년의 가용한 미디어 이용 상황에 한정시켜 생각해 보면, 청소년이 처한 가정과 학교, 또래 문화 안에서의 미디어 이용은 그 안에서 이루어지는 이들의 커뮤니케이션 양상과 충족 정도에 따라 달라질 수 있다. 청소년이 살아가는 사회에서 충족을 얻지 못하면 사이버 세계에서라도 충족을 얻고 싶어 할 것이고, 청소년이 늘 마주해야 할 가정에서 커뮤니케이션의 충족을 얻지 못하면 가용한 미디어를 통해 충족을 얻고 싶어 할 것이기 때문이다.

특히 청소년들이 스스로의 통제력에 대한 믿음을 지니기 위해서는 청소년의 기본 인격이 형성되는 가족 내에서의 대화 방식이 아주 중요하다. 태어나자마자 각종 첨단 미디어로 둘러싸여 있는 상황의 우리 청소년들이 통제력과 효능감을 기르지 못할 때, 미디어의 유혹에 훨씬 더 쉽게 빠져들 수 있다. 그래서 이 부분을 잠깐 짚고 넘어가려고 한다.

그림 10-3은 가정 안에서 아버지와 청소년 간의 평등 대화가 '가족 갈등'의 외부 매개 효과와 '자기 효능감'이라는 내부 매개 효과를 거쳐 청소년의 인터넷 의존 정도가 결정되는 과정을 보여 준다. 이와 유사하게, 그림 10-4는 어머니와 청소년의 대화가 어떤 영향을 수는지를 보여 주는 결과이다(나은영·박소라·김은미, 2009, pp.33~34).

두 그림을 잘 살펴보면, 내부 매개 변인인 청소년의 자기 효능감에 부

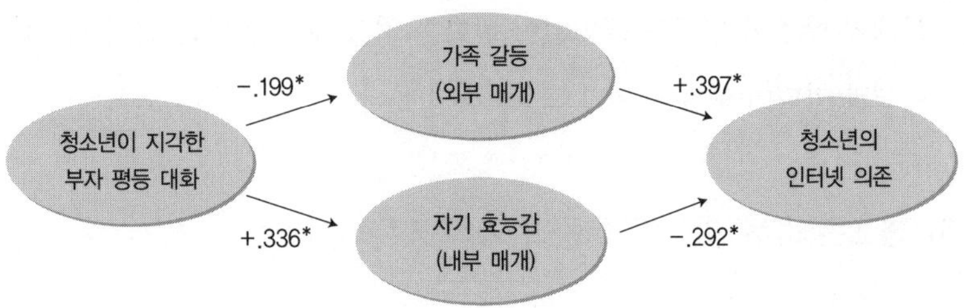



[GFI = .909, AGFI = .895, NFI = .858, $x^2$ (df = 430) = 1471.551, *p<.001]

**그림 10−3. 부자 평등 대화가 가족 갈등과 자기 효능감의 매개 과정을 거쳐
청소년의 인터넷 의존에 영향을 주는 과정에 대한 경로 모델**

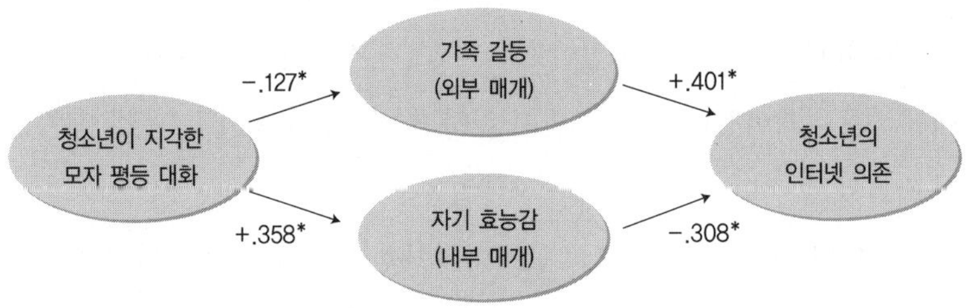



[GFI = .909, AGFI = .895, NFI = .852, $x^2$ (df = 430) = 1471.270, *p<.001]

**그림 10−4. 모자 평등 대화가 가족 갈등과 자기 효능감의 매개 과정을 거쳐
청소년의 인터넷 의존에 영향을 주는 과정에 대한 경로 모델**

모와 청소년 간의 대화 평등성이 큰 역할을 하고 있음을 알 수 있다. 이에
더하여, 가족 갈등에 주는 영향의 크기는 모자 평등 대화보다 부자 평등 대
화의 영향이 상대적으로 더 크게 나타나, 가족 갈등과 관련된 대화 방식에
는 아버지의 대화 스타일이 중요한 역할을 할 수 있음을 시사한다. '자기

효능감*self-efficacy*'은 8장 게임 장르의 끝부분에서 논의한 '자기 통제성'과 함께 청소년이 미디어를 현명하게 이용해 나갈 수 있는 심리적 바탕이 된다. 청소년이 스스로의 미디어 환경을 잘 통제하여 현명하게 이용할 수 있도록 '나는 해낼 수 있다' 또는 '내가 노력하면 내가 원하는 결과를 얻을 수 있다'고 하는 자기 효능감을 스스로 느낄 수 있도록, 평소에 가정에서 청소년의 인격을 존중하는 평등한 대화 분위기를 조성할 필요가 있다.

## 6) 시니어 그룹의 모바일폰 이용

시니어 그룹의 뉴 미디어 이용에 대한 연구는 상대적으로 드문 편이다. 50~65세 시니어 그룹을 대상으로 모바일폰 사용 현황을 분석한 연구(원선진·성정환, 2008)는 그런 점에서 귀중한 시사점을 준다.

2004년의 연구에서는 중장년층이 모바일폰의 부가 기능을 거의 사용하지 않으며 40% 정도만이 문자 메시지를 사용하는 것으로 나타났으나, 2008년에는 85.5%가 문자 기능을 이용하고 있었다. 또한 가장 많이 사용하는 부가 기능은 "전화번호 등록, 전화번호 찾기, 문자, 알람, 카메라, 벨소리 순"이었다(원선진·성정환, 2008, p.69).

이들 연구에서는 감성 매트릭스를 통해 소비자의 라이프스타일을 아홉 가지로 분류한 사카이(2003)의 연구를 활용하여, 시니어 그룹 모바일폰 이용자들의 특성을 분석하였다. 라이프스타일 각 유형의 특징은 표 10−2와 같다(원선진·성정환, 2008, p.69).

그림 10−5는 시니어 그룹의 감성 단계 분포를 나타낸다. 표 10−2와 그림 10−5를 비교해 보면, 시니어 그룹의 라이프스타일은 '실험적'인 스타일 이외의 거의 모든 영역에 분포되어 있음을 알 수 있다. 즉 시니어 그

표 10-2. 라이프스타일에 따른 단계별 특성

| 단계 | 특징 |
| --- | --- |
| 정통파 단계 *Authentic Stage* | 전통성 추구, 보수적 감성 스타일 |
| 일상적 단계 *Casual Stage* | 시대의 분위기에 쉽게 반응 |
| 전통적 단계 *Traditional Stage* | 보수적, 공공성 추구 |
| 대중-일상적 단계 *Pop-Casual Stage* | 활동성, 과격함, 실험적 자립형 |
| 현대적 단계 *Modern Stage* | 합리적, 감각적, 새로움 추구 |
| 세련화 단계 *Refind Stage* | 현대적인 감각, 새로운 감성을 자신만의 스타일화 |
| 퍼포먼스 단계 *Performance Stage* | 실험적, 개성적, 타인과의 차별화, 창조적인 신선미 |
| 자유 단계 *Free Stage* | 쾌적한 생활감 중시, 자유로운 감성 스타일 |
| 멋진-특권 단계 *Pretty-Ivy Stage* | 젊음 추구, 보수적 성향, 타인과의 차별화 |

(원선진 · 성정환, 2008, p.69)

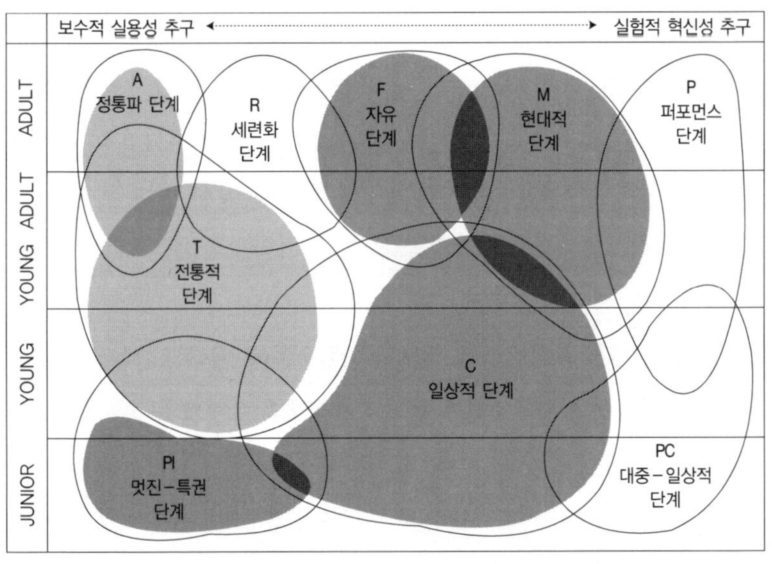


(원선진 · 성정환, 2008, p.69)

그림 10-5. 시니어 그룹의 감성 단계 분포

룹 안에서도 라이프스타일이 차별화되며, 시니어 그룹이 모두 보수적인 것은 아님을 입증하는 자료라고 할 수 있다.

이들의 연구 대상 220명을 군집 분석한 결과, 정통파 단계와 전통적 단계가 1군집으로 묶였고, 일상적 단계, 자유 단계, 현대적 단계, 및 멋진-특권 단계가 2군집으로 묶였다. 첫 번째 군집은 보수적 감성 스타일을 지닌 실용성 추구 그룹이었고, 두 번째 군집은 자유로운 감성 스타일을 지닌 혁신성 추구 그룹이었다. 그래서 첫 번째 군집은 시니어 그룹, 두 번째 그룹은 액티브 시니어 그룹으로 명명하였다. 시니어는 152명으로 69%였고, 액티브 시니어는 68명으로 31%를 차지하고 있었다.

모바일폰 교체 주기가 2년 이하라고 응답한 사람들 중 70%가 액티브 시니어 그룹으로 나타나, 액티브 시니어 그룹이 시니어 그룹보다 더 빨리 신형 모델로 교체하고 있음이 드러났다. 터치패드 모바일폰의 구매 의향도 액티브 시니어 그룹은 47.1%, 시니어 그룹은 24%로 나타나, 액티브 시니어는 새로운 것에 대한 선호가 강한 반면 일반 시니어는 익숙한 것에 대한 선호가 강한 것을 알 수 있다.

또한 액티브 시니어 그룹의 52.9%가 제품명의 영향을 받는다고 응답하였으나, 시니어 그룹에서는 38.2%만이 제품명의 영향을 받는다고 하였다. 대체로 '효도폰'과 같은 명칭에 대한 선호도는 낮았고, 청소년들이 선호하는 감성 네이밍을 선호하는 경향이 있었다. 한마디로, 중장년층도 좀 더 세련되어 보이는 명칭을 선호하며, 특히 액티브 시니어 그룹은 휴대 전화 교체 주기도 빠른 편에 속한다는 사실을 알 수 있다.

이제 세련된 라이프스타일의 중장년층을 염두에 둔 모바일폰 개발도 필요해 보인다. 모바일폰을 비롯한 뉴 미디어는 더 이상 청소년과 20~30대의 전유물이 아니다. 모든 사람이 함께 이용해야 할 미디어이기에, 각자의 신체적, 정신적 특성에 맞게 편안한 커뮤니케이션을 할 수 있도록 자판의 크기나 화면의 시각적 편안함 등을 고려해야 할 필요가 있다.

## 3. 디지털 미디어의 특성: 상호 작용성과 실재감

디지털 미디어를 전통적 미디어와 구분짓는 많은 특성들이 있지만, 그중에서도 특히 '상호 작용성'이 가장 큰 변화의 주역이다. 상호 작용성 *interactivity*의 두 가지 핵심적인 특성은 (1) 송신자와 수신자 사이의 커뮤니케이션이 여러 방향으로 전개된다는 것, 그리고 (2) 참여하는 개인들이 커뮤니케이션 경험을 통제한다는 것이다(존스, 2005, p.222). 여기서 중요한 점은 면 대 면 커뮤니케이션이 항상 상호 작용적인 것은 아니며(예: 사원이 사장에게 밀을 해도 사장은 신문을 읽으며 사원의 말에 주의를 기울이시 않을 수노 있고, 엉뚱한 말을 할 수도 있다), 면 대 면 상황이 아니라 하더라도 상호 작용이 가능할 수 있다는 점이다(Schudson, 1978 참조).

상호 작용성은 이용자에게 선택권을 제공하며, 이용자가 일정 부분 노력을 투자하여 관여할 것을 요구한다. 따라서 디지털 미디어가 상호 작용성이라는 미디어 자체의 기능적 특성을 지니고 있다 하더라도 이용자가 이를 선택하지 않거나 적극적인 노력을 들여 관여하지 않으면 디지털 미디어의 상호 작용성 기능은 그 이용자에 관한 한 무용지물이 되고 만다. 바로 이런 이유 때문에 뉴 미디어의 특성 자체의 연구에 더하여, 혹은 그보다 더 뉴 미디어를 사람들이 어떻게 생각하는지, 어떠한 방식으로 이용하는지에 관한 연구가 필요해진다.

그렇다면 사람들은 디지털 미디어를 이용하여 어떤 대상과 상호 작용을 하게 되는가? 우선, 다른 이용자와의 상호 작용이 가능하다. 물리적 공간에서의 동시성이 확보되지 않은 상태에서 시간적 동시성이 확보된 인스턴트 메신저가 여기에 해당한다. 문자화된 텍스트를 동시에 주고받는 문자 대화가 상호 작용되는 것이다.

둘째로, 이용자와 시스템 간의 상호 작용이 가능하다. 존스(2005)에 따르면 대부분의 이용자-시스템 커뮤니케이션 형태는 "몰입*flow* 상태"이다. 게임을 포함한 가상 현실 시스템에 이용자가 몰입해 있는 경우, 통제권은 인간이 아닌 컴퓨터에 있으며, 반대로 컴퓨터를 이용한 교육 시스템에서는 이용자가 컴퓨터를 통제하는 것이다. 또한, 적응형 상호 작용*adaptive interaction*에서는 컴퓨터가 상호 작용의 우위에 있기는 하지만 이용자의 욕구에 대한 반응성이 있는 경우로, 발전된 단계의 게임이나 교육용 시스템이 이에 속한다(존스, 2005, p.223).

끝으로, 이용자와 문서 간의 상호 작용은 상호 작용 소설이나 다자 이용 환경의 콘텐츠에서 발견된다. 즉 콘텐츠 제작자들이 웹 상호 작용 환경 안에서 수용자에게 내용에 대한 통제권을 부여하는 것이다. 디지털 기술이 점점 더 발전하면서 양방향 커뮤니케이션의 상호 작용성에 점점 더 많은 통제가 가능해지고 있다. 그러나 결국 이렇게 강력해진 상호 작용 통제력을 사용할 것인가 말 것인가 하는 것 역시 이용자인 인간의 선택으로 남게 된다.

결국 테크놀로지는 인간의 사고 과정을 닮아 있는 하이퍼텍스트, 인간의 대화 과정을 닮아 있는 상호 작용성을 극대화시키고자 노력하지만, 디지털 미디어의 온-오프 스위치를 작동시키고 선택 클릭을 해나가는 인간의 관심과 욕구, 그에 따른 관여와 몰입이 필수불가결한 조건이다.

이러한 상호 작용성을 필두로 하여, 뉴 미디어의 특성은 다음과 같은 일곱 가지로 나누어 볼 수 있다(맥퀘일, 2007, p.180).

- 상호 작용성: 이용자가 정보원(송신자)에 대해 반응하거나 커뮤니케이션을 주도할 수 있는 정도.
- 사회적 실재감: 이용자가 미디어를 이용함으로써 다른 사람들과 개인적 접촉을 하고 있다고 느끼는 정도.
- 미디어 풍부성: 다양한 준거의 틀을 연결시켜 주고, 모호함을 감소시키고, 더 많은 단서를 제공하고, 더 개인적으로 더 많은 감각을 느끼게 하는 정도.
- 자율성: 이용자가 정보원으로부터 독립적으로 콘텐츠와 이용에 대해 스스로 통제할 수 있다고 느끼는 정도.
- 놀이로서의 가능성: 유용성과 도구적 측면이 아닌 오락과 여가를 위해 이용되는 정도.
- 프라이버시: 미디어와 콘텐츠의 사적 활용 정도.
- 개인화: 콘텐츠와 이용이 얼마나 개인적이고 독특한가의 정도.

이와 같은 특성들로 인해 우리는 뉴 미디어를 이용할 때 더 많은 감각으로 더 진짜처럼 느끼며, 스스로가 주인이 되어 개인적으로 즐길 수 있는 가능성이 훨씬 더 커졌다고 할 수 있다. 선택의 통제와 정보 저장의 통제 위치에 따라 정보 트래픽의 유형을 표 10-3과 같이 나누기도 한다.

"커뮤니케이션 관계는 정보 공급과 콘텐츠 선택을 통제할 수 있는 능력에 따라 차별화된다. 현재 훈시 유형으로부터 자문이나 대화 유형으로 전환하는 경향을 발견할 수 있다"(맥퀘일, 2007, p.185). 이는 앞서 살펴보았던 뉴스와 같은 콘텐츠마저 대화형, 세미나형으로 전환되어 갈 가능성이 크다는 사실과 일맥상통하는 말이며, 시간과 주제 선택의 통제권이 이용자 개인에게 상당 부분 넘어오고 있는 뉴 미디어의 특성을 반영하는 것이다.

**표 10-3. 정보 트래픽의 유형화**

| | | 정보 저장의 통제 | |
|---|---|---|---|
| | | 중심 | 개인 |
| 시간, 주제 선택의 통제 | 중심 | 훈시 | 등록 |
| | 개인 | 자문 | 대화 |

(맥퀘일, 2007, p.185)

# 4. 디지털 소셜 미디어의 미래

미래는 아무도 정확히 예측할 수 없다. 그러나 지금까지의 미디어의 발달을 수십 년간 직접 체험해 온 사람이라면 어느 정도 감은 잡을 수 있을 것이다. 소셜 미디어의 변화 과정을 포레스터 조사Forrester Research는 다음과 같이 구분한다(최민재 · 양승찬, 2009, pp.186~188).

· 제1기: 1990년대 중반에 시작하여 2003~2007년 사이에 성숙한 시기. '사회적 관계social relationships'의 시대. 친구들과 온라인에서 연결되기 시작함.

· 제2기: 2007년에 시작하여 2010~2012년 사이에 성장할 '사회적 기능성social functionality'의 시대. 사회 연결망이 운영 체계처럼 된 상황. 친구되기뿐 아니라, '사회적 상호 작용 애플리케이션social interactive applications'들이 포함됨. 여러 정체성들이 개별 사이트 내에 배타적으로 존재하여, 서로 분절된 상태로 존재.

· 제3기: 2009년에 시작하여 2011년경에 무르익을 것으로 보임. '사회적 식민화social colonization'의 시대. 모든 경험이 사회적인 것이 될 수 있고, 모든 웹사

이트들이 굳이 소셜 미디어가 되고자 하지 않아도 '사회적*social*'으로 작동하게 되는 시기. 2009년 후반부에 오픈아이디와 페이스북 커넥트와 같은 기술들이 사회 연결망들 사이의 장벽을 허물기 시작하여, 사회 연결망 사이트들과 전통적인 사이트들 사이의 구분을 모호하게 함으로써, 사람들이 자신의 사회 관계들을 온라인 경험의 일부로 통합할 수 있게 될 것.

· 제4기: 2010년에 시작하여 2012년에 성숙할 시기. '사회적 맥락*social context*'의 시대. 개인화된 콘텐츠를 전달하는 시대. 2010년에 소셜 네트워크 사이트들은 개인 맞춤형 온라인 경험을 전달하기 위한 개인의 정체성과 사회 관계들을 포착하게 되어, 사회 연결망 서비스는 '모든 사람들의 온라인 경험을 위한 운영의 기반'으로 작동하게 될 것.

· 제5기: 2011년에 시작해서 2013년에 무르익을 것으로 보임. '사회적 상업*social commerce*'의 시대. 온라인상에서 구축되는 커뮤니티(네트워크)들이 미래의 상품과 서비스를 결정. 대략 2년 후, 개인의 정체성과 관계들이 소셜 미디어 플랫폼에서 구축되어, 사회 연결망이 기업의 웹사이트나 고객 관계 관리 체계들보다 영향력이 더 커질 것. 브랜드는 커뮤니티의 이익에 봉사하고 커뮤니티 지지에 기반을 둠으로써 성장이 가능할 것.

이와 같은 예측들이 반드시 그대로 이루어지리라는 보장은 없지만, 2010년 현재 이미 스마트폰에 이어 (노트북 컴퓨터와 스마트폰의 기능을 융합한) 아이패드까지 등장함으로써 또 다른 벽들이 무너지고 있음을 볼 때, 크게 틀린 예측은 아니라고 생각된다. 인간의 상상력이 실현되는 속도가 점점 더 빨라지고 있다.

결국 사람들은 미디어가 사이에 있는지 없는지 하는 점은 간과한 채, 더 많은 사람들과 더 쉽게 연결되며, 더 많은 콘텐츠들을 더 실감나게 접하게 되고, 무한한 자극의 홍수 속에 던져진 삶을 살아가게 될 가능성이 커졌다. 더 나아가, 현실 속 모든 관계가 미디어로 완전히 연결되어, 전 세계의 사람들과 그들이 생산, 소비하는 콘텐츠들이 복잡계 네트워크를 형성하고 있다. 이제 가짜 정체성이 아닌 진짜 개인의 정체성들이 무한 연결되고 있는 것이다. 이렇게 되면 모든 미디어가 인간화되어 사회 심리학적 특성을 띠게 되는 셈이며, 사람들에게 적용되던 사회 심리학적 원리들이 결국은 디지털 소셜 미디어를 이용하는 사람들의 심리에 상당 부분 활용될 수 있음을 의미한다.

이제 3D TV의 등장으로 드라마도 3D로 즐길 수 있게 되고, 축구 중계도 현장감 있게 3D 방송으로 시청할 수 있게 될 것이다. 아직은 보편화되지 않았지만, 보편화되는 것은 시간 문제다. 가까운 미래에 사람들은 3D 콘텐츠를 위한 입체 안경을 모바일폰과 함께 필수품으로 지니고 다니게 되거나, 입체 안경의 기능까지 포함된 디스플레이 기술도 곧 개발될 것으로 보인다(유선희, 2009).

결국 사람이 소화시켜야 할 자극의 수준이 지나치게 높아질 우려가 있다. 우리가 보고 싶지 않은 광고물들이 여기 저기 널려 있는 것만으로도 과부하가 될 수 있는데, 이제 그 광고물들마저 3D로 보아야 하다니…… 인간의 감각 기관에도 어느 정도의 휴식이 필요하지 않을까 생각된다. 최소한 원하지 않는 것들을 보지 않도록 선택할 기회는 주어야 하는 것이 아닐까.

# Chapter 11

# 미디어 아트의 소통과 즐김

## | ‘반응하는 환경’과의 상호 작용성

미디어 아트는 예술에 미디어를 활용하는 표현 양식이다. 미디어 심리학은 이제 아트 분야에까지 활용되는 미디어의 역할과 그것이 사람의 마음에 주는 영향까지 포괄해야 하는 시점에 이르렀다. 예술 작품뿐만 아니라 건축 표피에, 그리고 가전제품에 디지털 칩을 장착하여 인간이 건물이나 작품과, 그리고 가전 제품과 상호 작용하기 시작했다. 정서 표현이 가능한 로봇과의 상호 작용도 곧 실현될 전망이다.

# 1. 미디어 아트의 표현과 수용

미디어 아트는 예술에 미디어를 활용하는 표현 양식이다. 미디어 심리학은 이제 아트$_{art}$ 분야에까지 활용되는 미디어의 역할과 그것이 사람의 마음에 주는 영향까지 포괄해야 하는 시점에 이르렀다.

예술 작품뿐만 아니라 건축 표피에, 그리고 가전제품에 디지털 칩을 장착하여 인간이 건물이나 작품과, 그리고 가전제품과 상호 작용하기 시작했다. 정서 표현이 가능한 로봇과의 상호 작용도 곧 실현될 전망이다. 예술 작품의 대상과 건물 등 환경의 '비물질화'가 논의되기 시작했다. 인간이 접하는 모든 환경, 예술 작품의 대상이 되는 모든 것들, 다른 사람을 포함한 비물질적 환경까지 이제 '미디어'로 연결이 된다.

## 1) 미디어 아트의 쌍방 소통 심리와 경험

이 책에서는 미디어로 인한 우리 심리(인지, 정서, 행동)의 변화에 대해 이야기해 왔다. 미디어의 디지털화는 비단 방송이나 인터넷과 같은 미디어가 전달하는 내용의 유동성을 증가시켰을 뿐 아니라, 지금까지는 인간과 대비되는 물질적 대상으로만 여겨져 왔던 환경과 건축 등의 영역에까지 스며들었다. 이제 사람들은 디지털 기술로 인해 미디어화된 건축 표피나 예술 작품과 상호 작용을 할 수 있게까지 된 것이다.

원래 미디어는 커뮤니케이션을 돕는 매개자이고, 커뮤니케이션은 인간과 인간 사이의 의미 공유를 말한다. 그런데 이제 그 미디어가 인간과 환경 사이의 상호 작용까지 도와주고 있고, 인간 주변의 환경이 단순히 가

만히 정지해 있는 물체가 아니라 환경도 반응할 수 있는 상태가 되었기에 인간과의 상호 작용이 가능하게 되었다. 즉 디지털 미디어 기술의 발달로 인해 환경도 인간과 상호 작용할 수 있는 상황이 됨으로써, 인간과 환경 간의 소통이 가능해졌다는 의미이다.

인간은 이처럼 '반응하는 환경responsive environment'과 상호 작용하며, 그 자체를 예술 작품으로 즐기는 상황이 되었다(불리반트, 2007). 인간도 환경의 일부로서 반응하는 환경에 응답하며 작품의 일부가 되기도 한다. 결국 인간은 환경과도 소통하는 셈이며, 그 소통을 디지털 미디어가 도와주는 것이다.

새로운 예술적 표현에 '관객의 참여'가 중요해지면서, 이용자의 참여를 보다 편리하게 구현할 수 있는 디지털 미디어가 다양한 예술 영역에서 광범위하게 활용되고 있다(오은경, 2008; 불리반트, 2007). 한 가지 예로서, 로미 아키듀브Romy Achituv와 카미유 우디백Camille Utterback의 공동 작품인 〈텍스트 레인Text Rain〉(1999, 타이완 현대미술관)을 살펴보자. 이 작품은 작품과 관람객이 상호 작용하며 비로소 완성이 되는 작품이다(정동암, 2007, pp.104~108). 관람객이 작품 앞에 서면, 자신의 모습이 카메라에 찍혀 스크린에 나타난다. 그것을 발견하고 긴장하며 흥미를 느끼는 순간, 그 스크린 위에 작은 오브제 조각들이 눈송이처럼 떨어지는데, 그것은 바로 불규칙적으로 하늘에서 내려오는 알파벳들이다. 알파벳이 스크린에 비친 관람객에 닿으면 튕기거나 흘러내린다. 알파벳들은 관람객의 그림자에 반응하는 것이다. 관람객이 그 알파벳에 손을 내밀면 그 위로 가지런히 열을 이루기도 하고, 오목한 모양을 만들면 알파벳들이 그 안에 모이기도 한다. 물방울처럼 움직이는 알파벳들은 간혹 의미 있는 시의 구절처럼 보이는 문자열을 만들기도 한다(그림 11-1 참조).

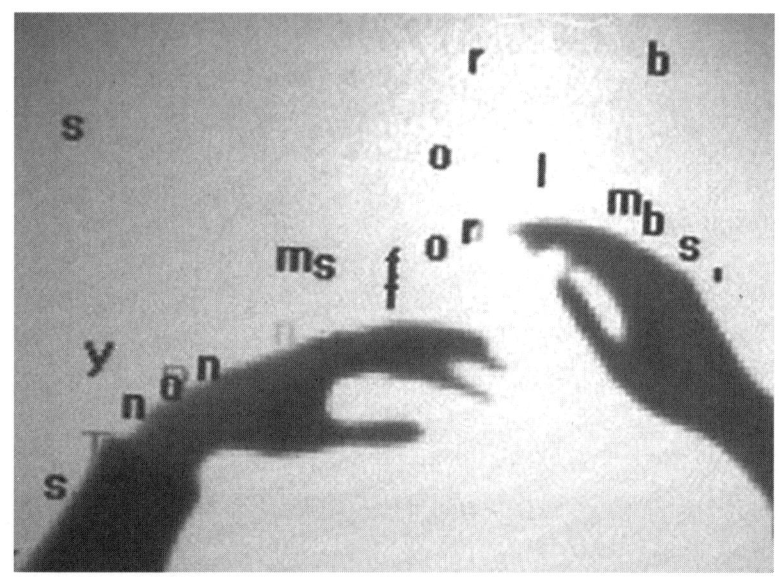


© Camille Utterback & Romy Achituv

그림 11-1. 〈텍스트 레인〉 일부

이러한 작품들은 작품과 관람객이 상호 작용하며 움직임으로 이루어
지기 때문에 하나의 그림으로 나타낼 수는 없지만, 한 순간을 포착한 사례
가 그림 11-1에 나와 있다.

〈텍스트 레인〉은 관람자의 능동적인 행위에 따라 시어가 구성되어 상상력을 불
러 일으킨다 …… 적극적인 행위를 하는 관람자에게 더 많은 현상이 일어난다.
관람자는 자신의 행동에 변화하는 작품의 현상을 발견하고 즐거움을 맛보게 된
다(정동암, 2007, p.107).

이 작품의 작가들 중 아키튜브는 철학, 조각, 전자통신공학을 공부한 예술가이며, 우터백은 인터랙티브 설치 예술가이자 프로그래머라는 사실을 생각하면, 미디어 아트 작품은 깊은 사고 과정과 창의성, 그리고 첨단의 전자 기술이 합쳐져야 완성될 수 있는 경지에 이르렀다고 할 수 있다.

작품이 사람의 행동을 유도함으로써 작품의 완성에 관람객을 참여시키는 역할을 하며, 참여해야 비로소 작품이 완성되는 것이다. 이러한 유형의 작품은 디지털화 이전의 전자 미디어를 활용했던 미디어 아티스트 백남준의 작품에서도 찾아볼 수 있다. TV 수상기는 '보는' 매체임에도 불구하고 '소리'가 이미지로 변환되어 화면에 보이도록 한다든지 하는 시도들은 관람객의 참여와 감각의 변화 자체가 그대로 작품 속에 편입되는 과정을 보여 준다.

그림 11−2는 MIT 미디어 랩에서 만든 〈라이트 레인*A Light Rain*〉(파울 드마리니스Pauul DeMarinis와 레베카 커민스Rebecca Commins의 공동 작품, 2004) 이라는 작품이다. 우산을 쓰고 무지개 안에 들어가면 음악이 만들어지는데, 이것은 우산 위를 흐르는 물방울의 움직임을 감지하여 소리로 전환시키는 것이다. 관객의 참여가 '소리'와 '이미지'를 만들어 내도록 디지털 기술이 도와준다는 데 핵심이 있다. 즉 여기서 미디어는 사람과 사람이 아닌 사람과 물질 세계를 이어주는 것이며, 이 과정에서 디지털 기술이 미디어의 역할을 하는 것이다.

상호 작용성과 참여는 이 책의 3장 후반부 '영화 체험' 부분에서 설명한 '체험'과 밀접한 관련을 지닌다. 이러한 체험은 또한 공간 지각 및 공간 경험과 깊은 연관성을 지닌다. 앞서 8장에서 잠깐 언급했던 〈읽을 수 있는 도시*The Legible City*〉(1989, 독일 ZKM 미디어 박물관)라는 작품은 제프리 쇼Jeffrey Shaw와 더크 그뢰너벨트Dirk Groeneveld가 만든 것으로, 최근 작품은 아니지만 관람객이 가상 세계를 체험하는 과정에서 예술 작품과의 쌍방향 소통

그림 11-2. 〈라이트 레인〉

이 시도된 또 하나의 사례라고 할 수 있다(정동암, 2007, pp.127~132).

이 작품은 관람객이 스크린 앞의 자전거에 올라타 페달을 밟으면서 스크린의 화면이 변화하는 모습을 바라보는 것으로 구성된다. 자전거는 고정되어 있지만 페달을 밟는 움직임과 핸들을 돌리는 움직임은 그대로 살려 두어, 화면에 보이는 풍경에 따라 적절한 운동 반응을 하는 것이다. 관람객이 선택한 도시를 자전거로 관광하는 셈이다. 도시는 3차원 그래픽으로 되어 있고, 마치 실제로 그 도시를 여행하는 듯한 느낌을 가질 수 있다. 페달 회전수에 따라 바뀌는 풍경의 속도도 달라지고, 핸들을 돌려 방향을 바꾸면 가려졌던 건물 뒤의 골목길이 새로 열린다. 관람객이 콘텐츠 한가운데 있지만, 실제로 변화하는 것은 화면이며 관람객의 몸은 한 자리에 그대로 있는 것이다.

가상적인 현실은 전자 기계적 인터페이스와 결합된 신체적 감각이 만들어 내는 세계다. 콘텐츠의 세계는 시각, 촉각, 후각, 미각, 청각의 오감에 의해 감지되고 소비된다 …… 페달을 밟으며 도시로 떠나는 여행은 자전거의 위치가 변하는 것은 아니다. 그림이 이에 맞춰 변한다 …… 관람자와 작품의 인터랙티브를 통해 가상 현실은 현실이 된다. 가상의 오브제가 나의 주체와 지속적으로 대화를 나눌수록 그사이는 가까워진다. 작품이 존재하는가? 그것은 감각되어지고 경험되어지는 것이다(정동암, 2007, p.131).

상호 작용적인 미디어 아트 작품은 고정된 상태로 '존재'하여 관람객이 수동적으로 관람하는 것이 아니라, 관람객의 반응 여부에 따라 작품 자체가 달라지며, 관람객이 감각으로 느끼고 경험하는 과정 자체가 작품이 되는 것이다. 예전에는 '고정된 풍경화'를 즐겼다면, 이제 마치 실제로 여행을 하는 것처럼 관람객의 선택에 따라 변화무쌍하게 펼쳐지는 '움 직이는 풍경' 자체를 즐기는 것이다.

## 2) 일상 속으로 들어온 예술

디지털 미디어의 발달이 예술과 조화를 이루면서 급격히 우리의 일상 생활로 파고들게 된 데에는 '아방가르드*avant-garde*' 예술의 바탕이 일정 부분 기여한 바 있다. 예술은 아무나 할 수 없는 것이고, 고상한 사람들만 감상할 수 있는 영역이라는 고정관념을 깬 것이 바로 아방가르드 예술의 시작이었기 때문이다.

아방가르드 예술은 "20세기 초 프랑스와 독일을 중심으로 자연주의와 의擬고전주의에 대항하여 등장한 예술 운동"을 말한다(정동암, 2007, p.211).

아방가르드 예술가들은 "전통의 파기 그리고 새로운 예술의 추구"를 주장했으며, "인간의 지각 행위를 반영한 예술 형식"에서 새로운 돌파구를 찾으려 했다(오은경, 2008, p.15). '전위 예술'이라고도 부르는 아방가르드 예술은 실험성과 독창성을 강조하며, 건축, 음악, 회화, 조각, 연극, 영화와 같은, 형태가 다른 예술 형식을 결합하려는 시도를 한다. 바로 이런 이유 때문에 미디어 아트 분야에서 주목을 받고 있다.

원래 '아방가르드'라는 말은 프랑스의 군사 용어로, 주력 부대 앞 최전방의 소수 정예 부대를 뜻한다. 그러다가 1825년 프랑스 사회주의 지도자 앙리 드 생시몽의 책에서 처음 지금의 뜻으로 사용했다. 아방가르드 예술은 마르셀 뒤샹Marcel Duchamp의 〈샘Fontaine〉(1917) 이라는 작품에서 관객이 해석의 주체가 되도록 한 데서 시작되었다고 본다(오은경, 2008). 예술 작품을 수동적으로 감상하던 인간이 '능동적 주체'가 되는 순간이었다. 뉴 미디어 사용의 주체도 역시 인간이며, 능동성과 적극성을 전제로 콘텐츠의 소비가 가능해지기 때문에, 뉴 미디어를 통해 보이는 내용과 그것을 능동적으로 수용하는 과정 자체가 예술의 한 영역이라고 할 수 있다.

> 예술과 일상을 결합하려는 시도가 아방가르드 예술 정신을 확립했으며, 예술과 기술의 결합은 아방가르드 정신을 지속시키는 원동력이 된 것이다(오은경, 2008, p.17).

예술은 인간의 감각으로 즐기는 것이다. 따라서 미디어 테크놀로지가 발달함에 따라 예술과 인간의 감각을 연결시키는 도구로서 미디어가 다양하게 활용되는 것은 어쩌면 지극히 당연한 과정이다. 텍스트와 이미지, 소리 등으로 이루어지는 콘텐츠의 생산과 소비, 전달과 저장, 변형과 복제 등이 자유자재로 이루어지는 디지털 미디어 환경 속에서 사람들은 더욱 쉽게 작품을 만들어 많은 사람들과 공유할 수 있게 되어 가고 있다. 이제 일상 속으로 들어온 예술을 누구나 즐길 수 있으며, 누구나 예술가가 될 수 있는 시대인 것이다.

대체로 미디어 이용자, 미디어 아트 감상자, 미디어 콘텐츠 수용자들은 '기술'에 관심을 갖는 것이 아니라 '경험'에 관심을 갖는다. 내가 이 미디어를 가지고 무엇을 할 수 있는가, 저 작품에서 나는 어떤 느낌을 경험하는가, 이 미디어 콘텐츠의 무엇이 나를 감동시키는가 등과 같이, 미디어를 매개로 하여 무엇인가 전달되는 것을 경험하며, 그에 대한 생각과 느낌에 몰입하여 즐기는 데 사람들의 관심이 있다는 것이다.

## 3) 몰입형 가상 현실과 상호 작용형 가상 현실

"미디어는 서로 다른 장소와 시간, 또는 심지어 서로 다른 차원 사이의 소통을 가능하게 하는 매개체"이다(오은경, 2008, p.36). 미디엄*medium*을 "예술 작품의 표현 수단" 또는 "그 수단에 사용되는 소재나 도구"로 규정짓기도 한다(정동암, 2007, p.211). 따라서 한 개체와 다른 개체를 연결하여 서로 소통하게 만드는 모든 것을 미디어라고 할 수 있다. 여기에 연결되는 개체가 사람들인 경우, 사람과 기계인 경우, 사람과 환경인 경우, 사람과 예술 작품인 경우 등이 모두 포함된다. 모든 경우에 연결되는 개체들 중 적어도 하나 이상이 사람이기 때문에 미디어 심리학이 이 모든 연결들을 포함하며, 미디어를 통해 연결된 링크 사이에 어떤 콘텐츠가 어떤 방식으로 전달되느냐에 따라 사람의 경험과 느낌이 달라지게 된다.

미디어 아트 작품을 크게 두 부류로 구분해 보면, '몰입형'과 '상호 작용형'으로 나누어 볼 수 있다(그림 11-3 참조). 복합적으로 반응하는 공간을 만들어 관객을 영상 한가운데 있게 하는 것이 '몰입형 가상 현실'이다. "관객이 작품 안에 들어가서 자신의 상태와 작품의 내용이 일치되는, 작품과 관객의 거리가 완전히 상실된 감상, 즉 '몰입'의 오감 체험을 최상의 목표로 한다"(정동암, 2007, p.278). 이 공간에서는 감상과 체험이 동시에 일어난다. 여기서 주로 사용하는 미디어의 주요 요소는 위치와 움직임 정보를 감지하는 센서, 관객 모습과 관객 동향을 검출하는 화상 입력 카메라, 그래픽 영상을 실현하는 벽면 등과 같은 스크린이다. 관객이 작품 속에 완전히 몰입되어 작품의 일부가 되며, 관객의 반응과 활동이 없이는 작품이 완성되지 않는다.

반면, '상호 작용형 가상 현실'에서는 관객이 미디어의 외부에서 커뮤니케이션한다(정동암, 2007, p.279). 즉 관객이 작품 안에 포함되는 것이 아니라, 작품과 상호 작용하며 커뮤니케이션하는 것이다. 이러한 상호 작용형 가상 현실의 작품에서는 "관객과 작품이 대화하는 듯한 적절한 인터페이스"가 실현된다(정동암, 2007, p.279). 몰입형보다는 현실을 덜 차단한 형태이다. 이 두 유형의 차이가 그림 11-3에 잘 나타나 있다.

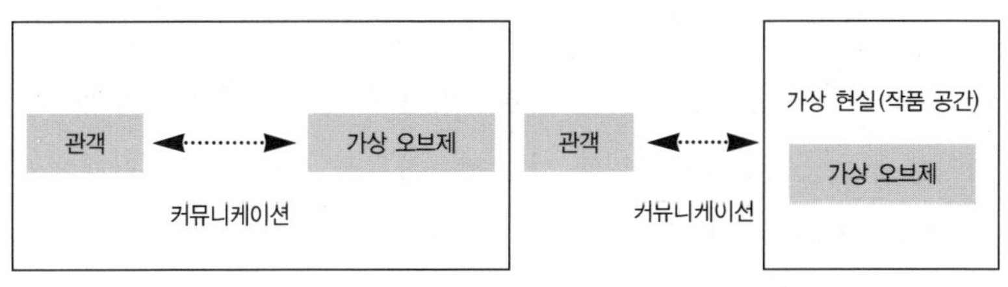


(정동암, 2007, pp.278~279)

**그림 11-3. 몰입형 모델(왼쪽)과 상호 작용형 모델(오른쪽)**

# 2. 환경과 인간의 매개로서의 미디어

## 1) 인간이 환경을 수용하는 과정과 미디어 사회 심리학

지금까지는 대체로 인간과 인간을 연결하는 매개체로서의 미디어에 초점을 두어 논의를 진행시켜 왔다. 미디어 아트 영역도 사람이 작품을 만들고 또 다른 사람이 그 작품에 몰입하거나 그 작품과 상호 작용하며 감상하는 과정이기 때문에 사람과 사람의 연결 도구로서의 미디어에 중점을 두어 왔다고 할 수 있다.

그러나 미디어는 인간과 환경을 연결해 주는 도구이기도 하다. 사실 '다른 사람'도 한 개인을 중심으로 생각하면 '환경'의 하나라고 할 수 있다. 환경 중에서 특별히 '사람들'로 이루어진 '사회적' 환경인 것이다. 이렇게 볼 때, 사회 심리학의 영역은 사람들이 미디어를 사이에 둔 간접 연결이든 직접 연결이든 타인을 포함한 주변 환경이 개인의 생각, 느낌, 및 행동에 어떤 영향을 주는지를 연구하는 학문으로 확대될 수 있다. 특별히 범위를 좁힌다면, 인간 환경이 개인에게 주는 영향의 연구는 사회 심리학으로, 물리 환경이 개인에게 주는 영향의 연구는 환경 심리학으로 나누어 볼 수 있다.

크게 볼 때 이 두 영역을 모두 사회 심리학으로 포괄할 수 있는 이유는, 이제 건물과 같은 물리적 환경이나 미디어와 같은 기술적 환경까지도 디지털 유동성으로 인해 사람과 상호 작용하며 소통할 수 있는 단계에까지 이르렀기 때문이다. 특히 사람들과의 관계 속에서 다양한 방식으로 사용되고 있는 소셜 미디어의 등장은 좁은 의미의 대인 관계 사회 심리학에

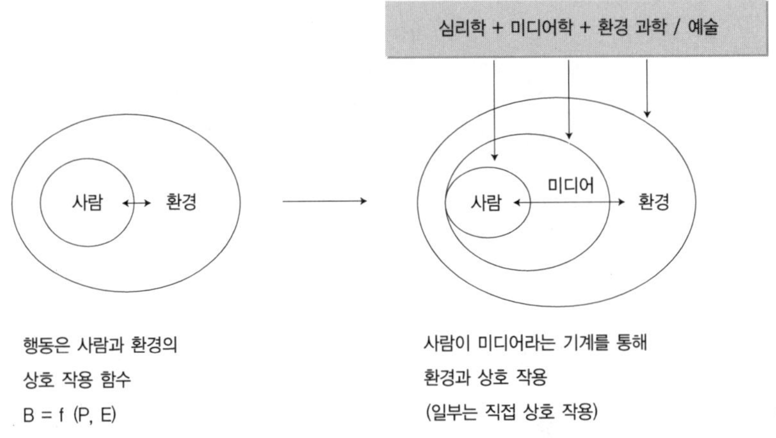



그림 11-4. 미디어를 포함한 사회 심리학의 정의 확대

도 미디어와 같은 기술적 요소를 포함시켜야 할 필요성을 암시하고 있다.

그림 11-4에 나타나 있듯이, 미디어가 발달하기 이전에는 사람과 환경이 직접 상호 작용하는 경우가 훨씬 더 많았으나, 미디어의 획기적인 발달로 사람이 미디어에 둘러싸여 있는 상태가 됨으로써, 이제 사람은 환경과 상호 작용할 때 미디어를 경유하는 경우가 훨씬 더 많아졌다. 물론 간혹 미디어의 개입 없이 환경과 '직접' 맞닿을 때도 있고, 그런 부분이 더 좁아지지 않도록 노력할 필요도 있지만 말이다.

사람의 마음을 연구하는 심리학은 미디어학을 연결 지점으로 하여 환경 과학 및 예술 영역과 더욱 밀접한 관련성을 맺으며 발달할 가능성이 있다. 기술 미디어의 홍수 시대에 심리학에 대한 수요가 점점 더 증가하고 있는 것도 바로 이런 이유 때문이 아닌가 생각된다.

그림 11-5는 인간이 환경을 수용하는 과정을 조금 더 자세히 나타낸

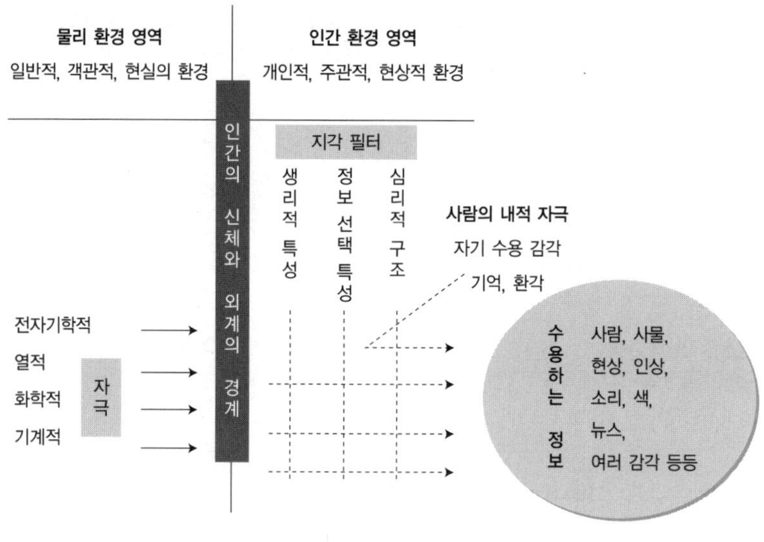


(일본건축학회 엮음, 2006, p.27)

그림 11-5. 인간이 환경을 수용하는 과정

것이다. 인간 신체 외부의 물리 환경 영역에서 전자기학적, 열적, 화학적, 기계적 자극이 들어오면, 인간 환경 영역에서 생리적 특성, 정보 선택 특성 및 심리적 구조에 의한 지각 필터를 거쳐 사람이 여러 현상, 인상, 소리, 색, 뉴스 등을 수용하게 된다.

환경이 지니고 있는 어떤 특성이 사람에게 어떤 마음을 일으킬 때, 그 환경이 어포던스*affordance*를 가지고 있다고 말한다(Gibson, 1979). 앉기에 적절한 높이의 바위를 보면 앉고 싶어지고, 문고리에 튀어나온 부분이 있으면 '이것을 돌리면 열리겠구나' 하는 느낌을 준다. 이처럼 환경이 자연적이든 인위적이든, 인간에게 모종의 커뮤니케이션 메시지를 보내고 있는 것이다. 즉 환경과 인간 사이에도 '의미 공유'가 일어나 커뮤니케이션이 되고 있는 것이다.

환경이 주는 정보 중에 심미적 가치가 특별히 큰 것은 예술 작품으로서 사람의 마음에 와닿는다. 이제 그러한 환경과 인간 사이의 상호 작용에도 디지털 미디어 기술이 큰 도움을 주고 있다. 예전에는 저만치 떨어져 거의 반응하지 못했던 환경, 그것이 건축물이든 회화 작품이든 또는 음성 인식을 받아들이는 가전 제품이든, 그냥 그 자체로서 서 있던 대상들이 이제는 디지털의 옷을 입은 채 우리에게 반응하고 있다. 그러한 반응에 우리는 또 반응을 되돌려 줌으로써 인간이 아닌 대상들과도 상호 작용을 할 수 있게 되었으며, 그 자체를 즐기며 삶의 일부로 받아들이고 있는 것이다.

## 2) 공간과 소통

인간이 살아가는 공간은 얼핏 비어 있는 것 같지만 유형, 무형의 요소들로 가득 차 있다. 하드웨어인 물리적 환경의 거시적 계획과 구성은 그 내부를 채우고 있는 소프트웨어, 즉 운용 방식과 운용 주체인 인간, 그리고 다양한 미시적 요소들을 충분히 고려해야 한다. 최근에 디자인이나 건축 및 예술 분야에서도 물리적 공간과 사회적 공간의 주체인 '인간' 중심의 소통 체계를 구축해 가는 과정에 관심을 둔 학문 융합적 시각들이 등장하고 있다.

그림 11-6은 공간과 소통에 관련된 연구들의 융합 과정을 그려 본 것이다. 심리학은 미시적이며 소프트웨어적인 쪽에서 출발하여 거시적인 쪽으로 응용, 확장되어 나가는 과정이라 할 수 있고, 공학 분야는 거시적이며 하드웨어적인 쪽에서 출발하여 미시적이며 소프트한 내부 영역을 채워가는 과정이라 할 수 있다. 이 두 과정이 서로 다른 극단에서 시작하여 '완성'을 향해 진행하다가 중앙의 본질적인 부분에서 만나는 형국이며, 이 안에

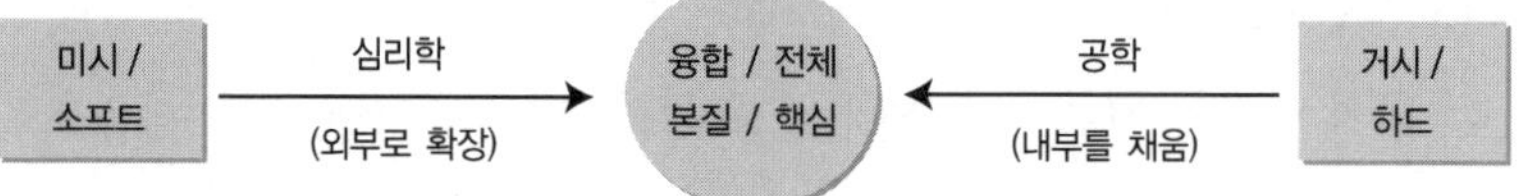


**그림 11-6. 공간과 소통의 융합 과정에서 심리학과 공학의 변화 방향**

미학적, 예술적 감성과 성찰이 개입된다.

이질적인 세부 영역이 모여 있는 심리학의 내부에서도 시지각, 공간 지각을 연구하는 지각 심리학, 판단과 사고 과정을 탐구하는 인지 심리학, 사람 간 관계를 다루는 사회 심리학, 주변 환경의 영향을 다루는 환경 심리학 등이 서로를 필요로 하여 심리학 내부에서도 융합이 일어나고 있으며, 심리학 외부의 인접 학문에도 지속적으로 적용되며 그 영역이 확장되고 있다.

특히 사회 심리학 영역의 확장 과정은 '사회 심리학 → 환경 심리학 → 인간 환경학 → 인간적인 환경 디자인 및 설계' 방향으로 이루어질 수 있고, 이렇게 확장되다 보면 건축 설계, 도시 설계, 인터랙티브 공간 설계, 환경 공학 등과 맞닿는 지점에 도달하게 된다. 건축이나 도시도 결국은 인간이 살아가는 공간이며, 예술 작품도 결국은 인간이 만들어 인간이 감상하는 정서 생산물이다. 이 모든 것들은 인간 주변을 '소통이 잘 되는 쾌적한 공간'으로 만들고자 하는 동기에서 수렴되어 온 것이라고 할 수 있다. 주변의 작은 공간부터 전 세계적인 큰 공간에 이르기까지 인간이 공간에서 느끼며 경험할 수 있는 내용들이 무궁무진하고, 또 이러한 경험들은 소통과 밀접한 관계를 지니고 있다.

## 3) 미술과 건축, 음악과 공연 영역의 인터랙티브 소통 의식

### (1) 미술과 건축: 인터랙티브 아트와 빌딩 스킨

미술과 건축은 시각적, 동시적으로 느끼는 부분이 강하다. 그러나 이러한 것들도 의미를 매개하며 사람들의 감성을 자극한다. 또한 근래에는 미술 작품의 감상이나 건축물의 구상에도 사람과의 상호 작용성을 염두에 두는 경우가 많아져, 미디어적 해석이 의미를 얻고 있다(예: 박혜원 · 김정재, 2002; 박연숙, 2008; 송남실, 2002).

'인터랙티브 아트*interactive art*'는 주로 컴퓨터를 활용한 인스톨레이션에 기반을 둔 형태의 예술로, 움직임이나 열, 기상 변화 등에 반응하는 센서를 활용한다. 가상 인터넷 예술과 전자 예술 등이 가장 상호 작용적이며, 텍스트나 시각 자극의 입력을 받아들여 반응을 보이는 작품이다. 인터랙티브 아트는 예술 작품과 관객 간의 대화가 있다는 점에서 전자 예술이나 몰입형 가상 현실과는 차별화가 된다. 많은 경우 인스톨레이션은 '반응하는 환경'으로 정의될 수 있는데, 이것은 특히 건축가나 디자이너들이 창조한다. 반면에, 상호 작용적이기는 하지만 그 자체로서 반응적이지는 않은 예술은 모놀로그*monologue*, 즉 독백과 유사하여, 인터랙티브 아트에 속하지 않는다. 독백형 예술 작품도 관람자의 존재 자체에 의해 변화할 수는 있지만, 관람자가 반응에 개입하도록 초대되지 않으며, 단지 그것을 일방적으로 즐기기만 할 수 있기 때문이다(http://en.wikipedia.org/wiki/Interactive_art).

그림 11-7은 과학적 기술을 이용하여 예술적 표현이 더욱 다양해진 사례를 보여 준다. 미디어 아트, 영상 예술 등 거의 모든 영역에서 디지털 기술의 발달로 예전에는 불가능했던 예술적 상상력을 한껏 실현해 내는 데 큰 도움을 주고 있다. 이 그림은 대전 시립미술관에서 열린 〈디지털 파

http://large.stanford.edu/history/kaist/web/cl
ubs/times/culture/kjh1/kindex.html (김지혜,
⟨카이스트 타임스⟩, 2005. 11. 22)

그림 11-7. 존 매코맥의 ⟨에덴⟩

라다이스*Digital Paradise*⟩ 미디어 아트전(2005)에 출품된 존 매코맥Jon
McCormack의 ⟨에덴*Eden*⟩이다. 여기서는 작가와 관객 사이의 소통이 핵심이
며, 관객의 움직임과 반응을 감지하고 이를 다시 이미지와 소리, 동작으로
반영하여 예술 작품이 완성되는 과정을 보여 준다. 대부분 '보는 사람'과
'만드는 사람'이 함께 만드는 작품들로, 과학 기술과 예술의 만남을 잘 보
여 주는 사례이다.

존 매코맥의 ⟨에덴⟩은 생명체를 시각적, 청각적 효과로 표현했다. 이 작품은 사람
의 움직임을 감지해 스크린 속 생명체들은 급속하게 성장, 소멸시킨다. 실제 세계
의 1년을 15분으로 나타낸 이 작품은 과학적 의미와 미적 표현이 조화를 이룬다.
눈에 띄는 작품은 미구엘 슈발리에의 'Ultra-Nature'이다. 미구엘은 사람의
움직임에 따라 변화하는 새로운 자연을 스크린에 담았다. 관람객이 한곳에 서서
꽃밭을 담은 작품(스크린)을 바라보면, 그곳에서 식물이 서서히 자라나 꽃을 피
운다. 그러나 그 자리를 떠나면 피어났던 화려한 꽃들이 소멸하고 사람의 움직
임에 따라 스크린 속 식물과 꽃들이 흔들린다. 마치 갈대밭 속을 거닐고 있는 듯
한 아름다운 모습을 감상할 수 있다. 생명체의 성장, 복제되고 전체 공간에 침투

하는 생명이 사람의 '움직임'으로 인해 방해를 받으면 소멸하는 모습을 가상의 꽃들로 흥미진진하게 그리고 아름답게 표현한 작품이다(김지혜, 〈카이스트 타임스〉, 2005. 11. 22).

2009년 12월 19일부터 2010년 1월 24일까지 서울 광화문에서 열렸던 '2009 서울 빛축제' 중 주변 건물에 문화콘텐츠 영상을 쏘는 〈인터랙티브 미디어파사드〉와 백남준의 설치 작품 〈프랙탈 거북선〉 등은 미디어 아트가 생활 속 거리로 들어온 전형적인 사례라고 할 수 있다. 특히 건물의 외벽이 콘텐츠를 전달하는 미디어 역할을 한 것은 인터랙티브 빌딩 스킨과도 연결이 된다.

인터랙티브 빌딩 스킨은 건물 표면의 디지털화로 인해 상호 작용성이 부여되어, 사람이 지나가거나 기온이 감지되는 경우에 변화를 보여 주는 것을 말한다.

일반적으로 건축에서의 미디어적 표현은 표피의 전자화와 피부화를 통해 정보 문화가 건축 환경에 침투한 결과 건축물 표피의 정보화를 창출하는 것이다(박혜원 · 김정재, 2002, p.477).

구두oral 미디어 시대의 원형적인 가옥 형태를 인쇄 미디어의 선형적인 도시로 대치시켰듯이 인간에게 만족스러운 공간적 배열 패턴이 어떤 것인가에 대한 미적 기준을 변화시켰다(맥루언 인용, 박혜원 · 김정재, 2002, p.478).

그림 11-8은 환경 및 건축과 인간 사이의 비언어적 상호 작용성, 더 정확히 이야기하면 디지털 건축(환경) 커뮤니케이션의 사례를 보여 주는

그림 11-8. 환경 및 건축과의 상호 작용성 사례

것이다. 인터랙티브 빌딩 스킨의 상호 작용성은 사람이 지나가는 바닥에까지 적용될 수 있다. 건축 디자인과 예술이 디지털 기술과 합해져, 시각적, 청각적 메시지뿐 아니라 촉각적 메시지까지 연결하여 감성을 자극하는 공간으로 변신하고 있다.

구체적으로 그림 11-8이 보여 주는 것은 디지털 마일*Digital Mile*을 통한 기억 보행*Memory Walk*으로 이루어진 도시의 모습이다. 사람이 지나가면 그 무게와 체온이 감지되어 주변의 바닥과는 다른 색상을 보여 준다. 사람이 지나가고 나면 그 색이 점점 옅어지고, 흔적이 사라질 때까지 어느 정도 시간이 걸린다. 사람이 많이 서 있는 곳에는 물론 더 짙은 색이 집중적으로 모여 있다. 이것을 살펴보면 어떤 곳에 사람들이 더 많이, 더 오래 머물러 있었는지를 짐작할 수 있게 된다.

이러한 과정은 우리가 걷는 바닥이 우리에게 반응을 보여 줌으로써 환경 자체와 커뮤니케이션이 이루어지는 것이다. 더 나아가, 사람들의 발길과 움직임을 시각화하여 또 다른 사람들이 볼 수 있게 함으로써 사람들이 어디를 많이 통과했는지 알려주어, 사람들 간의 비언어적 커뮤니케이션까지 도와주고 있는 셈이다. 남아 있는 빛의 강도를 통해 환경 속에서 사람의 온기가 많이 남아 있는 곳을 알 수 있고, 그래서 어느 쪽으로 가면 사람들이 더 가까이 있을지 추측할 수 있기 때문이다.

건축 자체가 미디어적 표현 경향을 보인다는 연구들도 나오고 있다 (예: 박혜원 · 김정재, 2002). 표 11-1은 건축의 미디어적 표현 경향을 크게 세 종류로 나누고, 그 각각이 어떤 요소들로 이루어졌는지를 설명한 다음, 각 사례에 해당하는 건물들을 제시하고 있다.

구체적으로 살펴보면, 건축의 미디어적 표현 경향은 비물질적, 사인*sign*적, 상호 작용적 표현으로 구분이 된다. 비물질적 표현 경향은 투명성과 경량성의 요소로 나타나며, 사인적 표현 경향은 텍스트와 스크린으로, 그리고 상호 작용적 표현 경향은 이벤트와 표상적 오브제로 나타난다. 이런 요소들은 모두 건축이 인간과 상호 작용하며 소통하는 것을 도와 주는 요소들이다.

먼저, 건물이 투명하면 인간은 더 많은 것을 볼 수 있어 공유되는 것이 많아진다. 또한 건축이 가벼우면 폐쇄성이 줄어들고 유동성이 부여되어, 더 친밀한 느낌으로 다가가게 된다. 또한 전달력을 높이기 위해 유리 장식 타이포그래피를 사용함으로써 소통이 시도되면, 내부와 외부의 경계를 없애는 데 도움이 된다. 그리고 건물의 동적 스크린을 통해 정보를 전달하는 것도 커뮤니케이션에 도움이 된다. 뿐만 아니라, 건축이 어떤 장소에 고정되어 있는 것을 의미한다는 고정관념에서 벗어나, 이를 확대하여 이벤트화함으로써 상호 작용성이 증대될 수 있다. 끝으로, 표상적 오브제를 환경 조각화함으로써 예술과 건축을 공공 영역으로 끌어와, 시공간에 구애받지

표 11-1. 건축의 미디어적 표현 경향과 표현 요소 및 그 특성

| 경향 | 요소 | 표현 요소의 특성 | | 사례 |
|---|---|---|---|---|
| 비물질적 표현 | 투명성 | 현대 건축에서 투명성은 동시성, 상호 관입, 종합, 양면적 가치라는 내, 외부 공간의 다양한 방식을 전개하게 되며 이러한 특성은 공간의 확장 가능성을 암시. | 재료적 측면 | Cartier Foundation |
| | 경량성 | 건축에서의 경량화는 형태적인 부피감의 탈피이며, 폐쇄적 구조적 해체를 통해 표현됨. 가벼움을 통해 구축성이 가지는 한계에 유동감을 부여함. | | The Japanese Pavilion |
| 사인적 표현 | 텍스트 | 정보의 상호 전달*interactive*로 물질감을 해소하며 이는 일반적인 건축 재료가 아닌 미디어적인 재료의 가능성을 암시함 (유리 장식으로 된 타이포그래피를 통해 그들만의 소통 시도, 플로팅 기법을 사용함으로써 내, 외부의 경계를 없앰). | 이미지적 측면 | Pabellon de Francfort |
| | 스크린 | 동적인 스크린을 이용하여 정보를 전달함. | | Egg of Winds |
| 상호 작용성 표현 | 이벤트 | 건축에서 장소성을 확대시키고 나아가 기술 발달로 인한 테크놀루지의 두입으로 장소성을 상실하고 이벤트화함. | 형태적 측면 | Vitra Fire Station |
| | 표상적 오브제 | 표상적 오브제의 환경 조각화와 같은 발상은 예술과 건축 자체를 공공 영역과 인상으로 확장시키려는 사회적 행위이며, 시공간을 초월하려는 커뮤니케이션적 접근. | | Fish Dance |

(박혜원 · 김정재, 2002, p.479)

않는 커뮤니케이션이 가능해진다.

건축은 공간 위에 세워지며, 건축이 만들어 내는 공간 또한 사람들에게 어떤 느낌을 준다. 열린 공간으로 느껴지느냐 닫힌 공간으로 느껴지느냐, 가벼운 공간으로 느껴지느냐 무거운 공간으로 느껴지느냐에 따라 그 공간에서 이루어지는 커뮤니케이션이 촉진될 수도 있고 억제될 수도 있

다. 교수 연구실에 들어서자마자 칸막이가 막혀 있다면, 그것은 커뮤니케이션을 억제하는 방해물이 될 수도 있다. 교수 연구실의 둥근 테이블은 평등한 대화의 상징으로 비춰질 수 있다. 이처럼 건물 전체뿐 아니라 사소한 소품까지도 커뮤니케이션에 도움을 주는 정서를 유발하기도 하고 방해가 되는 정서를 유발하기도 한다. 커뮤니케이션 환경에 들어올 때 우리의 머리와 마음이 비어 있지 않은 것처럼, 커뮤니케이션 공간도 빈 공간이 아닌 것이다. 따라서 커뮤니케이션에는 사람 내부의 환경(심리적, 인지적 배경)뿐 아니라 사람 외부의 환경(사회적, 공간적 분위기)도 큰 영향을 준다.

### (2) 음악과 공연에서의 인터랙티브 미디어(디지털 융합)

미술이나 건축과 같은 '이미지'나 '공간'의 영역에서뿐만 아니라, 음악이나 공연과 같은 '소리'나 '시간'의 영역에서도 인터랙티브 미디어를 활용한 다양한 미디어 아트 작품들이 등장하고 있다. 〈보는 소리, 듣는 영상〉(동국대 김준 교수, 2009. 11. 25) 공연과 〈인터미디어 퍼포먼스〉(상명대 이승연 교수, 2009. 12)는 이 영역에 포함되는 사례들이다.

인터랙티브 미디어 아트 공연은 디지털 기술과 문화 예술의 합작품이다. 예를 들어, 〈보는 소리, 듣는 영상〉이란 작품에서는 센서가 동작을 감지하여 소리와 영상을 내보내고, 무용수의 감정이 또 다른 소리와 영상으로 나타나, 주고 받음이 이어지는 상호 작용성을 기반으로 동작과 소리·영상이 지속적인 대화를 하는 것이다(그림 11-9 참조). 귀를 통해 듣는 소리가 눈으로 보는 영상으로, 또한 눈으로 보는 동작과 영상이 귀를 통해 듣는 소리의 이미지로 연결되어, 공감각적 경험을 하게 되는 것이다.

예술과 기술은 원래 하나였다. '아트art'라는 용어 자체가 기술이자 예술인 것이다. 또한, 예술가와 기술자를 함께 '테크네'라고 불렀다고 한다.

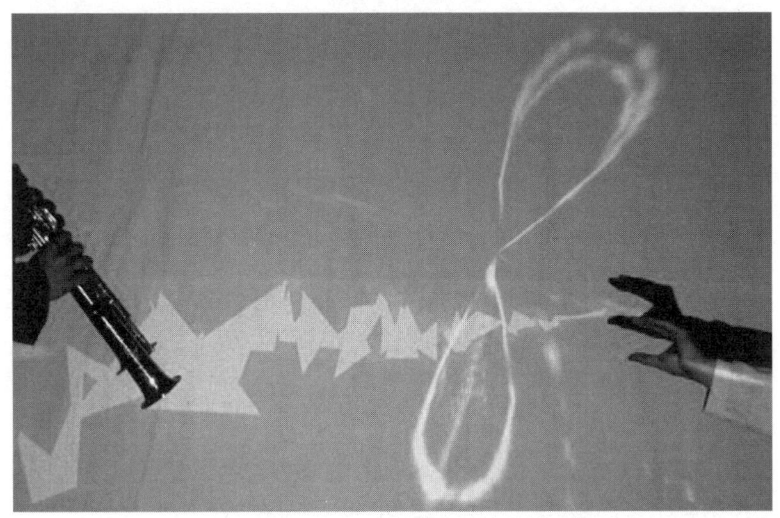

(김준 작품 / 홍주선, 〈사이언스 타임스〉, 2009. 11. 20 )

**그림 11-9. 〈보는 소리, 듣는 영상〉 공연의 한 장면**

예술가가 표현을 하기 위해서는 도구가 있어야 하는데, 디지털 미디어는 우리 시대 예술가들의 표현의 폭을 한층 더 넓혀 주고 있다고 할 수 있다.

> 음악을 만드는 데 있어 통기타를 사용한 때가 있었고 전자 기타를 사용하기 시작한 때가 있습니다. 이제는 인터랙티브 센서 기술을 활용해 예술을 표현합니다. 흑백에서 색채 물감으로 옮겨가는 걸 싫어하듯이 기술을 꺼리는 예술가도 있지만 다양한 도구는 예술을 더욱 폭넓게 하죠(김준 인터뷰, 〈사이언스 타임스〉, 2009. 11. 20).

특히 〈보는 소리, 듣는 영상〉이라는 공연에서는 "서로 다른 음향적 소재의 조화"에 주의를 기울였다고 한다. 컴퓨터 음향과 현대적인 주법으로 재구성한 어쿠스틱 악기 간의 어울림도 쉽지 않기 때문이다. 과학과 음악의 만남이 이루어지는 과정에서 "서양 악기와 국악기, 디지털 캐릭터와 뇌파" 등의 융합을 시도한 점이 돋보인다. "하나의 감각만을 고집한다면 대중과 소통하지 못하는 자기 혼자의 예술일 수밖에 없다"는 것이 김준 교수의 견해다(홍주선, 2009. 11. 20). 멀티미디어 환경 속에서 다양한 감각을 동시에 받아들이는 데 익숙한 현 세대의 인류에게는 디지털 미디어를 활용한 공감각적 공연이 소리에만 의존하거나 이미지에만 의존하는 단일 감각 공연보다 훨씬 더 익숙하게 와 닿을 것이다.

최근의 〈인터미디어 퍼포먼스〉도 소리와 영상이 관객들의 상호 작용과 함께 어우러지는 공연 영역의 미디어 아트라고 할 수 있다. 인터미디어 퍼포먼스에서 "인터미디어는 기존 모든 양식의 공연 예술과 실시간 인터랙션 기반 디지털 미디어 아트와의 융합"이라 정의된다(이승연 인터뷰, 〈사이언스타임스〉, 2009. 12. 4). 즉 기존의 공연 예술이 디지털 미디어 아트와 융합되었을 때 인터랙티브 퍼포먼스가 가능해진다는 것이다. 2차적으로는 이러한 다원 예술 장르에 과학, 공학 영역의 다양한 기술을 응용하여 인문 사회학적인 철학의 개념을 접목함으로써 인터미디어 퍼포먼스가 이루어진다고 한다. 아래 기사에 그 사례가 나와 있다.

때는 2150년. 맞춤형 기억 성형과 유전자 개발 전문 의·과학 연구소로 재탄생한 새운컴플렉스(구 세운상가)에 5명의 하이브리드 객체가 신비로운 소리와 함께 등장한다. 눈을 깜빡이고 몸짓을 할 때마다 영상과 소리가 펼쳐지고, 관객들은 자신도 모르게 가상 세계로 빠져든다.

지난 9월 3~4일 대학로 예술극장 대극장에서 펼쳐진 인터미디어 퍼포먼스 'j-th Time'은 우리에게 신선한 충격을 안겨주었다. 아날로그 형식의 공연 예술과 실시간 인터렉션 기반 디지털 아트의 융합을 바탕으로 인문학적 개념과 사회

현상의 시사점을 디지털 스토리텔링화했기 때문이다(김청한, 〈사이언스 타임
스〉, 2009. 12. 4.).

과학과 예술의 융합은 이미 '사이아트SciArt'라는 용어로 알려질 정도
로 보편화되어 가고 있다. 삶의 전 영역에 디지털화가 촉진되면서 학문
간, 활동 간의 경계가 그야말로 와르르 무너져가고 있다. 유연성을 지닌,
한계를 뛰어 넘는 존재가 더 각광받는 시대가 된 것이다.

# 3. 놀이로서의 미디어 아트

## 1) 미디어에 몰입하여 '즐기는' 인간

사람들은 자기가 원하는 것을 하며 살고 싶어 한다. 그리고 많이 원하던 것
을 하게 되었을 때에는 그 일에 즐겁게 몰입하게 된다(Csikszentmihalyi, 1990). 미
디어 융합으로 이처럼 '원하는 시간과 장소에서 원하는 단말기로 원하는 콘
텐츠에 몰입'할 수 있는 환경은 이제 충분히 갖추어졌다고 할 수 있고, 앞으
로 더욱 발전해 갈 것이라 짐작할 수 있다. 이제 디지털 환경은 인간으로 하
여금 이용과 충족을 넘어서는 주체적인 '즐김'을 가능하게 하는 공간으로
변신 중이다. 사람들은 다른 사람이 만들어 놓은 것을 즐기기도 하지만, 자
기가 '만들어 내는' 창조 활동도 즐긴다. 인간이 창조해 내는 모든 것을 아트
art라고 한다면, 그것이 미술 작품이든 건축 작품이든 예술과 공학의 구분이
굳이 필요 없는 아트 콘텐츠라 할 수 있다.

최근 들어 건축과 예술 분야에 뉴 미디어 아트 분야가 부쩍 인기를 누리고 있는 것은 이처럼 '즐기는' 인간과 무관하지 않다(예: 박연숙, 2008; 박혜원·김정재, 2002; 송남실, 2002; 불리반트, 2007). 즐김을 극대화시키는 방법 중 하나는 바로 '참여'를 통한 상호 작용성의 유발이다. 인간이 예술 활동이나 미디어 활동에 신체적, 심리적으로 참여하여 상호 작용할 수 있을 때 몰입이 유발되기 때문이다(Csikszentmihalyi, 1990). 원격 현전 또는 실재감으로 알려져 있는 텔레프레즌스*telepresence*와 이동성*mobility*은 이러한 인간의 즐김이 훨씬 더 광범위해질 수 있도록 돕고 있다. 아트의 관점에서 재정의해 본다면, 텔레프레즌스는 "통신 기술의 힘으로 생성되는 현상으로, 물리적 거리감을 극복하고 대화하는 상대가 가까이 존재하는 듯이 느끼도록 하는 작용"이며, 이로 인해 "다공간 경험"이 가능해진다(박연숙, 2008).

뉴 미디어 아트의 특성을 놀이 형식과 대응시켜 보면 표 11−2와 같이 나타난다. 표 11−2에서 '놀이'라는 용어를 '미디어 이용'으로 바꾸어 보면, 일치하는 부분이 상당히 많다. 미디어의 이용도 디지털 공간 안에서 상호 작용적 행위를 통해, 그리고 일정한 규칙을 통해 시간의 흐름 속에서 이루어지기 때문이다. 모든 미디어 이용이 놀이라고 할 수는 없지만, 중요한 점은 이 '놀이'의 경우 누가 강요하지 않아도 스스로 주체가 되어 진행

표 11−2. 놀이와 뉴 미디어 아트 비교

| 놀이 형식 | 놀이 활동 | 임의적 놀이 공간 | 놀이 시간 | 놀이 규칙 |
| --- | --- | --- | --- | --- |
| 뉴 미디어 아트의 특성 | 상호 작용 | 가상 환경 | 미디어 아트의 반복되는 오르내림 | 작가의 의도 |

(박연숙, 2008, p.77)

해 가는 적극적이고 역동적인 활동이기 때문에(카이와, 1994), 디지털 융합 환경은 그야말로 수용자가 '마음껏 놀 수 있는' 공간이 된다는 점이다.

어떤 미디어이든 그동안 미디어 이용 동기에 관한 연구들이 공통적으로 보여 준 요인들은 크게 보아 정보, 관계, 오락, 휴식 범주 중 하나에 대부분 속하는 것들이었다. 디지털 시대 융합 미디어의 환경은 바로 이러한 모든 이용 동기를 '한꺼번에' 충족시켜 줄 수 있는, 그것도 이용자가 손님이 아닌, 명령을 내릴 수 있고 통제할 수 있는 '주인'의 위치에서 능동적으로 모두 충족시킬 수 있는 환경이라고 말할 수 있다. 예술 영역에서도 '감상자와 감상 대상' 간의 상호 작용이 강조되며, 관객이 이제 더 이상 '관람자spectator'의 역할에 머무는 것이 아니라 '참여자participant'로서 "관객이 작품 완성을 위해 신체적 행위를 더하는 형식"이 포함되는 경우가 많다(박연숙, 2008, p.64). 미디어에 소통되는 메시지는 예술 작품을 포함하여 다양한 UCC, 의견 글, 학술적 지식 등 사람과 사람이 주고받는 서의 보는 대상늘이 담긴다. 따라서 이제 예술과 기술을 포함한 모든 영역에서 '인간'이 주체가 되는 수용의 시대에 접어들었다고 할 수 있고, 미디어 융합 환경의 인간도 그 중 하나라고 할 수 있다(나은영, 2009b).

## 2) 상호 작용성을 지닌 콘텐츠의 역동적 창조와 소비

상호 작용성을 지닌 모든 개체는 커뮤니케이션을 할 수 있다. 오늘날 건축이나 예술 작품과 같은 물질적 대상들까지 사람과 커뮤니케이션할 수 있는 상태가 된 것은 디지털화가 불러온 상호 작용성의 편재성 때문이다. 사람이 사람과의 대화에 사용하는 미디어뿐 아니라 건물이나 대상, 심지어 가전 제품들까지 디지털화되어 우리와 '상호 작용'을 할 수 있게 됨으로써,

우리는 모든 것과 정보를 교환하며 커뮤니케이션할 수 있게 된 셈이다.

상호 작용성의 개념은 1980년대 말부터 다차원적으로 확대되어, "매체 자체의 기술적 속성보다는 이용자의 능동적 역할에 초점을 맞춰 정보 송신자와 이용자 간에 메시지 교환 및 공유를 통해 공동으로 의미를 창출해 가는 과정"으로 규정된다(최영·김병철, 2000, pp.177~178). 상호 작용성에 관한 관점들을 요약해 보면, 다양한 선택, 매체 이용자에 대한 시스템 반응 정도, 매체 이용에 대한 지속적인 모니터링, 시스템에 대하여 정보를 추가할 수 있는 정도, 및 개인 커뮤니케이션의 활성화(Heeter, 1989), 그리고 쌍방적, 역동적, 자기 주도적 의사 소통, 사용자가 정보를 통제하는 능력, 또는 송신자와 수신자의 역할이 서로 바뀔 수 있음을 의미하는 것(Rice & Williams, 1984) 등으로 요약된다(최영·김병철, 2000, p.178에서 간접 인용).

한편, 디지털 콘텐츠의 상호 작용성 유형은 크게 미디어 콘텐츠를 검색하고 선택할 수 있는 가능성과 미디어 내용에 대한 조작 및 통제 가능성으로 분류된다. 미디어 내용의 조작과 통제는 다시 하이퍼텍스트 유형 서사에서의 상호 작용과 가상 현실 유형 서사에서의 상호 작용으로 분류가 가능하다. 가상 현실 유형 서사에서의 상호 작용을 더 세분화하면, 이용자—미디어 간 상호 작용에 한하는 경우와 이용자 간 상호 작용이 추가되는 경우로 나눌 수 있다(권상희, 2007, p.51). 어떤 유형이든 디지털화된 콘텐츠에서 상호 작용이 더욱 편리하게 실행될 수 있다는 특성을 지닌다.

특히 경제적인 '무보상성'을 전제로 한 수용자의 UCC(user-created-contents) 창작 활동은 그 자체를 즐기기 위한 '놀이'의 범주로 볼 수 있다. '놀이'의 특성은 다음과 같이 정리된다(카이와, 1994, p.34). 첫째, 놀이하는 자가 강요당하지 않는다는 점에서 놀이는 '자유로운 활동'이다. 만일 강요당하면, 곧바로 놀이는 마음을 끄는 유쾌한 즐거움이라는 성질을 잃어버린다. 둘째, 처음부

터 정해진 명확한 공간과 시간의 범위 내에 한정되어 있다는 점에서 놀이는
'분리된 활동'이다. 셋째, 게임의 전개가 결정되어 있지도 않으며, 결과가
미리 주어져 있지도 않다는 점에서 놀이는 '확정되어 있지 않은 활동'이다.
생각해 낼 필요가 있기 때문에, 어느 정도의 자유가 놀이하는 자에게 반드
시 남겨져 있어야 한다. 넷째, 재화도 부도 어떠한 새로운 요소도 만들어 내
지 않는다는 점에서 놀이는 '비생산적인 활동'이다. 놀이하는 자들 간의 소
유권의 이동을 제외하면, 게임 시작 때와 똑같은 상태에 이른다. 다섯째, 약
속이 따르는 활동이라는 점에서 놀이는 '규칙이 있는 활동'이다. 이 약속은
일상의 법규를 정지시키고, 일시적으로 새로운 법을 확립하며, 이 법만이
통용된다. 끝으로, 현실 생활에 비하면, 이차적인 현실 또는 명백히 비현실
이라는 특수한 의식을 수반한다는 점에서 놀이는 '허구적인 활동'이다.

　　다만, 여기서 UCC의 활동은 '생산적'이라는 점에서 '비생산적인 활
동'을 전제로 하는 놀이와는 차이짐을 지닌다. 즉 UCC의 제작이 경제적으
로 부를 얻는 활동은 아닐 수 있지만, 만들어 놓은 콘텐츠는 남아 있기 때
문에 그 자체로서는 생산적인 활동이며, 또 허구적인 활동이 아니라고 할
수 있다. 따라서 UCC를 제작하여 공유하는 사람들은 반드시 경제적인 목
적을 위해서가 아니라 스스로 만들어 공유하는 것 자체가 즐거워서 즐기
는 역동적 창조자의 모습을 지니고 있다고 할 수 있다(나은영, 2009b).


## 4. 미디어 융합 시대의 콘텐츠 확보와 정보 격차 해소

미디어 융합 환경 속에서 '무엇을' 즐길 것인가, 그리고 과연 '누구나' 즐길
수 있을 것인가 하는 문제도 중요하다. 실제로 사람들이 어떤 미디어 콘텐

츠에 가치를 느껴 기대를 하고 이용한 다음 충족을 느끼는 과정은 단순히 한 사람의 머리와 가슴속에서 이루어지는 것이 아니라, 주변 사람들과 사회 구조의 영향 속에서 이루어진다. 나 개인의 가치, 기대, 이용, 충족 등이 미디어 네트워크를 통해 충족될 때, 주변의 사람들과 사회 전체의 영향을 받으며 서로 또 영향을 준다. 사람이 매스 미디어를 통해 무엇을 생각하고 느끼고 행동하는지 하는 내용 중에 대중 문화의 경험이 상당 부분 포함된다. 대중 문화는 '콘텐츠'를 이루는 중요한 항목 중 하나이기 때문이다. 한 시대를 살아가는 사람들 중 대다수가 경험하며 즐기는 문화적 활동을 통틀어 대중 문화로 볼 수 있다. 디지털 기술의 발달과 보편화로 미디어 아트의 생산자와 소비자, 그리고 생산물이 점차 대중화되어 감에 따라, 미디어 아트 작품도 대중 문화의 하나로 편입될 날이 멀지 않았다. 결국 사람들이 만들어내는 융합형 문화 콘텐츠가 디지털화되어 밀도 있는 네트워크 사이를 여행하는 구조를 이루게 되는 것이다.

문화도 인간이 창출하는 것이며, 한 시대와 지역의 문화를 경험해 가면서 자연스럽게 습득해 가는 것이기도 하다. 그런데 디지털 미디어의 발달로 인해 정보 전달 속도가 빛의 속도로 이루어지는 지금, 문화가 어떤 특정 시대와 지역에만 국한되는 특성을 지니기는 더욱 어려워지고 있다. 오늘날 수평적(공간적) 및 수직적(시간적) 경계가 점차 흐려져 가면서 서로 다른 지역에 사는 사람들 간의 연계는 더욱 증가되고 있다. 따라서 문화 콘텐츠와 미디어 네트워크를 '인간의 경험' 자체에 초점을 두어 이해하려는 노력이 필요하다고 본다.

# P · A · R · T · 5

인간 중심의
네트워크 미디어 심리학

12장 소통과 즐김의 네트워크화: 연결의 극대화와 인간의 본성

# Chapter 12

## 소통과 즐김의 네트워크화

| 연결의 극대화와 인간의 본성

이제 미디어 기술의 발달로 연결의 편의성과 실재감이 극대화되어 가고 있다. 이럴 때일수록 편리하게 대량으로 전달되는 콘텐츠의 '질'이 중요해진다. 인간의 마음 깊은 곳에 자리잡은 본성에 와닿아 '감동'을 주는, 인간의 삶에 '의미'를 주는 콘텐츠만이 살아남을 수 있기 때문이다.

# 1. 소통과 즐김의 자기 관련성과 상호 작용성

미디어 심리학의 핵심은 미디어를 통해 다른 사람의 활동이나 작품을 보고 느끼는 '나의 정서'에 있다. 그러한 정서를 더 강렬하게 느낄수록 즐거움도 더 커지며, 정서를 강렬하게 느끼기 위해서는 '나와의 관련성'이 커야 한다(래저러스·래저러스, 1997). 그래서 미디어가 보여 주는 콘텐츠의 일부 또는 전부를 자기 자신의 일부 또는 전부와 머릿속에서 또는 가슴속에서 '관련시키는' 단계가 필요하다. 이 과정은 의식적으로 일어날 수도 있고 무의식적으로 일어날 수도 있다.

> (미학적 경험의) 감정이 일어나기 위해서는, 자신이 보고 있는 것의 의미를 느끼는 데 적극적으로 참여해야 한다. 우리는 그림, 음악, 드라마, 영화의 내용과 관계를 맺으려고 노력을 한다. 그런 예술 형태에서 의식적으로 의미를 찾으려 한다 …… 우리는 이 과정을 즐기는 것 같다. 그리고 이런 이야기들 가운데 가장 감동적인 것들이 인간의 고통과 기쁨의 주된 원천들을 드러낸다는 데는 의심의 여지가 없다(래저러스·래저러스, 1997, p.187).

우리는 이 책에서 미디어 심리학의 장르를 크게 '소통'과 '즐김'의 범주로 나누어 살펴본 다음, 특히 뉴 미디어와 미디어 아트의 심리에서는 이 두 가지가 융합된다는 사실을 이해하였다. 소통이든 즐김이든 '나와의 관련성'이 깊을수록 감동과 즐거움이 더 커진다. 자기 자신의 삶이나 생각과 전혀 무관한 콘텐츠는 큰 감동을 주지 못한다. 어떤 식으로든 자기 자신의 직간접적인 경험과 연관성이 있을 때 소통의 즐거움도 느끼고 즐김의 소통도 힘을 받는다.

뉴 미디어의 발달로 인해 지금까지는 비교적 별개로 소비되던 소통과 즐김의 장르가 하나로 융합되는 경향을 보이고 있다. 이처럼 소통과 즐김의 융합이 가속화되고 있는 현상은 디지털 네트워크의 극대화, 즉 네트워크의 고밀도화 및 고속화와 밀접한 관련이 있다. 디지털 미디어의 이용자인 사람이 중심이 되어, 다른 사람들과 그들이 만들어 내는 콘텐츠들이 입체적 네트워크로 연결되어 있다. 사람들마다 자기 관련성이 높은 콘텐츠에서 더 강한 정서를 느끼고, 자기 관련성이 높은 개인들과 더 의미 있는 소통을 경험한다.

'소통'과 '즐김'의 미디어 심리학에 디지털 테크놀로지의 상호 작용성 및 시공간 초월성이 가미되면, 소통을 즐기는 것과 나의 즐김을 보다 많은 다른 사람들과 더 빨리, 더 편리하게 소통하는 것이 훨씬 더 용이해진다. 디지털 미디어를 활용한 '소통'은 세상과 타인을 바라보는 장으로서, 그리고 '즐김'은 세상과의 소통보다 자기 자신의 정서에 충실한 오락으로서 네트워크화된 상호 작용성을 구현하는 것이다.

지금까지 디지털 미디어 이용 동기 요인 연구들에서 반복적으로 밝혀져 온 부분들을 종합하여, 표 12-1과 같이 개념적 재구성화를 시도해 보았다. 기존의 연구 가운데 청소년의 인터넷 이용 유형이 '블로그형'과 '게임형'으로 구분되었던 것도 결국 '소통' 욕구와 '즐김' 욕구가 발현된 구분으로 재해석할 수 있다(나은영·박소라·김은미, 2007). 또한 최근에 오상화와 나은영(2009)의 연구에서 청소년의 인터넷 활용유형이 다시 소통형(자기 표현, 대화 추구), 콘텐츠 소비형(즐김형), 실속형(검색, 정보 추구), 및 게임형(게임 즐김)으로 나뉜 것도 이러한 구분을 뒷받침하며, 즐김의 유형은 다시 '게임'과 '비게임 소비형'으로 세분될 수 있다.

표 12-1. 디지털 미디어 이용자들의 심리를 구성하는 요소들: 소통과 즐김

| 기본 욕구 | 목적 | 동기 요인 | 대표적인 예 |
| --- | --- | --- | --- |
| 소통 (타자 지향) | 세상과의 소통 (생산+소비) | 환경 감시 | 블로그, 검색과 답글 |
| | 타인과의 소통 (생산+소비) | 관계 중심 | 메신저, 전자 우편 |
| 즐김 (자기 지향) | 콘텐츠 소비자로서의 즐김 | 오락 중심 | 게임, 음악, 영화 |
| | 콘텐츠 생산자로서의 즐김 | 자기 표현 | 미니홈피, UCC |

이와 유사하게, 다매체 이용자들의 성향적 동기를 분석한 연구(이준웅·김은미·심미선, 2006)에서는 환경 감시와 학습, 사회 관계 통제, 오락과 여유 추구, 그리고 자기 현시와 표현 등이 중요한 동기 요인으로 추출되었다. 이 연구에서 환경 감시 요인은 '세상과의 소통,' 사회 관계 통제 요인은 '타인과의 소통'에 해당하여 소통을 위한 미디어 활용 범주로 이해할 수 있으며, 오락 추구는 '콘텐츠 소비자로서의 즐김,' 자기 표현은 '콘텐츠 생산자로서의 즐김'을 위한 미디어 활용 범주로 이해할 수 있겠다.

여기서 유의할 점은 하나의 서비스가 둘 이상의 동기와 욕구를 충족시킬 수도 있다는 점이다. 예컨대, 블로그에서 콘텐츠 생산자로서의 '즐김'을 추구함과 동시에 자신의 의견을 세상에 알려 세상과 '소통'함으로써 환경을 감시하고자 할 수 있다(김경희·배진아, 2006). 소통과 즐김의 효율적 상호 작용을 위해 디지털 미디어 기술이 환상적인 기반을 제공하고 있는 것이다.

또한 싸이월드에서 콘텐츠 생산자로서 미니홈피를 꾸며 놓고 지인과의 소통에 이를 활용할 수도 있다(김유정, 2009). 오프라인 관계가 온라인 소통을 통해 더욱 끈끈해지는 계기가 되기도 한다. 뿐만 아니라, 네이트온으로 지

인과의 메신저 기능을 즐기면서 동시에 음악을 다운받아 오락을 즐기는 등 여러 서비스를 동시에 활용하며 작업할 수도 있다.

어떤 경우든 디지털 미디어 환경에서는 소통을 즐기는 행위와 자신의 즐김을 소통하는 행위가 이전에 비해 훨씬 더 용이해졌으며, 여러 행위를 동시에 진행하기도 편리해졌다는 것은 분명하다. 디지털 미디어를 활용하는 즐김과 소통의 심리를 종합해 보면, 세상이나 타인과 소통하더라도 나 혼자서(개별성, 구속받지 않음), 내 마음대로(선택 자유, 다양한 콘텐츠에서 선택), 내가 하는 대로(통제성) 동시 진행과 다각적인 상호 작용이 가능해졌다고 할 수 있다.


## 2. 소통과 즐김의 네트워크화

### 1) 네트워크의 특성과 복잡계 과학

디지털 기술의 발달로 미디어를 활용한 소통의 심리와 즐김의 심리가 융합됨과 동시에, 사람들과 콘텐츠가 엄청나게 밀도 높은 네트워크로 연결되어 있다는 사실도 중요하다. 뇌과학과 함께 최근에 각광을 받고 있는 영역 중 하나가 네트워크와 복잡계 과학이다. 신기하게도 이 영역들이 모두 미디어 심리학과 연관성이 있다.

네트워크를 이루고 있는 사람들이 콘텐츠를 생산하여 네트워크를 통해 주고 받는 구조에서, 하나씩의 노드node를 차지하고 있는 개인들은 과연 무엇을 생각하고 무엇을 느끼며 어떻게 행동하는 것일까? 미래의 미디어 심리학은 네트워크의 원리에 특별히 관심을 기울일 필요가 있다. 단순히 사람들만의 네트워크가 아니라, 한 사람이 접촉하여 이용할 수 있는 콘텐츠의 네트워크들이 입체적으로 연결되어 있는 모형이다. 마치 우리의 신경계가 3차원의 네트워크를 이루고 있는 모습과 흡사하다. 그런 의미에서 인간—미디어—콘텐츠 네트워크는 네트워크 과학의 원리를 따를 가능성이 크다.

21세기의 인간 기술 사회는 단순한 선형적인 원리로 설명되지 않는다. 초기 조건의 작은 차이로 인해 엄청난 효과의 차이를 유발할 수 있는 '비선형성'이 복잡한 현대 사회의 키워드가 되면서(이인식, 2008), '복잡계 complexity' 연구는 네트워크 과학의 연장선상에서 네트워크 미디어 심리학에 중요한 시사점을 줄 수 있다. 예를 들면, TV 시청률의 추이도 복잡계 네트워크의 원리에 따라 멱함수의 법칙과 척도 없는 네트워크로 예측이 가능하다(안민호, 2009). 뿐만 아니라, 스마트폰을 활용한 트위팅 twitting을 통해 한 사람이 만들어 낸 간단한 콘텐츠가 수많은 추종자 follower들에게 실시간으로 전달되고, 각 추종자들에게 연결되어 있는 또다른 수많은 트위터들에게 순식간에 퍼져 나가기 때문에, 이제 트위터 네트워크의 다리를 건너 서로 '모르던' 사람들과의 교류까지 활성화되고 있다.

복잡계는 완전한 혼돈과 단순한 질서 사이에 있는 상태, 즉 '혼돈 속의 질서'가 창발되는 자기 조직화의 원리를 지니는 구조이다. 복잡계의 요소들, 또는 행위자들이 서로 상호 작용하면서 새로운 전체적 특성이 창발 emerge되기 때문에 '자기 조직화'의 원리가 작동된다. 즉 예전처럼 네트워크가 복잡하지 않던 시절의 미디어 심리학에서는 발견되지 않던 새로운 특성들이 나타날 수 있다는 것이다. 이처럼 새로이 창발되는 특성들은 처음에는 불규칙해 보이지만 그 나름의 질서를 가지고 있다는 것이 점차 밝혀지게 된다. 이러한 과정은 사이버 공동체의 형성 과정(장용호, 2002)이나

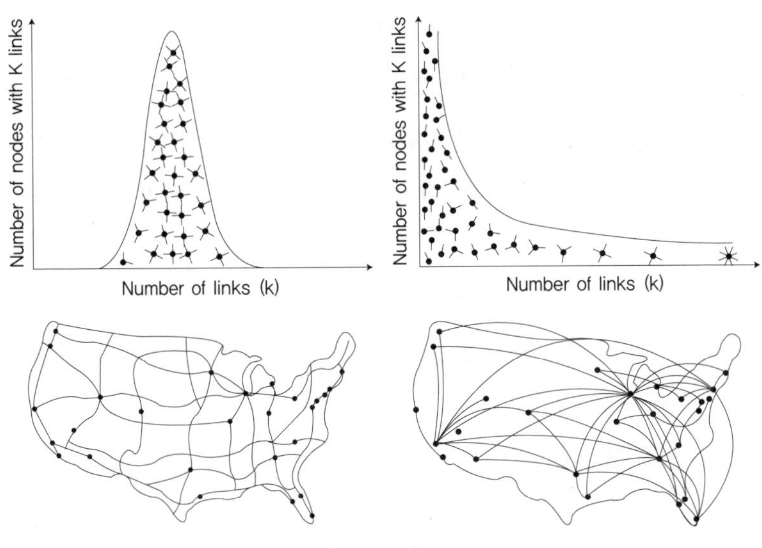


(http://online.kofst.or.kr/Board/?acts=BoardView&bbid=1084&nums=7300)

**그림 12-1. 척도 없는 네트워크(오른쪽 위와 아래 그림)의 모습**

통신 네트워크, 경제 네트워크, 도시 공간의 네트워크 등과 같은 거의 모든 네트워크 조직에서 발견된다.

디지털 미디어의 급격한 발전은 인간의 행동과 삶의 양식을 놀라울 정도로 변화시키고 있고, 이것은 인류의 삶 전체에 획기적인 전환점을 마련하고 있다. 인문 문화와 과학 문화 간 대화가 절실히 필요한 문명사의 대전환점을 이루고 있는 디지털 환경 속에서, 복잡계 네트워크 연구에서 현재까지 밝혀진 결과들을 살펴보면, 미래의 미디어 심리학에 대한 통찰을 얻을 수 있다.

우선 가장 잘 알려진 네트워크의 법칙은 '척도 없는 네트워크'의 특성과 '멱함수의 법칙'이다. 즉 대부분의 네트워크는 그림 12-1의 왼쪽과 같은 모습을 띠기보다 오른쪽과 같은 모습을 띤다. 모든 노드가 공평하게 유사한 수의 링크link를 가지는 것이 아니라, 많은 수의 링크를 가진 소수의 노드와 적은 수의 링크를 가진 수많은 노드들로 구성된다는 것이다. 그래서 가장 많은 링크를 가진 노드는 네트워크의 허브hub로서 막강한 영향력을 지니게 된다. 더 나아가, 새로이 진입하는 노드는 이미 많은 링크를 가지고 있는 노드에 연결되는 것이 유리하기 때문에, 링크의 수에서도 노드 간에 부익부 빈익빈 현상이 가속화된다(바라바시, 2002). 이러한 현상은 네트워크로 이루어진 거의 모든 조직에 적용되며, 대인 커뮤니케이션 네트워크와 매스 커뮤니케이션 네트워크도 예외가 아니다.

## 2) 네트워크의 융합과 극대화의 결과

디지털화로 인해 융합된 오늘날의 대인 커뮤니케이션 네트워크와 매스 커뮤니케이션 네트워크는 그림 12-2와 같은 모습으로 나타난다. 연결의 극대화로 인해 네트워크의 밀도가 증가함과 동시에, 링크를 많이 가지고 있는 노드이면 그것이 개인이든 단체든 방송국이든 네트워크의 허브로서 막대한 힘을 지니게 된다. 네트워크의 융합과 극대화의 결과로 생기는 것은 '매스 커뮤니케이션(방송 네트워크)의 개인화'와 '대인 커뮤니케이션(통신 네트워크)의 매스mass화'로 요약할 수 있다. 융합 네트워크의 환경 속에서 우리는 공적인 내용도 구미에 맞게 골라 볼 수 있고, 사적인 내용도 매스mass의 규모로 뿌릴 수 있다.

매스 커뮤니케이션 네트워크(방송broadcasting)와 대인 커뮤니케이션 네트워크(커뮤니케이션communication)가 융합된 그림 12-2와 같은 공간에서는

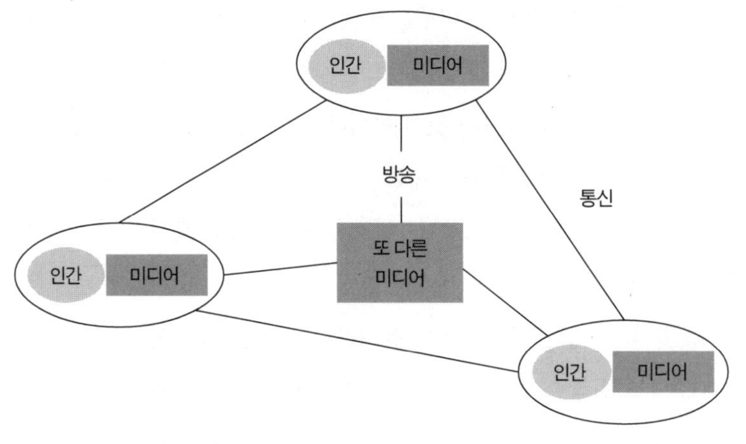


(나은영, 2009b, p. 111)

그림 12-2. 네트워크 융합 공간: 매스 커뮤니케이션의 개인화와 대인 커뮤니케이션의 매스화

인간 개개인의 위상이 예전의 '방송국' 위치로 격상된다(나은영, 2009b). 따라서 미래의 미디어 심리학은 초기의 미디어 심리학에 비해 훨씬 더 넓은 범위의 현상들을 포괄하게 된다(11장 참조).

'많은 사람과 연결될 수 있다'는 특성은 광고 시장에 특히 핵심적인 매력이다. 그래서 미디어의 발달는 광고의 발달과 더불어 이루어져 왔다고 해도 과언이 아니다. 광고주의 입장에서는 링크가 많은 노드에 광고를 주는 것이 훨씬 더 이익이기 때문에, 당연히 링크가 많은 노드를 찾는다. 더 나아가, '활성화된 링크'가 많을수록 광고의 실효성이 높기 때문에, 링크가 존재하되 유명무실한 링크의 수만 많은 노드보다는 트래픽의 밀도가 높은, 즉 많은 사람들이 자주 찾는 링크를 많이 가지고 있는 노드의 인기가 높아질 수밖에 없다. 이제 단순한 링크의 수와 노드의 수로 이루어진 멱함수의 법칙이 아니라, 링크의 강도와 활성화 정도까지 고려한 법칙이 추가

되어야 할 때가 온 것 같다. 이러한 법칙의 발견에 미래의 '네트워크 미디어 심리학'이 기여하기를 바란다.

## 3) 매스 커뮤니케이션과 대인 커뮤니케이션의 네트워크

조금 더 구체적인 네트워크 사례를 몇 가지 살펴보자. 먼저, 최근의 연구 가운데 TV 시청 프로그램의 네트워크를 분석한 결과를 보면, MBC와 KBS의 특성 차이가 잘 나타난다. 그림 12-3에서 알 수 있듯이, MBC는 두 편의 인기 드라마(116번과 118번)를 중심으로, KBS는 9시 메인 뉴스(1번)를 중심으로 프로그램들이 연결되어 있다(안민호, 2009). 물론 두 방송사의 프로그램들 간에도 연대가 형성되어 있다.

여기서 또 한 가지 흥미로운 점은 두 방송사 간을 이어 주는 프로그램

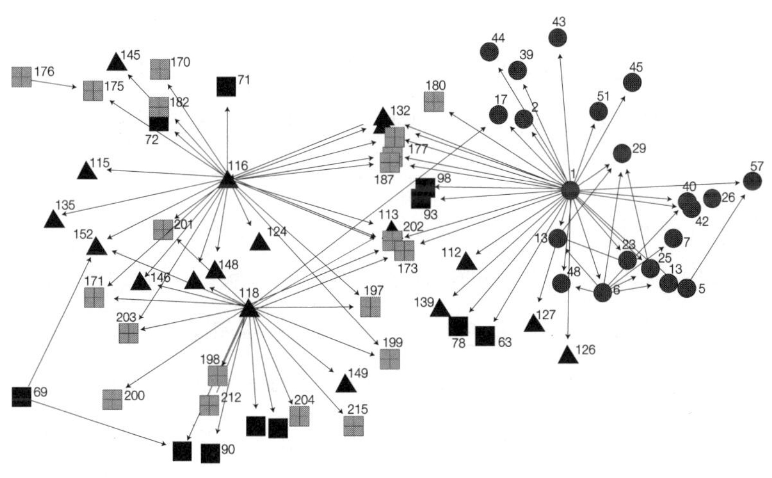

(안민호, 2009, p.132)

**그림 12-3. MBC와 KBS의 시청 프로그램 네트워크**

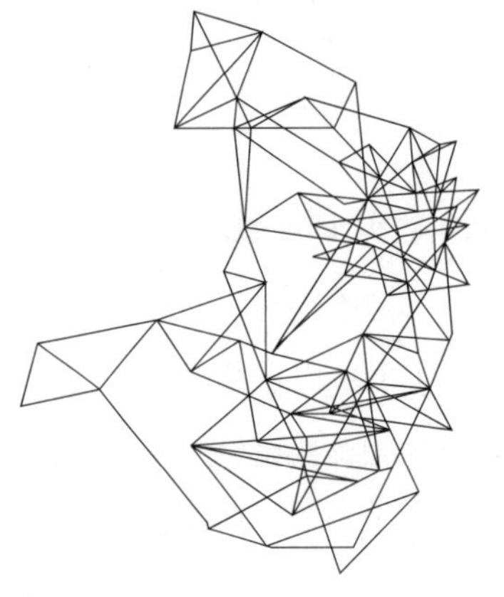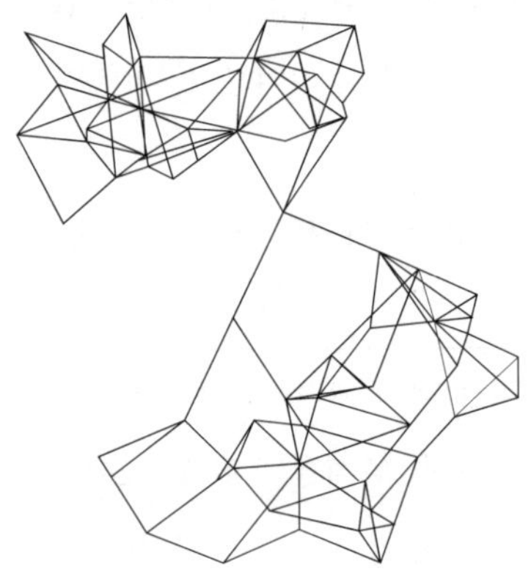

(배영 · 박소라, 2005, p.330)

그림 12-4. 3학년(왼쪽 그림)과 6학년(오른쪽 그림)의 친구 대화 네트워크:
TV와 인터넷 이용 연계

이 그림 전체 중앙의 113번, 즉 MBC 〈뉴스데스크〉라는 사실이다. 다시 말하면, 드라마 중심의 MBC와 뉴스 중심의 KBS가 연결되는 지점은 '드라마 중심 방송의 뉴스 프로그램'이라는 것이다. 이런 결과는 사람들이 즐기는 것들끼리 서로 관련성이 있음을 보여 주는 것이며, 방송 시청률을 분석한 모델도 척도 없는 네트워크의 모습을 보이며 멱함수의 법칙을 따르고 있음을 시사한다.

　매스 커뮤니케이션 영역뿐 아니라, 대인 커뮤니케이션 영역도 이와 유사한 네트워크 패턴을 나타낸다(그림 12-4 참조). 연구 사례로서 3학년과 6학년생의 친구 대화 네트워크를 분석한 결과를 살펴보면(배영 · 박소라, 2005), 3학년에 비해 6학년의 소그룹화가 더 심하며 인터넷 등을 통한 외부 연결이 많은 것으로 나타났다. 3학년이 6학년에 비해 동질적이며, 내부 구성원끼리

밀도 있는 네트워크를 많이 형성하고 있다. 3학년생은 주로 내부 구성원과의 관계를 잘 유지하기 위해 TV 이용이 필요하며, 6학년생은 인터넷 이용을 통해 외부 구성원들과도 중요한 네트워크를 많이 가지고 있다. 네트워크의 밀도와 모양은 이들이 이용하는 미디어의 특성과도 관련이 있음을 알 수 있다. 인터넷을 많이 이용하는 고학년의 경우, 저학년에 비해 느슨한 연대가 비교적 많은 것으로 나타나고 있다.

## 3. 경험(활동과 정서)의 강화

인터넷을 필두로 한 디지털 미디어 세계에서의 상호 작용성은 간접 경험을 직접경험화하며, 일상적 경험을 더 강화시킨다. 인터넷에서의 경험이 일상 생활보다 더 강화되어 나타나는 것은 관여*involvement*와 몰입*immersion* 때문이며, 더 몰입하게 만드는 것은 상호 작용성과 개인 중심성 때문이다. 몰입은 상호 작용성이 있는 경우를 말하기도 하고(Vorderer, 2000, p.29), 컴퓨터 게임과 같이 아주 강력하게 빠져드는 경험을 지칭하기도 한다(Biocca & Delaney, 1995).

　디지털 기술은 미디어 이용자의 심리에 '능동적 선택'과 '능동적 반응'이 한층 더 강력하게 개입되도록 작용함으로써, '즐김'의 소통과 '소통'의 즐김에 상승 효과를 부여한다. 그리하여 일상 생활의 좋은 점과 나쁜 점이 모두 강화된 형태로 나타난다. 사교적인 사람은 더욱 사교적이 되는 방향으로 디지털 미디어를 활용하고, 내성적인 사람은 더욱 내성적이 되는 방향으로 디지털 미디어를 이용한다.

　인터넷의 '강화된 상호 작용*intensified interplay*'의 원리가 표 12─2에 정

1. 인터넷 상호 작용은 인간 커뮤니케이션의 인지적 측면, 특히 인지적 협력을 강화한다.
2. 인터넷 상호 작용은 인간 커뮤니케이션의 사회적 패러독스를 강화한다.
   · 어떤 사람들에게는 인터넷이 다른 사람들과의 연결성을 강화하지만, 어떤 사람들에게는 인터넷이 사람들을 극화시킨다.
   · 어떤 사람들에게는 인터넷이 주장을 통해 개인적 관여를 강화시키지만, 어떤 사람들에게는 인터넷이 사람들을 격리시킨다.
   · 어떤 사람들에게는 인터넷이 모험과 두려움을 강화시키지만, 어떤 사람들에게는 인터넷이 위협에 대처하며 두려움을 줄이는 수단이다.

(Shedletsky & Aitken, 2004, p.77)

리되어 있다. 특히 인간 커뮤니케이션의 인지적 상호 작용이 강화 *intensification*되며(Shedletsky & Aitken, 2004), 자기 자신과의 상상적 상호 작용도 강화된다.

상호 작용성과 선택성이 보장된 디지털 미디어에서는 스스로 동질적인 집단의 의견을 더 많이 탐닉하게 되어, 정보의 편식으로 인한 의견 극화가 발생하는 경향이 있다(나은영, 2006). 디지털 미디어를 활용할 때 '자기가 좋아하는 것'만 계속 하도록 방치하면 안 되는 이유가 여기에 있다. 어느 정도 강제성을 부여해서라도 다양한 의견을 접할 수 있는 기회를 주어야 한다. 그렇지 않으면 각자 자기가 속한 소집단별로 집단적 나르시시즘에 도달할 위험성도 있다. 이런 위험성을 원천적으로 방지하기 위해서 이용자들 자신이 스스로를 제어할 수 있는 자기 통제성(8장 참조)과 자기 효능감(10장 참조)을 키울 필요가 있다. 거미줄처럼 연결되어 있는 미디어와 콘텐츠의 중심에 자리한 하나의 노드로서, 개개인이 통제성과 효능감을 지니고 있지 않으면 언제 거미에게 희생될지 모르는 일이다.

# 4. 소통과 즐김의 융합 네트워크에서 중요한 요소

디지털 공간은 즐김의 공간이면서 동시에 소통의 공간이다. 예전에는 즐김의 공간과 소통의 공간이 분리되어, 즐김은 나만의 물리적 공간 속에서 주로 이루어지고 소통은 타자와의 만남의 공간에서 이루어졌다면, 디지털 미디어의 공간에서는 이 모든 것이 하나의 공간 안에서 이루어질 수 있다. 소통을 통제하며 즐기기도 하고, 소통하면서 동시에 다른 콘텐츠를 즐기기도 한다. 또한 보다 쉽게 넓은 세상 속의 미지의 타자들과 관계를 맺고 함께 즐길 수 있다. 이렇게 편리해진 소통과 즐김의 융합 네트워크에서 중요해질 수 있는 요소들에는 어떤 것들이 있을지 잠시 생각해 보자.

## 1) 자기 노출과 신뢰

소통이 원활하게 이루어지기 위해서는 어느 정도의 자기 노출*self-disclosure*이 필요하다. 자기를 먼저 보여 주어야 상대방도 신뢰를 하고 마음을 열기 때문이다. 그런데 밀도 높은 네트워크 미디어 환경 속에서 자기 노출을 하는 순간, 조금 과장해서 말하면 전 세계의 사람들이 그 사실을 다 알게 된다고 해도 과언이 아니다. 10장에서 논의한 트위터와 같은 소셜 미디어를 통해 순식간에 네트워트를 타고 퍼져나간다. 일단 퍼져나가면 통제가 거의 불가능한 상태에까지 이른다.

밀도 높은 네트워크 안에서의 자기 노출은 큰 위험 부담을 안고 있기 때문에, '신뢰'의 요소가 커뮤니케이션에서 더욱 큰 비중을 차지하게 될 가능성이 크다. 즉 미디어 심리학이 다루어야 할 커뮤니케이션 네트워크의 속성 중에서, 단순히 물리적인 밀도나 강도뿐만 아니라 사람들 마음속의 '신뢰'가 해당 네트워크의 성패를 가늠하는 또 하나의 중요한 척도가 될 수 있다는 것이다. 자기 자신에 대한 정보를 포함하여, 자신이 생산한 콘텐츠를 안심하고 오픈해도 될 것인지, 또는 클릭을 유도하는 특정 콘텐츠를 믿고 열어 보아도 될 것인지, 이러한 판단은 해당 네트워크에 대한 '신뢰'에 따라 달라질 것이기 때문이다.

신뢰의 중요성은 굳이 디지털 미디어를 사이에 둔 커뮤니케이션 네트워크가 아닌, 일반 대인 네트워크의 경우에도 간과할 수 없다. 단순히 아는 사람이 얼마나 많은가가 아니라, 즉 얼마나 많은 사람들이 연결되어 있는가가 아니라, 그 사람들 중에서 얼마나 많은 사람들을 진정 '신뢰'할 수 있는가, 또는 얼마나 많은 사람들로부터 신뢰를 받고 있는가 하는 것이 진정한 커뮤니케이션의 핵심 요소가 된다는 뜻이다. 미디어의 역할은 사람들을 연결해 주는 것이고, 이때 서로 연결되는 사람들 사이의 신뢰감, 또 연결 미디어 자체에 대한 신뢰감이 높은 네트워크가 미래에 지속적으로 살아남게 될 '적자생존'의 승자가 될 것이다.

신뢰는 하루아침에 쌓이지 않는다. 여러 번의 '믿을 만한' 행동을 보여야 쌓이는 것이다. 그런데 불신은 한 번의 '못 믿을' 행동으로도 생길 수 있다. 더욱 중요한 것은 한번 불신이 생기면 신뢰를 회복할 기회를 다시 얻기 어렵다는 데 있다. 이것을 '신뢰와 불신의 비대칭성'이라 명명하기도 하는데(나은영, 1999), 미디어 네트워크의 경우도 사람의 신뢰를 얻기 위해서는 지속적으로 믿을 만한 결과들을 보여 주어야 한다. 미디어 네트워크도 양적 팽창보다 질적 성장에 더 주의를 기울여야 할 필요성이 여기에 있다.

최근에 박주연(2007)은 애착*attachment*의 유형에 따라 인터페이스 에이전트*interface agent*에 대한 친밀성 지각이 다르게 나타난다는 사실을 밝혔다. 애착 유형 중 (1) '안정형'은 자율성을 유지하면서도 타인과의 친밀한 관계를 편안하게 느끼는 유형이며, (2) '거부형'은 타인과의 친밀한 관계를 거부하는 반의존적인 유형이다. 반면에 (3) '몰입형'은 타인과의 인간 관계에 몰입하는 경향이 있었고, (4) '두려움형'은 타인과의 친밀한 관계를 두려워하며 회피 성향이 강하다(Bartholomew & Horowitz, 1991; 박주연, 2007, p.343).

네 유형 중 안정형은 자기 노출 유무에 관계없이 에이전트에게 높은 신뢰를 보였고, 거부형은 자기 노출 유무에 관계없이 에이전트에게 낮은 신뢰를 보였다. 반면에 몰입형과 두려움형은 자기 노출을 교환했을 때는 안정형과 유사한, 또는 그 이상의 신뢰를 보인 반면, 자기 노출을 교환하지 않았을 때는 거의 거부형에 가까울 정도로 신뢰를 보이지 않았다.

이러한 결과는 몰입형이 유사 사회적 상호 작용을 더 기꺼이 받아들인다는 연구 결과를 상기시킨다(Cole & Leets, 1999). 에이전트도 사용자에게 사람과 유사한 친밀한 관계의 상대자가 될 수 있음을 시사한다. 즉 사용자와 인터페이스 에이전트 간의 상호 작용도 대인 상호 작용과 유사한 '관계'와 '소통,' 그리고 '신뢰'의 측면에서 이해할 수 있음을 의미한다.

## 2) 사회적 실재감과 공동 공간감

네트워크로 연결된 개체들 간의 공감, 감정 이입, 또는 유사 사회적 상호 작용 등은 사회적 실재감이나 공동 공간감을 크게 느낄수록 더 강해진다. 즉 '바로 내 눈앞에서' 그리고 '같은 공간에서' 소통하고 있는 듯한 느낌을 주는 것이 네트워크 미디어 심리학의 핵심 요소 중 하나라는 뜻이다.

공동 공간감*a sense of co-location*이란 공동 현존감*co-presence*과 유사한 개념으로서, 매개체를 이용한 커뮤니케이션 상호 작용에서 "타인과 함께 있다는 느낌" 혹은 "같은 장소에 있다고 느끼는 정도"를 말한다. 다시 말해, 의사 소통 상황에서 지각되는 다른 사람에 대한 근접성의 정도라고 말할 수 있다(McLeod et al., 1997; 박성복 · 황하성, 2007, p.479).

매개된 환경에서 '실제로' 있는 것처럼 느끼는 것이 '현존감'이라면, '공동 공간감'은 '실제로' 그리고 '함께' 있음을 동시에 느끼는 것이다.

그런데 또 중요한 점은 동일한 미디어를 통해 매개된다 하더라도, 현실 속의 실제 친밀감이 어느 정도냐에 따라 미디어를 통해 지각되는 거리감, 즉 사회적 실재감이나 공동 공간감이 달라질 수 있다는 사실이다. 이러한 생각을 뒷받침할 수 있는 연구의 결과를 살펴보면(김민정 · 한동섭, 2006), "똑같은 내체 이용을 통한 커뮤니케이션에서도 진밀한 관계에 있는 사람이 그렇지 않은 관계에 있는 사람보다 매체 풍요도 및 매개 친밀성 정도를 높게 지각하는 것"으로 나타났고, 사회적 실재감의 경우도 이와 유사한 결과를 보였다(p.94). 즉 모바일폰에 동일한 내용의 문자 메시지가 왔다 하더라도 원래 친했던 사람이 보냈을 경우에 훨씬 더 실재감이나 친밀감이 크게 느껴진다는 것이다. 이러한 결과는 미디어를 통해 매개되는 커뮤니케이션에서 느껴지는 심리가 오프라인상의 관계에 의해서도 달라질 수 있음을 의미하는 것으로, 미디어 자체의 속성에 따라 심리가 결정된다고 보는 관점을 반대 편에서 보완하는 연구 결과이다.

이 책의 서두와 이 장의 앞부분에서 언급했듯이, 사람들은 '자기 관련성'이 클수록 강한 정서를 경험한다. '바로 내 눈앞에서' 일어나는 듯한 장면, 그리고 '같은 공간에서' 경험하고 있는 듯한 느낌은 미디어를 통해 소통하거나 즐기는 콘텐츠들이 자기와 더 직접적으로 관련된다는 느낌을 강하게 줄 수 있다. 그래서 이런 조건들, 즉 사회적 실재감과 공동 공간감을 더 강하게 줄 수 있는 미디어 네트워크의 조건이 사람의 마음을 더 깊이 움직일 수 있으며, 이러한 미디어 네트워크 조건의 중요한 요소들 중 하나는 바로 나와 실제로 친한 관계를 맺고 있는 '사람들'이다.

## 3) 미디어 처리 용량의 배분

사람의 인지 능력과 지각에는 한계가 있다. 미디어는 엄청난 속도로 발전하여 사람이 동시에 처리하기 어려울 정도의 정보와 자극들을 마구 뿌려댄다. 제한된 시간을 다양한 미디어 이용에 재할당할 수밖에 없는 상황, 즉 '시간 재할당' 상황에 더하여(이재현, 2005), 인간의 지각*perception* 및 인지 *cognition* 능력의 한계를 넘어서는 자극이 외부로부터 계속 쏟아져 들어오면 인간은 적응을 위해 처리 용량을 배분할 수밖에 없다. 미디어 기술 혁명의 한 사례인 〈아바타〉와 같은 영상을 보며 멀미를 한다든지 구토 증상을 보이는 것은 인간의 생리적 하드웨어의 한계 안에서 평소에 처리하던 용량을 넘어섰기 때문에 나오는 현상이라 할 수 있다.

물론, 사람은 적응을 잘하는 동물이기 때문에, 계속해서 강한 자극들에 노출되면 그런 자극들에 점차 둔감해지고, 점점 더 센 자극을 가해도 변화를 느끼지 못할 정도로 감각의 역치*threshold*가 높아질 수 있다. 그렇게 적응한 다음에는 또다시 더 강한 자극을 요구하게 될 것이다. 그러나 더욱 자극적인 콘텐츠를 추구하고 이에 맞추어 더욱 자극적인 콘텐츠를 생산하기 전에, '감각'의 강도 증가에 걸맞는 '생각'의 폭과 깊이도 증가시켜야 한다. '생각'의 바탕이 존재하지 않는 '감각'만의 유희는 인간의 '전면적 진실'에서 멀어질 것이기 때문이다.

처리 용량의 문제는 두 가지 미디어를 동시에 활용하는 상황에도 적용해 볼 수 있다. 예를 들어, TV 시청에 많이 몰입하지 않는 상태에서 동시에 전화를 하는 것은 가능하지만, 몰입도가 낮더라도 일단 TV를 시청하는 상태가 되면 '시각적 문자'를 활용해야 하는 메신저의 이용은 줄어들 수밖에 없다. 메신저는 전화와 유사한 상호 작용성을 지니지만, 문자를 시각적으로 수용하고 촉각적으로 전달해야 하는 보다 적극적인 행위가 있어야 가능하기 때문에, TV와의 병행이 그만큼 더 어려워진다고 해석할 수 있다. 한편, 메신저 이용이 면 대 면 커뮤니케이션에는 영향을 주지 않는 것으로 나타나(황하성, 2006), 메신저를 이용한다고 해서 오프라인 만남의 필요성이나 욕구가 줄어드는 것은 아님을 알 수 있다.

사람이 이용할 수 있는 동일한 감각, 동일한 인지 능력을 여러 미디어가 동시에 요구하는 경우, 사람은 그 둘을 병행하기보다 어느 하나를 선택할 수밖에 없다. 사람의 정상적인 지각의 한계나 인지 능력의 용량을 고려하지 않은 채 무조건 자극적인 콘텐츠만을 제작하려 하기보다, 사람에게 가장 적합한 최적의 자극 수준을 고려한 콘텐츠와 미디어 네트워크를 구축하려는 노력이 필요해 보인다.

# 5. 뉴 미디어 이용 시대의 지혜

## 1) 대중 문화 연구와 미디어 심리학의 차이점

미디어 심리학은 미디어를 통해 전달되는 콘텐츠가 사람들의 생각과 느낌과 행동에 어떤 영향을 주는지를 연구하는 학문으로서, 그 초점이 콘텐츠보다는 수용자, 즉 '사람' 쪽에 있다. 이에 비해, 대중 문화 연구는 수용자보다 문화 콘텐츠 자체에 더 초점이 있다는 점에서 미디어 심리학과 차이점을 보인다. 그러나 대중 문화든 문화 콘텐츠든 그것을 즐기는 사람들이 있을 때 의미를 지니며, 사람들도 콘텐츠가 있을 때 비로소 거기에 의미를 부여하며 소통하고 즐길 수 있기 때문에, 이 둘은 뗄 수 없는 관계에 있다고 할 수 있다.

그렇다면 어떤 콘텐츠가 사람들의 마음을 끌 수 있을까? '미디어 논리 *media logic*'의 주요 원칙들은 "신기성, 즉시성, 빠른 템포, 개인화, 간결(또는 시간의 짧음), 갈등, 극화, 명성 지향"으로 요약된다(맥퀘일, 2007, p.398). 이런 요소들이 갖추어져 있을 때 사람들의 주목을 끌 수 있고 이어 영향을 줄 수 있기 때문이다.

영화나 시(문학 작품), 노래나 공연 등도 그 형식은 다르지만 모두 무엇인가 사람의 마음을 표현하려는 메시지를 담고 있다. 메시지가 전달되는 미디어와 장르가 불가분의 관계를 맺고 있는 것이다. 특히 예술성을 띠는 작품이나 대중 문화는 도구적 커뮤니케이션이 아닌 인간의 표현적 커뮤니케이션이다(나은영, 2002a). 인간이 내부의 본성을 발산시킨 그 표현적 커뮤니케이션을 보고 듣고 느끼고 경험하는 주체도 또한 인간이다. 즉 대중 문화를 생산하고 소비하는 관계 속에서 '표현하는' 인간과 '경험하는' 인간 사이에 '의미의 공유'가 일어나는 것이고, 이러한 의미 공유 과정을 미디어가 도와주는 것이다.

대중 문화를 표현하는 주체도 사람이고 표현된 대중 문화를 경험하는 주체도 사람이며, 그 대중 문화의 표현과 경험를 연결해 주는 것이 미디어이다. 따라서 사람이 무엇을 표현하고 싶어하며, 표현된 것을 보고 듣고 만지면서 어떠한 감성 이미지를 갖게 되는가 하는 것은 '언어적 메시지(예: 가요의 가사나 영화의 대사)로 인한 의미의 공유'뿐만 아니라, '비언어적 메시지(예: 가요의 리듬이나 영화의 영상 이미지)로 인한 의미의 공유'를 통해서도 가능하다.

대중 문화도 언어적, 비언어적 방식으로 모두 표현될 수 있고, 이를 받아들이는 사람들도 언어적, 비언어적 방식을 모두 수용할 수 있다. 미디어 심리학은 미디어를 통해 언어적 또는 비언어적으로 표현되는 문화 콘텐츠를 사람들이 이렇게 경험하며 받아들이는지, 이렇게 빈용하는지에 관심을 두는 것이다.

시각적 이미지와 함께 청각적 자극이나 촉각적 자극에 의해서도 우리의 감성은 움직인다. 그래서 좀 더 포괄적으로 시각 이외의 감각까지를 모두 포함하여 '감성 이미지'라는 용어를 사용할 수 있으며, 이러한 감성 이미지도 미디어 심리학을 구성하는 핵심 요소 중 하나가 될 수 있다.

## 2) 몰입과 통제의 중요성

사람의 미디어 이용은 연결을 매개로 한 '즐김을 통한 체험(콘텐츠와 연결)' 내지 '소통을 통한 체험(사람과 연결)'이라고 할 수 있다. 연결이 없으면 미디어는 의미가 없다. 미디어는 연결시켜 주는 도구이기 때문이다. 사람들은 체험에서 감동을 느끼고 카타르시스를 느끼며, 기분 전환 및 치유를 거쳐 또 다시 건강한 삶을 살아가게 된다. 이 책에서 논의해 왔던 내용들 중 몇 가지를 정리하면서 결론을 대신하고자 한다.

(1) 미디어를 통해 소통하고 즐기기 위해서는 '몰입의 중용'이 필요하다. 즉 어느 정도의 집중이 있어야 잘 소통하고 즐길 수 있지만, '쿨'한 상태를 완전히 잃어버리면 안 된다는 것이다. 소통이든 즐김이든 '정상'의 범주 안에 있을 때 그 가치가 더 높아지는 것이다. 중용을 상실한 '지나친' 몰입은 주관적 행복감은 가져다줄 수 있지만 심리적 안녕감은 보장하지 못한다.

(2) 미디어의 내용이 인간의 말초적 진실만을 다루거나 감각적 영상만을 다룰 때는 사람들에게 인기가 있더라도 일시적이다. 미디어가 아무리 발달해도 그 내용이 인간의 본성, 즉 '전면적 진실'을 담을 때 감동을 준다는 사실에는 변함이 없을 것이다.

(3) 사실과 허구, 실제 세계와 가상 세계, 실상과 그래픽, 진실과 거짓 등의 구분이 그 어느 때보다 중요해졌다. 앞으로도 점점 더 중요해질 것으로 보인다. 그렇지 않으면 '존재하는 것'과 '존재하지 않는 것, 즉 상상 속에서 만들어진 것' 간의 구분이 모호해져 인간의 존재 자체를 위협할 수 있다.

(4) 미디어의 발달과 미디어에 대한 인간의 '통제력' 증가로, '선택적' 정보 노출이 증가하는 상황이다. 이로 인해 정보와 콘텐츠의 편식이 심해질 수 있다. 자칫 잘못하다가는 커뮤니케이션이 단절되는 상황에까지 이를 수 있다. 즉 사람들이 의견을 교환하며 '의미 공유'를 위한 진정한 커뮤니케이션을 하는 것이 아니라, 서로 비슷한 의견을 가진 사람들끼리만 이야기하며 원래의 생각만을 더욱 강화시켜, 의견이 다른 사람들과는 벽을 쌓을 수 있다는 것이다. 커뮤니케이션을 잘하기 위해 발달시킨 미디어로

인해 오히려 자폐적 커뮤니케이션을 함으로써 참된 커뮤니케이션의 길이 막힐 수도 있다는 사실에 유의할 필요가 있다. 이를 방지하기 위해 '나와 다른 것' 또는 '내가 별로 좋아하지 않는 것'에 대한 관심도 필요하다. 이것이 바로 열린 마음이며 참된 소통의 핵심 요소이다.

⑸ 중심 잡힌 이성과 통제력을 항상 지닐 필요가 있다. 이것이 미디어의 노예가 되지 않는 지름길이다.

⑹ 인간의 마음을 움직일 수 있을 때 감동도 가능하고 치유도 가능하다. 미디어 엔터테인먼트를 통해 스스로 치유하며 살아가는 삶을 '즐김'이라 한다면, 미디어를 통한 관계적 메시지에서 서로를 치유하며 살아가는 삶을 '소통'이라 할 수 있다.

## 3) 인간 본성에 와닿는 감동 추구: '심금을 울리는' 콘텐츠

이제 미디어 기술의 발달로 연결의 편의성과 실재감이 극대화되어 가고 있다. 이럴 때일수록 편리하게 대량으로 전달되는 콘텐츠의 '질quality'이 중요해진다. 인간의 마음 깊은 곳에 자리잡은 본성에 와닿아 '감동'을 주는, 인간의 삶에 '의미'를 주는 콘텐츠만이 살아남을 수 있기 때문이다.

너무 쉽게 많은 사람들에게 전달되는 다 대 다 커뮤니케이션의 맹점은 '나만을 위한 메시지'가 아니라는 데 있다. '나에게만' 보내는 성탄 메시지가 아니라 '모든 사람에게' 보내는 메시지라면 그만큼 메시지가 한 개인에게 소중하게 여겨지는 가치의 정도가 떨어질 수밖에 없다. 책임감의 분산이 아닌, 가치의 분산이 일어나는 것이다. 많은 사람들 속에서 누군가 '나에게만' 특별히 소중한 메시지를 보내 준다면, 그것이 더 '심금을 울리는' 메시지가 될 수 있다. 물론, '나에게만' 보내는 메시지가 아니라 하더라도,

인간 전체의 심금을 울릴 수 있는 콘텐츠를 제작할 수 있다면, 그런 작가나 감독이나 PD는 존경받아 마땅하다.

점차 맞춤형 콘텐츠로 인해 어느 정도 개인화된 메시지 소비가 가능해지고 있는데, 아이러니컬하게도 예전의 '매스mass' 미디어 메시지는 '개인화'되어 가는 데 비해 예전의 '대인' 미디어 메시지는 '매스화'되어 가는 경향이 있다. 많은 사람들과의 동시 연결이 너무 쉽기 때문에 그룹 메시징이 남발되는 것이다.

또한, 쉽게 변형이 가능하기 때문에 아무런 메시지나 쉽게 만들어 보내 버리기가 쉽다. 한 자 한 자 새겨 넣어야 하는, 수정이 어려운 메시지라면 많은 생각을 한 연후에 심사숙고한 단어들로 메시지를 만들 것이고, 또 복사하기 어려운 메시지라면 꼭 필요한 한 사람에게만 메시지를 보낼 것이다. 그런데 쉽게 만들어 쉽게 복사할 수 있는 메시지이기에 별 생각없이 생산해 내고 그다지 필요없는 사람들에게까지 뿌려지는 것이 디지털 미디어 시대 노이즈noise 생산의 원리라 하겠다.

'생각'을 깊이 거친 후의 콘텐츠 생산, 꼭 필요한 사람들에게 정제되어 전달되는 메시지, 전달된 후에는 그 메시지를 받은 사람의 마음에 감동을 줄 수 있는 메시지 — 이러한 메시지와 콘텐츠들이 운반되는 네트워크가 건강한 네트워크라고 할 수 있다. 동맥경화에 걸린 혈관처럼 불필요한 메시지들이 여기저기 떠돌아다니는 네트워크는 그 전달 속도가 아무리 빠르고 아무리 밀도가 높은 네트워크라 하더라도 중요성과 의미가 크게 떨어질 수밖에 없다. '건강한 네트워크'를 통해 '심금을 울리는 콘텐츠'가 전달될 수 있는 인간 중심의 미디어를 기대해 본다.

참고 문헌

강명구 · 김수아 · 서주희 (2008). "동아시아 텔레비전 드라마가 재현한 가족과 가족 관계," 〈한국언
론학보〉, 52(6), pp.25~56.

강형철 · 김남영 · 양승찬 (2005). "텔레비전 축구 중계 해설이 시청자의 판단에 미치는 영향," 〈한국
방송학보〉, 19(4), pp.8~41.

곽현자 (2009). "조폭 영화의 사회 심리: 서사 관습과 도상 분석을 중심으로," 〈언론과 사회〉, 17(4),
pp.78~121.

국정홍보처 (2006. 12. 27). 〈2006년 한국인의 의식 · 가치관 조사〉.

권상희 (2007). "인터넷 미디어의 상호 작용성 차원 연구: 미디어 양식별 이용자의 인식 특성에 따른
차이 분석을 중심으로," 〈한국방송학보〉, 21(2), pp.46~96.

김경희 · 배진아 (2006). "30대 블로거들의 블로그 매개 커뮤니케이션 연구," 〈한국언론학보〉, 50
(5), pp.5~29.

───── · 정희선 (2003). "인터넷과 TV 시사 다큐멘터리 프로그램 제작 과정의 변화," 〈한국언론학
보〉, 47(4), pp.106~135.

김남일 (2008). "텔레비전 오락 프로그램에서 웃음 유발의 정치성: MBC-TV 〈무한도전〉의 텍스
트 분석을 중심으로," 〈한국방송학보〉, 22(6), pp.9~41.

김미라 (2008). "리얼리티 데이트 프로그램 시청이 데이트와 이성관계에 대한 시청자 인식에 미치는
영향에 관한 연구," 〈한국언론학보〉, 52(2), pp.353~377.

김민정 · 한동섭 (2006). "친밀성에 따른 대인 매체 이용 행태 및 심리적 경험과의 관계 연구: 매개된
대인 커뮤니케이션을 중심으로," 〈한국언론학보〉, 50(3), pp.94~121.

김보경 · 조은경 · 진성아 (2003). "3D 캐릭터를 이용한 인터렉티브 가상 놀이공간 구축," 한국콘텐
츠학회 2003 춘계종합학술대회 논문집, 1(1), pp.111~116.

김봉섭 · 이인희 (2007). "언어를 매개로 하는 실재감 구성요인 연구: 통신 언어와 문자 언어를 중심
으로," 〈한국방송학보〉, 21(2), pp.138~178.

김수정 (2003). "뉴스 객관성의 영상화: 한국과 미국의 환경 뉴스 사례의 비교 연구," 〈한국언론학
보〉, 47(5), pp.363~384.

김승환 (2007). "TV 뉴스 콘텐츠의 채널 선택 유형에 따른 수용자 특성," 〈한국콘텐츠학회논문지〉, 7
(6), pp.99~106.

김예란 · 박주연 (2006). "TV 리얼리티 프로그램의 이론과 실제: 제작자 심층 인터뷰 분석을 중심으
로," 〈한국방송학보〉, 20(3), pp.7~48.

김유정 (2009). "미니홈피 이용자들의 온라인 관계 맺기," 〈한국방송학보〉, 23(5), pp.45~82.

김이진 (2007). "한국 대중 음악 노랫말에서 나타나는 선정성 기준의 시대적 변화에 관한 연구," 한국콘텐츠학회 발표논문집, 5(1), pp.11~15.

김지영·류현숙 (2003). "학령기 아동의 인터넷 중독과 가정 환경 및 학교생활 적응과의 관계," 〈아동 간호학회지〉, 9(2), pp.198~205.

김지혜 (2005. 11. 22). "'2005 DAEJEON FAST'의 디지털 파라다이스 미디어 아트전," 〈카이스트 타임스〉, 267호 12면.

김지혜·임정수 (2008). "미디어 발전 단계별로 본 미디어와 스포츠 콘텐츠의 산업적 측면에서의 상호 작용," 〈인문콘텐츠〉, 13, pp.65~89.

김진우·이영수 (2002). "영화 'The Cell'에서 보여지는 심리적 공간 묘사의 건축적 표현에 관한 연구," 대한건축학회 학술발표논문집, 22(1), pp.183~186.

김창남 (1995). "서태지 신드롬과 신세대 문화," 〈저널리즘 비평〉, 17(1), pp.46~49.

김청한 (2009. 12. 4). "소리의 어우러짐을 아는 과학자를 기대하며: 상명대 인터미디어 퍼포먼스랩 이승연 교수 인터뷰," 〈사이언스 타임스〉.

김태식·현혜정 (2007). "웹 환경에서 감성적 표현 요소를 통한 음악 치료 시스템 개발: 시각 요소를 중심으로," 〈한국콘텐츠학회논문지〉, 7(6), pp.177~184.

김헌식 (2007). 《대중문화 심리 읽기》. 울력.

김형찬·원용진 (2007). "1960년대 대중 음악에 반영된 도시화의 양태," 〈낭만음악〉, 20(1), pp.115~151.

김혜성 (2008). "뉴스 진행자의 비언어적 단서가 뉴스 수용 과정에 미치는 효과에 대한 연구," 〈한국언론학보〉, 52(3), pp.255~276.

김혜원 (2001). "청소년들의 인터넷 중독 현상; 인터넷 중독의 현황 파악과 관련변인 분석," 〈청소년학 연구〉, 8(2), pp.91~117.

나은영 (1995). "미디어 폭력이 청소년에게 미치는 심리적 효과," 〈방송학 연구〉. 6, pp.41~77.

—— (1999). "신뢰의 사회 심리학적 기초," 〈한국 사회학 평론〉, 5, pp.68~99.

—— (2002a). 《인간 커뮤니케이션과 미디어》. 한나래.

—— (2002b). "여성의 뉴미디어 이용과 가치관," 〈한국방송학보〉, 16(2), pp.77~115.

—— (2005). "청소년의 이동 전화 애착 이용, 효과 지각, 및 커뮤니케이션 효능감. 2002·2004년 서울 및 수도권 지역 중·고등학생을 중심으로," 〈한국언론학보〉, 49(6), pp.198~232.

—— (2006). "인터넷 커뮤니케이션: 익명성, 상호 작용성 및 집단 극화를 중심으로," 〈커뮤니케이션이론〉, 2(1), pp.93~127.

—— (2009a). "디지털 미디어 이용자의 심리: '소통'과 '즐김'의 상호 작용성," 2009 한국방송학회 봄철 정기 학술 회의 기획 세션 발표 논문집 (디지털 방송, 그 다양한 방정식), pp.21~42.

—— (2009b). "방송통신 융합 환경의 수용자 위상 변화," *Communications & Convergence Review*, 1(1), pp.108~131.

──── · 박소라 · 김은미 (2007). "청소년의 인터넷 이용 유형별 미디어 이용 양식과 적응: 블로그 형과 게임형을 중심으로," 〈한국언론학보〉, 51(2), pp.392~425.

──── · 박소라 · 김은미 (2009). "가족 평등 대화와 청소년의 인터넷 의존: 자기 효능감과 가족 갈등의 매개를 중심으로," 〈사이버커뮤니케이션학보〉, 26(4), pp.5~49.

──── · 송종현 (2006). "어린이의 인터넷 · 컴퓨터 게임 몰입에 미치는 자기 통제성의 매개 역할과 어머니의 개방적 커뮤니케이션의 영향," 〈한국언론학보〉, 50(2), pp.116~147.

나재용 (2009). "청소년기의 대중 음악 선호에 영향을 주는 제반 요인들에 관한 고찰," 〈낭만음악〉, 21(3), pp.5~34.

노준석 · 손용 (2004). "전자 미디어의 몰입 경험과 여가 만족의 상관성 분석: TV와 인터넷 비교를 중심으로," 〈한국방송학보〉, 18(1), pp.116~173.

노진철 (2004). "환경 뉴스에서의 위험 커뮤니케이션," 〈한국사회학〉, 38, pp.77~105.

디스펜자, 조 (2009). 《꿈을 이룬 사람들의 뇌》. 김재일 · 윤혜영 옮김. 한언.

래저러스, 리처드 · 래저러스, 버니스 (1997). 《감정과 이성》. 정영목 옮김. 문예출판사.

류철균 · 장정운 (2008). "리얼리티 쇼의 게임성 연구: CBS 〈Survivor〉를 중심으로," 〈인문콘텐츠〉, 13, pp.33~48.

맥퀘일, 데니스 (2007). 《매스 커뮤니케이션》. 양승찬 · 이강형 옮김. 나남.

모리츠 치히로 (2004. 11). "미디이기 스포츠를 지배힌다," KOBACO 링고 징보, pp.94~96.

문재철 (2006). "현대 영화에서 내러티브와 스펙터클의 관계: 공상 과학 영화의 특수 효과와 관객성을 중심으로," 피종호 엮음, 《디지털 미디어와 예술의 확장》, 아카넷, pp.277~302.

바라바시, 알버트 라즐로 (2002). 《링크: 21세기를 지배하는 네트워크 과학》. 강병남 · 김기훈 옮김. 동아시아.

박광순 · 안종묵 (2006). "포털 사이트 프론트 페이지 뉴스의 특성에 관한 연구: 연성/경성 뉴스, 소제목, 하이퍼링크, 뉴스원을 중심으로," 〈한국언론학보〉, 50(6), pp.188~226.

박근서 (2006). 《코미디: 웃음과 행복의 텍스트》. 커뮤니케이션북스.

──── (2009a). 《게임하기》. 커뮤니케이션북스.

──── (2009b). "비디오 게임의 이야기와 놀이에 관한 연구," 〈언론과학연구〉, 9(4), pp.208~242.

박성복 · 황하성 (2007). "온라인 공간에서의 자기 노출, 친밀감, 공동 공간감에 관한 연구," 〈한국언론학보〉, 51(6), pp.469~494.

박연숙 (2008). "뉴미디어 아트의 유희적 미경험: 모리스 베나윤의 작품을 중심으로," 서양미술사학회 논문집, 29, pp.61~83.

박용규 (2007). "1970년대의 텔레비전과 대중음악: 청소년 대상 대중 음악 프로그램을 중심으로," 〈한국언론학보〉, 51(2), pp.5~29.

박유리 · 이은민 · 정부연 · 이종수 (2008). "융합 환경에서의 방송 · 통신 콘텐츠 이용 행태에 대한 실증 분석," 정보통신정책연구원 보고서(기본연구 08~09).

박인규 (2006). "다큐멘터리의 사실성과 장르 변형," 〈현상과 인식〉, 봄/여름, pp.148~170.

박주연 (2007). "인터페이스 에이전트와의 상호 작용을 통한 친밀성 형성," 〈한국언론학보〉, 51(2), pp.334~362.

박혜원 · 김정재 (2002). "한국 현대 건축에 나타난 미디어적 표현 특성에 관한 연구," 대한건축학회 학술 발표 논문집, 22(2), pp.477~480.

배영 · 박소라 (2005). "어린이 집단의 미디어 이용과 사회적 관계," 〈한국방송학보〉, 19(4), pp.307~350.

백선기 · 김남일 (2006). "한국 대중 가요의 '남성성' 변화 추이와 이데올로기적 의미 변천 연구: 김건모 노래가사를 중심으로," 한국방송학회 2006 봄철 학술 회의 발표 논문집, pp.360~376.

벅, 로스 (2000). 《감성과 커뮤니케이션》. 전환성 · 조전근 옮김. 나남.

볼츠, 비르기트 (2006). 《시네마 테라피》. 심영섭 · 김준형 · 김은하 옮김. 을유문화사.

불리반트, 루시 (2007). 《제4의 공간 대화를 시작하다》. 태영란 옮김. 픽셀하우스.

사카이 나오키 (2003). 《감성 마케팅, 잠든 시장을 깨운다》. 정보공학연구소 옮김. 정보공학연구소.

서병기 (2007). "위기에 허우적 대는 TV 오락 프로그램: 표절 논란, 거짓말 방송, 잡담 토크," 〈신문과 방송〉, 6월호, pp.140~144.

서병세 · 김찬룡 (2000). "청소년의 심리 요인이 매스 미디어를 통한 스포츠 간접 소비 행동에 미치는 영향," 〈한국체육과학회지〉, 9(1), pp.299~310.

성윤숙 (2006). "청소년과 인터넷 게임의 이해," 《청소년 인터넷 중독 상담》(국가청소년위원회 편, 제2장). 국가청소년위원회, pp.63~111.

송남실 (2002). "미술관을 통해 살펴본 미디어 아트의 소통 의식: 독일 카를스루에 미디어 아트 미술관을 중심으로," 〈서양미술사학회 논문집〉, 18, pp.125~154.

송민정 (2002). "양 방향 서비스의 주요 특징인 상호 작용성의 이론적 개념화," 〈한국언론학보〉, 46(3), pp.116~152.

송해룡 (1997. 7. 1). "마의 삼각관계, 스포츠 · 기업 · 미디어: 스포츠 보도와 미디어 스포츠," 〈신문과 방송〉, pp.10~14.

────· 김원제 (2009). "미디어 스포츠 2.0 패러다임과 수용 행태 변화," 한국방송협회 세미나 발표 논문(http://www.kba.or.kr).

신성아 (2008). "신자유주의 국가 재편 과정에서 스포츠 스타는 어떻게 소비되는가?" 〈문화과학〉, 56, pp.310~340.

안민호 (2009). "시청 행위의 복잡계적 특성에 관한 연구," 〈언론과 사회〉, 17(3), pp.116~150.

안상혁 (2003). "로제 카이와의 놀이론을 통한 온라인 게임 고찰," 〈디자인학 연구〉, 17(1), pp.119~126.

야코보니, 마르코 (2009). 《미러링 피플: 세상 모든 관계를 지배하는 뇌의 비밀》. 김미선 옮김. 갤리온.

어재석 (2009). "미디어 소비자 특성이 TV스포츠 시청 태도 및 행동에 미치는 영향," 〈한국체육과학회지〉, 18(1), pp.499~509.

연종흠 · 이상근 · 이상구 (2009). "소셜 네트워크를 이용한 질문-답변 커뮤니티의 사용 간의 관계 분석," 한국통신학회 하계 종합 학술 발표회 발표 논문 (6월).

오미영 (2005). "도덕적 판단이 드라마 시청 재미에 미치는 영향," 〈동서언론〉, 5, pp.175~201.

오상화 · 나은영 (2009). "청소년의 인터넷 이용에 미치는 부모의 동기 부여 언어 사용의 영향과 목표 지향성의 매개 역할," 〈한국언론학보〉, 53(2), pp.117~139.

오은경 (2008). 《뉴미디어 시대의 예술: 예술은 미디어를 어떻게 이해했는가?》. 연세대학교 출판부.

우형진 (2006). "형식 파괴 뉴스 프로그램에서 묘사되는 한국 정치 현실에 대한 프레임 분석: YTN 〈돌발영상〉을 중심으로," 〈한국언론학보〉, 50(1), pp.192~220.

원선진 · 성정환 (2008). "휴대폰 사용 현황 분석을 통한 시니어 그룹의 성향 탐구," 〈한국콘텐츠학회논문지〉, 8(11), pp.65~73.

유선희 (2009. 8. 17). "입체 안경이 필요 없는 3D 영상 디스플레이," 〈사이언스 타임스〉.

유세경 (1996). "대체 공적 영역으로서 시청자 참여 토크 프로그램 분석: 참여 시청자의 특성, 참여 과정, 메시지 생산 과정 분석을 중심으로," 〈한국언론학보〉, 39, pp.86~121.

유희종 · 문남미 (2008). "영상 음향의 사운드 디자인 구조가 수용자 감응도에 미치는 영향: TV 광고 음향을 중심으로," 한국방송공학회 발표 논문, pp.173~178.

윤여광 · 이인희 (2005). "스포츠 영웅의 미디어 프레임과 수용 특성 연구," 〈언론과학연구〉, 5(3), pp.373~410.

은혜정 · 나은영 (2002). "인터넷에서 추구하는 충족과 획득된 충족, 빛 이용 행동 간의 관계," 〈한국언론학보〉, 46(3), pp.214~251.

이가영 · 나은영 (미발표). "TV 드라마의 긴장도에 따른 수용자의 정서 변화와 즐김: 하이더의 균형 이론을 중심으로," 제출 예정.

이동순 (2009). "한국 근대 대중 가요에 나타난 여성성의 실태 연구," 〈동북아문화연구〉, 20, pp.165~187.

이연숙 (2005). 《미래 공간과 디자인》. 연세대학교 출판부.

이인식 (2008). 《지식의 대융합》. 고즈윈.

이재현 (2001). "여가, 텔레비전, 그리고 인터넷: 생활 시간으로 본 미디어 구도의 변화," 〈방송문화연구〉, 13, pp.59~81.

―― (2005). "인터넷, 전통적 미디어, 그리고 생활 시간 패턴: 시간 재할당 가설의 제안," 〈한국언론학보〉, 49(2), pp.224~254.

이종수 (2004). 《TV 리얼리티: 다큐멘터리, 뉴스, 리얼리티 쇼의 현실 구성》. 한나래.

이준웅 · 김은미 · 심미선 (2006). "다매체 이용자의 성향적 동기: 다매체 환경에서 이용과 충족 이론의 확장," 〈한국언론학보〉, 50(1), pp.252~264.

이지영 (2006). "뇌 연구 방법론을 통해 살펴 본 음악 처리 과정 연구: 음악과 언어, 음악과 정서를 중심으로," 〈낭만음악〉, 18(3), pp.69~146.

이호준 (2006). "장르별 TV 프로그램의 질적 평가 척도 개발," 〈한국언론학보〉, 50(3), pp.424~450.

일본건축학회 엮음 (2006). 《인간 심리 행태와 환경 디자인》 (2판). 배현미 · 김종하 옮김. 보문당.

임번장 (1994).《스포츠 사회학 개론》. 동화문화사.

임소혜 (2009). "영상 콘텐츠의 사실성과 유인가가 수용자의 심리적 반응에 미치는 효과에 관한 연구: 생리 심리적 반응을 중심으로," 〈한국방송학보〉, 23(5), pp.339~379.

임인숙 (2007). "한국 대중 가요의 외모 차별 주의: 미인 찬가에서 육체 찬미와 조롱으로," 〈한국사회학〉, 41(2), pp.240~270.

장근영 (2005). "MMORPG의 사회적 함의: 게임의 진화, 실재감, 공동체, 문화," 〈정보과학회지〉, 23(6), pp.12~18.

장용호 (2002).《사이버 공동체 형성의 역동적 모형》. 집문당.

전범수 · 박주연 (2008). "콘텐츠 장르별 이용자들의 미디어 선택 구조," 〈한국방송학보〉, 22(6), pp.361~389.

전종홍 · 이승윤 (2007). "모바일 웹 2.0 기술 전망," *Telecommunications Review*, 17(4), pp.628~642.

정동암 (2007).《미디어 아트, 디지털의 유혹》. 커뮤니케이션북스.

정보통신연구진흥원 (2007). "미니블로그 트위터(Twitter) 인기," 〈인터넷 이슈리포트〉, 2007(4), pp.1~3.

정찬호 (2009. 12. 23). "게임 집중력 1등과 공부 1등은 상관없지요," 〈중앙일보〉 (공부클리닉, p.53).

정혜승 (2008). "온라인 커뮤니티가 비디오 게임 플레이에 미치는 영향에 관한 분석: 게임 '동물의 숲' 을 중심으로," 〈한국콘텐츠학회논문지〉, 8(6), pp.89~97.

〈조선일보〉 (2010. 3. 17). "이제 인터넷의 대세는 페이스북?"

존스, 스티브 (2005).《뉴미디어 백과사전》. 이재현 옮김. 커뮤니케이션북스.

〈중앙일보〉 (2009. 11. 23). "교수로 변신하는 방송 토론 프로그램 명사회자 정관용씨: 소통 아닌 소탕 분위기 토론 안타깝다."

채지영 (2002). 〈문화 상품으로서의 대중 음악 소비 체험〉, 이화여자대학교 박사 학위 논문.

최민재 · 양승찬 (2009).《인터넷 소셜 미디어와 저널리즘》. 한국언론재단.

최영 · 김병철 (2000). "인터넷 신문의 상호 작용성에 관한 연구: 국내 인터넷 신문의 상호 작용 메커니즘에 대한 실증 분석," 〈한국언론학보〉, 44(4), pp.172~200.

최진명 (2007). "스트레스 정도가 텔레비전 프로그램 선택에 미치는 효과: 무드 관리 이론의 시각에서," 〈한국언론학보〉, 51(5), pp.216~242.

카이와, 로제 (1994).《놀이와 인간》. 이상률 옮김. 문예출판사.

피종호 엮음 (2006).《디지털 미디어와 예술의 확장》. 아카넷.

한주리 · 허경호 (2005). "가족 의사소통 패턴과 자녀의 자아 존중감, 자아 노출, 내적 통제성 및 의사소통 능력과의 관계," 〈한국언론학보〉, 49(5), pp.202~227.

허미경 (2001). "울음의 심리와 사이코드라마," 〈한국 사이코드라마 · 소시오드라마 학회〉, 4, pp.32~46.

호이징하, J. (1993).《호모 루덴스》. 김윤수 옮김. 까치.

홍주선 (2009. 11. 20). "소리와 영상에 과학을 더하면: 멀티미디어 음악학회 김준 교수 인터뷰," 〈사이언스 타임스〉.

황용석 (1999). 〈웹 이용 과정에서 플로우 형성에 관한 이론적 모델 연구〉, 성균관대학교 박사 학위 논문.

황인성 (1999). "트렌디 드라마의 서사 구조적 특징과 텍스트의 즐거움에 관한 이론적 고찰," 〈한국언론학보〉, 43(5), pp.221~248.

황하성 (2006). "미국 대학생들의 인스턴트 메신저의 활용에 관한 연구," 〈한국언론학보〉, 50(2), pp.227~264.


Adoni, A. & Cohen, A. (1978). "Television economic news and the social constrictions of economic reality," *Journal of Communication*, 28, pp.61~70.

Arnet, J. J. (1995). "Adolescents' uses of media for self-socialization," *Journal of Youth and Adolescence*, 24, pp.519~533.

Aronfreed, J. (1968). *Conduct and Conscience: The socialization of internalized control over behavior.* New York: Academic Press.

Bandura, A. (1977). *Self-efficacy: The Exercise of Control.* New York: Freeman.

Barthes, R. (1975). *The Pleasure of the Text.* New York. Hill & Wang.

——— (1977). "Introduction to the structural analysis of narrative," in R. Barthes (ed.). *Image-Music-Text* (translated by S. Heath). London: Fontana.

Bartholomew, K. & Horowitz, L. M. (1991). "Attachment styles among young adults: A test of a four-category model," *Journal of Personality and Social Psychology*, 61, pp.226~244.

Bente, G. & Feist, A. (2000). "Affect-talk and its kin," in D. Zillmann & P. Vorderer (eds.). *Media Entertainment: The Psychology of its Appeal.* Mahwah, NJ: Lawrence Erlbaum Associates, pp. 113~134.

——— & Vorderer, P. (1997). "The socio-emotional dimension of using screen media. Current perspectives in German media psychology," in P. Winterhoff-Spurk & T. H. A. van der Voort (eds.). *New Horisons in Media Psychology: Research Cooperation and Projects in Europe.* Opladen, Germany: Westdertscher Verlag, pp.125~144.

Berger, A. A. (1976). "Laughing matter: A symposium: Anatomy of the joke," *Journal of Communication*, 26(3), pp.113~115.

——— (1992). *Popular Genres.* Newbury Park, CA: Sage.

——— (1993). *An Anatomy of Humor.* New Brunswick, NJ: Transaction Publishers.

Berlyne, D. E. (1960). *Conflict, Arousal, and Curiosity.* New York: McGraw-Hill.

Biocca, F. A. (1988). "The breakdown of the canonical audience," In J. Anderson (ed.). *Communication Yearbook* (vol. 11). Newbury Park, CA: Sage, pp.127~132.

Biocca, F. & Delaney, B. (1995). "Immersive virtual reality technology," in F. Biocca & M. R. Levy (eds.). *Communication in the Age of Virtual Reality*. Hillsdale, NJ: Lawrence Erlbaum Associates, pp.15~31.

Bogart, L. (1980). "Television news as entertainment," in P. H. Tannenbaum (ed.). *The Entertainment Functions of Television*. Hillsdale, NJ: Lawrence Erlbaum Associates, pp.209~249.

Borke, H. (1971). "Interpersonal perception of young children: Egocentrism or empathy?" *Developmental Psychology*, 5, pp.263~269.

Bowman, S. & Wills, C. (2003). *We Media*. The American Press Institute.

Branford, J. D. & Johnson, M. K. (1972). "Contextual prerequisites for understanding: Some investigations of comprehension and recall," *Journal of Verbal Learning and Verbal Behavior*, 11, pp.717~726.

Bryant, J. & Raney, A. A. (2000). "Sports on the screen," in D. Zillmann & P. Vorderer (eds.). *Media Entertainment: The Psychology of its Appeal*. Mahwah, NJ: Lawrence Erlbaum Associates, pp.153~174.

Buijzen, M. & Valkenburg, P. M. (2004). "Developing a typology of humor in audiovisual media," *Media Psychology*, 6, pp.147~167.

Burdea, G. & Coiffet, P. (1996). *Virtual Reality Technology*. New York: John Wiley & Sons.

Busselle, R. & Bilandzic, H. (2008). "Fictionality and perceived realism in experiencing stories: A model of narrative comprehension and engagement," *Communication Theory*, 18, pp.255~280.

Cacioppo, J. T. & Petty, R. E. (eds.) (1983). *Social Psychophysiology: A Sourcebook*. New York: Guilford Press.

Calvert, S. L. & Tan, S. L. (1994). "Impact of virtual reality on young adults' physiological arousal and aggressive thoughts: Interaction versus observation," *Journal of Applied Developmental Psychology*, 15, pp.125~139.

Cantor, J. R. (1976). "Humor on television: A content analysis," *Journal of Broadcasting*, 20, pp.501~510.

———— & Zillmann, D. (1973). "The effect of affective state and emotional arousal on music appreciation," *Journal of General Psychology*, 89, pp.97~108.

Chen, L., Zhou, S., & Bryant, J. (2007. 5. 23). "Temporal changes in mood repair through music consumption: Effects of mood, mood salience, and individual differences," Paper presented at the annual meeting of the International Communication Association. San Francisco, CA, U.S.A. [Online 〈PDF〉. 2009-05-24 from http://www.allacademic.com/meta/p171759_index.html]

Christenson, P., DeBenedittis, P., & Lindlof, T. (1985). "Children's use of audio media," *Communication Research*, 15(3), pp.282~301.

Cohen, A. A., Wigand, R. T., & Harrison, R. P. (1976). "The effects of type of event, proximity and repetition on children's attention to and learning from television news," *Communication Research*, 3, pp.30~36.

Cohen, J. (2001). "Defining identification: A theoretical look at the identification of audiences with media characters," *Mass Communication & Society*, 4(3), pp.245~264.

Cole, T. & Leets, L. (1999). "Attachment styles and intimate television viewing: Insecurely forming relationships in a parasocial way," *Journal of Social and Personal Relationships*, 16, pp.495~511.

Comisky, P., Bryant, J., & Zillmann, D. (1977). "Commentary as a substitute for action," *Journal of Communication*, 27, pp.150~152.

Corner, J. (2000). "Mediated persona and political culture: Dimensions of structure and process," *European Journal of Cultural Studies*, 3, pp.386~402.

Crabb, P. B. & Goldstein, J. H. (1991). "The social psychology of watching sports: From ilium to living room," in J. Bryant & D. Zillmann (eds.). *Responding to the Screen: Reception and Reaction Processes*. Hillsdale, NJ: Lawrence Erlbaum Associates, pp.355~371.

Creeber, G. (ed.) (2001). *The Television Genre Book*. London: BFI.

Csikszentmihalyi, M. (1990). *Flow: The Psychology of Optimal Experience*. New York: Harper & Row.

Daniels, L. (1975). *Living in Fear: A History of Horror in the Mass Media*. New York: Charles Scribner.

Davis, M. H., Hull, J. G., Young, R. D., & Warren, G. G. (1987). "Emotional reactions," *Journal of Personality and Social Psychology*, 52, pp.126~133.

Denisoff, R. S. (1986). *Tarnished Gold*. New Brunswick, NJ: Transaction Books.

Desmond, R. (1987). "Adolescents and music lyrics: Implications of a cognitive perspective," *Communication Quarterly*, 35(3), pp.276~284.

Dickstein, M. (1980). "The aesthetics of fright," *American Film*, september, pp.32~41.

Elliott, P. (1972). *The Making of a Television Series: A Case Study in the Production of Culture*. London: Constable.

Entman, R. M. (1991). "Framing U.S. coverage of international news: Contrasts in narratives of the KAL and Iran Air incidents," *Journal of Communication*, 41, pp.6~27.

Fahr, A. & Böcking, T. (2009). "Media choice as avoidance behavior: Avoidance motivations during television use," in Hartman, T. (ed.). *Media Choice: A Theoretical and Empirical Overview*. London: Routledge, pp.185~202.

Festinger, L. (1954). "A theory of social comparison processes," *Human Relations*, 7, pp.117~140.

Friedman, J. (2002). *Reality Squared: Television Discourse on the Real*. New York: Routledge.

Frith, S. (1978). *The Sociology of Rock*. London: Constable.

Galtung, J. & Ruge, M. H. (1965). "The structure of foreign news: The presentation of the Congo, Cuba, and Cyprus crises in four foreign newspapers," *Journal of Peace Research*, 2, pp.64~91.

Gantz, W. (1979). "How uses and gratifications affect recall of television news," *Journalism Quarterly*, 56, pp.115~123.

———, Gartenberg, H. M., Pearson, M. L., & Shiller, S. O. (1978). "Gratifications and expectations associated with pop music among adolescents," *Popular Music and Society*, 6, pp.81~89.

Gerbner, G. & Gross, L. (1976). "Living with television: The violence profile," *Journal of Communication*, 26(2), pp.173~199.

Gibson, J. J. (1979). *The Ecological Approach to Visual Perception*. New York: Houghton Mifflin.

Giles, D. (2003). *Media Psychology*. Mahwah, NJ: Lawrence Erlbaum Associates.

Goedkoop, R. (1985). "The game show," in B. G. Rose (ed.). *TV Genres: A Handbook and Reference Guide*. Westport, CT: Greenwood, pp.287~306.

Goldberg, J. L., Johnson, K. D., Greenberg, J., & Solomon, S. (1999). "The appeal of tragedy: A terror management perspective," *Media Psychology*, 1, pp.313~329.

Goldstein, J. H. (1988). "The social construction of sports violence," in J. H. Goldstein (ed.). *Sports, Games, and Play* (2nd ed.). Hillsdale, NJ: Lawrence Erlbaum Associates, pp.319~339.

Gortz, L. (1992). *Reaktionen auf Medienkontakte, Wann und warum vir Kommunikationsangebote annehmen, Eine empirische Untersuchung zur Verteilung von Handzetteln*, Opladen.

Graybill, D., Strawniak, M., Hunter, T., & O'Leary, M. (1987). "Effects of playing versus observing violent versus nonviolent video games on children's aggression," *Psychology: A Quarterly Journal of Human Behavior*, 24(3), pp.1~8.

Grodal, T. (2000). "Video games and the pleasures of control," in D. Zillmann & P. Vorderer (eds.). *Media Entertainment: The Psychology of its Appeal*. Mahwah, NJ: Lawrence Erlbaum Associates, pp.197~214.

Gunter, B. (1991). "Responding to news and public affairs," in J. Bryant & D. Zillmann (eds.). *Responding to the Screen: Reception and Reaction Processes*. Hillsdale, NJ: Lawrence Erlbaum Associates, pp.229~260.

Hansen, C. H. & Hansen, R. D. (1990). "The influence of sex and violence on the appeal of rock music videos," *Communication Research*, 17(2), pp.212~234.

——— (2000). "Music and music videos," in D. Zillmann & P. Vorderer (eds.). *Media Entertainment: The Psychology of its Appeal*. Mahwah, NJ: Lawrence Erlbaum Associates, pp.175~196.

Hartman, T. (ed.) (2009). *Media Choice: A Theoretical and Empirical Overview*. London: Routledge.

Hastall, M. R. (2009). "Informational utility as determinant of media choices," In T. Hartmann (ed.). *Media Choice: A Theoretical and Empirical Overview*. New York: Routledge, pp.149~166.

Heeter, C. (1989). "Implications of new interactive technologies for conceptualizing communication," In J. Salvaggio & J. Bryant (eds.). *Media Use in the Information Age*. Hillsdale, NJ:

Lawrence Erlbaum Associates.

Heider F. (1958). *The Psychology of Interpersonal Relations*. New York: Wiley.

Helregel, B. K. & Weaver, J. B. (1989). "Mood-management during pregnancy through selective exposure to television," *Journal of Broadcasting & Electronic Media*, 33(1), pp.15~33.

Hill, A. (2005). *Reality TV*. London: Routledge.

Hirsch, P. (1971). "Sociological approaches to the pop music phenomenon," *American Behavioral Scientist*, 14, pp.371~388.

Hoffman, M. L. (1978). "Toward a theory of empathetic arousal and development," in M. Lewis & L. A. Rosenblum (eds.). *The Development of Affect*. New York: Plenum Press, pp.227~256.

Horton, D. & Wohl., R. R. (1956). "Mass communication and para-social interaction," *Psychiatry*, 19, pp.215~229.

Katz, R. L. (1963). *Empathy: Its Nature and Uses*. Glencoe, IL: The Free Press.

Kellner, D. (1995). *Media Culture: Cultural Studies, Identity and Politics Between the Modern and the Postmodern*. London & New York: Routledge.

Kerstenbaum, G. I. & Weinstein, L. (1985). "Personality, psychopathology, and developmental issues in male adolescent video game use," *Journal of the American Academy of Child Psychiatry*, 24(3), pp.329~337.

Keyes, C. L. M., Shmotkin, D., & Ryff, C. D. (2002). "Optimizing well-being: The empirical encounter of two traditions," *Journal of Personality and Social Psychology*, 82, pp.1007~1022.

Kilborn, R. (1994). "How real can you get?: Recent developments in reality television," *European Journal of Communication*, 9(4), pp.421~439.

―――― & Izod, J. (1997). *An Introduction to Television Documentary: Contronting Reality*. New York: Manchester University Press.

Knobloch, S. (2003). "Mood adjustment via mass communication," *Journal of Communication*, 53(2), pp.233~250.

Knobloch-Westerwick, S., Hastall, M., Grimmer, D., & Bruck, J. (2005). "Informational utility: The empact of efficacy on selective exposure to news," *Publizistik*, 50(4), pp.462~474.

Larson, R. (1995). "Secrets in the bedroom: Adolescents' private use of media," *Journal of Youth and Adolescence*, 24, pp.535~550.

Litle, P. & Zuckerman, M. (1986). "Sensation seeking and music preferences," *Personality and Individual Differences*, 7(4), pp.575~577.

Livingstone, S. M. (1990). "Interpreting a television narrative: How different viewers see a story," *Journal of Communication*, 40, pp.72~85.

Logue (1995). *Self-Control*. New York: Prentice Hall.

Lull, J. (1985). "On the communicative properties of music," *Communication Research*, 12(3), pp.363

~372.

Lundqvist, L., Carlsson, F., Hilmersson, P., & Juslin, P. N. (2009). "Emotional responses to music: Experience, expression, and physiology," *Psychology of Music*, 37(1), pp.61~90.

Luskin, B. J. (2003). "Media psychology: A field whose time is here," *The California Psychologist* (May/June), pp.14~18.
http://www.imsglobal.org/learningimpact2007/MediaPsychAFieldieldWhoseTimeHasCome CalifPsychologist.pdf

Mares, M. -J. & Cantor, J. (1992). "Elderly viewers' responses to televised protrayals of old age: Empathy and mood management versus social comparison," *Communication Research*, 19 (4), pp.459~478.

Marx, M. (1940). *The Enjoyment of Drama*. New York: Plenum.

McDaniel, S. R. (2004). "Sensation seeking and the consumption of televised sports," in L. J. Shrum (ed.). *The Psychology of Entertainment Media: Blurring the Lines Between Entertainment and Persuasion*. Mahwah, NJ: Lawrence Erlbaum Associates, pp.323~335.

McLeod, P., Baron, R., Marti, M., & Yoon, K. (1997). "The eyes have it: Minority influence in face-to-face and computer-mediated group discussion," *Journal of Applied Psychology*, 82, pp.706~718.

Mead, G. H. (1934). *Mind, self, and society: From the standpoint of a social behaviorist*. Chicago, IL: The University of Chicago Press.

Meadowcroft, J. M. & Zillmann, D. (1987). "Women's comedy preferences during the menstrual cycle," *Communication Research*, 14, pp.204~218.

Medoff, N. J. (1979). "The avoidance of comedy by persons in a negative affective state: A further study in selective exposure," Unpublished doctoral dissertation, Indiana University, Bloomington, IN.

Mehl, D. (1996). *La Television de L' Intimite*. Paris: Seuil.

Mehrabian, A. & Epstein, N. (1972). "A measure of emotional empathy," *Journal of Personality*, 40, pp.525~543.

Miranda, D. & Claes, M. (2009). "Music listening, coping, peer affiliation and depression in adolescence," *Psychology of Music*, 37(2), pp.215~233.

Morris, W. (1990). *Mood: The Frame of Mind*. New York: Springer.

Mustonen, A., Arms, L., & Russell, G. W. (1996). "Predictors of sports spectators' proclivity for riotous behavior in Finland and Canada," *Personality and Individual Differences*, 21(4), pp.519~525.

Na, E. Y. & Duckitt, J. (2003). "Value consensus and diversity between generations and genders," *Social Indicators Research*, Vol. 62~63, pp.411~435.

Neuman, W. R. (1976). "Patterns of recall among television news viewers," *Public Opinion Quarterly*,

40, pp.115~123.

Newson, A., Houghton, D., & Pattern, J. (2009). *Blogging and Other Social Media: Exploiting the Technology and Protecting the Enterprise*. Farnham: Gower.

O'Guinn, T. C. & Shrum, L. J. (1997). "The role of television in the construction of consumer reality," *Journal of Consumer Research*, 23, pp.278~294.

Oliver, M. B. (2008). "Tender affective states as predictors of entertainment preference," *Journal of Communication*, 58, pp.40~61.

——— (2009). "Affect as a predictor of entertainment choice: The utility of looking beyond pleasure," in T. Hartman (ed.). *Media Choice: A Theoretical and Empirical Overview*. London: Routledge, pp.167~184.

Paik, H. & Comstock, G. (1994). "The effects of television violence on antisocial behavior: A meta-analysis," *Communication Research*, 21(4), pp.516~546.

Postman, N. (1985). *Amusing Ourselves to Death: Public Discourse in the Age of Show Business*. New York: Penguin.

Priest, P. J. & Dominick, J. R. (1994). "Pulp pulpits: Self-disclosure on Donohue," *Journal of Communication*, 44(4), pp.74~97.

Raviv, A., Bar-Tal, D., & Ben-Horin, A. (1996). "Adolescent idolization of pop singers: Causes, expressions, and reliance," *Journal of Youth and Adolescence*, 25, pp.631~650.

Rice, R. E. & Williams, F. (1984). "Theories old and new: The study of new media," In R. E. Rice (ed.). *The New Media: Communication, Research, and Technology*. Beverly Hills, CA: Sage.

Roe, K. (1995). "Adolescents' use of socially disvalued media: Towards a theory of media delinquency," *Journal of Youth and Adolescence*, 24(5), pp.617~631.

Roscoe, J. & Craig, H. (2001). *Faking It*. Manchester: Manchester University Press.

Rosengren, K. E. & Windahl, S. (1989). *Media Matter*. Norwood, NJ: Ablex.

Rowe, D. (1995). *Popular Cultures: Rock Music, Sport and the Politics of Pleasure*. London: Sage Publications.

Rubin, A. (1984). "Ritualized and instrumental television viewing," *Journal of Communication*, 34, pp.67~77.

——— (1994). "Media uses and effects: A uses-and-gratifications perspective," in J. Bryant & D. Zillmann (eds.). *Media Effects: Advances in Theory and Research*. Hillsdale, NJ: Lawrence Erlbaum Associates.

Russell, G. W. (1983). "Psychological issues in sports aggression," in J. H. Goldstein (ed.). *Sports Violence*. New York: Springer-Verlag, pp.157~181.

Sargent, S. L., Zillmann, D., & Weaver, J. B. (1998). "The gender gap in the enjoyment of televised sports," *Journal of Sport and Social Issues*, 22, pp.46~64.

Schafer, T. & Sedlmeier, P. (2009). "From the functions of music to music preference," *Psychology of Music*, 37(3), pp.279~300.

Scheff, T. J. & Scheele, S. C. (1980). "Humor and catharsis: The effect of comedy on audiences," in P. H. Tannenbaum (ed.). *The Entertainment Functions of Television*. Hillsdale, NJ: Lawrence Erlbaum Associates. pp.165~182.

Schudson, M. (1978). "The ideal of conversation in the study of mass media," *Communication Research*, 5(3), pp.320~329.

Shedletsky, L. J. & Aitken, J. E. (2004). *Human Communication on the Internet*. Boston, MA: Pearson Education.

Sherman, B. L. & Dominick, J. R. (1986). "Violence and sex in music; TV and rock 'n' roll," *Jonrnal of Communication*, 36, pp.79~93.

———— & Etling, L. W. (1991). "Perceiving and processing music television," in J. Bryant & D. Zillmann (eds.). *Responding to the Screen: Reception and Reaction Processes*. Hillsdale, NJ: Lawrence Erlbaum Associates, pp.373~388.

Shoemaker, P. J. (1996). "Hardwired for news: Using biological and cultural evolution to explain the surveillance function," *Journal of Communication*, 46, pp.32~47.

Sloan, L. R. (1979). "The function and impact of sports for fans," in J. H. Goldstein (ed.). *Sports, Games, and Play*. Hillsdale, NJ: Lawrence Erlbaum Associates, pp.219~262.

Smiley, S. (1971). *Playwriting: The Structure of Action*. Englewood Cliffs, NJ: Prentice-Hall.

Sparkes, V. M. & Winter, J. P. (1980). "Public interest in foreign news," *Gazette*, 20, pp.149~170.

Steele, J. R. & Brown, J. D. (1995). "Adolescent room culture: Studying media in the context of everyday life," *Journal of Youth and Adolescence*, 24(5), pp.551~576.

Stotland, E. (1969). "Exploratory investigations of empathy," in L. Berkowitz (ed.). *Advances in Experimental Social Psychology* (vol.4). New York: Academic Press, pp.271~314.

Tamborini, R. (1991). "Responding to horror: Determinants of exposure and appeal," in Bryant, J. & Zillmann, D. (eds.). *Responding to the Screen: Reception ad Reaction Processes*. Hillsdale, NJ: Lawrence Erlbaum Associates, pp.305~328.

———— & Stiff, J. (1987). "Predictors of horror film attendance and appeal: An analysis of the audience for frightening films," *Communication Research*, 14, pp.415~436.

———— & Stiff, J., & Heidel, C. (1990). "Reacting to graphic horror: A model of empathy and emotional behavior," *Communication Research*, 17, pp.616~637.

Tannenbaum, P. H. (1980). "Entertainment as vicarious emotional experience," in P. H. Tannenbaum (ed.). *The Entertainment Functions of Television*. Hillsdale, NJ: Lawrence Erlbaum Associates, pp.107~131.

Tichenor, P. J., Donohue, G. A., & Olien, C. N. (1970). "Mass media flow and differential growth of knowledge," *Public Opinion Quarterly*, 34, pp.159~170.

Tiggermann, M. & Pickering, A. S. (1996). "Role of television in adolescent women's body dissatisfaction and drive for thinness," *International Journal of Eating Disorders*, 20(2), pp.199~203.

Vorderer, P. (2000). "Interactive entertainment and beyond," in D. Zillmann & P. Vorderer (eds.). *Media Entertainment: The Psychology of its Appeal*. Mahwah, NJ: Lawrence Erlbaum Associates, pp.21~36.

─── & Knobloch, S. (2000). "Conflict and suspense in drama," in D. Zillmann & P. Vorderer (eds.). *Media Entertainment: The Psychology of its Appeal*. Mahwah, NJ: Lawrence Erlbaum Associates, pp.59~72.

Wagenaar, W. A. (1978). "Recalling messages broadcast to the general public," in M. M. Gurneberg, P. E. Morris, & H.C. Foot (eds.). *Practical Aspects of Memory*. New York: Academic Press.

Waterman, A. S. (1993). "Two conceptions of happiness: Contrasts of personal expressiveness (eudaimonia) and hedonic enjoyment," *Journal of Personality and Social Psychology*, 64, pp.678~691.

Wells, A. (1990). "Popular music: Emotional use and management," *Journal of Popular Culture*, 24(1), pp.105~117.

Wilson, B. J., Cantor, J., Gordon, L., & Zillmann, D. (1986). "Affective response of nonretarded and retarded children to the emotions of a protagonist," *Child Study Journal*, 16(2), pp.77~93.

Wilson, W. R. (1979). "Feeling more than we can know: Exposure effects without learning," *Journal of Personality and Social Psychology*, 37, pp.811~821.

Wyer, R. S., Bodenhausen, G. V., & Gorman, T. F. (1985). "Cognitive mediators of reactions to rape," *Journal of Personality and Social Psychology*, 48, pp.324~378.

─── & Adaval, R. (2004). "Pictures, words, and media influence: The interactive effects of verbal and nonverbal information on memory and judgments," in L. J. Shrum (ed.). *The Psychology of Entertainment Media: Blurring the Lines Between Entertainment and Persuasion*. Mahwah, NJ: Lawrence Erlbaum Associates, pp.137~159.

Zajonc, R. B. (1980). "Feeling and thinking: Preferences need no inferences," *American Psychologist*, 35, pp.151~175.

Zillmann, D. (1980). "Anatomy of suspense," in P. H. Tannenbaum (ed.). *The entertainment functions of television*. Hillsdale, NJ: Lawrence Erlbaum Associates, pp.133~163.

─── (1988). "Mood management: Using entertainment to full advantage," in L. Donohew, H. E. Sypher, & E.T. Higgins (eds.). *Communication, Social Cognition, and Affect*. Hillsdale, NJ: Erlbaum, pp.147~171.

────── (1991a). "Empathy: Affect from bearing witness to the emotions of others," in J. Bryant & D. Zillmann (eds.). *Responding to the Screen: Reception ad Reaction Processes*. Hillsdale, NJ: Lawrence Erlbaum Associates, pp.135~167.

────── (1991b). "The logic of suspense and mystery," in J. Bryant & D. Zillmann (eds.). *Responding to the Screen: Reception ad Reaction Processes*. Hillsdale, NJ: Lawrence Erlbaum Associates, pp.281~303.

────── (2000). "Humor and comedy," in D. Zillmann & P. Vorderer (eds.). *Media Entertainment: The Psychology of its Appeal*. Mahwah, NJ: Lawrence Erlbaum Associates, pp.37~58.

────── & Bryant, J. (1975). "Viewer's moral sanction of retribution in the appreciation of dramatic presentations," *Journal of Experimental Social Psychology*, 11, pp.572~582.

────── & Bryant, J. (1985). "Affect, mood, and emotion as determinants of selective exposure," in D. Zillmann & J. Bryant (eds.). *Selective Exposure to Communication*. Hillsdale, NJ: Lawrence Erlbaum Associates, pp.157~190.

────── & Bryant, J. (1991). "Responding to comedy: The sense and nonsense in humor," in J. Bryant & D. Zillmann (eds.). *Responding to the Screen: Reception ad Reaction Processes*. Hillsdale, NJ: Lawrence Erlbaum Associates, pp.261~279.

────── & Cantor, J. R. (1977). "Affective responses to the emotions of protagonist," *Journal of Experimental Social Psychology*, 13, pp.155~165.

────── & Gan, S. (1997). "Musical taste in adolescence," in J. Hargreaves & A. C. North (eds.). *The Social Psychology of Music*. New York: Oxford University Press, pp.161~187.

──────, Hezel, R. T., & Medoff, N.J. (1980). "The effect of affective states on selective exposure to televised entertainment fare," *Journal of Applied Social Psychology*, 10, pp.323~339.

Zuckerman, M. (1979). *Sensation Seeking: Beyond the Optimal Level of Arousal*. Hillsdale, NJ: Lawrence Erlbaum Association.

────── (1988). "Behavior and biology: Research on sensation seeking and reactions to the media," in L. Donohew, H. Sypher, & E.T. Higgins (eds.). *Communication, Social Cognition and Affect*. Hillsdale, NJ: Lawrence Erlbaum Associates, pp.173~194.

────── (1994). *Behavioral Expressions and Biosocial Bases of Sensation Seeking*. Cambridge, UK: Cambridge University Press.